了不起的漢字

黄德寬 著

上海古籍出版社

"安徽人文讲坛"演讲后与听众互动（2009年11月8日）

第三届许慎文化国际研讨会名家论坛（2015年11月1日）
（左起：朱小健、竺家宁、黄德宽、高嶋谦一、河永三、孟巍隆）

央视《开讲啦》演讲现场（2018年7月14日）

央视《开讲啦》演讲中与主持人撒贝宁互动（2018年7月14日）

"人文清华"讲坛演讲现场（2018年11月28日）

"人文清华"演讲结束后与时任党委书记陈旭、文科建设处处长孟庆国、"人文清华"讲坛负责人张小琴、文科建设处副处长孟延春合影（2018年11月28日）

"人文清华"演讲现场听众(2018年11月28日)
(五排右一是时任党委书记陈旭)

"人文清华"演讲现场听众(2018年11月28日)

《甲骨文合集》32384

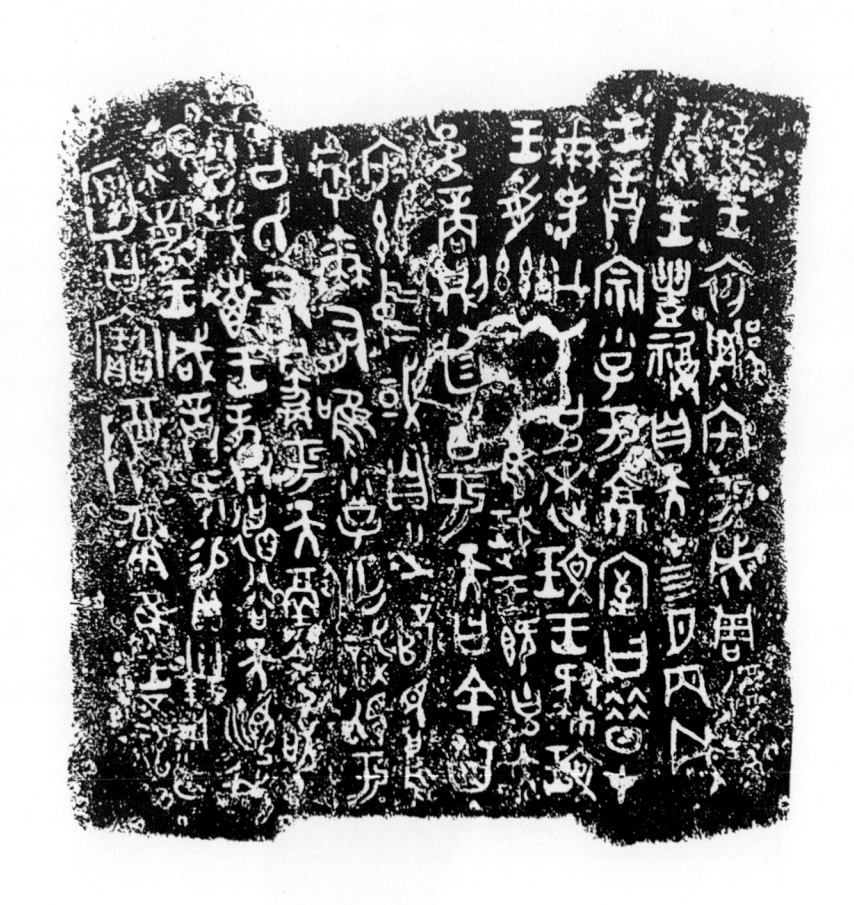

西周何尊铭文拓片

清华简《保训》

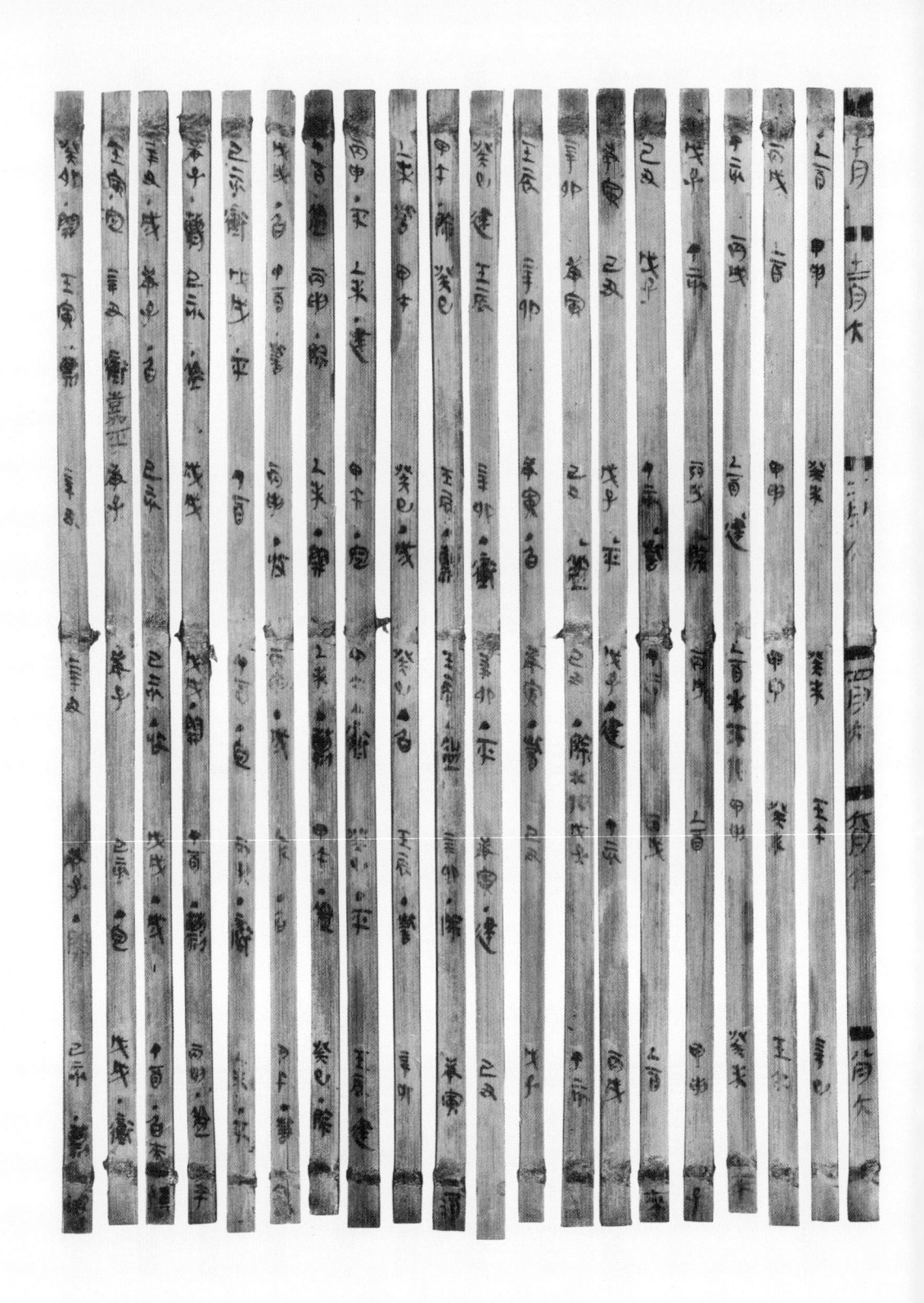

北大秦简《秦始皇三十一年质日》

北大西汉竹书《老子》

居延漢簡《永元器物簿》

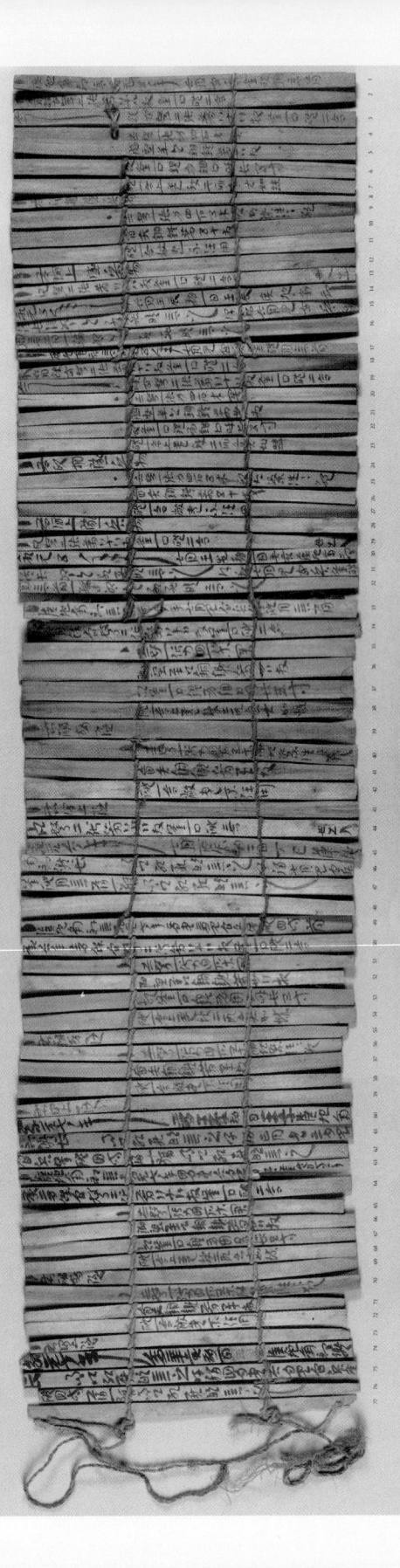

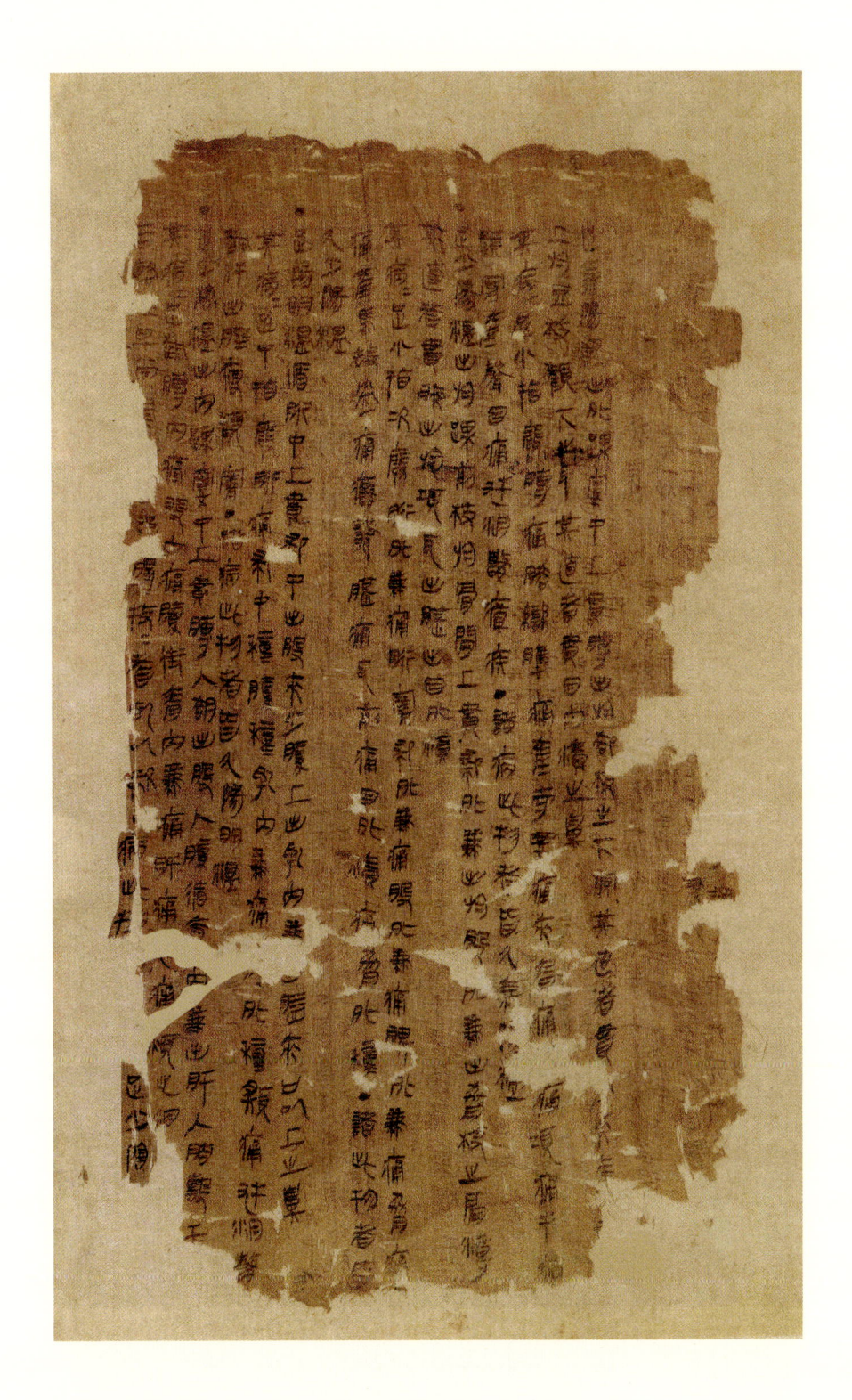

马王堆帛书《足臂十一脉灸经》

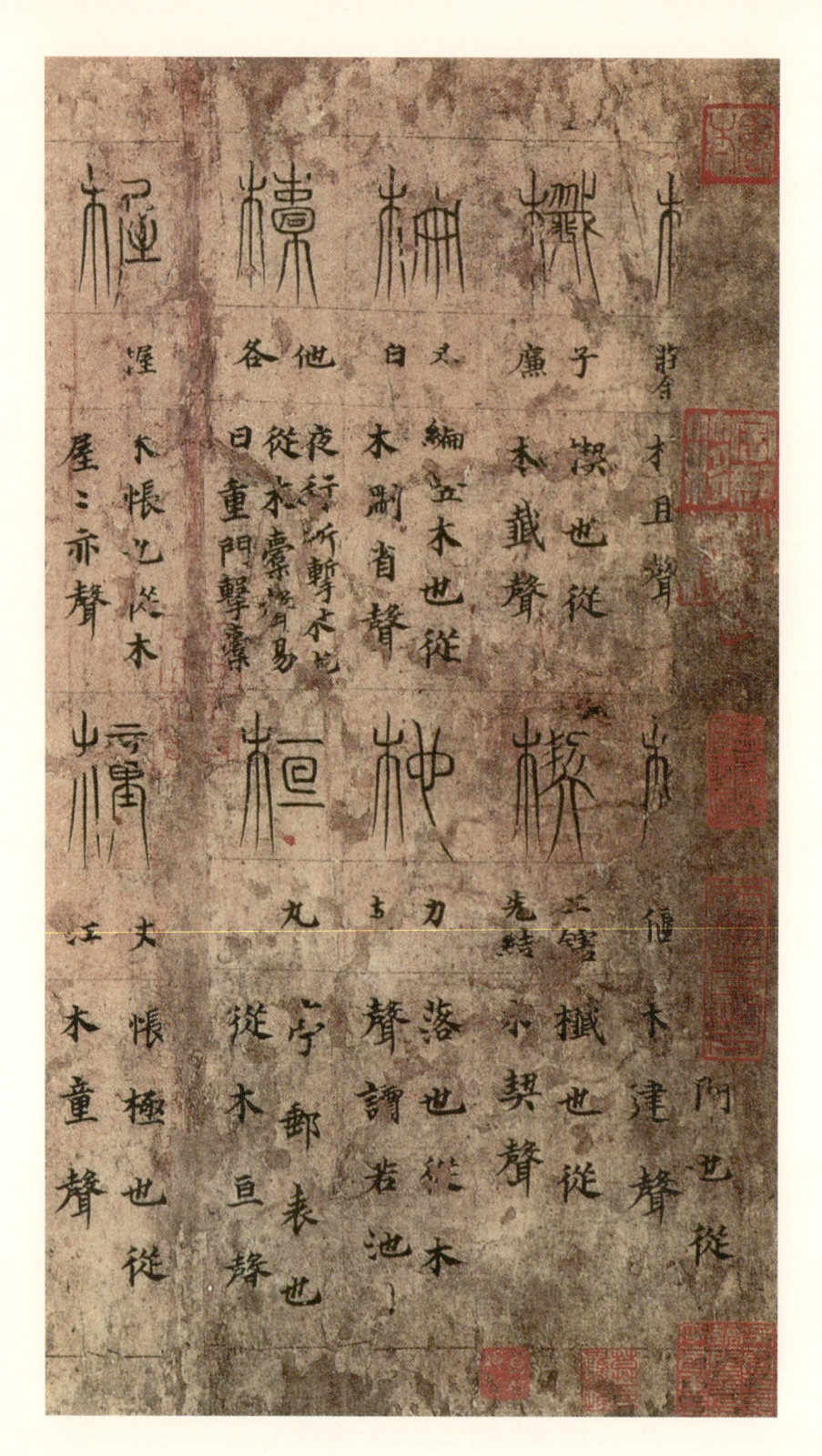

唐写本《说文·木部》残卷

褚摸王羲之蘭亭帖

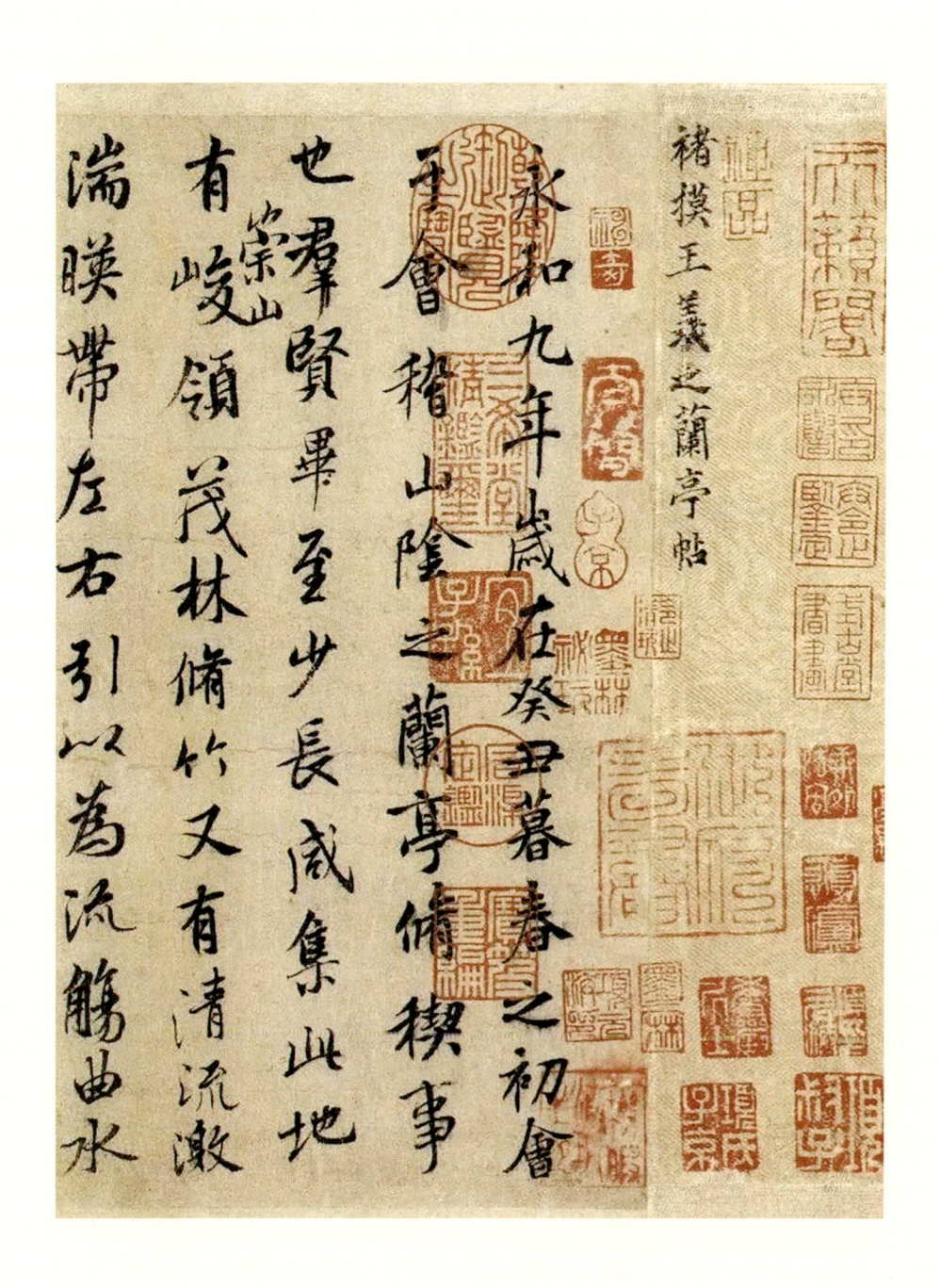

永和九年歲在癸丑暮春之初會于會稽山陰之蘭亭俢禊事也羣賢畢至少長咸集此地有峻領茂林俢竹又有清流激湍暎帶左右引以為流觴曲水

《兰亭集序》

古文字學導論 二十五年改訂本

秀水 唐蘭

引言

這部書裡所論述的有三部分。第一，確定古文字學的範圍，並述其戀史。其次，由最近研究古文字的所得推論文字的發生和演變糾正舊時文字學上的錯誤，並建立新的理論。最後，闡明研究古文字的方法和規律。

這種研究，在目前是很重要的，但還沒有人去做過。專門學者往往只守住極狹小的範圍，做些瑣細的工作，而忽畧於有系統的研究。坊間雖羅列着許多關於文字學的新著，大半是庸俗愚昧的作品，端以剽竊鈔纂為能事。只因學校裡既有這種課程，就胡亂編些教科書來充數，在這種書裡當然不會有一貫的理論的。自然有一部分的作品，是較高明的，但也沒

唐兰《古文字学导论·引言》

目 录

认识汉字 ………………………………………………… 1
  了不起的汉字 …………………………………………… 3
  历史悠久的汉字 ………………………………………… 13
  书写与汉字形体的发展演变 …………………………… 24
  汉字的魅力 ……………………………………………… 43
  敬惜汉字 ………………………………………………… 55
  关于汉字发展历史的一些基本认识 …………………… 58

汉字与中华文化 ………………………………………… 63
  汉字里的中国文化 ……………………………………… 65
  汉字与中华文化之存续 ………………………………… 73
  让古老汉字为文化自信注入力量 ……………………… 83
  古老汉字焕发时代风采 ………………………………… 85
  探究和阐释古文字蕴涵的奥秘 ………………………… 88
  汉字是两岸人民共同的精神家园 ……………………… 91
  多层次展现汉字文化的独特魅力 ……………………… 94
  对中国语言文字博物馆建设的建言 …………………… 98
  努力打造汉字文化名城 ………………………………… 100

汉字研究 ... 103

- 语言文字研究要自觉服务国家语言文字事业发展大局 ... 105
- 《说文解字》何以成文字学千古经典 ... 108
- 《说文解字》与汉字阐释学 ... 120
- 汉字研究 70 年：从传统学术到现代学科 ... 130
- 中国古文字研究会应时而生 40 年 ... 135
- 开创新时代古文字学发展的新局面 ... 138
- 大力开拓近代汉字研究 ... 140
- 东亚汉籍与汉字传播研究 ... 143

学科建设与人才培养 ... 149

- 文字学与中国语言学理论体系的建构 ... 151
- 章太炎、黄侃对《说文》研究的贡献 ... 160
- 于省吾先生与吉大的古文字学教育 ... 163
- 李学勤先生不朽的学术人生 ... 168
- 裘锡圭先生的治学为典为范 ... 172
- 何琳仪先生在安大 ... 176
- 致古文字与出土文献青年学者西湖论坛 ... 179
- 强基计划助力古文字学专业人才培养 ... 181
- 强基计划古文字学人才的培养 ... 183
- 探索完善强基计划古文字学人才培养机制 ... 189

出土文献与古代文明 ... 195

- 出土文献与汉字研究 ... 197
- 出土文献语言研究的回顾与展望 ... 201
- 数字时代古文字的传承和传播 ... 209

略说清华简的重大学术价值 …… 213
　　清华简的文学价值 …… 217
　　《清华简》（柒）"语类"文献与晋文公史事 …… 222
　　《清华简》（玖）新发现的珍稀文献 …… 225
　　传统的力量：清华简的当代价值 …… 231
　　清华简：中华文化的瑰宝 …… 234
　　谈谈新见战国竹简《诗经》的文化意义 …… 238
　　略说《仲尼曰》《曹沫之陈》的文献价值 …… 254

汉字文化访谈 …… 263
　　让古文字"活"起来 …… 265
　　谈出土文献研究的新进展 …… 273
　　汉字研究呈现全面发展的新气象 …… 282
　　了不起的汉字，迎来最好的时代 …… 286
　　甲骨文改写了汉字研究的历史 …… 295
　　横平竖直的前世今生 …… 299
　　如何从汉字之美认识中华文明 …… 310
　　汉字新识：让文明之光照耀古今 …… 314
　　汉字传承的守望者 …… 341

后记 …… 380

认识汉字

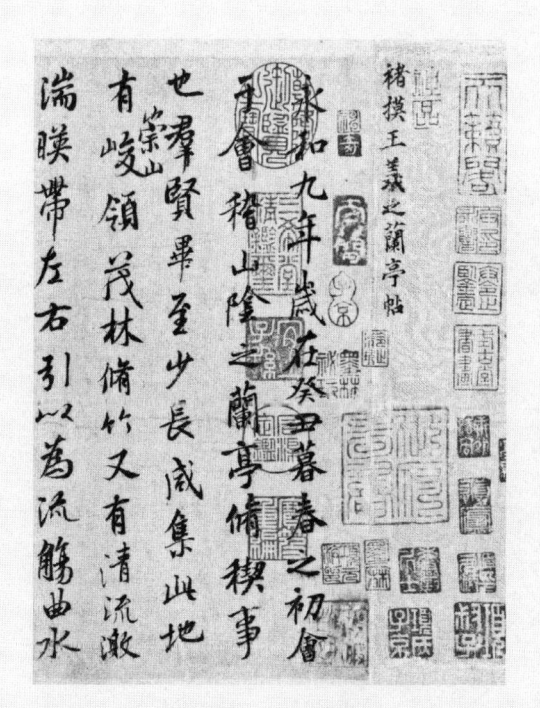

王羲之《兰亭集序》

汉字是世界上现存的唯一持续使用的自源古典文字。经历了漫长的历史发展和沿革，汉字成为一个极为复杂的文字体系。

　　三千多年来，汉字化解了三次大的困境和危机（造字困境、书写困境和存亡危机），确实是了不起。

　　汉字融入每个中国人的生活中，融入我们的深层心理结构中，没有汉字，中国人的灵魂就没有地方摆放，因为汉字使我们变得丰富，使我们在世界上独树一帜。

了不起的汉字

引子：什么是"汉字"？

我经常被人问："汉字是汉代的文字吗？""汉字是汉民族用的文字吗？"准确地说，"汉字"是指记录汉语的文字或书写系统。其实在先秦不叫"汉字"，叫"文""字""书""名""书契"。"文"和"字"连在一起是从秦始皇时代开始的，当时推行"书同文字"，这个名称一直延续到近代。近代因为相对于外国文字，所以又称为"中国文字"。中国文字除了记录汉民族语言的文字外，其实还包含了少数民族文字，因此把记录汉语的文字称为"中国文字"也不太准确。"汉字"这个词中古就出现了，但作为文字学术语的"汉字"，其实是现代才开始流行的概念。

那么，汉字是如何起源的？什么时候开始有汉字的？先秦时代古人就想把这个问题弄清楚，但是一直没有说明白，只留下了一些猜想和传说。最有名的说法是"仓颉造字"，说的是黄帝的史官仓颉受到鸟兽的足迹启发创造了文字，但这个传说没有办法证实。

中国现代考古学发展以后，考古学家在地下挖掘出许多早期与文字有关的刻画符号，这些资料为探讨汉字起源提供了线索。例如，河南舞阳贾湖遗址发现的龟甲上有一些刻画符号，其中有个符号像人的眼睛（图一），它是不是汉字的前身呢？如果是的话，那可不得了，距今有七千五百年，但目前还难以证实这些符号就是汉字的前身。

图一　贾湖遗址刻符龟甲

距今五千多年的西安半坡仰韶文化遗址（公元前5000—前3000年）里出土的彩陶上一共有59种不同的符号（图二）。20世纪70年代就有学者写文章，根据这些刻画符号讨论汉字的起源，说汉字至少有五千多年的历史了。

在其他不少地方也发现了早期刻画符号，例如浙江良渚发现的良渚文化遗址（公元前3300—前2300年），以及山东半岛大汶口发现的大汶口文化遗址（公元前3100—前2600年），在出土的玉器或陶器上都发现有图形性的刻画符号（图三、四）。但都不能肯定这些早期的符号与文字有直接的关系。

与汉字有直接联系的，目前发现最早的是山西襄汾陶寺遗址（公元前2600—前2000年），这里发现的陶罐上出现了"文字"的"文"（图五），这个字肯定是汉字的前身，除此以外还有其他的符号。这样一算，汉字历史就有四千多年，这个时代相当于史书记载的夏代。我们读司马迁的《史记》，三皇五帝夏商周，从夏代开始才有完整的世系记载，自大禹一代一代传下来，这恐怕不是偶然的，汉字完全有可能在夏代已经形成。

图二　西安半坡仰韶文化遗址彩陶符号

图三　良渚文化遗址刻画符号

图四　大汶口文化遗址
　　　刻画符号

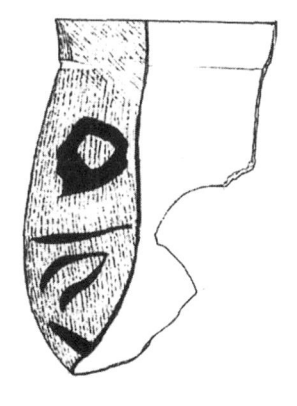

图五　襄汾陶寺遗址"文"字

一、第一次：造字困境

在漫长的历史进程中，汉字曾经历了三次重大困境和危机。

第一次是构形困境、造字困境。

从夏代到殷商甲骨文，其间经历了很长时间的发展，所以我们看到甲骨文是成系统的、完善的文字体系。

就甲骨文来看，早期的汉字构形方式是以形表意，客观上有一个物象，把这个物象描写下来造一个符号，就是所谓的象形字。用东汉文字学家许慎的话讲是"画成其物,随体诘诎",即把物象画下来,随着物象的形状形成弯弯曲曲的线条。

如果看到动物,就干脆画一个动物,例如"象",一看鼻子这么长的动物就是大象的"象"。例如凤凰的"凤",是一只鸟,头上有花冠,还有长长的尾巴。例如"车"字,一看就是一驾马车。

象（🐘）　　凤（🦅）　　车（🚗）

有些字不太好用象形表示,例如"上""下",但是古人很聪明,"上""下"是相对应的概念,画一横作参照,在长横上面画一个短横就是"上",长横下面画短横就是"下",长横可以写得弯曲一点。这就是指事字。

上（⼆）　　下（⼆）

"本、末、朱"也是指事字。"本"是根本,是树的树根,所以"木"下面加一横就是"本",现在讲根本、本原,就是由树根的意思引申而来;"末"是末尾、树梢,树的上部,就在"木"上面画一横;"朱",表示红色,树的心是红的,于是"木"中间画一横。

本（本）　　末（末）　　朱（朱）

这真是很奇妙,"见形知义"。

有很多人说汉字太好了,一看就知道是什么意思,但其实不是那么简单,有很多符号实在没有办法画出来。例如"思考"怎么画?画不出来。我们讲话的时候有很多虚词,古人讲话有"之乎者也",这些虚词也画不出来。这就是汉字遇到的第一个困境,很多东西无形可象,造不出字来,这个文字系统就没法完善,如果找不到解决办法,这个符号系统就要走向灭绝。

古人很聪明,想到两个办法。第一个办法是假借,抽象的概念造不出字来,就用同音符号替代。据统计,甲骨文中有70%的字是假借字。

除了假借，还有另一种造字方法，就是用一个符号表示这个字的意思，再借一个符号来表示这个字的读音，把意义和声音合在一起就是形声造字法。例如"鸡"字，拿一个"隹"字加上"奚"声就造出来"雞（鸡）"字。形声字一出现，汉字造新字就突破了原来的困境。

鸡（🐦 + 🖐 = 🐦）

形声造字法用起来非常便利，于是在西周时期就迅速发展起来。根据研究，西周时代80%的新造字是用形声造字法造出来的。到春秋战国时代，语言文字快速发展，春秋时代的新增字中有96%用的是形声造字法，战国时代新造的字有99%用的是形声造字法。这样一来，汉字就突破了"无形可象"的困境，走上了方便造字的康庄大道，任何新字都可以用形声造字法创造，直到现在我们还在用这个方法造字。

二、第二次：书写困境

造字困境突破以后，并不是万事大吉，很快遇到了第二个困境，就是书写困境。

早期的文字，象形性很强，按照形象弯弯曲曲去写。到了春秋战国时期，社会发展非常快，文字使用面越来越广，连一般的工匠制造器物也在上面标识文字。工匠写字不可能像庙堂之人那样坐在那里描摹，于是追求简省，这种简省就改变了早期文字的一些形态。也就是说，按传统的写法，汉字又进入一个困境，即古体汉字书写效率低下，和现实用字要求快捷方便形成了矛盾。

怎么突破这个矛盾？有些人开始草率地书写，改变它原来的样子。战国时已经开始出现这个现象，例如一些兵器上的字，不专门考证没有办法辨认，写得很潦草，人们通过这个办法来突破书写效率低下的困境。这种突破改变了古文字的书写系统，带来了整个文字系统的古今转型。

秦简上的字改变了篆书曲线笔画，线条趋向平直，这就是早期的隶书。秦始皇统一中国后，推行"书同文字"的文字政策，用的规范字体是小篆。但是一般的日常用字使用的是隶书，隶书就是篆书的简写，把篆书弯弯曲曲的线条变成平直的笔画，这就是所谓的"解散篆法"。

这种发展一直延续到汉代。马王堆帛书是汉代早期的材料，就是隶书。一直发展到汉武帝时期，隶书成熟了，例如北京大学收藏的汉简，就是成熟的隶书。隶书的成熟形成了新的字体，改变了古文字的形态和面貌。象形性很强的篆书形体到了隶书阶段，看不到字形和字义的关系了。例如甲骨文中手抓着大象鼻子是"为"，是一个动作，是用手牵着大象，金文还能看到大概的样子，但是小篆已经看不清楚了，到隶书以后，这个"为"字一点也看不出来和大象有关。

（甲骨文）　（金文）　（小篆）　（隶书）

正因为隶书的变化，古文字变成了今文字，今文字指的是隶书，古文字指的是小篆以前的文字。

隶书写得很美化，"一波三折，蚕头燕尾，左右分背"，用笔"波挑"，写起来也很慢。到东汉的时候，进一步发生变化，书写更加直来直去，就产生了新隶体。从东汉开始，经过不断发展，到魏晋时期隶书发展成为楷书。隶、楷都是今文字，楷书只是隶书的楷正化，所以早期的楷书也叫隶书，我们现在分开了。这样就彻底完成了汉字的古今转变，这个转变最后使汉字形体从书写效率低下的困境中走出来，变得更加快捷。楷书是汉字形体发展的极致，汉字的笔画系统和方块字形态，至楷书最终确立。

但是前人觉得隶书的书写还不够快，于是汉代还出现了草书。草书就是隶书的草写，笔画和笔画连带在一起，写起来随心所欲，从汉代的章草，进一步发展到后来的今草。草书为什么要草？最早还是为了追求书写便捷，但是太快速、太便捷写成一个轮廓，辨认起来很困难，规律性不强，所以过犹不及，就没有作为一种正规字体推行开来。

比草书规范一点，比楷书又快一点的中间状态，是行书。行书"风流婉约",写得很漂亮,最好的行书是王羲之的《兰亭集序》(图六),号称"天下第一行书"。行书也是适用的手写体。

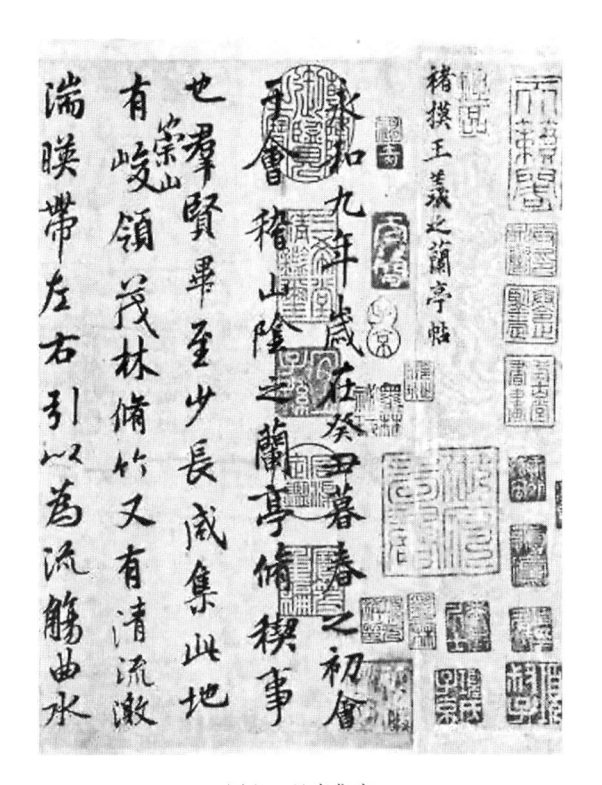

图六 兰亭集序

汉字从古老的形态转化成抽象的符号,使得汉字突破了第二个困境。这个过程时间跨度很长,从战国开始酝酿、试验,经过了秦汉之际,然后经魏晋到隋唐楷书才完全成熟。

三、第三次:存亡危机

印刷术和科举制度对汉字的稳定发挥了重要作用,汉字的地位越来越高,成为一个相当稳固的系统。

然而,更大的危机还在后面,甚至关系到汉字的存亡。

18世纪西方发生了工业革命,开始了现代化历程,实力大增,日本明治维新后也开始学习西方。随着鸦片战争、甲午战争的失败，国家民族陷入危亡关头，怎么办？有一部分人开始反思，要改革，要学习西方，提出"师夷制夷"。

1902年吴汝纶到日本考察，回来以后建议要像日本人那样重视教育，改革语言文字，统一国语，向西方学习使用拼音文字。为什么语言文字跟现代化有关呢？他们发现欧洲人用的是拼音文字，日本人学习欧洲，用五十音图，学习拼音文字很快，而汉字太难学，于是想从语言文字上进行改革。

这个过程中真正对汉字改革影响比较大的，是五四时期的新文化运动。其中最有名的是钱玄同，他说"欲废孔学，不可不先废汉文"，说汉字"此种文字，断断不能适用于二十世纪之新时代"。汉字本来是神圣不可侵犯的，却在西方文化的冲击下面临存亡危机。

当时汉字改革的讨论非常热烈，社会上的一些精英人物都支持拼音文字，废除汉字，像蔡元培、胡适、陈独秀、赵元任、黎锦熙、傅斯年、鲁迅这样的代表人物，都支持钱玄同的观点，要废除汉字。在此基础上提出了一些具体方案，例如赵元任等提出的《国语罗马字拼音法式》。

同时，共产党人瞿秋白、吴玉章、林伯渠、萧三在苏联制定了一个拉丁化的字母方案，并且还在海参崴开了一次代表大会。这个新方案于1933年前后传到国内，当时有680多位名流签名表示支持这个拉丁化新文字。拉丁化新文字在解放区、国统区都进行了推广，印了很多材料和读物，是当时影响最大的方案。

后来，因为抗日战争的原因，文字改革问题被搁置。民族救亡图存的过程，也是中国现代化转型的时期，古老的汉字被推向生死存亡的悬崖边缘，实际反映的是古老的中华农耕文明的生存问题。

1949年新中国成立，继续推动文字改革，国家在建设初期就成立了文字改革委员会。1958年的政协报告《当前文字改革的任务》，提出了简化汉字、推广普通话、制定和推行汉语拼音方案三大任务，这三个措施基本上是继承了近代以来的语文现代化之路。1956年公布《汉字简化方案》，在中国大陆推行简化字，《汉语拼音方案》很快也推行了，并且成为联合国拼写中国人名、地名的规范。

三千多年来，汉字就这样突破了重重危机发展到今天，成为世界上独一无二的古典文字，成为中华文明的智慧象征。

四、信息化时代，汉字会消亡吗？

最近还有人在说，汉字还要简，越简越好。也有人说，汉字必须搞拼音化，与西方的文字保持一致，因为汉字太落后、太古老了，写起来不方便。

今天，汉字从危机中走出来了吗？未来汉字会不会消亡？

其实，汉字是我们自己的文字，我们深厚的历史、文化和传统决定了我们不可能废除汉字，把汉字废除了我们就不能走向历史，我们的文明就中断了。汉字融入每个中国人的生活中，融入我们的深层心理结构中，没有汉字，中国人的灵魂就没有地方摆放，因为汉字使我们变得丰富，使我们在世界上独树一帜。

通过简化汉字，我们的教育普及了；通过推广普通话，语言基本统一了；通过拼音，和西方接轨的问题解决了，外国人翻译中国的东西，不能全用英文翻译，例如人名、地名，用汉语拼音就解决了这个问题。如果没有简化字、普通话，我们的教育不会像现在这样普及，如今我们又进一步实现了高等教育大众化，这些了不起的成就，都是建立在语言文字现代化的基础上。可以说，语言文字现代化是现代化的基础工程。其实无论是西方还是日本，进行现代化、工业化的过程中，都有一个语文现代化的过程，语文现代化的本质就是规范化、标准化。

三千多年来，汉字化解了三次大的困境和危机，确实是了不起。汉字从古到今成为唯一还在使用的古典文字，与时俱进，生生不息，就是由于因时而变，在自身的文化要素中寻找新的生存要素。

总结文字的发展，这个"变"就是适应社会需要，适应、应用是它的根本，造字危机的解决是为了发展应用，走出书写困境是为了应用，所以现代化转型也是这样，我想未来也会如此。

也许有人会说，21世纪了，信息化已经发展到大数据、云计算、人工智能，我们现在不需要写字了，汉字还有什么用？但是我相信，汉字在信息化时代一定会有自己的发展之道，一定会沿着它的历史轨迹向前走，因为文字是文明、是历史、是文化、是审美，中华文明只要能够持续发展，汉字就一定会永远存在。随着我们国力的强大，随着中华文化走向世界，汉字的地位也会越来越高，因为任何语言文字的强大都是与其民族文化的强大、发展相关的。

【编按】"人文清华"讲坛于2016年1月开启，是清华大学传播新人文思想，以人文精神培育学生，并向社会开放的人文系列讲座。本篇据2018年11月28日在"人文清华"讲坛所作演讲，由马晓稳协助"人文清华"团队整理而成。演讲部分内容以《汉字在历史上的三次突破》为题刊登于《光明日报》"光明讲坛"栏目（2018年12月23日第6版），《决策探索（上）》（2019年第1期）、《新华文摘》（2019年第5期，总第665期）、《档案与社会》（2020年第1期）等先后刊登或转载。演讲全稿收入张小琴、江舒远主编：《守望与思索：人文清华讲坛实录Ⅲ》，清华大学出版社，2019年，第293—312页。

历史悠久的汉字

我们谈的这个题目是"汉字中国"的一部分,到河南来讲汉字是一个非常有意义的事情,因为河南可以说是汉字的圣地,无论从汉字自身的发展历史还是从汉字研究的历史来看,我们都越不过河南。如果一个研究汉字的学者不到河南来,或者是不研究河南,可能他不能算是一个真正的汉字研究者。根据这一次"汉字中国系列讲座"的安排,我主要是从总体上来讲讲汉字的发展与研究,上午我讲的题目是:历史悠久的汉字。

汉字从产生、发展到今天,经历了一个非常漫长的历史过程,我们这个题目主要是对汉字的形成、发展、演变和现状做一个比较概略的、整体的介绍。

我们谈汉字的悠久历史,首先要认识到它是自源性的文字,也就是从中国本土起源的文字。因为在世界文明发展史中,有很多国家所使用的文字不是自身创造的,是从其他民族学习接受过来的,而汉字是在中华文化背景下,在中国这片土地上自己形成的,是我们祖先自己创造的,这是它的自源性的特点。另外,它又有其延续性。汉字从产生一直到今天,几千年来发展延续,这一点在世界上是独一无二的。来源古老的文字,比如大家都知道的苏美尔人的楔形文字、古埃及象形文字,在发展和传播过程中,它们的历史都中断了,只有汉字几千年来持续不衰地使用,而且没有发生根本性的变化,延续性是汉字的另一个很重要的特点。

汉字在几千年的发展中，一直保持相对的稳定，因为延续性决定了它的稳定性，只有保持相对的稳定它才能够延续至今；同时，它又在延续的过程中不断发展变化，而正是这种发展变化才使得它能够适应语言的发展和社会、历史、文化的发展进步，保持它的生命之树常青。试想如果汉字没有稳定性，那就无法保持它的延续；如果没有它的发展，就很难适应语言社会的发展，这时候在实际运用中就可能会发生问题。所以，从这些特点看，汉字本身在世界文化史上可以说是一个奇迹。人们都说中国的历史源远流长，中国文化的内涵极为丰富，我们可以找到很多反映中国悠久历史文化的样本来进行具体的阐述，而真正最典型地体现中国历史文化的沿革、发展及其丰富内涵的可能是汉字。

中国任何传统文化的样本都不可能像汉字这样，能够把几千年的文明史比较全面地记载下来，并且从汉字系统本身就能看到中华文化的发展、沿革、变化和创新，我想就这一点来说，也是我们这一次讲座——"汉字中国"的意义所在。比如说建筑、绘画、中医、饮食、服饰、戏剧、习俗等，都可以从一个侧面反映中国文化，只有汉字是全面、系统、完整地体现中国文化内涵的。外国学者在认识了解中国文化的时候，曾经有人说过："汉字即中国文化。"也就是说，了解了汉字就了解了中国文化，这是一个非常简单而直接的概括。

随着国力的强盛，全世界在关注中国发展进步的同时，也希望更好地了解和认识中国，了解认识中国就是要了解博大精深的中国历史文化，要了解中国博大精深的历史文化就得要了解汉字、了解汉语，于是学习汉语汉字成为一个热潮。为了适应世界对中国的这个需要，我国加大"汉语国际推广项目"的实施力度，与国外知名大学联合建立相关教育机构——孔子学院，在世界范围内推广汉字、汉语和中国文化。孔子作为儒家学说的创始人和古代伟大的教育家，有着广泛的国际性影响，用他的名字作为中国语言文字和文化教育机构的符号很有代表性。这也说明了汉字、汉语和中国文化的重要地位和影响。

汉字是一个沿用几千年不废的文字体系，今天在座的都使用汉字，说汉语。就汉字来说，中国的老百姓和读书人到底对它知道多少？是不是了解汉字的整个历史发展面貌呢？可能大多数人还不是很清楚。原因很简单：第一，汉字的历史太久远了；第二，它的发展太复杂了；第三，没有机会进行系统的学习。

下面我们就来介绍一下汉字发展演进的大体脉络。

我们说汉字源远流长，那么到底汉字是什么时候起源的呢？这个问题不是我们今天才问的，我们的祖先早就在问这个问题：到底汉字是怎么来的，是谁创造的呢？在中国有一个很古老的仓颉造字的传说，这个传说在一些先秦的文献中就有记载。传说仓颉是黄帝时代的一个史官，他看到飞鸟走兽的脚印，发现这些动物的脚印可以辨别它们不同的种类，于是受到了启发，就开始创造文字。创造文字是一件伟大的事业，《淮南子·本经训》里面记载说：仓颉创造文字的时候，"天雨粟，鬼夜哭"，感天地惊鬼神，说明文字的发明是一件了不起的大事情！文字的出现改变了人类社会的进程，使中华民族进入文明的时代。

汉字的出现标志着中华文明正式形成。研究世界文明史的一个共识，就是一个文明的形成，文字的发明是重要的标志。当然传说是传说，汉字是怎么形成的，古人早就想知道，当没有办法给出确切解释的时候，于是他们创造了神话传说，这也是所有的神话传说产生的一个重要的特点。虽然古人回答不了这个问题，但是现代考古学的产生却为我们寻找这个答案提供了机会，考古工作者发现了不少探讨汉字起源的新线索。

近百年来，现代考古学引进中国以后，对整个历史文化的研究产生了广泛而深远的影响。在中国的西北、中部、东南地区发现了很多新石器文化遗址，多处遗址发现了刻画符号，这些符号有的是保存在石器和陶器上的，也有保存在其他材料上的，它们是有关文字起源的新证据。比如在河南省舞阳地区的贾湖遗址发现了一些龟甲上刻有符号，有研究者认为，这可能与早期文字的起源有关系，年代比较早，距今八千年左右。我们认为，贾湖刻画符号有两点值得重视：第一，它是刻在龟甲上的；第二，它的造型与后来的甲骨文有很多相似性。

此外，还有很多遗址发现了刻画符号，我们不妨来简单回顾一下：

比如说在安徽，传说大禹治水娶涂山氏为妻，三过家门而不入，许多学者认为那个大禹治水会诸侯的涂山就是今天安徽蚌埠市的涂山。就在涂山附近发现了一个双墩文化遗址，距今也有七千多年，遗址中有刻画符号的陶器残片600多件，这是一个重要发现。经过研究，这些陶器刻画符号明显具有表意的功能。学者们很关注这些符号的性质，试图去解读它，并揭示这些符号与汉字的起源有什么关系。

大家更熟悉的仰韶文化，时间稍后一点。20世纪50年代，西安半坡仰韶文化遗址也发现了刻画符号，许多研究汉字起源的学者甚至直接将这些符号与汉字的起源结合起来讨论。不仅中原地区发现了刻有符号的陶片，像南方的太湖地区的崧泽文化也发现了这样的符号。

特别是良渚文化陶文符号和玉器符号非常丰富，在一些陶罐上面还出现若干符号排列成串刻写的，这似乎表明这类符号已经发展到能记录语言的程度了。近年来，良渚文化遗址陆续有一系列重大发现，显示这种类型文化的发展程度已经接近或进入早期文明时代。

还有山东大汶口文化陶文符号，这也是很有名的。大汶口文化陶文符号被公认为与汉字最相近，一些学者将其与汉字对应来释读，如被释成"旦"的那个符号，符号上部分"圆圈"是一个太阳，下面是云气，再下是山峰，有学者说太阳带着云气升到山头上，不就是早晨，不就是"旦"吗！当然也有人给出其他的解释。把它们和汉字联系起来进行解释，是很多学者走过的道路，当然也有先生不同意这样的看法。这个符号在其他大汶口文化遗址里也曾重复出现，比如安徽蒙城尉迟寺陶器大口瓮上就刻着这个符号，说明这类符号有一定的流行范围。

还有山东邹平丁公村陶文。这片陶文公布以后，当时曾经报道说山东丁公村陶文使汉字的历史提前了800多年，现在看来那是一个非常不谨慎的结论。这个陶片有十几个符号连写，很多人认为这是一种文字并作出各种解释，但是都不可靠，因为没有充足的证据。丁公村陶文是不是汉字的前身还值得讨论，很多人并不倾向这么看，不过至少有一点得到认可，那就是这些符号连起来写可能已经记录语言了，是一种文字符号。还有江苏的龙虬庄陶文也是多个符号连续排列的。

从以上这些简单的介绍可以看到，在中国的中原地区、西北地区、江南地区以及东部沿海地区都发现了新石器时期的刻画符号，虽然还不能说这些符号就是汉字的前身，我们却可以看到，在中华大地上，先民们在新石器晚期这个时代创造了很多记录或者表达某种意思的符号。由于历史这么久远，保存下来是因为很多偶然性因素，今天能发现它们也有很多偶然性因素，因此，这些符号虽然是零星的，却弥足珍贵，不能因为少就忽视了它们的重大意义。我们认为，新石器晚期各地发现的刻画符号，至少揭示出汉字起源创制的典型的文化背景，为今天探索汉字的起源提供了难得的线索。

经过了新石器时代的发展以后，当中国的历史进入传说中的夏代时期，也就是公元前21世纪左右，汉字可能已经出现甚至发展成为比较完善的体系了。从夏代开始，中国的历史记载就比较完整了，夏代的历史从公元前21世纪到公元前17世纪，只是目前在典型的夏文化遗址中还是没有发现大量的文字符号。有学者论证在河南登封王成岗遗址发现的个别符号、河南偃师二里头刻画符号都是夏代文字的遗存，这是一个有待证实的重大问题。根据史书的记载以及考古发现的相当于夏代时期城市遗址和新石器晚期各地刻画符号的发展，可以判断夏代已经进入文明时代，汉字在夏代已经成熟可能是无法否定的事实。尽管现在我们没有发现像商代甲骨文那样的夏代文字资料，涉及商代的历史文献中还是能够找到一些线索的，如《尚书·多士》说："惟殷先人，有册有典，殷革夏命。"典册就是用文字写的书，《尚书》说殷的先人有典册，但什么时代没有具体说。这个"有"到底是已经有了呢？还是别的什么意思呢？我们认为，"有册有典"的"有"可能是"占有"的意思，因为后面接了一句"殷革夏命"，就是殷人打败夏以后，占有了夏部族的权利范围，也占有了夏的典册。《吕氏春秋·先识览》说：夏桀将亡，太史令终古背着夏的图册投奔商人。这说明夏是有图册的，有图册就是有文字记载，就是有成熟的文字。从甲骨文的成熟和发达，很难想象在中国历史文献详细记载的夏代汉字还没有形成，我们期待着夏文字资料更多的考古发现。

目前能见到的真正成系统的汉字资料，是河南安阳小屯村殷墟发现的甲骨文。殷墟是殷商晚期都城，从盘庚迁殷到纣覆亡，270 余年殷王朝一直建都在这个地方。考古学家在这个地方发现了大量的宫殿遗址，还有大量的甲骨文。甲骨文距今有 3 300 多年，从 1899 年被认识，到现在发现的有字甲骨差不多有 15 万片，单字有 4 000 个左右。甲骨文主要是刻写在龟甲和牛肩胛骨上的，也有少数是用红色颜料和软笔写出来的，可见中国用毛笔书写的历史是很悠久的。甲骨文基本上反映出殷商时期汉字的面貌，汉字造字的基本方法、汉字形体结构的主要类型、汉字记录语言的方式在甲骨文时期都已经确定了。此后三千年的汉字历史只是延续，只是在不断发展完善的基础上做一些细微的调整，再也没有发生根本性的变化。

除了甲骨文以外，保留古代汉字的还有一种材料就是青铜器。青铜器是用锡铜合金制造出来的器物，其广泛使用主要是在商、周时代，大致可以追溯到公元前 21 世纪到公元前 3 世纪，这个时代研究中国历史的也称它为青铜时代。青铜时代是中国文明的辉煌时代，青铜器包括礼乐器、祭祀器、陪葬器、兵器、劳动工具和生活用具等。器型宏伟、纹饰精美的商周青铜器是中国文化的奇葩，青铜器上铸刻的铭文资料对研究商周的历史文化和文字的发展非常珍贵，特别是对汉字发展的研究，它们是直接的样本。青铜器上的文字就叫"金文"，就像在龟甲、兽骨上刻的文字简称为"甲骨文"，它们的命名方法是一样的。

通过对商周时期代表性的青铜器和铭文的观察，可以看出，商代器物上的文字与同时期的甲骨文相比有所差异。甲骨文是用刀刻出的，笔画比较细瘦劲直，并不是那么"象形"；而青铜器上的文字则笔画肥厚柔婉，非常形象，体现出早期汉字的象形性特征。

西周早期的铜器铭文已经有了发展，比商代的字形线条更抽象一些，一些字的象形特征逐步消失。西周中期的铭文越写越整齐，笔画写得圆润匀称，粗细一致，线条化倾向越来越明显，越来越脱离原始的形态。西周晚期的铭文，文字线条宛曲柔美，形态风格与小篆已经越来越接近了。到了春秋时期，诸侯铸器慢慢增多，文字地域风格逐步显现。这种变化积累到战国时代，一方面在"诸侯力政，不统于王"的大背景下，"言语异声，文字异形"，不同的地区形成了不同的书写风格；另一方面战国时代文字使用的范围非常之广，不仅在礼器等重要的器物上铸刻铭文，而且其他书、刻写载体众多，如竹简帛书、生产生活工具等，这一时期的材料显示，当时文字异形分歧日趋明显，大量草率简省、俗讹形体广泛流行。总体看来，战国文字内容丰富，字形多变，是中国文字发展史上一个重要的历史时期。如果说商周文字的延续非常规范，一步一步地传承发展，循规蹈矩，到了战国时期文字则发生了急剧的变化，也正是由于这种急剧的变化奠定了中国文字后来发展的格局。

我们进一步观察春秋战国文字的样本，很明显秦国文字与西周文字风格比较接近，无论是春秋时期的石鼓文，还是秦始皇时代的诏书，风格一直没有发生大的变化。战国文字按照地域风格，可以分为齐、燕、晋、楚、秦五大区系。这些不同区系的文字资料以楚系最为丰富，近年来楚国竹简有许多重大发现，如归于楚系的曾侯乙墓竹简、包山楚墓竹简、郭店楚简、上海博物馆收藏的楚竹书，以及最近清华大学收藏的楚简，都是非常重要的资料。楚文字具有致的风格，笔画纤细流畅、字形结构优美，有不少独特的形体和异形异构，与其他区系的文字形体差别明显。东周大量的文字资料样本，给我们展示了一个丰富多彩、异常复杂的战国文字体系。

随着秦始皇统一中国，战国时期汉字快速发展造成的地域分歧就成为一个需要面对的问题，实现"书同文"，把不同区域的文字异形予以规整统一，与"车同轨"、统一度量衡一样，成了秦始皇的一个重要的政治任务。秦始皇是怎么统一文字的呢？这就涉及对秦文字的分析考察。这里所说的"秦文字"是指秦统一到汉初这个阶段的文字。前面已经指出，春秋战国期间秦国的文字一直延续着西周文字的发展脉络，与六国文字有很大的差别，与西周晚期的文字差别却不大，秦文字可以说代表了汉字延续的正宗。秦统一文字的标准字体是小篆，前人认为，所谓小篆就是在大篆的基础上"颇加省改"创造出来的，这个看法大体不错。作为当时统一文字的标准字体，小篆实际上是从古代汉字发展而来的，构形源头可以追溯到殷商甲骨文，战国时期秦文字就已经体现出后来"小篆"的主要形体特征。小篆成为标准字体以后，古文字再也没有多少发展的空间了，所以说小篆是古文字的终结形态。

秦始皇用小篆统一六国的文字主要是出于维护一个大一统的王朝的需要，对汉字发展而言则促进了形体的规整划一。问题是小篆是否真的起到过统一和规范当时文字使用的作用呢？过去认为是的，但随着考古新资料的发现，人们发现并不是那么一回事。从现在考古发现的材料来看，秦始皇用小篆统一文字的目的并没有真正达到，只是在一些重要的场合小篆确实起到这样的效用，而在一般民间场合，书写者随手写的却是"隶书"，这样就形成了官方正式文本和一般社会用字的差异。

隶书的形成过程，文字学家称之为"隶变"，即从篆书向隶书的转变。正是"隶变"奠定了今天书写的汉字形体的基础，"隶变"是由于草率便捷地书写小篆形体逐步积累的变化，在战国秦文字资料中隶变就已经开始了，如秦武王二年的青川木牍，上面的字形基本上可以看作是通过隶变形成的早期隶书。文字学家一般把秦代的隶书叫古隶书，或者叫秦隶，把汉代以后的隶书也就是标准的隶书叫汉隶。就在秦始皇用小篆"书同文字"的同时，隶书逐步发展并很快取代了小篆的地位，成为汉代通行的字体。小篆只是在一些重要的场合偶尔使用。隶书的形成和定型，表明汉字发展到了一个新的历史阶段，也就是隶楷阶段，或称作近代汉字阶段。

下面我们谈谈汉代以后的隶书和楷书。大家也许想知道隶变具体是怎么发生的，这可是文字学研究者要认真回答的问题，比如小篆形体规整，用曲线线条书写，线条连接完密，结构非常谨严，这就是篆书形体的基本特点。从古隶书来看，隶变的发生，首先是在写法上不像小篆那样，而是将小篆宛曲的笔画拉直，变小篆形体结构的严整为松散开放。当宛曲的笔画变得平直，严整的结构解散开来写得开张舒展，于是就带来了一系列笔画形态的变化，如小篆线条的书写从下笔到收笔粗细都是一样的，隶书下笔和收笔的方向不一样，笔画就有了粗细的变化。线条粗细不一样，笔画运行方向不同，整个文字的结体和形态就随之发生了变化，而这种变化又进一步改变了笔画与笔画连接的方法。篆书宛曲的线条笔笔相连，十分紧密，难以把它分成笔画的组合。隶变之后就产生了完全的笔画组合，点、横、竖、撇、捺等基本笔画，在古文字中是没有的，到小篆也还没有真正形成，是由于隶变的发生才形成汉字今天书写的基本笔画。因此，基本笔画是隶变的产物，也是现代汉字构成的最基础的要素。

隶变是一个漫长的过程，可以追溯到战国和秦代，经过长期积累和发展，到秦汉之际隶书已大体上形成了，如睡虎地秦简、马王堆汉墓帛书、银雀山汉简等大量考古新材料，全面反映了这个阶段的隶书形态。汉武帝以后，隶书逐渐走向了成熟和规范，成为汉代的通行字体，隶变的过程也就此结束。隶书走向成熟以后，隶书的一些基本笔画得到了进一步的规整，就形成了标准的隶书体。标准隶书的书写规范，就是把横画写得平直，为了使笔画美化，长的横画写得一波三折，形状如"蚕头燕尾"；撇和捺书写时向外拓翻，形成开展的形态；整个字的形体结构则趋向扁平方正，如现在能看到的一些西汉后期到东汉的碑刻，都是典型的样本。隶变不仅改变了古文字的书写形态，也改变了汉字形体的象形特征和构形规则，使汉字形体进一步符号化，成为所谓的"不象形的象形字"。

隶书被写得阜简随意，就改变了正体隶书追求的规整形态，逐渐突破了隶书的书写规范，形成新的笔画书写样式，这种样式积累到改变隶书的基本笔画形态和风格之后，一种新字体——楷书就慢慢地形成了。

楷书形体特征的出现可以追溯到东汉的隶书手写体，居延汉简和考古发现的一些新材料，为揭示这种变化提供了线索。如居延汉简《永元器物簿》是东汉永元五年写的，也就是公元93年写的。从"永元五年"这几个字可以感受到隶书草写带来的新变化，尤其是"年"字任意纵笔，与后来的草书非常相近。东汉时期的隶书草写，孕育出汉字书写的新要素，笔画书写更加追求快捷随意，落笔收笔更趋自然天成，撇笔下笔重收笔轻形成粗细变化，捺笔收笔顿提形成不同于隶书的形状，在这些新要素进一步规整定型之后，就产生了楷书的基本笔画和基本形态，汉字从此进入楷书时代，到今天为止汉字的形体再也没有发生新的变化。

说到这儿，我们可以清楚地看到，从殷商晚期甲骨文时代，汉字就成为成体系的文字系统，经历西周、春秋、战国、秦、汉一直到魏晋南北朝的发展，汉字历史演变的进程一直没有停止过，西周传承发展了殷商文字，春秋时期汉字酝酿着变化因素，到战国时期文字异形分歧显现，秦始皇实行"书同文字"后小篆成为古文字的终结形态，隶变的发生和隶书的形成开始了汉字近代发展的新阶段，楷书的产生则最终实现了汉字形态的定型。正是这样一步一步地传承、发展、创新，汉字才延续到今天，并且仍然保持着旺盛的生命活力。

从魏晋楷书定型到唐代的汉字整理规范，虽然汉字没有发生根本的变化，但是同样也不断孕育着新的要素，如宋、元、明时期出现的大量俗体字。俗体字许多构形更加简单，创造出一些特别的替代偏旁的符号和省简方法。20世纪50年代开展的汉字简化，就是将俗体的简省方法加以利用，并选择吸收常见的俗体字予以整理规范，在此基础上形成现代简化字。今天所说的现代汉字，既包括延续传承下来的规范的繁体字，也包括50年代以来推行的简化字。二者在汉字使用领域同时存在，只是适用范围不同而已，形体上虽然存在一定的繁简差异，但是没有什么根本的不同，它们都是汉字数千年来的自然延续和创造发展。

汉字具有如此漫长的历史，是中华民族创造的伟大智慧成果，弥足珍贵。古人早就十分珍惜这个伟大的创造，先秦时期就开始了汉字的收集整理，编纂字书，汇集汉字。现代收录汉字比较齐全和权威的是《汉语大字典》，收了 56 000 多个字，将从古到今的字尽可能收罗殆尽。其实，历代的常用字都很有限，一般也就在 3 000 字左右。《论语》只用了 1 300 多个字，《十三经》整个用字也不到 7 000 个。现代汉字通用字，据研究也是 7 000 字左右，统计表明其中常用字约 3 500 个。

  学习、掌握汉字，虽然会有很多困难，但是当我们了解了汉字发展演进的历史以后，就会发现，现代汉字和历史汉字是紧密相连的，是一步一步延续发展至今的，尽管汉字的历史非常悠久，汉字的形态非常古老，但是实际上它又很年轻，因为它活在我们中间。我们要想研究汉字，只要掌握正确方法和途径，理解汉字的历史和文化并不难。今天汉语汉字正走向世界，孔子学院遍布五大洲，在感到自豪的时候，作为中国人，更应该了解汉字的历史，认识汉字丰富的内涵。我希望今天这个演讲，对诸位了解汉字及其历史能提供一点帮助。谢谢大家！

  【编按】本篇为第四届"禅宗中国·少林问禅·百日峰会"之"汉字中国"系列演讲之一（嵩山少林寺经堂，2009 年 6 月 26 日），收入释永信主编《在少林寺听讲座（中）》，上海交通大学出版社，2010 年，第 233—242 页。

书写与汉字形体的发展演变

文字和书法关系非常密切，书法是在文字的基础上扩展其审美功能而形成的世界上独一无二的艺术。首先需要对一些概念做简单的交代。因为"形体"这个词使用的面很广，有的学者认为形体是就一个字的微观字形而言，或者简单认为是字体，但字形和字体也是有一定差异的。文字形体是书写产生的结果，形体的发展演变取决于书写要素变革的日积月累。汉字作为形音义的统一体，其形体变化可能是为了明义或标音，也可能只是在被直接表现——书写的过程中而实现。在汉字形体发展的各个阶段，书写始终发挥着关键性作用。那么到底怎么辨析形体？书写在哪些方面会影响形体呢？首先需要注意的是书写工具。回顾汉字从甲骨文以来的发展历史，常用的工具有刀、硬笔、软笔。所谓硬笔，不一定是笔，只要是硬质的材料都可归于此范畴，比如在陶器上拿木片刻画，也可称为"硬笔"。"笔"就是汉字的书写工具，从这个概念上讲，有硬笔和软笔之分，软笔即毛笔，是书写常用的工具。其次，书写材质也会对汉字形体产生影响，目前所见，包括龟甲、金石、简帛、纸张。此外，书写还存在一定的书写单位。从三千年的历史看，有色块、线条、笔画。最后，用什么方法来写对于汉字形体的发展也至关重要，有的采用锲刻方式，有的像绘画一般描摹，有的以篆引手法写成婉转的线条，有的是把笔画组合在一起。

一、关于"形体"

形体，首先指的是字形和字体。字形强调的是不同历史阶段汉字个体呈现出的外部形态，字形分析是就一个字一个字进行细致的描写分析；而字体实际上是汉字个体呈现出的外部形态的综合，是汉字阶段性发展演变过程中体现在符号形态和书写风格上的总体特征。但字形和字体是分不开的，没有字形当然不会有字体，字体依托字形，但字体是一个整体，是一个综合，是一种风格。

所以在书法领域，一些书体的内容和字体内容往往会重合。比如，书学领域谈的书体涉及大篆、小篆、隶书，讲字体也会用这一套术语。但是站在不同的角度，文字学讲字体和书法学讲书体，有相同性也有不同性。有些书法领域的书体，文字学中往往不讲，比如"魏碑体""颜体""柳体""赵体"等。人各有体，可以看出这些"书体"是指独具风格的某一类或者是某位书家的作品，不属于文字学范畴。所以前面讲的字体和书体相同且有交叉的地方，文字学也用，书学也用。另外还有一类艺术字体，从古至今皆有，先秦最有名的艺术字体是鸟虫书，也称为鸟虫篆，还有汉代的缪篆等；印刷所用的黑体、宋体等也不属于文字学范畴的字体。从文字学角度看，汉字的字体和形体相互依存、不可分割。单个汉字外部形态是构成字体总体风格特征的基础，可以说没有汉字个体形态发展变化的积累，就不会有总体风格特征的变化，也正是一个字一个字写法的变化，才能够演化成整体风格变化的大势，而个体的变化又是在整体的大势中的一种表现。个体不会超越时代，不会超越整个文字形体发展大的走势。

二、汉字形体的历史发展

殷商以来，汉字已经历了三千多年漫长的历史发展，这仅仅是就目前可看到的成体系的文字系统而言，殷商之前也有文字存在：如商代中期郑州小双桥遗址出现的祭祀陶器上，有用朱砂软笔所写的文字；再如二里头遗址出土的少数刻画符号；公元前 20 世纪前后的襄汾陶寺遗址出土的陶罐上也有文字，同样用软笔朱砂书写在陶器上。汉字在发展过程中给人最直观的感受是不同时期其形体存在明显差异。我们在研究时可以从两个角度进行：一是从宏观的角度进行概括性描写，对汉字形体进行一个大的阶段区分；二是从微观的角度分析每一个字的细微变化，包括笔画，偏旁，笔画的组合方式、连接方式，偏旁的变异等。文字学中各种字体的名称就是对不同历史阶段文字形体的概括，所以从宏观的角度来说，利用字体的名称就可以梳理汉字形体的演变，即字体的演变。

1. 甲骨文（oracle bone inscription；shell and bone script）/殷商文字

甲骨文指商周时代主要是商代晚期（武丁至帝辛时期）刻写在龟甲兽骨上的占卜记事文字以及非占卜用的兽骨、人骨或骨器上其他性质的文字。从书写角度而言，所使用的书写工具为刻刀、软笔，书写材料为龟甲、兽骨，采用描摹、组合的书写方式。甲骨文体现了殷商晚期文字的书写特征，但是由于刻写工具和材料的限制，甲骨文字体也有其特殊性和局限性。

甲骨文的特殊性在于其并非那个时代日常所用字的典型风格，书写材料和工具也并非当时的主流。《尚书·多士》："惟殷先人，有册有典。"殷商时期的典册其实就已经是简牍。甲骨文从上而下纵写的行款、某些动物相关的字头上尾下违背自然重心而纵写等种种迹象都表明，其常规写法是在竹简的影响下，改变了文字重心，进而调整布局，形成纵向从上往下的书写结构。这种排列方式一直影响着汉字的发展，直到20世纪初新文化运动前后受西方影响，才改成横排书写。甲骨文一般刀刻形成，少量用软笔书写（图一、图二），有两个特点：

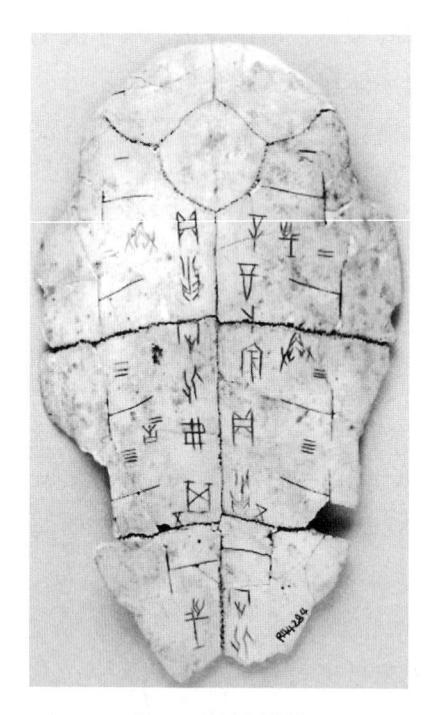

图一　甲骨文刻辞

其一，刀刻痕迹几乎粗细一致，不存在软笔书写时出现的出锋、顿挫、粗细变化等现象，且刻道之间的衔接多为方折。其二，这种写法可能比汉字实际发展的进程大大提前。因为刀刻十分麻烦，所以甲骨文中出现很多简省现象，个别字简化程度非常高。

甲骨文虽然在一定程度上代表了殷商时期汉字的形体特点，但鉴于其特殊性和局限性，还需要配合青铜器铭文，才能综合考察殷商文字的全貌。

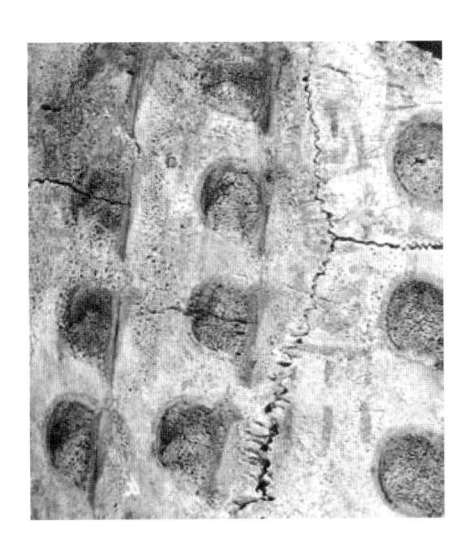

图二　甲骨文朱书

从书写角度分析，可以明显地看出商代晚期妇好墓中出土的妇好鼎铭文（图三、图四）行笔的轻重变化，"子"字上面形成墨块，点画有明显的出锋痕迹和粗细变化，这是甲骨文中所不具备的，是殷商的常规字体，以软笔写成，竹简也属于其中的代表。商代晚期的小臣缶鼎铭文（图五、图六）的毛笔书写特征非常鲜明，具有很高的书法审美价值。由此可看出，汉字从一开始就追求美，唯美是与生俱来的。商代文字具有一定的象形性，在书写上运用描摹的方法，"画成其物，随体诘诎"，这种情况到西周就发生了变化。

2. 金文（bronze inscription）/西周文字

金文指铸刻在古代青铜器上的汉字。又称"青铜器铭文""钟鼎文""吉金文字""彝器款识"。主要指称两周青铜彝器上保存的文字，尤其是西周文字。书写工具为软笔、刻刀；书写材料多为泥范、青铜等；书写方式以摹写（范铸）、篆引（曲、直线条）等为主。

所谓软笔，与金文的制作过程相关，青铜器为作模后浇铸而成，需要用软笔将字写在范模上，再进行凿刻，有阴文、阳文两种形式，一般以阴文为主。青铜器的文字虽然也有一定变形，但是清晰地体现出软笔

图三　商代晚期　妇好鼎（出土于河南安阳）

图四　妇好鼎铭文拓本

图五　商代晚期　小臣缶鼎（故宫博物院藏）

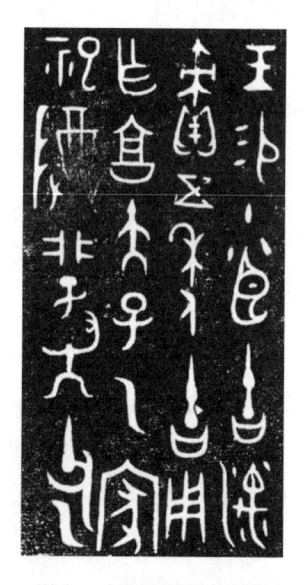

图六　小臣缶鼎铭文拓本

书写的风格特点。汉字一开始就是写在竹简上的，由于这种材质难以保存，所以存世较少，而甲骨文、金文因材料特殊而保留下来。青铜器往往具有仪礼性质，文字书写工整规范。西周金文和殷商金文一脉相承，西周早期的金文以摹形为主并逐渐开始线条化。所谓线条化就涉及篆引，是由曲线和直线共同组成的。以西周武王时期的利簋（图七、图八）为例，可以看出西周早期青铜器铭文和商代铭文并没有本质差别，体现了文字的传承和传播的关系以及史官的职能和作用。西周康王时期的大盂鼎铭文（图九、图十）已经以线条为主，但是还存在象形性较强的字形、实笔填写等现象，保留了早期汉字部分描摹性特点。西周恭王时期的史墙盘（图十一、图十二）排列十分整齐，横成行竖成列，大小

图七　西周　利簋（故宫博物院藏）

图九　西周　大盂鼎（出土于陕西郿县，中国国家博物馆藏）

图八　利簋铭文拓本

图十　大盂鼎铭文拓本

图十一　西周　史墙盘（出土于陕西扶风，宝鸡青铜器博物院藏）

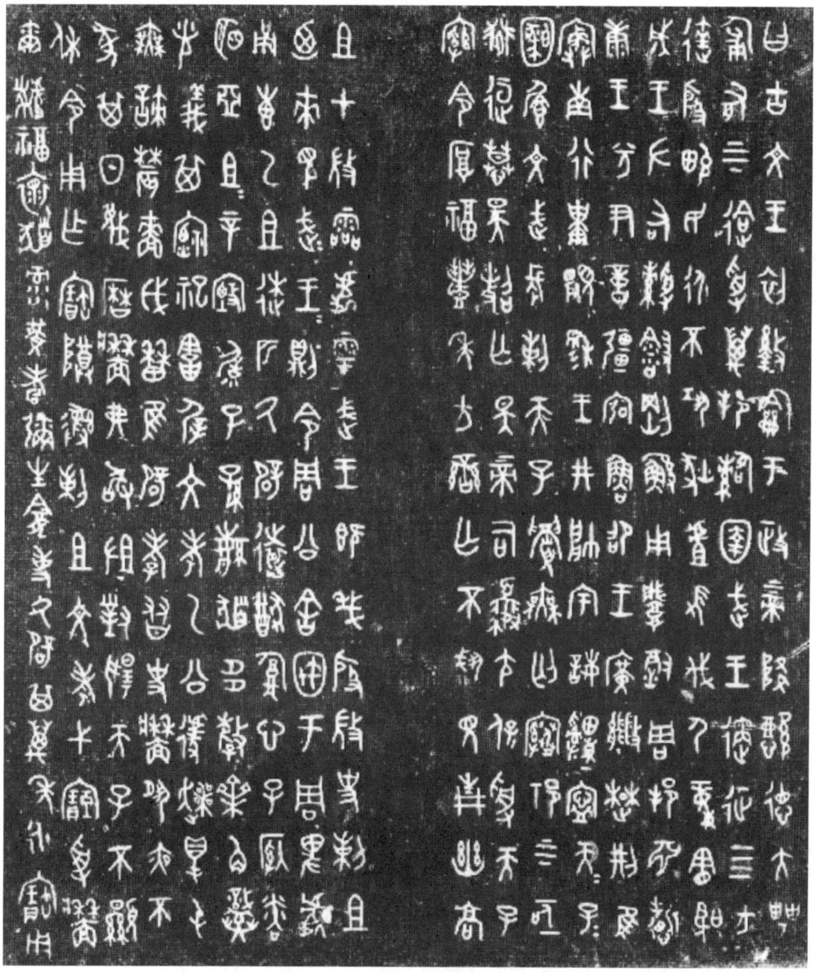

图十二　史墙盘铭文拓本

匀一，这加速了汉字线条化的进程。西周孝王时期的小克鼎铭文强调纵向对齐而不强调横向有序，但是完全延续文字的线条化特征。周厉王时期的㝬簋铭文（图十三、图十四）具有工整、大气、浑厚的整体书风，几乎已经没有填笔现象存在。西周宣王时期的虢季子白盘铭文（图十五、图十六）书写得规整而流利，在庄严肃穆中多了一份秀美，点画完全线条化，且具有张力，这是青铜器铭文发展到极致的表现，开小篆先河。春秋时期金文的线条化特征依然保存，但是开始解散篆法，将曲线线条拉直、字形变方；同时字体结构也变得松散、随意、草率。如春秋早期的陈侯簋铭文（图十七、图十八）相较西周金文变化十分明显，自此便开启战国文字书写的草率之风。战国早期齐国的陈纯釜（图十九、图二十）是标准量器，其铭文的结体已经出现比较夸张的变形，象形意味减少。综上，金文的演变过程就是文字线条化和规整化的过程，逐渐摆脱描摹的束缚，字形也随之发展变化。

图十三　西周　㝬簋（出土于陕西扶风，宝鸡青铜器博物院藏）

图十四　㝬簋铭文拓本

图十五　西周　虢季子白盘（出土于陕西宝鸡，中国国家博物馆藏）

图十六　虢季子白盘铭文拓本

图十七　春秋早期　陈侯簠（出土于陕西临潼，上海博物馆藏）

图十八　陈侯簠铭文拓本

图十九　战国早期　陈纯釜（出土于山东灵山卫，上海博物馆藏）

图二十　陈纯釜铭文拓本

3. 战国文字（warring states script）

战国文字是战国时期及部分春秋晚期通行的汉字的统称。按照字体区域性风格特征，战国文字可划分出齐、楚、燕、三晋六国文字和秦系文字。书写工具为软笔、刻刀等；书写材料多使用简牍、缯帛等各类材质器物；书写方式为草简、线条或笔画，线段增多。六国自成区系风格，流丽多变，地域特征明显；秦系流行于西部秦国一带，与西周文字一脉相承，字体端庄规整。战国文字根据书写材料不同，也存在不同的分类与别称。包括：简帛文字（bambooslip and silk script）、陶文（pottery inscription）、玺印文字（seal inscription）、石刻文字（stone inscription）、封泥文字（sealing-clay inscription）、货币文字（coin inscription）、瓦当文字（eaves tile inscription）等。

陶文即陶器上的文字，按制作方法不同可分为两类：第一类是由陶工随意刻画而成，草率、简省，俗字较多；另一类是戳印而成，可算作印章的另一种表现。战国时期玺印数量十分丰富，占比较重，对于研究古文字和战国历史、地理都有重要意义，因为其中很多官印涉及人物的身份官职。封泥为封缄所用，古人书写信函或重要材料时为了保密往往在封口处设泥加印，所以封泥也属于玺印一类，且现在发现一些封泥与印章可相对应，更可印证这一观点。另有部分战国瓦当，内容为吉祥语，所用文字也别具特色。同时，以战国楚简为例，可看出当时的简牍文字（图二十一）有明显的顿挫用笔，保留很多曲笔、斜笔线条，点画开始酝酿。楚国陶器上的文字是直接使用木条等硬物在泥坯上戳刻而成，所以不存在起收笔等顿挫现象，与楚简差异较大，体现了书写材料不同对于字体风格特征的影响。货币上的文字（图二十二、图二十三、图二十四）也是战国文字的大宗，是最难认的，变化特别大，草率化很严重。战国经历六国纷争，不统于王，形成地域分歧；且事务纷繁，文字的使用范围越来越广，使用的人群阶层越来越多，从王庭、御用文人、史官到文士、庶众，促使文字快速发展。整个战国时期，文字呈现草率化的发展趋势，破坏了西周中期的规整曲线线条。

4. 秦篆/小篆/篆书（seal character）/秦系文字（春秋战国—秦代）

小篆，又称"秦篆""篆书"。在春秋战国时期秦系文字的基础上逐渐演进而来，是秦统一之后经过整理规范的一种官方字体，也是秦统一规范六国文字的标准字体。书写工具为软笔；书写材料多为简帛、金石；书写方式以篆引（曲、直线条）为主。小篆是古文字形体的终极形态，字形规整划一，线条宛曲，粗细匀称，疏密有致。籀文主要是秦义字系统，而古文主要是六国文字系统，王国维《战国时秦用籀文六国用古文说》一文中便提到了该观点。

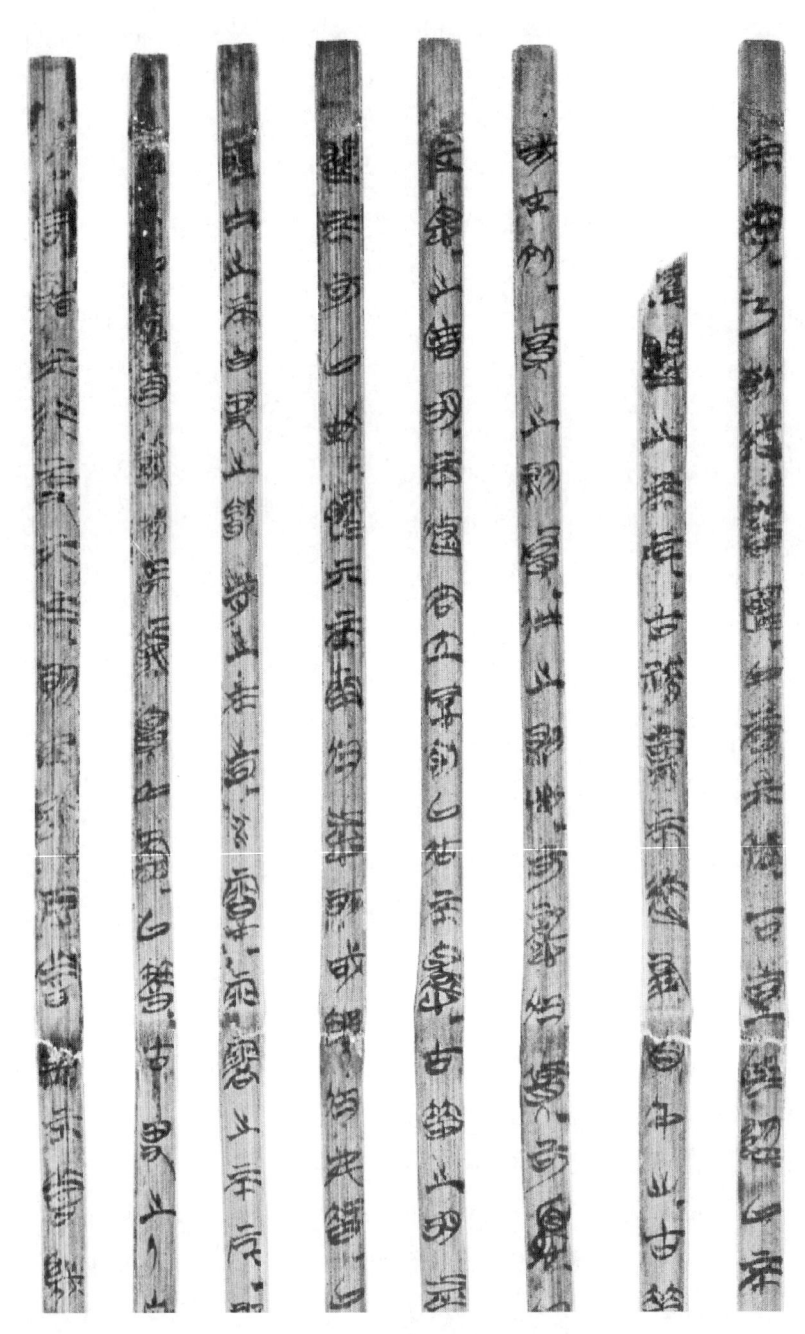

图二十一　战国　清华简《治邦之道》（局部）

图二十二　战国货币文字（一）　　图二十三　战国货币文字（二）　　图二十四　战国货币文字（三）

那么到底何为"篆引"？"引"有延长之意，所谓引书，就是写延长的线条，这是篆书的突出特点。关于"篆"的由来，文献中有不少记载。《说文·叙》："秦始皇帝初兼天下，丞相李斯乃奏同之，罢其不与秦文合者。斯作《仓颉篇》，中车府令赵高作《爰历篇》，太史令胡毋敬作《博学篇》，皆取史籀大篆，或颇省改，所谓小篆者也。"关于"篆"字，《说文》谓："引书也。"段玉裁注："引笔而箸于竹帛也……如雕刻圭璧曰瑑。《周礼》注：五采画毂约谓之夏篆。"《周礼·考工记·凫氏》也记载："钟带谓之篆。""彖"声各字皆有"文饰、引沿、条带"义。

传统文字学对古文字阶段有关字体的称谓也较为复杂。籀文，又称大篆，原特指《史籀篇》里使用的文字。传说该书由周宣王太史籀编纂，"周时史官教学童书"。"大篆"所指比较含糊，汉人所谓秦八体之一的"大篆"，大概是指当时所见不同于古文和小篆的秦系文字，也可以说就是籀文。大体上西周晚期到秦之间的秦系文字字体可以称为籀文，也可以称为"大篆"。古文，指战国时期东方六国地区使用的汉字，如孔子壁中藏书所用文字，《说文解字》《三体石经》《汗简》等收录和使用的古文等。"古文"中构形奇异者叫"奇字"，历代字书和文献中保存的叫"传抄古文"，用隶书或楷书笔法转写的叫"隶定古文"。

5. 秦汉隶书（clerical script）

隶书，又称"佐书""八分"。在秦系文字的基础上，用方折笔画改变篆书圆转线条而形成的一种方正平直的字体，是篆书的草写、快写。书写工具为软笔，书写材料为简牍缯帛，书写方式多为笔画组合。其字形方正，笔画平直，蚕头燕尾，波磔纵肆。

隶书形成于战国晚期的秦国，早期形体上带有较多篆书笔意，又称为"古隶"或"秦隶"；西汉"隶书"成为通行字体。西汉中期以后逐渐成熟定型，又称"八分"。通过以下文献可以明晰隶书产生的原因和发展过程，《说文·叙》："秦烧灭经书，涤除旧典，大发吏卒，兴役戍，官狱职务繁，初有隶书，以趣约易。"秦有八体，"八曰隶书"，可见秦时隶书已经产生；王莽六书："四曰左（佐）书，即秦隶书。"段玉裁注《说文·叙》说明隶书追求快捷、便利之目的，"其法便捷，可以佐助篆所不逮"。

与"隶书"相关的几个名词也需要有所了解。"隶变"，指由篆书向隶书演变过程中所出现的形体和结构方面的变化。"隶古定"或"隶定"，指用通行的隶书或楷书笔法重新写定先秦古文字和篆书的方法。"新隶体"，指东汉中晚期在成熟隶书的基础上，因草写影响而逐渐形成的具有后来楷书某些特点的一种隶书字体。以睡虎地秦简、马王堆汉墓帛书、银雀山汉墓竹简等简帛文字为例，与秦代篆书相比，可以看出篆书结构严整，线条绵密，以内向结构为主；而隶书是拓展张开、解散篆法，曲线线条消失，以方折平直加上纵笔为主要特征。东汉的《石门颂》属于刻写的摩崖隶书，其点画的艺术形态不如汉简表现得清晰，缺少丰润之感、一波三折、蚕头燕尾等特征，但是保留着结构、笔势。东汉《熹平石经》是十分标准的隶书，有意识地表现了部分笔画的书写形态，先书丹再凿刻，刻工考究，达到了碑刻的高峰。

6. 草书（cursive script）

草书在隶书的基础上产生，是辅助隶书的一种简便手写字体，严格来讲，字体发展史中一般并不专门谈论草书，它仅仅属于一种变体，因快速草率书写，常导致笔画连写和省略，产生硬钩和直画。但是因为草书的出现才产生楷书，所以在此有必要提一提草书的发展演变。根据出土文献资料可知，章草（图二十五）产生于西汉宣、元之际，字形上保留了较多隶书笔势和笔意，一字之中笔画相连而上下字不连。书写工具为软笔；书写材料为简牍、纸张；书写方式包括笔画粘连（曲线为主）、省简，轮廓化。

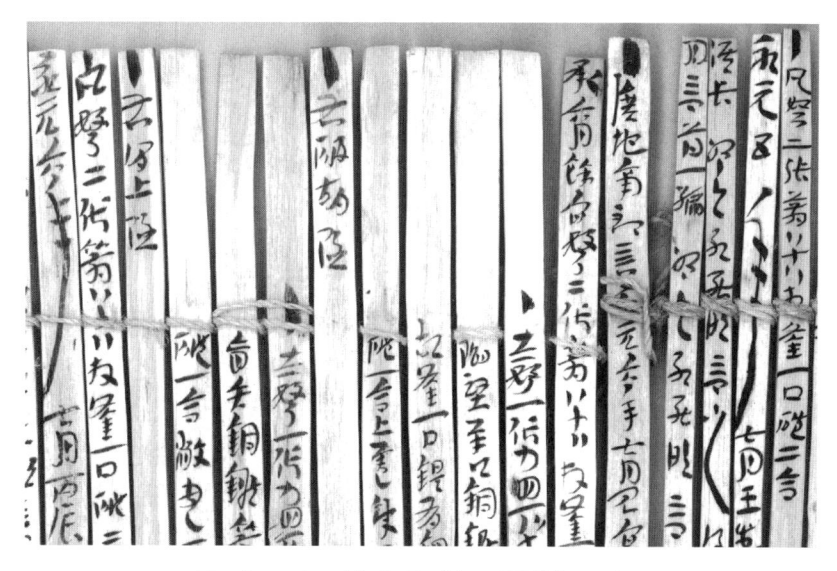

图二十五　汉　居延汉简《永元器物簿》（局部）

《说文·叙》："汉兴有草书。"晋代卫恒对于草书的产生时间也持同样观点："汉兴而有草书，不知作者姓名。至章帝时，齐相杜度号善作之。"随着近年来汉代草书简的陆续发现，对"汉兴有草书"已经可以获得更加直观的实物样本，这将有助于深化对汉代草书的认识。

7. 楷书（standard script）

楷书，又称"今隶""正书""真书"。汉魏之际在东汉中晚期"新隶体"的基础上,改变成熟隶书的波挑笔势,吸收早期行书某些笔画特征而发展出的一种字体。康有为在《广艺舟双楫·体变》有言:"汉末波磔纵肆极矣,久亦厌之,又稍参篆分之圆,变为真书。"楷书书写工具为软笔;书写材料为简牍、纸张;书写方式以笔画组合(汉字点、横、竖、撇、捺、钩基本笔画形成)为主,字形方正规整,风格端庄大方。从此汉字形体发展到极致,从描摹到曲线到直线,再到平直的点画,最后进一步简省组合,汉字就已经定型了,所以形体就不再发展。同时,也可以认为隶书以前的文字不能用"笔画"这个概念,因为当时还没笔画,只是线条、线段。

8. 行书(semi-cursive script,running script)

东汉晚期在具有草书笔意的新隶体的基础上发展而来的一种手写字体。通常也指因楷书的快速书写而导致某些笔画相连,但结构和笔画基本不失楷书规范,字形较易辨认的一种字体(图二十六)。

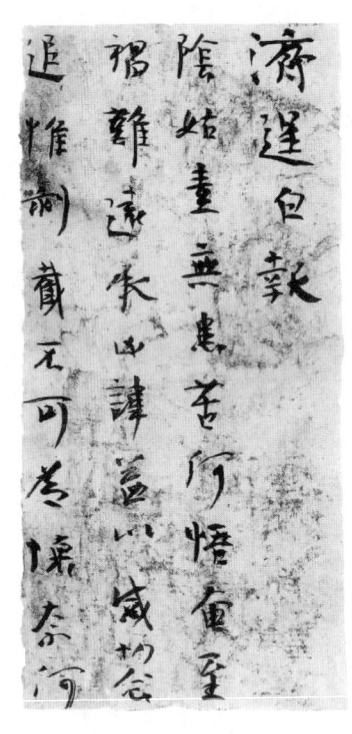

图二十六 晋 楼兰故址文书

三、书写对汉字形体发展的影响

书写对于汉字形体的发展影响巨大,这些影响因素包括书写工具、书写材料、书写载体以及书写方式等。形体结构有繁简之分,书写工具有刀与笔之异,书写材料有甲骨、金石、简牍、缯帛与纸张之分,书写方式也有以物象形、曲线篆引、点画组合的不同。在文字形体发展的过程中,虽然各种现象显得纷繁复杂,但也有明显的规律可循。最基本的规律主要有:趋易、省简、区分、划一等四种。汉字形体的发展始终受到这几条基本规律的制约,在这一过程中,书写也发挥着至关重要的作用，它们从不同方面影响形体发展，共同对汉字系统发挥调节作用，最终决定了汉字形体发展的方向。

就工具、材料对书写的影响而言，汉字书体演变以软笔为主体，简牍也频繁使用，之后才发展到纸张。软笔书写产生力量的轻重变化，而力量的变化又进一步促进书体的变化。其次是节奏的不同，以软笔写篆书节奏慢而写隶书节奏较快，这样也会导致笔画形态的改变。此处的笔画指的是广义的笔画，其中包括线条形态的变化，这是促进汉字形体演变的重要因素。简牍决定了汉字是纵向下行的布置方式，体现了字体形态的变化。纸张广泛应用之后，更加体现了书写便捷的追求和笔墨调和的审美情趣。从书写方式上看，早期的文字以客观物象为对象进行描摹，所谓"画成其物，随体诘诎"，甲骨文与早期金文即属于此类型，但已经初具线条化倾向。西周中期文字的线条化趋势愈发明显，以曲线为主，即所谓的篆引写法，这就确定了大小篆的字体形态。之后，在书写方式上又逐渐解散篆法、均衡楷正，形成了笔画的组合方式，所以楷书格外强调间架结构。至此完成了从描摹到篆引到笔画组合的变化。西周以前象形性特征比较明显，描摹的传统还在起重要作用；西周中期以后，线条化、规整化突出，这时候的大小篆已使用篆引之法；秦汉以后文字更加符号化，这一符号化的过程其实从春秋开始，进一步延伸就产生了隶书、楷书。字体的变化在字形变化的综合大势作用之下而产生，也可以落实到每一个具体文字的发展中。

四、影响形体发展演变的主要原因

影响汉字形体发展的原因大约有三个。

其一，历史文化的变迁。书写汉字的主体由史官逐渐转为文士，之后庶众也参与了日常书写。书写的目的和用途也随之产生变化，经历了由记录到传信再到审美、俗用的过程。

其二，文字使用效能的追求。书写便捷一直是汉字形体发生演变的动因之一，只有简化字形才能达到方便书写的目的。但是，使字形容易辨认也是影响形体发展的重要因素，简化需要注意字形的区分度，要有一定的原则和底线。描摹书写较慢，曲线线条稍快，笔画组合更快，这也是一个由繁到简的书写过程。汉字的简化不仅仅是减少了多少笔、省了多少偏旁，因为这只是字形层面分析。从总体看，书写的最大追求是省简以提高效率，但是在此过程中也出现了繁化，可以说繁化和简化是相对的，而繁化的本质也是简化。比如通假字，一个符号对应很多字，添加一个形符变成专字，形声字由此大量产生，目的是增强辨识度和字形区分度。文字的实际用途有二：写与看，如果形体太过简单，辨识时就会出现混淆不清的现象，从这个意义上来说，繁化是为了提高辨识效能，阅读速度加快，与简化的本质是一致的。因此，汉字并不能一直追求字形的简化，如果区分特征消失，简化也将随之失败。草书就是一种书写与形体的综合性简化，但是无法变成一种字体，就是因为区分度、辨识度不够。

其三，书写要素的积聚。文字的使用效能需要注重书写和阅读两个方面，书写要素的积聚也会成为影响字体演变的原因。工具变更、材料演进都与汉字形体的发展关系密切，从甲骨、金石再到简牍、缯帛、纸张，甚至是无纸化，都伴随着书写方式的优化，即从描摹到篆引再到笔画组合，从而也影响着汉字形体的发展和转换。

【编按】本篇根据2019年5月10日在北京语言大学中国书法国际传播研究院"书法中国"系列讲座第五讲的演讲整理，本书收录时略作删改，原载于朱天曙主编《中国书法国际传播》（第二辑），荣宝斋出版社，2020年，第134—145页。

汉字的魅力

引子：汉字的魅力由何而来？

《通用规范汉字表》征求意见风起浪涌，牵动海内外，为什么？繁简字之争持续半个多世纪，两岸各行其是，爱憎分明，为什么？孔子学院几年之内遍布世界，外国朋友对汉字神奇莫名，为什么？几千年来，世界各种古代文明中出现的古文字，唯有汉字生命之树常青，为什么？

汉字是我们传递信息、进行交流的工具，它的出现是中华文明形成的标志；汉字是中国文化的载体，它将博大精深的中华文化传于异地、流于异时，是连接民族历史、现实和未来的桥梁；汉字是中华文化的象征，一个个来源悠久的汉字本身就是中华文化的活化石。

汉字的魅力源自它的古老悠远，它是一条蜿蜒无垠的历史长河；汉字的魅力源自那奇妙的构形，它是我们先人伟大智慧的结晶；汉字的魅力源自那灵动飘逸的线条美，它展现了中华民族非凡的艺术创造精神。

让我们一起走进汉字的世界，共同领略它的无限风光！

一、典雅之美：汉字悠久的历史

中国历史源远流长，中国文化博大精深。说起中国文化，人们就会联想到许许多多的代表性事物，比如建筑、绘画、中医、饮食、服饰、戏剧、习俗等，但是最能体现中国文化本质特征的，则是汉字。

汉字几千年来沿用不废，是世界上依然使用的唯一的古老文字体系。悠久的历史，使汉字具有一种典雅之美。

(一) 文字的起源

1. 仓颉造字的传说

汉字与中国文化一样非常古老，那么它是什么时候出现的呢？传说在远古的黄帝时代，有一个史官名字叫仓颉，他看见飞鸟走兽的足迹，发现按照这些动物的足迹可以辨别它们的不同，于是就仿照这些足迹的形状创造出表示它们的最早的符号，中国文字就这样产生了。[1]

2. 考古发现提供的新线索

传说的故事虽然不很可靠，但是说明汉字的来源很悠久。考古学家们最近一百年有了许多新发现，在中国西北、中部和东南地区等新石器文化遗址中都发现了有关文字起源的新证据。例如在河南省舞阳地区的贾湖发现了一些龟甲壳，上面刻着与汉字起源可能有关系的符号，时间在公元前6510—前5610年，距今约8000年。此外，蚌埠双墩遗址陶文符号有三百多个，距今约六七千年；仰韶文化刻画符号数十个，距今也有五六千年；距今五六千年的太湖地区崧泽文化也发现陶器符号；良渚文化刻画符号距今4 500年左右，有的陶文符号甚至多个连写；山东大汶口陶文符号（距今4 500年左右）和安徽蒙城尉迟寺大口瓮符号与早期汉字的联系更加明显；山东邹平丁公村陶文符号（距今4 200年左右）则是成行连写，显然已经成为一种记录某种内容的原始文字。凡此等等，都为中国文字的起源提供了新的重要的线索。

(二) 汉字的发展

到公元前21世纪左右，汉字就可能发展成为较完善的文字体系了。这个时代就是历史上的夏代（约公元前2070—前1600年）。现在考古发现的最早的大批文字资料是商代（公元前1600—前1046年）后期的甲骨文，至今约3 300年。从那时起，汉字一直持续使用到今天。

下面让我们看看历代的文字样本：

---

[1] 东汉（25—220年）许慎《说文·叙》。

1. 商代甲骨文（公元前 14—前 11 世纪）

甲骨文于 1899 年在殷商晚期都城遗址——河南安阳殷墟被发现。甲骨文是商代文字的代表。甲骨文虽然是占卜记录，以祭祀内容为主，但涉及殷商社会的各个方面，反映了当时历史和文化的主要面貌。据统计，至今发现有字甲骨约 15 万片，使用单字 4 000 个左右。

2. 商周铜器铭文（公元前 1046—前 771 年）

青铜器主要是以铜锡合金制造的器物。商代和西周时期，青铜文化发展到非常高的水平，是中国"青铜时代"（约公元前 21 世纪—前 3 世纪）的辉煌阶段。商周青铜器物有礼乐器、祭祀器、陪葬器、兵器、劳动工具和生活用器等，丰富精美。青铜器上往往铸刻繁复的纹饰和记录商周历史文化内容的文字。这些文字通常叫"金文"。如利簋、大盂鼎、史墙盘、史颂鼎、毛公鼎、虢季子伯盘上的文字。

3. 春秋（公元前 770—前 476 年）、战国文字（公元前 475—前 221 年）

春秋时期诸侯国铸器增多，文字地域风格逐步显现。战国文字地域风格多样，可以分为齐国、燕国、三晋、楚国、秦国五大区系。战国文字应用广泛，书、刻写载体众多，如竹简、缯帛、器物等，保存数量巨大，文字异形分歧也很明显。战国文字是目前国际关注的研究热点领域。如郭店楚简、上海博物馆所藏楚竹书，都是震惊学术界的发现。

4. 秦文字（公元前 221—汉初）

秦国文字承袭西周文字传统，代表汉字发展演变的正宗。秦始皇时代以小篆作为标准统一全国文字，小篆是汉字古文字阶段的最终形态。与此同时，秦国使用的手写体也逐步流行，在此基础上形成了秦汉之际的"古隶书"，汉字开始由古代形态向今天的书写样式转变。

5. 汉代以后的字体：隶书和楷书

汉代初期是古今文字的过渡期，当时的新字体——隶书已经与代表古典文字的篆书相区别。西汉武帝（公元前 140—前 88 年）之后，隶书逐步走向规范和成熟，并成为汉代的主要字体。东汉（25—220 年）末年，在隶书的基础上逐步发展出楷书，到魏晋（220—265 年；265—

420年）时期楷书成为汉字的定型字体并沿用至今。

（三）现代汉字

经过唐代全面整理规范，楷书形体发展到极致。宋代以后虽然俗文别字不断出现，但汉字系统和形体则保持稳定。明清时期随着利马窦等一批西方传教士的到来，西方宗教传到中国，汉字开始与西方文字相遇，西方文明也强烈地冲击着古老的中华大地。

清王朝无能，列强凌辱，使近代中国深陷存亡危机，开始了一个风云激荡的时代。"五四"新文化运动，使汉字的功过与命运之争成为焦点，白话文的推行标志汉字进入现代阶段。

20世纪三四十年代，文字改革和拼音化运动也曾热闹一时，正式的简省汉字方案已经提出。50年代，新中国实行文字改革，推广普通话、简化汉字和公布汉语拼音方案，简化字遂成为正体字，两岸四地形成繁简并存格局，繁简之争持续至今。

现代汉字常用字约3 500个，通用字约7 000多个。据研究，3 500个常用汉字覆盖率达99.48%，其中使用频率靠前的2 500个常用字覆盖率达97.97%，最常用的1 000字，覆盖率可达到90%。由于历史悠久，历代积累下来的汉字字数也就特别多，例如《汉语大字典》收录了56 000多字。统计显示，不同时代，常用字都是有限的，如《论语》用字只有1 300个左右，著名的先秦经典十三经，全部用字也不到7 000个。只要学会数量有限的字，就可以用它们组成数以万计的词语，这是汉语学习的最大优点。

汉字几千年来一脉相承，源远流长，伴随中国历史文化的流传发展而不断发展变化；用汉字记录下的中华历史文献堪称世界之最，汉字文化成为中国文化的无尽宝藏；汉字本身及其记录的悠久深厚的文化，使它内涵丰富，奥妙无穷，从而具有一种耐人寻味的典雅美。

二、巧思之美：汉字构形的意蕴

汉字的形体构造总是直接或间接地反映当时的历史文化内涵，解读汉字在一定意义上说，就是解读中国历史文化；汉字的形体构造意蕴深厚，异常奇妙，每个字的形体结构都反映了古人思维的特点，是古人心智活动的结晶，让我们能领略到古人的巧思之美。

（一）先看几个常用字

王，《说文》："天下所归往也。董仲舒曰：'古之造文者，三画而连其中谓之王。三者，天、地、人也，而参通之者，王也。孔子曰：一贯三为王。'"李阳冰曰："中画近上。王者，则天之义。"

天，《说文》："颠也。至高无上，从一、大。"

元，《说文》："元，始也。从一从兀。"徐锴曰："元者，善之长也，故从一。"

旦，《说文》："旦，明也。从日见一上。一，地也。"

首，《说文》："头也，象形。"

从古文字看，许慎解释的这几个字都有些问题，但是却已经揭示了汉字构思的巧妙。这些汉字的古义在相关词语中还保留着，如：天刑、刑天、顶天立地、旦夕、元旦、元首、元凶、稽首、首长、首先、首要、首都，等等。

（二）汉字构造的探索

怎样构造一个表达固定的读音和意义的汉字形体符号？也就是说，古人是怎么造字的？这个问题饶有兴味，也充满"陷阱"。古人早就探讨过这样的问题。春秋战国时期就有分析汉字构造的记录，如："夫文，止戈为武""自环（营）谓之私，背私谓之公"。

1. 传统"六书说"

"六书"一词始见于《周礼》，具体名目见汉郑玄注《周礼》引郑众说、《汉书·艺文志》班固说。东汉许慎《说文·叙》对"六书"作出了明确的界定。各家关于"六书"的名目虽略有不同，但师承渊源相同。"六书说"是历代关于汉字构造的主要学说。

下面看看许慎的"六书"界定：

一曰指事，指事者，视而可识，察而可见，上下是也。

二曰象形，象形者，画成其物，随体诘诎，日月是也。
三曰形声，形声者，以事为名，取譬相成，江河是也。
四曰会意，会意者，比类合谊，以见指㧑，武信是也。
五曰转注，转注者，建类一首，同意相受，考老是也。
六曰假借，假借者，本无其字，依声托事，令长是也。

许慎的"六书"说是对古代汉字结构理论的总结和系统化，并指导了他实践"说文解字"，具有科学性内涵，是中国文字学的理论基础。"六书"涉及汉字构造、使用和派生等不同层面，还不够完善，有其时代局限性。宋元明以来，对"六书"认识趋向深入和细致。清人戴震进而提出"四体二用"说，即"转注""假借"为用字之法，其余四种才是造字之法。

2. 现当代汉字构造新学说

现当代学者结合考古新发现的历代汉字资料，对汉字的构造进行了深入的探讨，也总结出汉字构造的许多新的特点，在反思传统"六书"学说的基础上提出了新的汉字构造理论，其中代表性的学说主要有：

A. 唐兰：象形、象意、形声；[1]

B. 张世禄：写实法、象征法、标音法；[2]

C. 陈梦家：象形、假借、形声；[3]

D. 林沄：以形表义、以形记音、兼及音义；[4]

E. 裘锡圭：表意字、假借字、形声字。[5]

3. 汉字构造"四书说"及举例

我们认为从汉字基本结构类型看，汉字的构造大体可以分为四种类型：

---

[1] 唐兰《古文字学导论》，齐鲁书社，1981年；《中国文字学》，上海古籍出版社，1979年。

[2] 张世禄《中国文字学概要》，文通书局，1941年。

[3] 陈梦家《殷虚卜辞综述》，科学出版社，1956年。

[4] 林沄《古文字研究简论》，吉林大学出版社，1986年。

[5] 裘錫圭《文字学概要》，商务印书馆，1988年。

A. 象形：通过描摹事物的轮廓和特征来构造记录词语符号的方法。例：日、月、水、火、山、石、土、丘、蛇、蝎、豹、虎、鸟、鱼、龙、龟、牛、羊、豕、马、鹿、象、犬、兔、果、木、桑、田、文、黹、衣、裘、须、眉、齿、牙、耳、鼻、目、口、刀、弓、舟、车、人、臣、元、首，等等。

B. 指事：通过抽象符号的组合和标指来构成记录词语符号的方法。例：一、二、三、四、五、上、下、甲、爻、本、末、朱、寸、厷、肘、曰、今、言、音、立、亦、孔、引、刃、灭、之、至、尤、甘，等等。

C. 会意：通过两个以上符号的组合表意来构成记录词语符号的方法。例：比、友、从、众、森、林、卉、草、光、宗、祭、先、令、闻、昌、昊、视、望、监、间、妇、育、父、保、奔、走、逐、寇、戍、或、邑、甭、歪、昶、墅、法、则、易、明、解、疑、析、幽，等等。

D. 形声：通过示义形符和记音声符的组合来构成记录词语符号的方法。例：江、河、湖、海、风、雷、霜、雪、宇、宙、宏、阔、纤、毫、极、微、庸、常、俗、物、空、灵、情、思、据、形、辨、字、譬、读、斯、得、髻、龄、成、颂、黔、黎、苍、颉，等等。

"四书"之中，象形、指事、会意出现较早，殷商及其之前的那些最原始的汉字，大都是用象形、指事和会意方法构造的，形声造字方法在甲骨文时代已经采用。因形声造字方法简便，记录了语言，在西周就发展成主要的造字法，东汉许慎的《说文》收字80%以上已经是形声字了，到宋代形声字的比例达到90%以上。

三、韵律之美：书法艺术的真谛

书法艺术是中国艺术的代表，是汉字构形美的升华和再创造。

汉字的构形本就蕴含着美学要素，如：结构形象生动，对称均衡；线条曲直撇捺，变化多姿。

汉字的书写同样蕴涵着审美要素，如：操刀控笔，力量有轻重变化；起落运转，节奏有快慢分别；墨迹干湿不同，线条粗细差别，笔画则有肥瘦润涩之异。个人因书写习惯、修养、风格、情性的差异，遂一字有一字之格，一篇有一篇之貌，手书作品于是显得千姿百态。

汉字自身的美感要素使得每个字、每个时代的文字作品，在满足使用功能的同时，与生俱来地赋有一种韵律美，具备了审美功能。在保证书写正确无误的前提下，汉字这种审美功能会潜在地发挥引导作用，将字写得好看就成为书写者的自觉追求，阅读者也会很自然地将字写得好看作为品味欣赏的对象，这就酝酿着书法审美的自觉。

当书写者抛开汉字传递信息的实际使用功能，完全将它作为一种审美对象，汉字就进入审美自觉的时期。这种书法审美意识的自觉应该早已萌芽并不断发展，从考古资料看，从甲骨文、殷商铜器铭文以至历代铭文碑刻，许多材料的字体形态和篇章结构，完全可以作为一种书法作品来欣赏。如有的学者就将五期甲骨文按书法风格予以总结并作为断代参考，概括为：一期雄伟，二期谨饬，三期颓靡，四期劲峭，五期严整。[1] 中国书法史研究也是从汉字流变历史的角度来描述书风变迁的。

如果我们回顾历代那些代表性的书法名篇，实质上汉字的使用功能和审美功能在那些作品中都是完美结合的。当汉字书写根本不是为了传递信息，完全是用来表达审美追求，抒发个人情性时，书法创作就进入自觉的时代，至少魏晋已经进入这样的时期，这与整个中国艺术的自觉时代是一致的。

书法史家指出：魏晋是属于书法的时代，追求书写的美感成为一种社会风尚，也真正成为中国文人一种心灵的寄托和一种不能须臾或忘的精神活动。如东晋王羲之善书法，他书写的《兰亭集序》飘逸流畅，被誉为"天下第一行书"，将汉字的美学内涵发挥到极致，不仅每个字极

---

[1] 董作宾《甲骨文断代研究例》，《庆祝蔡元培先生六十五岁论文集》，1933年。

尽变化之美，而且字与字之间组合搭配，相互照应，使通篇作品完美谐和，臻于至善。即便是当时的碑刻墓志，也是美轮美奂，清代学者康有为曾总结魏碑书法有"十美"：一曰魄力雄强，二曰气象浑穆，三曰笔法跳越，四曰点画峻厚，五曰意态奇逸，六曰精神飞动，七曰兴趣酣足，八曰骨法洞达，九曰结构天成，十曰血肉丰美。[1] 可见，魏晋时代书法审美和创作已达到一个很高的境界。

书法进入自觉时代后，风尚所习，汉字使用和汉字审美更加有机地结合，以书学名家者甚众。唐代的书法创作，就已经走向纯艺术的追求。颜真卿的书法无论楷书，还是行书（他有被誉为"天下第二行书"的《祭侄稿》），在中国书法史上历来都有极高美誉，评者不仅盛赞其书法之美，更颂扬其人格高尚，将论书与论人结合，这是典型的中国书法审美的基本原则。被誉为"天下第三行书"《寒食帖》的作者，宋代文豪苏轼论及书法创作时，说道："作字之法，识浅、见狭、学不足三者，终不能尽妙。"将学识修养对书法创作的决定性影响作了明确阐述，这也是历代书法创作者所遵循的准则。

书法进入自觉时代，表现个性追求，使得汉字内在审美要素完全转化为书法艺术的独特审美创造，最典型的表现就是草书的创作和欣赏。如唐代草书大家张旭，被奉为"草圣"。据传张旭常在大醉之后，脱帽散发，呼号奔走，甚至以发濡墨，创作草书，人称"颠张"，其草书称作"狂草"。大诗人杜甫诗中写道："张旭三杯草圣传，脱帽露顶王公前，挥毫落纸如云烟。"草书不是为了使用，只是为了审美。草书是把汉字的美学特征做了夸张的表现，谋篇布局，随心所欲，率性而为。挥毫润笔，乘兴使气，恣意挥洒，笔画交错连缀，跌宕起伏，气贯神通。书家描写草书：或似激流湍急，满纸云烟；或似笔走龙蛇，腾跃回环。草书表达情性，抒发胸臆，纵横捭阖，将汉字内在美学价值张扬到无以复加的地步。不仅草书如此，书法创作过程中书者个性化追求，历来就是书法

---

[1] 见《广艺舟双楫》。

艺术创作的一种境界，自然也是评品书家的一条基本标准。清人刘熙载说："书，如也。如其学、如其才、如其志。总之曰如其人而已。"[1] 这是对书法创作和审美评价的经验总结。

总而言之，书法进入自觉时代之后，汉字的内在美学要素得到淋漓尽致地发挥，书法创作的个性风格追求和发展，使中国书法成为艺术创作的典型代表和中国艺术精神的生动体现。这又反过来影响现实使用中的汉字体系，使汉字不仅是具有使用功能的符号系统，更使它的审美特点得以张扬，从而显得魅力无穷。

通过以上简单的介绍，我们看到，汉字由于悠久的历史使它具有典雅之美，奇妙的构形体现了它的巧思之美，独特的书法创作展现了它的韵律之美。世界上只有汉字集这三种美于一身，因此它自然是魅力无穷的，今天我们这些汉字的使用者怎能不对它倍加珍爱呢？

谢谢大家！

【听众甲】：现在海峡两岸分别使用简化字与繁体字，能不能将繁、简两种字体统一起来？

【讲者】：这个问题很重要，很多人关心繁简统一的问题。目前两岸四地汉字繁简并存的局面，是在独特的历史背景下形成的。我个人认为，就汉字的悠久历史看，这是短暂的现象；从长远发展看，繁体字和简体字最后还是要走向统一。但是这个过程可能会比较长。现在有一种主张认为，大陆恢复繁体汉字就自然回归统一。我认为这是很不现实的想法。在我看来，最终应该是以简体统一繁体。为什么这么说呢？汉字发展史上有先例可循。秦始皇"书同文"，是用小篆统一六国文字。在以小篆作为规范的正体文字时，隶书实际已经产生了。隶书就是当时的俗体字，不登大雅之堂，有人讲"隶书"是徒隶所用的书体。与小篆相比，隶书也可以说是简体。经过篆隶的并存，人们最后还是接受了形体

---

[1] 见《艺概·书概》。

简单的隶书，曾经的正体篆书最终退出历史舞台。小篆和隶书并存，就相当于现在的繁体和简体的并存。所以说汉字"繁""简"两体并存，在历史上是存在的，只不过以前是自然发展的，现代繁简分歧是由特殊的历史条件造成的。但是汉字简化方案总体上还是符合汉字发展趋势的。更为重要的是，由于中国大陆学习使用简化字的人口这么众多，文化教育这么普及，国家影响这么巨大，让大陆回头去使用繁体字那是绝对不可能的。台湾现在许多人已经开始学简化字了，中国大陆的简体字书籍，许多书店都有卖的，会写简体，能读简体字书籍，在台湾也很平常。同时认识繁体和简体，在全世界范围内已经是很常见的事，因为繁简体的差异，稍加学习训练，还是比较容易解决的。另外，从世界范围看，海外华侨老一代学繁体，新华侨大都学简体。在国外一些大城市的唐人街，过去用繁体字写的招牌和菜单，除了名家题的字以外，很多现在悄悄换成了简体。所以我对此有信心，从长远看，汉字繁简二体肯定要统一，而且是简体取代繁体，但是将有一个相当长时间的并存阶段。基于这个观点，我始终认为，当前的语文政策，要坚持不再扩大汉字使用的分歧，维持现状，二元并存，等待未来，最终统一。

【听众乙】：汉字和我们国家的历史文化很有名，很悠久。但是在新加坡和台湾等地，你要是只会汉字，找工作都难找，因为他们被西方的科技和文化同化，由26个字母产生的科技的力量远远优胜于我们的汉字和汉语，从世界上来讲，英文的优势远远大于我们华语文化，包括科技，包括其他的。请问你怎么看待这个问题？

【讲者】：你这个问题实际上牵涉到不同方面，不过你关于"英文的优势"的观点，我觉得是一个事实。现在如果从世界范围来看，英文确实有它的语言优势，这种优势不是短期内形成的。老牌英帝国的殖民扩张和工业革命、美国的兴起和独霸世界，西方资本主义社会在科技、教育和文化方面在世界上长期占主导地位，产生了广泛而持久的影响。中国改革开放才30年，作为世界大国和强国的崛起，要经历一个历史过程。所以从世界范围内看，英文的使用人口，英文在教育、科技和文化领域的运用和影响都具有绝对优势。说到汉字汉语，外国人总是认为很神秘，学起来很难。现在这个格局正在改变。中国坚持改革开放，坚持科学发展，过去30年我们做了这么多事，取得举世公认的伟大成就。这次面对国际金融危机，我国的国际地位进一步提升。只要我们沿着正确道路，坚持走下去，中国有这么多人口，有如此古老辉煌的文化，我们的影响力必然会越来越大，汉语文化的影响也会因此而越来越大。现在，我们把孔子学院办到全世界，帮助外国人来学习中文，让他们更好地了解中国的社会、历史和文化。语言文化的影响力取决于一个国家的综合实力。语言传播实际上就是一种文化传播，语言文化的传播实际上就是一种思想观念的传播，因此，汉语国际推广具有重大的战略意义。就目前的大趋势而言，汉语文化的地位正在不断地提高，你担忧的情况也将会逐渐改变的。

【编按】"安徽人文讲坛"由安徽省社会科学界联合会、合肥市社会科学界联合会、新安晚报社联合主办，讲坛以传播人文知识、弘扬人文精神为目的，面向公众普及社会科学知识。本篇是根据2009年11月8日在"安徽人文讲坛"（第41讲）的演讲由郭玲整理，收入安徽省社会科学界联合会编《安徽人文讲坛演讲集》第3集，黄山书社，2010年，第211—227页。

敬惜汉字

今天参加这个活动感到非常高兴。刚才几位先生谈了很多精彩的观点。我先说一下为什么汉字听写大会能得到这么广泛的社会关注。我们是教语言文字的,碰到很多老师、学生都说你是做这个的,吃汉字这碗饭的,所以我很感谢中央电视台举办这个节目。我注意到刚才的主旨演讲,江蓝生老师提到"敬惜字纸",我们对汉字尊敬是有传统的,李挺先生提到了"文化基因"的问题。我想补充说一个观点:我认为这次汉字听写大会能在现在引起这么大的反响,除了各位先生讲的这些观点以外,汉字还有一个重要作用:激发了潜藏在我们中国人内心深处的情感,中国人对汉字的崇敬和热爱是沉淀在心理文化的深层结构中的。汉字的发展也不是现代才受到冲击,历史上异族文化传进来多次发生,每到关键的时候,对汉字汉语、中华文化深层的热爱就会迸发出来。这次中央电视台就抓住了这个机会,在信息化的大背景下人们怎么看待汉字,把潜藏在全民内心深处对汉字热爱的情感再次激发出来。

汉字之所以如此,刚才其他先生也谈到了,汉字本身的属性,内在的魅力是很关键的。汉字是一种古典文字,在全世界的古老文明中唯有汉字从诞生之日起延续使用至今,没有中断,这是世界文化史的奇迹。这种优点使它成为中华民族和中华文化的记忆,积淀了丰厚的文化遗产,所以汉字就有一种典雅美。说到认汉字,外国人为什么把汉字印在文化衫甚至文刺在自己的手臂上,他觉得有文化。中华文化的历史与古老的汉字是相互伴生的。

汉字有一种构思的巧思之美，体现了中华文化的智慧。现在我们只会写汉字，不知道为什么这样造，不知道所以然。刚才王宁先生说特别欣慰，孩子们知道形声字的形旁干吗，声旁干吗，这就是对汉字构造规则的体认。实际上古人总结汉字的构造，"近取诸身，远取诸物"，首先从自己的身体来观察，手、口、耳就画个样子，这是象形字；远取诸物，看到的客观物体可以描绘的就写出来。另外有些抽象的字，也是从自我观察，古人非常聪明，比如左右这样的方位很抽象，怎么表现？很简单，左就画一个左手，右就画一个右手。那天怎么表现？天在人的头上，画一个人上面做一个标记，最原始的是头部凸显出来，天又指头顶，头之上，所以现在简化字写成"天"。按许慎的讲法体现对天人关系的认识，那是进一步发展了。这种智慧美充满了魅力。

还有就是汉字的形式美。汉字是二维结构，写字的人总是想把符号写得很美。因为用软笔，可以进一步把书写的节奏表现出来，通过轻重的变化，构形的完美体现出一种韵律，所以汉字有一种韵律之美。这种韵律美的极致就是书法艺术。

你想，一种文字不仅有用，又显得很典雅，又体现智慧，还能欣赏到节奏与韵律，像这样的文字大家当然热爱敬重它。我记得小时候，我们受到的教育，踩了字纸，要敬惜字纸，放头上顶一下，"哎呀，失敬啦！"我小时还接受这样的教育。现在呢，可以随便地拆解汉字，用字也不规范，这是对我们民族文化的不敬。正因为如此，我很认同江（蓝生）先生的演讲，就是敬惜汉字，这是中华文化传统。汉字是中华文化内在的强大基因，具有自我保护的能力，具有强大的生命力。所以我不担心信息化时代汉字会出现危机。

但是汉字书写确实会出现提笔忘字现象。像汉字听写大会中出现的一些词，有的是历史上曾经流行的。汉字是记录汉语的符号，当某些词语退出了日常使用领域的同时，记录那些词语的汉字符号就变得不为大家所熟知了，只有少数专家才会用到这个字。有些词退出了，记录它的字不再使用是正常的。汉字有自我淘汰更新的功能。传统编字典，把所有的字都搜集起来，说有几万汉字甚至有八九万之多，其实很多字早就退出了使用领域。任何时代，包括先秦，常用的汉字也就是五六千，没有超过这么多的，包括《十三经》统计的结果用字也就六千多。所以《通用规范汉字表》一级字只有三千多，这是合乎汉字使用规律的。

曾经有一个误解，说汉字太多了，太难了，这是由于一些表述不够准确。这次汉字听写大会后，有些人反映，有些字太偏了，太历史化了，太专业化了。这样可能会导致两个结果，一是导致比赛中不会认字的小选手太多，二是造成一个错觉：汉字太难了，全民都不认识，会有负面的影响，不少专家都提到过这样的问题。我赞成：一是以常用字、通用字为主，二是更多地关注到记载需要当代青年和国民记住的历史文化事件和事实的词语，这些不太常用的可以列入范围，可以提醒大家关注记忆相关的历史，但不要把现实早就淘汰而又不是很重要的词语列入。

【编按】2013 年，在央视《中国汉字听写大会》节目热播之际，中央电视台与中国社科院语言所等单位于 9 月 6 日联合举办"首届中国汉字书写和传承高峰论坛"。本篇是根据论坛发言，由马晓稳整理而成。

关于汉字发展历史的一些基本认识

汉字是世界上现存的唯一持续使用的自源古典文字。经历了漫长的历史发展和沿革，汉字成为一个极为复杂的文字体系。清晰描述汉字历史沿革脉络，揭示汉字发展演变规律，是中国语言文字学者长期以来的不懈追求，积累了丰厚的学术资源。

在前贤时修研究的基础上，经过近年来的研究，我们对汉字发展历史形成了以下一些基本认识。

一、汉字是一个历时的动态发展的系统

汉字的形成是中华文明史研究的重大课题，也是汉字发展史研究的未解之谜，至今我们对汉字起源的研究还没能获得突破性进展。从安阳殷墟考古发现的甲骨文，我们知道商代晚期（公元前1300—前1046年）汉字已发展到成熟阶段。西周（公元前1046—前771年）全盘承袭了殷商文字，汉字系统日趋完善。经历了东周时代（公元前770—前256年）的急速演进，到秦代（公元前221—前206年），汉字完成了由古代向近代的过渡，代表古文字终结形态的秦篆虽然确立了正统地位，但日常用字则以秦隶为主，秦汉之际开启了汉字历史发展的近代阶段。经历两汉（公元前206—220年）到魏晋时代（220—420年）的发展，以隶楷字体为代表的近代汉字走向成熟，汉字形体由此定型。直到20世纪初叶，在新文化运动的冲击与裹挟之下，古老的汉字"其命维新"，进入以简化字为主体的现代汉字阶段。自殷商甲骨文以来，汉

字系统沿革有序，经历了持续的演进发展，从未停歇其内在的运动和变更，是一个历时的动态发展的系统。这是我们考察汉字发展历史的认识论基础。

二、汉字系统的动态发展需要多维度观察

汉字系统的各种复杂现象，都是这个系统长期发展积累的结果。准确描述汉字系统的历史发展轨迹，深入揭示汉字系统发展演变的规律，必须建立科学的汉字发展史研究理论构架。作为自源的古典文字体系，我们认为形体描写、结构分析、字用考察三个维度可以兼顾汉字体系发展的微观和宏观、表层和深层、局部和全局等不同方面，有助于全面客观地阐明汉字系统的发展。所谓"形体描写"，即根据历代汉字形体的发展变化，将汉字系统的发展划分为不同历史阶段，并具体分析汉字形体发展中产生的省减、增繁、变异、分化等现象，从而揭示汉字形体发展演变的一般规律。所谓"结构分析"，即通过对汉字个体符号生成和构造方式的分析，归纳汉字结构的类型及不同结构类型汉字分布的变化，揭明汉字构造方法的深层发展变化；同时，分析不同汉字的构形功能及其发展变化，从而揭示汉字形音义的深层联系。所谓"字用考察"，即通过对不同时期汉字使用实际情况的直接观察，客观分析汉字在某一时代的传承、新增和淘汰情况，汉字使用过程中出现的各种现象以及字词关系、字际关系的调整变化等；同时，考察不同时代文本层面出现的汉字书写现象，如书写特征以及讹误、重文、合文乃至美饰（增饰笔画、变形体、鸟虫书）等。用字现象是不同时期汉字发展的客观记录和直观体现，考察用字情况可以客观判断不同时期汉字系统所经历的实际发展变化。

以上三个维度只是就汉字系统内部来考察分析汉字的历史发展。汉字与源远流长的中华历史义化水乳交融，汉字的形成、发展和变革，无不深受历史文化背景变迁的影响。对这种影响的深入探讨和揭示，则是汉字发展历史研究所必须具有的宏观视野。

三、汉字历史发展呈现出一些重要现象

从不同维度，我们可以观察到汉字历史发展过程中呈现出的一些重要现象：

从形体发展看，汉字的"省简"和"增繁"是矛盾统一的。一方面，汉字形体发展的总体趋势是"省简"，从早期图形符号到曲线线条，再到便捷的笔画组合，形体逐步规整、书写更加便利、符号更加抽象；另一方面，字形符号在追求书写简便的同时，也着力于不断提高字形的辨识度，追求不同符号的彼此区分，于是字形的增繁就成为普遍现象。字形的"省简"和"增繁"表面上看相互矛盾，实际上却统一于对符号系统优化原则的遵循和文字使用（辨识和书写）效率的追求。

从结构分析看，汉字构形的"表意"和"表音"是并举共存的。一方面，汉字早期构形以表意方式为基础，这种方式构成的字是汉字系统的基本成分，多数字都被传承沿用，并成为汉字符号系统发展的基础；另一方面，与任何文字体系一样，汉字系统的成熟必须走向"表音"，通过"假借"和"形声"，汉字构形从早期以表意构形为基本手段，转换成"表意"与"表音"手段的并举共存，从而实现汉字符号系统功能的不断完善。因此，可以说"以形表意"方式确立了汉字符号系统构成的基础，"借形表音"方式则实现了汉字符号系统的逐步完善，二者彼此因依，相辅相成。

从字用角度看，汉字的构形功能与用字需求是相互制约的。一方面，汉字的构造追求形音义的统一性，汉字使用也遵循这一基本原则，这就保证了汉字符号系统的稳定有序和构形功能的实现；另一方面，不同时期汉字在实际运用中，由于记录新词的需要、使用者阶层的文化差异、不同时代和社会阶层用字的不同习惯以及工具载体的变更等，汉字使用往往会突破构形功能的束缚。因此，汉字构形功能与用字需求总是相互制约、相互影响的。这使得汉字在文本层面呈现出一种错综复

杂的关系，如"通假""俗讹""变异"等现象，就是这种复杂关系的具体体现。

以上从三个维度所观察到的汉字系统发展呈现出的一些重要现象，虽然不同时期的表现或不尽相同，却贯穿于汉字古今发展的始终。

四、汉字体系整体发展的规律和特点

总结汉字漫长的历史发展，对汉字体系整体发展的规律和呈现的特点，我们有以下初步认识：

一是汉字体系的发展呈现出延续性和渐变性。几千年来，无论汉字体系还是汉字个体，其发展演变都是由微观变化的逐步积累，进而形成汉字体系的整体变化。汉字每一个笔画的变化、每一个偏旁部首的调整，以及每一个新字的繁衍派生都是有迹可循的。延续性和渐变性使汉字古今一脉相承，始终处于一种在稳定中求发展的状态，剧烈的文字变革在历史上从来都未曾发生过。

二是汉字体系在不同的历史阶段呈现出不同的发展态势。就现在所能看到的材料，大体上可以说，殷商到西周早期的汉字发展以结构方式的不断发展完善为主，以形体线条化和规整化为辅，形声结构到西周时期已成为主要的新字构形方式；西周中晚期汉字的发展则以形体的规整定型和线条化为主，以结构的调整为辅；战国时期到汉代隶书的形成，则以形体的笔画化和剧烈演变为主，以汉字体系内部的分化派生和分工的逐步稳定为辅；魏晋之后，汉字形体完全定型，汉字体系以构形功能的微调和优化、字形的分化和俗讹简化为主流。

三是汉字体系的发展具有层累性特点。人们一直认为汉字的数量是越来越多的，这成为某些人所指责的汉字的主要缺点之一。考察汉字的运用，不同时代汉字实际使用的数量都是有限的，各个时代的常用汉字大体上保持在比较接近的范围内，汉字数量之多主要是长期不间断积累的结果。就一个时代保存的汉字而言，既有历史上出现而一直使用的传承字，也有当时出现的新增字，还包括历史上曾经使用而事实上早已退出实际使用领域的那些字。不同时代产生的汉字的堆积，构成了一个时代汉字的总和。因此，汉字的层累性特征使得它一方面数量繁多，另一方面又内涵复杂。长期以来，文字学研究忽视这种层累性，将产生于不同时代层次的汉字放在同一个历史层面来观察，因而对许多汉字发展过程中呈现的现象无法作出科学的分析。利用现代考古学等科学手段和古文字资料，在断代研究的基础上，我们可以更好地认识汉字体系的层累性特点，进而更加准确地揭示汉字发展演变的基本规律。

四是汉字体系具有独特的文化价值。汉字形成于中华文化的沃土，是中华文明的独特标志和中华民族对人类文明的伟大贡献。数千年来，汉字对中华历史文化传承和发展的贡献，不仅仅体现在它客观记录了博大精深的中华历史文化，而且还在于作为世界上唯一的古典文字，它超越了文字记录语言的一般属性，成为独具特色的内涵丰富的文化符号系统。汉字形音义系统蕴涵大量未曾变异的原初文化信息，通过准确揭示和科学阐释这种文化信息，可以更好地认识和更深入地理解中华优秀传统文化。汉字蕴涵的深厚的文化信息，使其与世界上其他现行文字相比，除了具备作为记录语言符号系统的一般属性外，还具有鲜明的文化属性。从这个意义上说，汉字乃中华文化存续之根脉所系。汉字的发展历程、汉字体系长期保持稳定以及汉字重要的历史变革，都与中华文化的历史发展有着深层的联系，充分认识汉字体系这一独特属性，对客观揭示汉字体系的历史发展具有十分重要的意义。近代以来，汉字的文化价值为其工具价值所掩盖，其巨大的历史文化价值未能得到应有的重视和必要的挖掘，这是当前汉字发展和应用研究需要正视的问题。

【编按】"中国（安阳）国际汉字大会"，以"汉字文化与世界文明"为主题，由中国人民对外友好协会和河南省人民政府共同主办，自2015年起每两年举办一次，是我国开展中外人文交流的重要平台。本篇是在"2017中国（安阳）国际汉字大会"（2017年9月19日）上的主旨演讲。

汉字与中华文化

《甲骨文合集》32384

数千年来，汉字对中华历史文化传承和发展的贡献，不仅仅体现在它客观记录了博大精深的中华历史文化，而且体现在作为世界上唯一的古典文字，它超越了文字记录语言的一般属性，成为独具特色的文化内涵深厚的符号系统。汉字形音义系统保存和传递着极其丰富的未曾变异的原初文化信息，通过准确揭示和科学阐释这种文化信息，可以直接触及中华文化的核心，把握中华文化的精髓，昌明中华文化的真谛。

汉字里的中国文化

谈到甲骨文,看起来似乎离我们很远,其实我们每个人和汉字的关系都非常密切。"汉字"在我们中国古代并不这么叫,这个名称是现代语言学在中国兴起以后才有的,这个文字是记录汉语的,所以叫"汉字",古人则叫"文字"。

古人为什么把这种字叫"文字"呢?说来还真挺有意思的。古人认为"文"这个字是一个交错的纹饰。我们看那甲骨文第一个"文",象一个人中间有叉叉。"文"本来是一个人,这个人身上有花纹、文身。目的是什么呢?为了避害,就是表明我跟龙蛇是同类的,不会受到危害。早期文字学家说,汉字的构造最基本的方法叫"依类象形,故谓之文"。我们看到人就画一个人,看到树就画一棵树,看到什么画什么,这叫"依类象形",这就是所谓的"文"。那什么叫"字"?我们看这个"字"——一个尖顶的房子,房子里面有一个儿子的"子",在屋里面有小孩子,这个字本来的意思是指生育、生孩子。那为什么"字"取个生孩子的这个形体作它的符号呢?因为在古人看来,象形的方法造出的文字是有限的,于是发明了一种新的方法,就是标义记音的形声造字法。"形声相益,即谓之字。字者,言孳乳而浸多也"。文字这个大家庭,就像人生孩子一样,子孙繁衍,一代一代,越来越多。"文字"这个名称在我们中华文化中就是这么来的。

文（𝄞）　　　字（𝄞）

一、汉字是唯一沿用至今的古老文字

在全世界的文字中，汉字是最古老的文字。其实，从原始文明来看，最早的文字都是跟汉字差不多的，比如说西亚的楔形文字、北非尼罗河的古埃及的象形文字，都和汉字的构造有很相似的一面。但是，在全世界，只有汉字从产生之日起，一直延续到今天没有改变，其他几种古老文字早就消亡了。那古老的汉字到底是什么时候出现的，为什么这么长时间它维持不变？这个问题不仅今天关注，早在先秦时代大家都在思考。对此古代有不少传说，其中最有名的一个传说是仓颉造字。传说仓颉是黄帝的史官，长了四只眼睛，他看到了鸟兽的足迹受到了启发，于是他知道，这个世界上的事物是可以分别开来的，就按照这样一些足迹纹饰创造了文字。

二、甲骨文对研究历史和中国文化具有重要意义

"甲骨文"这个名字是什么意思？就是在龟甲兽骨上刻的文字。因为刻在甲骨上，甲骨成了化石，埋在了地下就保存下来了，经过了很长的时间，一百多年前偶然的情况下才被发现。这个故事大家一定听说了，甲骨文怎么发现的？说的是一个叫王懿荣的人去药店抓药，里面有一味中药是动物化石，叫"龙骨"。他把这个龙骨拿回去一看，上面有符号，发现这个东西可能有价值，他喜欢古物，就开始收集。从中药"龙骨"上发现文字的传说并不可靠。不过，王懿荣确实是第一个收集甲骨的。他收集的甲骨后来被刘鹗接手了，刘鹗首次公布了甲骨文，出了一本书叫《铁云藏龟》，这是第一部关于甲骨文著录的书。于是学者开始注意到甲骨文，可谓"一片甲骨惊天下"，引起了很多人关注，这个时间是1899年，光绪二十五年，明年是甲骨发现120周年。

甲骨文发现以后，它的意义非常之重大，它让我们生在三千多年之后的人突然看到了三千多年前的人写的字，可以说这是中国文化史上的重大发现。前年习总书记提出来要重视文化传承和社会科学研究，专门

说要加强甲骨文等古文字的研究,要做到绝学不绝,后继有人,需要时能用得上。[1]

三、汉字是世界上独一无二的古典文字体系

殷商甲骨之后,还有一些字是铸刻在青铜器上的。青铜器便于保存,有些青铜器上面有长篇的铭文,这些铭文也具有重大的历史价值。

经过了两周的漫长发展,汉字到战国时期已发生很大变化,在近年来发现的多批次竹简中,不仅可以看到战国时期的简牍文字,还可以看到失传已久的许多战国文献。有一些成语大家很熟悉,比如你读书读得真多,学问真大,叫"学富五车"。为什么用车来形容你学问大?因为读的竹简多到要用牛车来拉!在座的各位,你读的书若写在竹简上的话,恐怕都不止"五车"了。

我们写字总是找最容易的材料,竹简之后是纸张的发明,有了纸那就省事了,纸很轻便。后来逐渐地感觉光有纸张也不够,抄也费劲,于是另一个重要发明——印刷术出现了。印刷术发明也对人类文明传播作出了很大贡献。在全世界没有哪一个民族有用汉字记录的文献这么多,所以我们说汉字是传承中华文化的独一无二的古典文字体系。

四、汉字体现了古人的智慧,汉字记载了历史和文化

语言是面对面地交流,不能传于异地,流于异时,只有文字发明了,才能够传于异地,流于异时。所以汉代学者许慎就说,凭借文字"前人所以垂后,后人所以识古"。文字就是起到沟通古今,传于异地,突破时空的作用。因此,我们今天触摸古代,不要到别的地方去,直接从文字入手,这是最便捷的途径。

除此以外,先民们的思想文化还保留在每一个字里面。甚至可以说,那些来源古老的汉字每一个字都有深厚的文化内涵,每一个字的演

---

[1] 出自《习近平:在哲学社会科学工作座谈会上的讲话(全文)》,新华网,2016年5月18日,http://www.xinhuanet.com//politics/2016-05/18/c_1118891128_4.htm。

变都体现了文化史的演变。如"日月水火，山石田土"这些字，一看就知道"日"是太阳，有人说那中间一点是太阳的黑子，其实呢，可能就是一个符号。那"月"是一个半月，那"水"就是水流的样子，"火"就是一团火苗，"山"是山峰层峦叠嶂。石头的"石"怎么写成一个三角形？我们知道石头没有什么特征。如果要象形，"山"有山峰，"月"是缺的，"日"是圆的，那石头怎么办？其实这个"石"可不是一般普通的石，这个"石"是一个古代的乐器，叫石磬。乐器磬经常使用，代表礼乐文化。磬是石质的，干脆就画一个磬代表石头。那你说是磬，怎么知道的呢？你看绳子挂一个磬，用手拿一个锤在敲打，这就是"殸（磬）"字。那这个"磬"敲出来的是什么？是声音。你怎么知道是声音呢，耳朵听见了，于是在磬中间加了一个耳朵，这个耳朵听见了就是声音，这就是声音的"聲（声）"字。口里面说出来的"声"，耳朵听见了，于是又加个"口"，这就是"聽（听）"字。古代汉字都有内在的联系性，从这些字里面就能看到造字那个时代，它的历史、文化就记录在这儿了，而且这些是原汁原味的，没有打折扣。文字文本可以改，文字的构造改不了，这就是古人的智慧。

日（〇） 月（）） 水（）） 火（）

山（）） 石（）） 磬（）） 声（））

听（））

汉字有很多这样可以讲述的故事，所以我们要想了解中国的历史文化，还要了解汉字的构造及其背后的文化内涵。

五、汉字的传播维护了多民族国家的统一

当然除此之外，汉字还有其他的一些特点，它可以跨方言。我们在北方长大的孩子，你到南方去听不懂广东话，要听广东话像讲外语似的。我自己有这个经历。20世纪90年代，我们几个到香港一所大学访问，第一次到香港那所大学，想看看它的校门怎么样，问了三个学生，竟然无法沟通。学生不懂普通话，我们不会粤语。我国有多种方言，不同的方言区，不管你讲什么方言，都可用汉字书写，一看就懂了。先秦也是这样，当然当时不叫普通话，叫"雅言"，孔子"诗、书、执礼皆雅言"。尽管方言分歧很大，但文字不受方言的影响。汉字因为这个贡献，它的统一性不仅使中华文明源远流长地往下传承，同时也有利于中华文明的横向传播，跨越不同的方言乃至民族地区，这样就维护了我们这个多民族国家的统一。

在座的都是年轻人，现在我们的国家民族复兴，在世界上的地位变得更重要。作为炎黄子孙，当代青年在中华文化的熏陶下成长，我们自然有一份责任，就是把我们的文化传承下去，传播开来。中华民族的复兴，需要我们持续地努力，同时我们应该向世界、向人类文明输送我们的智慧，作出我们应有的贡献。现在中小学生学英语的时间，比学母语、学汉字，花得多得多，但我们应该更加关注母语和自己的文字。要知道任何语言文字，它在作为工具的同时，都是传递文化的。学习一个民族、一个国家的语言文字就接受了它的思想文化的影响。我们要有文化安全的意识，语言文字的安全也是文化安全的一部分。我特别期待，作为新时代的青年，要传承好母语，学好汉字，传播好中华文化，为中华民族复兴作出我们一代又一代人的贡献。我就讲到这儿，谢谢！

【观众提问一】：汉字一直处于演化过程，现在的简体字还有可能再演化吗？

【答】：从汉字的发展来看，简化会一直持续下去，当然现在我觉得这个担忧可以放下，为什么？因为汉字的简化主要是因为书写效率的提高，为了写得快，它才会去简化的，如果现在我们不写字了，全部是数字化时代以后，汉字不太可能再简化了。信息化时代要求汉字的规范和稳定，人们也不会因为这个字太难写或者为了写快点而去改变汉字，因为都是直接打字而不是手写，所以汉字不会再有机会发生大的变化。

【观众提问二】：小时候我们学的"说（shuì）服"，现在字典中已经改为"说（shuō）服"了。包括有一个姓"撒（sǎ）"，因为一个主持人，大家都念 sà，公众人物就可以影响汉字的发展吗？

【答】：汉字有时候一个字有多种读音，比如说服的"说（shuì）"在先秦都写成说话的"说"，这个字有时候要读成喜悦的"悦"，这个音从早期这么传下来，是分的，但是现在多数人就觉得"说（shuì）服"比较拗口，"说（shuì）服"不也就是说（shuō）服吗，只是说理更多一点而已，没有本质差别，就不要保留这个音，所以就改了，这叫"审音"。

还有一种，因为名人的影响，在现代汉语审音的时候，也有可能就在像"撒"字下新增一个音，作为姓氏的时候读"sà"。很多字是这样，因为名人读错了，将错就错，因为名人要改了，所以就改了。

【观众提问三】：我们从小学习汉字的时候，都是从笔画开始的，请问像甲骨文这样的古文字，它们有没有笔画呢？

【答】：这个提问还是蛮专业的。我们知道甲骨文是"画成其物，随体诘诎"，也就是根据客观物体描写形态，随着客观物体的形态线条弯弯曲曲的，因此甲骨文没有笔画，也谈不上笔顺，但是有书写的习惯，画画的时候总是顺手为好。

【观众提问四】：面对网络上出现的新字，如"嘦""嫑"等，我们要接受吗？

【答】：这是一个新的现象。这种现象，我想就是充分利用汉字的组合关系表达特别的想法，这个可以说不必提倡，也没有必要反对，像这类东西可以说都是昙花一现，不会长久的。让它存在丰富一下网络语言没有问题，但是在正式场合还是应该规范地使用语言文字。

【观众提问五】：有外国朋友问我，中文输入采用拼音系统那么方便，为什么不用拼音代替汉字呢？

【答】：我曾经在国外有一个演讲，介绍汉字文化，就说一千个常用汉字可以覆盖中文文献用字近90%，但这些汉字要组成很多的词。汉字与汉语的词既有关联性也有不同。能不能用拼音文字，这不仅是现在外国朋友问的问题，中国人也曾经想这么做。近代以来，曾经有一个汉字改革运动。国人反思中国为什么这么落后，是因为科技不发达；为什么科技不发达，是因为教育不发达；为什么教育不发达，是因为汉字太难写，太难认，字太多了。因此，汉字应该改为拼音文字。但是，改革汉字这个问题很复杂，涉及文化传统、汉语特点和中国国情等各个方面。有人实验，但没有成功的。我听说有位主张文字改革的先生，曾经为了试验拼音文字，就用拼音写日记，可是到后来，自己也不知道这日记写的是什么。另外，还有一个问题，如果我们今天全部用拼音文字，谁来认甲骨文啊？谁来读古书啊？文化就中断了。

【观众提问六】：汉语言有一种独特而不可取代的魅力，像"落霞与孤鹜齐飞，秋水共长天一色"这样唯美的画面和意境是其他语言很难翻译的，有人会说汉语言的美在于它的遣词造句，并不是文字本身。您认为汉字的美体现在哪些方面？

【答】：汉字本身当然是美的。汉字每一个字的造型我们都可以找到它的美学因素，它是按照美的规律构形，汉字追求对称美，有美感的结构。汉字书写有节奏，下笔、行笔、收笔；有韵律，起、承、转、合。这个韵律美的发展，就产生了书法。像我们写"落霞与孤鹜齐飞，秋水共长天一色"这样美好的诗句，当然是词在背后，同时字也是相关的。没有美好的内容，这个字也写不好。文字也好，内容也好，二者相辅相成，我觉得是不能把它们分开的。

【观众提问七】：我们是否应该重新启用繁体字呢？

【答】：汉字的发展，它的简化是两条路走的。有时候一部分字追求简省，是提高书写效率。但是要看到差异越大，阅读效率、辨认效率越高，所以出于这个要求，大量的字是变繁了。有人曾经建议恢复繁体，有网友就调侃说，恢复繁体还不够，应该恢复甲骨文。文字是一个社会性的符号，无论是繁是简，一旦流行，流行的就是合理的。

【观众提问八】：您对传承两字的理解是什么？

【答】：传承就是一个自然的延续接替的过程，其实我们每个人都在传承。这个传承并不是像我们作说教，或者是有明确的意识，自觉不自觉都在传承，如你的父母日常的言行举止都在传递给你。所以我特别期待我们的年轻人关心汉字，关心汉语，热爱传统文化，并且在教育你的子女和后代的过程中很自觉地予以引导。如果我们有自觉地传承，它的效果比不自觉地传承一定会更好。

【观众提问九】：传统文化离我们越来越远，传统文化的教育如何加强？

【答】：一方面，古代和现代毕竟有这么遥远的距离。另一方面，我们弘扬传统不仅仅是为了讲过去，而是怎么让传统和现实形成交集。我们做文化，做教育，做传媒的，要有意识地把传统的精华和现代生活结合起来，这样我们才能促进中华民族的复兴，我们才能更好地走向世界。

【编按】中央电视台综合频道 CCTV-1 于 2012 年 9 月开播《开讲啦》栏目，栏目定位为中国首档电视青年公开课，邀请"中国青年心中的榜样"作为开讲人，通过前沿的新知分享，以平实的角度和润物无声的方式传递主流价值观。本篇由任攀根据 2018 年 7 月 14 日《开讲啦》播出的《汉字里的中国文化》整理而成，文字略作了润色修改。

汉字与中华文化之存续

汉字之于中华文化之存续关系，是中华文明史研究需要回答的重大课题，也是当下传承优秀中华传统文化需要重新作出科学判断的现实问题。对这个话题，站在不同的文化立场上，以不同的知识背景和眼光，会形成不尽相同甚至是相互对立的看法。我们耳熟能详的上个世纪新文化运动中关于汉字功过与前途的论争，就是这种差异甚或对立的集中展现。

我们认为，数千年来汉字对中华历史文化传承和发展的贡献，不仅仅体现在它客观记录了博大精深的中华历史文化，而且体现在作为世界上唯一的古典文字，它超越了文字记录语言的一般属性，成为独具特色的文化内涵深厚的符号系统。汉字形音义系统保存和传递着极其丰富的未曾变异的原初文化信息，通过准确揭示和科学阐释这种文化信息，可以直接触及中华文化的核心，把握中华文化的精髓，昌明中华文化的真谛。

首先，我们引述一项最新的考古发现，看看汉字与中华文化的深层关系。

2017年第2期《考古》杂志公布了一个重要的新发现，在山西襄汾陶寺文化遗址中期小城内王族墓地ⅡM26中，出土了一件骨耜（ⅡM26∶4），骨耜上有一个刻画符号。何驽先生借助科学手段辨析了这个符号，将它释作"辰"字的初文，就是甲骨文"辰"字的前身，这是一个表示农具的象形字（何驽：《陶寺遗址ⅡM26出土骨耜刻文试析》，

《考古》2017年第2期）。

"辰"是农具的象形字，郭沫若、胡光炜等古文字学者早已作过探讨。这次新发现，将"辰"这个文字符号与骨耜这一实物联系在一起，进一步证实了郭沫若等"辰实古之耕器"的考释意见是完全正确的。"辰"代表早期农具，甲骨文中的"晨""农""蓐"等有关农事活动的字，都是利用"辰"作为主要构形元素构造出来的，这是"辰"作为农具在文字体系内部留下的记录。东汉许慎《说文解字》："晨，早昧爽也……从辰。辰，时也。辰亦声。"（第54页，中华书局大徐本，2015年，下同）"晨"在商周文字中，象两手持辰，与农事有关。上古"日出而作"（甲骨文"作"字即象用耒耜耕作之形），由一日农事之起，表示一日之始。《说文》还收有另一个"晨"字，许慎曰："房星，为民田时者。从晶辰声。"（137页）这个表示"房星"的字，应该是"晨"的后起异体。"農，耕也，从晨，囟声。"（54页）《说文》所收古文"农"字见于甲骨、金文，西周金文还出现从"辰"或古文"农"、从"田"的异体。"蓐"（《说文》："陈草复生也。从艸辱声。一曰蔟也。"）、"薅"（《说文》："拔去田艸也。从蓐，薅省声。"）、"耨"，是一组与"农"相关的后起字。

辰（ ） 晨（ ） 农（ ） 蓐（ ）

这件骨耜作为陪葬的礼器置于墓坑的壁龛中，其上刻一个表示农具的"辰"字，这一发现对中国农耕文明史的研究有重要意义。ⅡM26的时代属于陶寺文化遗址的中期，约相当于公元前2100—前2000年，这一发现也为汉字发展史研究提供了科学发掘的实物材料，将汉字的起源和历史提前到公元前21世纪，其意义是非同寻常的。

新材料证实"辰"是农具，而在汉语言文字中，我们都知道"辰"还有两个基本含义：一是指星辰，二是指时辰。我们所关注的问题是，为什么作为农具的"辰"，同时又指称"天体"和"时间"？

这个问题其实古人早已提出并作出了解释。宋代沈括《梦溪笔谈》

卷七"象数一":"天事以辰名者为多,皆本于辰巳之辰,今略举数事。十二支谓之十二辰,一时谓之一辰,一日谓之一辰,日、月、星谓之三辰,北极谓之北辰,大火谓之大辰,五星中有辰星。五行之时谓之五辰,《书》曰'抚于五辰'是也,已上皆谓之辰。今考子丑至于戌亥,谓之十二辰者,《左传》云:'日月之会是谓辰。'一岁日月十二会,则十二辰也。日月之所舍,始于东方,苍龙角亢之星起于辰,故以所首者名之。子丑戌亥之月既谓之辰,则十二支、十二时皆子丑戌亥,则谓之辰无疑也。一日谓之一辰者,以十二支言也。以十干言之,谓之今日;以十二支言之,谓之今辰。故支干谓之日辰。日月星谓之三辰者,日月星至于辰而毕见,以其所见者名之,故皆谓之辰。(四时所见有早晚,至辰则四时毕见,故日加辰为"晨",谓日始出之时也。)星有三类:一经星,北极为之长;二舍星,大火为之长;三行星,辰星为之长。故皆谓之辰。(北辰居其所而众星拱之,故为经星之长。大火,天王之座,故为舍星之长。辰星,日之近辅,远乎日不过一辰,故为行星之长。)"(引文据《新校正梦溪笔谈》,宋·沈括撰,胡道静校注,中华书局,1957年)沈括基于"辰"指"辰巳之辰"的认识,对"天事"名"辰"与"支干"曰"辰"的缘由进行了分析。

现在看来,"辰"由具体农具到泛指农事,进而指称"天体"和"时间"概念,实际上是中华文化处于农耕文明时代的客观反映。农事活动与天象运行、四时代序密切相关,"辰"字字义系统正是这种关系在汉语言文字中留下的珍贵记录。许慎《说文》对此已经有了初步的揭示,指出:"辰,震也。三月阳气动,雷电震,民农时也,物皆生……辰,房星,天时也。"(312页)在另一个与"辰"有关的字"辱"下,又说:"辱,耻也。从寸在辰下。失耕时,于封畺(疆)上戮之也。辰者,农之时也,故房星为辰,田候也。"(312页)"辱"从"寸",本指手持农具耕作,学者或以为即"农"字的古字。按照《说文》的系统,"寸"有法度之意,(如:"寺,廷也,有法度者也。从寸之声。")故许慎有"失耕时,于封疆上戮之"之说,以解释"辱"何以有"耻辱"之义。许慎对"辰"和"辱"二字形义关系的解释虽然未必准确，但是却显示出许慎已敏锐地意识到农事、星辰、历时三者之间的相互关联性。

　　古代对农事与天象、历法关系的认知由来已久。《书·尧典》："（帝尧）乃命羲和，钦若昊天，历象日月星辰，敬授人时。""帝曰：咨！汝羲暨和，期三百有六旬有六日，以闰月定四时，成岁。"农耕文明时代的"观象授时"与农事活动直接相关，这为"辰"字引申联想，用以指称"星辰"和"时辰"提供了宏观的文化背景。《礼记·月令》《夏小正》等先秦典籍关于星象、物候、农时的记录，为认识这一文化背景提供了更多的参考材料。当我们了解了早期农耕文明"观象授时"的文化背景，"辰"这个字既可以指"农具""农事"，也可以指星辰、时辰就比较容易理解了。虽然古代语文学家对于"辰"字的构形本义还没能获得确切的认识，但正是基于对古代农耕文化的熟知，许慎分析有关字的构造时才能保证大体方向的正确。最新的考古发现和甲骨文等早期文字资料，则为我们辨析"辰"及相关字的形音义关系及其演变提供了可靠的材料。

　　"辰"字由农具进而指称"星辰"和"时辰"，是中华农耕文明时代的客观反映和记录。这个例子典型地体现了汉字自身的文化属性及其在记录、传承中华文化方面所具有的独特价值。

　　下面，我们谈谈汉字的文化属性及其对中华文化存续的影响。

　　与世界上其他现行文字相比，除了具备文字作为记录语言符号的一般属性外，汉字深厚的文化积淀和鲜明的文化属性，对中华文化的存续产生了极其深远的影响。这主要体现在以下几个方面：

　　（一）汉字是世界上独一无二的、持续稳定且历久弥新的自源文字符号系统，这一特点从根本上保证了历史悠久的中华文化的完整保存和持续传承。人类文明史上曾出现的"自源"文字体系，时代较早的有两河流域的楔形文字（约公元前4000年）、稍晚的有古埃及圣书字和汉字；较晚的有中美洲文化圈的文字系统（约公元前500年）。这些自源文字体系，只有汉字从产生之日起延续至今，没有发生历史的中断和根本的改变，其他文字体系都早已退出历史舞台。汉字起源的时代虽然还无法确定，我们认为，相当于历史上的夏代，汉字应该已经形成了。夏代不仅是中国历史上最早得到记载的王朝，山西襄汾陶寺文化遗址新发现的文字也提供了实物证据。目前能见到的最早的成系统的汉字是殷商时代的甲骨文。至少从殷商甲骨文以来，汉字体系就一直沿着自身的轨迹持续发展演进，沿用至今，没有中断。这是世界文明史上唯一持续使用的自源的古典文字体系。

汉字体系的悠久性、持续性和稳定性，使得中华历史文化得到完整记载、保存和传承，形成了世界上保存数量最多的古典文献。这些文献，既有出土的殷商甲骨文、两周金文和战国秦汉简帛，更有传世的先秦《诗》《书》《易》《礼》等经典和《老子》《庄子》等诸子学说；既有楚辞、汉赋、唐诗、宋词、元曲和明清小说等历代文学作品，也有《史记》《汉书》等二十四史历史巨著；明清时期还编纂了《永乐大典》《四库全书》等规模浩大的古典文献丛书。浩如烟海的出土与传世古典文献，记录了中华文化演进和发展的波澜壮阔的辉煌历史，使中华文明代代相传，历久弥新。这一点堪称世界文明史上的奇迹，而这一奇迹应归功于汉字系统的悠久历史和持续稳定。

（二）汉字是独具特色的文化符号系统，其形体构造客观记录和保存着丰富的历史文化信息，这是中华文化生生不息的源泉所在。虽然与所有成熟文字一样，汉字的功能是记录汉语，但这并不排斥汉字作为独具特色的文化符号系统的另一种功能。汉字的产生和发展与一定的历史文化背景密切相关，其构成方式和符号系统本身携带着不同历史时期大量的文化信息，不同时期的历史文化要素也通过汉字形体和意义系统得以保存。因此，可以超越汉字作为记录汉语符号的层面，将汉字本体作为一个独特的文化符号系统来分析研究，从而揭示汉字与历史文化的深层联系。

上面谈到的"辰"字的构造和字义系统，是中华农耕文明在汉字系统中留下的鲜明印记。如果我们从这一文化背景入手，对记录农事、农时、农具、作物、农俗等各方面的汉字进行分析，就可以梳理出汉字系统中大量保存的农耕文明时代的信息，再现中华农耕文明时代原初的历史情状。

中华民族是礼仪之邦，古代礼仪制度在中华文明中始终占有核心位置。《周礼·春官·宗伯》载："大宗伯之职，掌建邦之天神、人鬼、地示之礼，以佐王建保邦国。"《左传·昭公二十五年》记赵简子问礼于子太叔，太叔对曰："闻诸先大夫子产曰：夫礼，天之经也，地之义也，民之行也。天地之经，而民实则之。"战国晚期思想家荀子更强调："人无礼则不生，事无礼则不成，国家无礼则不宁。"(《荀子·修身篇》)古代礼仪制度是"建保邦国"的基础所在，也是维持社会秩序、规范个人道德和行为的根本依据。荀子认为"礼"之所起，"以养人之欲"也，"故礼者，养也"，"礼有三本，天地者，生之本也；先祖者，类之本也；君师者，治之本也……故礼，上事天，下事地，尊先祖而隆君师，是礼之三本也"(《荀子·礼论篇》)。在汉字系统中，沉积了极为丰富的古代礼仪制度信息，这些文化信息不仅是考察古代礼仪制度形成和发展的可靠材料，也为正确分析和阐释有关汉字构形和字义系统提供了基本依据。

从有关汉字的早期构形来看，古代礼仪制度是以宗庙祭祀活动为基础逐步形成和发展起来的。"礼"这个字，《说文》谓："所以事神致福也。从示从豊，豊亦声。"甲骨文和金文中的"礼"本来作"豊"，由致祭的吉玉和鼓（象形）构成，后来才加上"示"字作为表示字义的意符。"礼"从"示"，体现了古代祭祀活动与礼仪制度形成之间的密切关系。《说文》分析"示"字构造时说："天垂象见吉凶，所以示人也。从二（二，古文上字）。三垂：日月星也。观乎天文，以察时变。示，神事也。"许慎对"示"字的分析和解说，显然受到当时流行的天人感应学说的深刻影响。同时，他也指出"示"还表示"神事"之意，这为《说文》所有从"示"旁的字提供了分析依据。《说文》关于"示"和从"示"字的分析，就是建立在古代祭祀礼仪这个大的文化背景之上的。许慎的解释虽然并不是"示"字所蕴含的原初文化信息，受到一定的时代局限，但是其分析的路径大体是正确的。

礼（🎵）

"示"字最早的形体见于甲骨文，并不是由"二（上）"和"三垂"构成，与"天垂象"毫无关系，"示"本是表示宗庙神主的象形字，"示"就是"主"。《史记·殷本纪》所记商代先公"主壬""主癸"，甲骨文作"示壬""示癸"。甲骨文祭祀先公先王，有"三示""四示""五示""六示""十又三示""二十又三示"以及"大示""小示"等。殷商甲骨文中出现的这些"示"，都是时王祭祀的先公先王，也就是宗庙里供奉的代表诸位先祖的神主。《说文》："宗，尊祖庙也，从宀从示。"宗庙之"宗"，是由庙宇和神主构成的会意字。《说文》所收录的"主""宝""祏"等字，都是"示"的后起分化字，从这些后起字也可以推求"示"的原初含义。《说文》："主，灯中火主也。""宝，宗庙宝祏，从宀主声。"（148页）"祏，宗庙主也。《周礼》有宗郊石室。一曰：大夫以石为主。从示从石，石亦声。"（2页）除了"主"之外，许慎对这些字的分析大体可据。根据"示"在甲骨文中的用法和上举相关字，可以肯定"示"这个字原初的构形和含义，就是指宗庙供奉的祖先神主（牌位）。

示（丁）　　宗（宀）

主（坐）　　宝（宀）　　祏（祏）

作为一种原始宗教信仰，对祖先神灵的崇拜和祭祀，既表达出"尊祖本始"的思想，更有祈求先祖神灵庇佑的期盼，因此，古代宗庙祭祀活动具有至高无上的地位。宗庙祭祀活动是古代礼仪制度形成的基础，不仅记录宗庙祭祀活动的各种汉字都从"示"，而且凡是涉及"天神、人鬼、地示之礼"，表示神灵祭祀等"神事"活动的字，也都以"示"

作为意符来构造新字。这些从"示"构成的字记载了古代祭祀礼仪的大量信息，为我们了解古人的宗教信仰和祭祀礼仪留下了珍贵的记录。了解了"示"与传统礼仪文化背景的深层联系，就可以较为清晰地揭示"示"字之所以能表示"昭示、显示、告示、指示、展示"等一系列义项的缘由。

这个例子进一步表明，汉字本身记载和保存了丰富的历史文化信息，将汉字作为一个独具特色的文化符号系统，深入揭示和阐释汉字自身携带的历史文化信息及其发展演变，可以更加彰显汉字体系的文化属性，更好地认识汉字体系对中华文化之存续的重大价值。

（三）在民族众多、疆域广袤的国度，汉字在传播统一的思想文化观念，维系中华民族的特性，传承和发扬中华民族悠久的历史文化传统等方面，发挥着不可替代的重要作用。中华民族的形成和发展融合了多元文化因子，从华夏大地上早期的古人类分布，到新石器时代黄河流域、长江流域各种地域文化，正是经历了不同文化之间的激荡、交融，才孕育出伟大的中华文明。早期中华文明的形成发展，不仅保存在历史传说和典籍中，更为现代以来的众多科学考古发现所印证。五千年的中华文明史波澜壮阔、跌宕起伏、灿烂辉煌。夏商周三代礼乐文化的鼎盛，春秋战国时期思想学术的发展，奠定了中华文化的基本色调。秦汉以降，朝代更替，兴衰代有，中华民族在多元文化交融中，既创造了繁华盛世，也经历了深重灾乱。但是，从发展大势来看，数千年来中华文化始终沿革有序，其传承发展的历史从未曾中断。

在中华文化存续的历史进程中，汉字的作用无与伦比。汉字的形成和发展时代，正是中华文明形成发展的关键历史时期。汉字的出现代表着中华文化进入文明阶段，汉字不仅记载了夏商周的历史和文化，传承了先秦经典和诸子百家学说，而且在这一历史进程中汉字也是创造中华文明的重要力量。汉代以后形成的经学阐释传统，使得以先秦儒家为代表的传统文化核心价值，在我国这个多民族国家得以广泛传播，从而塑造了中华民族大家庭共同的价值体系，形成了巨大的民族凝聚力。汉字的巨大文化功能，使其具有强大的包容性和融合异族文化的能力，无论历史长河经历了多少曲折，汉字体系则一直保持着基本稳定，维系了中华文化的根脉，推进了中华文化的传播和发展，在维护多民族国家团结统一方面，发挥了不可替代的巨大作用。汉字也因此成为中华文化的象征，享有神圣而崇高的地位。随着汉字向周边地区的传播和汉字文化圈的形成，汉字对朝鲜、日本和越南也产生了广泛而深远的影响。

（四）汉字充分发挥视觉符号系统的特点，适应汉语多方言区交际的需要，形成了通行于不同方言区的汉语书面语系统——"雅言""通语"，对中华文化跨区域广泛传播功不可没。早在先秦时期，我国方言分歧就比较突出，这种分歧实际上影响到语言的交流和思想的传播，因此，早已引起王朝的重视。据应劭《风俗通》序言所说，"周秦常以岁八月遣輶轩之使，采异代方言，还奏籍之，藏于秘室"。周秦时代采集的"异代方言"，"及嬴氏之亡，遗弃脱漏"。到了汉代，杨雄利用了部分残存的材料，"考九服之逸言，标六代之绝语"（晋·郭璞《方言注序》），编纂出《方言》这部中国语言史上"'悬日月不刊'的奇书"（罗常培《方言校笺序》）。《方言》流传至今，保存了汉代和汉代以前的珍贵方言材料。

雅言是相对于方言而言的，它是汉字系统成熟后逐渐形成的一种书面语（读书音）系统，具有超越方言的性质。《论语·述而》记载："子所雅言，诗、书、执礼，皆雅言也。"郑玄注："读先王典法，必正其音，然后义全。"雅言，也就是上古的"官话""通语"。汉字产生的文化背景和流行区域，自然是中华文明发生和发展的核心区域，实际上也就是夏商周三代活动的区域范围。"雅言"之"雅"与"夏"相通。如《荀子·荣辱篇》："譬之越人安越，楚人安楚，君子安雅。"《儒效篇》则说："都国之民，安习其服，居楚而楚，居越而越，居夏而夏。"黄侃以为《尔雅》即为"近夏"之义。新出《上海博物馆藏战国楚竹书（二）·孔子诗论》风雅颂之"雅"，也作"夏"字。可见，孔子所说"雅言"就是"夏言"，以夏言为正。

用汉字记录的汉语书面语，在夏言的基础上不断完善发展，通行于四方。东汉之后，随着先秦典籍的经典化，汉语逐步趋向文言分离，形成了一套超越口语的书面语系统——文言文。文言文系统一直延续使用到20世纪的新文化运动时期，这是汉字对汉语的显著影响。汉字记录的"雅言""通语"具有超方言性，在传习过程中自然也就获得一种重要的"社会—历史"文化功能。由雅言到官话，再到民族共同语的形成，促进了不同方言区的文化交流，有利于经典的学习和传承，中华儒家等主流文化因为方言传播障碍的扫除，得到了超越时空的广泛传播，进而形成了中华民族的巨大向心力和中华文化的持续影响力，这是汉字对中华文化存续的一大贡献。

总而言之，汉字是中华文明的象征，记载和传承了博大精深的中华文化，是中华文化存续的根脉所系。近代以来，汉字的巨大历史功绩没能得到应有的重视，汉字的文化价值为其工具价值所掩盖，汉字文化阐释的传统基本中断。在大力弘扬中华优秀传统文化的当下，重新评价汉字对中华文化存续的历史贡献，深入挖掘汉字系统蕴涵的丰富文化信息，是当代海峡两岸语言和历史文化学者应该担负的义不容辞的历史责任。

【编按】本篇是在中华文化促进会与台湾太平洋文化基金会联合举办的第八次"两岸人文对话"上的主旨演讲。这次对话于2017年4月20日在香港举行，主题是"汉语与中华文化之存续"。本篇演讲曾经删减后以《汉字与中华文化的传承发展》为题，刊载于《中国社会科学报》2017年7月7日第6版。

让古老汉字为文化自信注入力量

殷商时代（公元前14世纪—前11世纪）王室使用的甲骨文，是目前我们所能见到的最早的成体系的文字，记载了殷商社会的历史和文化，是中华文化宝库中的璀璨明珠。甲骨文以实物形态保存和呈现了我国悠久的历史文明，不仅是中华民族的宝贵文化遗产，也是全人类共同的伟大文化遗产。甲骨文入选《世界记忆名录》，正是其价值得到世界公认的体现。

文字的发明是人类社会进入文明时代的发端。在世界文明史上，历史悠久的几大古老文明，都曾创造了自己的文字，如西亚两河流域的苏美尔人创造了楔形文字，尼罗河流域的古埃及人创造了圣书字。黄河流域汉字的出现，是中华文明时代到来的灿烂曙光。数千年来，苏美尔楔形文字、古埃及象形文字等古典文字，与它们所代表的伟大文明一样，都被历史的长河无情湮没而先后失传，唯独汉字与伟大的中华文明，经久不衰，生生不息，永葆青春，成为当今世界上独一无二的古典文字体系，并在信息化时代依然焕发出蓬勃生机。

汉字记载了伟大的中华文明，传承了伟大的中华文明，也塑造了伟大的中华文明。可以说，走进汉字世界，也就走进了中华文明的宏伟殿堂。正是在这个意义上，旅美著名学者唐德刚先生曾说：汉字即中华文明！作为中华文明的瑰宝，汉字维系了中华文明的根脉，促进了中华多民族的融合发展，造福了千秋万代的炎黄子孙。汉字文明对世界尤其周边国家也产生过长远的影响，为世界文明发展作出了重大贡献。甲骨文是现行汉字的早期系统和源头，尤为需要我们子子孙孙传承和珍惜。不仅如此，我们更应充分认识到光大汉字文明的使命，让中华文明为人类所处的这个激烈变化的时代作出独特贡献。

汉字的命运，与中华民族的命运休戚相关。近代中国，积贫积弱，灾难深重，中华民族经历了列强侵略的惨痛历史，汉字与中华文明也同样遭受了西方文化侵入的强大冲击。曾几何时，汉字被当作落后的文字，几乎面临灭顶之灾；废除汉字，实行西方拼音文字，曾经成为某些时期的主流声音。新中国成立后，尤其是改革开放以来，中国经济建设和社会发展取得了举世瞩目的伟大成就，中华民族日益走近世界舞台中心，汉语汉字也成为世界上热门的语言文字，孔子学院遍布世界，汉字文明再次大放光彩。习近平总书记在党的十九大报告中提出，没有高度的文化自信，没有文化的繁荣兴盛，就没有中华民族伟大复兴。[1] 历史悠久的汉字文明，是建立文化自信、推进文化繁荣的不竭源泉。因此，珍惜先人遗产，光大汉字文明，是实现中华民族伟大复兴的必然要求。

在举国上下全面贯彻落实党的十九大精神之际，甲骨文成功入选《世界记忆名录》，这将对推进汉字文化研究、增强民族文化自信产生积极长远的影响。作为从事古文字研究和人才培养的专业工作者，我们要抓好甲骨文等古文字研究，努力破解古文字研究难题，培养更多优秀后备人才，做到"绝学"不绝，"冷门"不冷，让古老的汉字文明为新时代增强文化自信注入力量，为实现中华民族伟大复兴中国梦增光添彩！

【编按】2017 年 11 月 24 日，甲骨文成功入选《世界记忆名录》，著者应邀撰写此文，刊载于《光明日报》2017 年 12 月 3 日第 12 版。

---

[1] 出自《习近平：决胜全面建成小康社会 夺取新时代中国特色社会主义伟大胜利——在中国共产党第十九次全国代表大会上的报告》，新华网，2017 年 10 月 27 日，http：//www.xinhuanet.com//politics/19cpcnc/2017－10/27/c_1121867529.htm。

古老汉字焕发时代风采

我非常荣幸能参加这次纪念座谈会。刚才,聆听了习近平总书记为座谈会发来的贺信,深受鼓舞,心潮难平!总书记的贺信高度评价了甲骨文发现的重大意义,充分肯定几代甲骨学者辛勤努力所取得的显著成就,对广大研究人员寄予了殷切希望。[1] 总书记的贺信,不仅表明党和国家高度重视中华优秀传统文化的传承发展,更饱含着对潜心从事甲骨文等传统文化研究的专家学者的深切关怀!

清华大学出土文献研究与保护中心作为教育部"2011协同创新计划"的牵头单位,组建了出土文献与中国古代文明研究协同创新中心,联合中国社科院历史所、北京大学、复旦大学、吉林大学等11家单位,在甲骨文等古文字研究方面开展了大量研究工作。对新时代如何加强甲骨文研究,我谈几点认识:

第一,作为语言文字工作者,我们要勇于肩负起传承弘扬中华优秀传统文化的时代使命和历史责任,以纪念甲骨文发现120周年为新起点,继往开来,更加深入地开展甲骨文等古文字研究。百余年来,经过一代代学者的艰难探索,甲骨文研究已从鸿蒙初辟到巍然成学,享誉国际学术界。但我们也要清醒地认识到,甲骨文等古文字研究依然面临十分艰巨的任务。4 000多个甲骨文中公认被释读出的只有三分之一左右,

---

[1] 出自《习近平致信祝贺甲骨文发现和研究120周年:坚定文化自信 促进文明交流互鉴》,新华网,2019年11月2日,http://www.xinhuanet.com/politics/leaders/2019-11/02/c_1125184389.htm。

十几万片甲骨的缀合、分期、断代和解读困难重重,在甲骨学的不少问题上学者们还没能达成共识。除甲骨文之外,两万余件商周青铜器铭文、数十万枚新发现的战国秦汉简牍以及其他先秦古文字材料,分散收藏在不同的文博考古单位,亟待开展科学保护、系统整理和深入研究。我们要遵循总书记贺信中提出的要求,"坚定文化自信,发扬老一辈学人的家国情怀和优良学风,深入研究甲骨文的历史思想和文化价值"。为完成好甲骨文等古文字研究的艰巨任务,要重视培养青年学者队伍,创新研究手段和方法,加强多学科交流协作。同时,我们也建议国家加强甲骨文等古文字研究的统筹规划,发挥制度优势,组织力量,协同攻关,对分散收藏的古文字资料,开展科学保护、整理和研究,避免力量分散、重复投资、资源浪费。

第二,习近平总书记深刻地指出"中国字是中国文化传承的标志","这种传承是真正的中华基因"。[1] 我们要认真贯彻落实总书记的讲话和贺信精神,努力发扬光大汉字文化,将以甲骨文为标志的汉字所蕴含的深刻思想内涵和文化价值挖掘好、阐释好,从而彰显作为中华基因和文化根脉的古老汉字对提升文化自信、建设文化强国的重大价值和意义。在大力弘扬中华优秀传统文化的新时代,我们呼吁,全社会都要珍惜汉字,敬畏汉字,热爱汉字,让中华文明和汉字文化永续发展,为人类文明发展进步贡献出中华民族的智慧。为此,建议国家有关部门进一步加大对汉字和汉字文化研究的支持力度,以适应文化强国建设和信息化时代的需要,努力推进新时代汉字研究的全面振兴繁荣。汉字研究专业工作者还要积极关注汉字研究成果的应用和推广。推进汉字文化的普及,就是实实在在地传承中华优秀传统文化。专业工作者既要坚守书斋、甘于寂寞,也要走出书斋、服务社会,以群众喜闻乐见的方式,讲好汉字故事,将自己新的研究成果介绍给广大人民群众。国家语言文字

---

[1] 出自《从小积极培育和践行社会主义核心价值观——在北京市海淀区民族小学主持召开座谈会时的讲话》,新华网,2014 年 5 月 30 日,http://www.xinhuanet.com/politics/2014-05/30/c_1110944180.htm。

工作，事关国家现代化建设和文化安全，我们要为国家语言文字政策的制定和语言文字工作提供智力支撑，自觉服务于国家语言能力提升和语文现代化事业。

第三，中华优秀传统文化的传承关键在教育，汉字文化的普及和传承要从教育抓起。我建议，在基础教育阶段，要重视吸收甲骨文等古文字研究的成果，将汉字的构形规则、历史发展和文化内涵适当引入语文教育，改进和丰富语文教学内容。教师不仅要教会学生认字写字，还要追根溯源，告诉学生汉字从何而来，让学生通过汉字的学习了解中华文化的基因，播下历史文化的种子。只有这样，博大精深的历史文化才会代代相传，以至久远。在改进学校语文教育的同时，我们同样要重视汉字文化的国际交流，通过留学生教育和海外孔子学院所开展的各层次汉字教学，让中华文化走向世界。

这次座谈会之后，我们要认真学习、充分领会总书记贺信和会议精神，结合实际抓好贯彻落实，不忘初心，不负使命，尽责尽力，为中华文化的传承和文化强国建设作出应有的贡献，让古老汉字焕发出时代风采！

【编按】2019年11月1日，为纪念甲骨文发现和研究120周年，中宣部、教育部、国家语委等单位在人民大会堂举行座谈会。本篇是在座谈会上的发言，刊载于《语言战略研究》2019年第4期。

探究和阐释古文字蕴涵的奥秘

党的二十大报告指出:"坚持和发展马克思主义,必须同中国具体实际相结合……必须同中华优秀传统文化相结合。只有植根本国、本民族历史文化沃土,马克思主义真理之树才能根深叶茂。"

2022年10月28日,习近平总书记在河南安阳殷墟遗址考察时指出:"殷墟出土的甲骨文为我们保存3 000年前的文字,把中国信史向上推进了约1 000年。殷墟我向往已久,这次来是想更深地学习理解中华文明,古为今用,为更好建设中华民族现代文明提供借鉴。"[1] 中华优秀传统文化是我们党创新理论的"根",我们推进马克思主义中国化时代化的根本途径是"两个结合"。

习近平总书记一直关心甲骨文等古文字的研究。2016年5月17日,总书记主持召开哲学社会科学工作座谈会发表重要讲话时指出:"要重视发展具有重要文化价值和传承意义的'绝学'、冷门学科。""还有一些学科事关文化传承的问题,如甲骨文等古文字研究等,要重视这些学科,确保有人做、有传承。"[2] 2019年11月1日,习近平总书记致信祝贺甲骨文发现和研究120周年,强调:"新形势下,要确保甲骨文等古文字研究有人做、有传承。"寄语广大研究人员:"要坚定文化自信,

---

[1] 出自《习近平在陕西延安和河南安阳考察时强调 全面推进乡村振兴 为实现农业农村现代化而不懈奋斗》,2022年10月28日,http://www.news.cn/politics/2022-10/28/c_1129086274.htm。

[2] 出自《习近平:在哲学社会科学工作座谈会上的讲话(全文)》,新华网,2016年5月18日,http://www.xinhuanet.com//politics/2016-05/18/c_1118891128_4.htm。

发扬老一辈学人的家国情怀和优良学风,深入研究甲骨文的历史思想和文化价值,促进文明交流互鉴,为推动中华文明发展和人类社会进步作出新的更大的贡献。"[1]

语言文字对中华文化传承发展发挥着无可替代的巨大历史作用。近年来,国家语委十分重视传统语言文化的传承和弘扬,深入贯彻落实习近平总书记在哲学社会科学工作座谈会上的重要讲话精神和致甲骨文发现和研究120周年的贺信精神,实施了"甲骨文等古文字研究与应用"专项研究计划,联合八部委启动实施国家重大文化工程——"古文字与中华文明传承发展工程",在传承发展中华优秀传统文化方面开展了一系列扎实的工作。

作为一名语言文字工作者,我很荣幸能参与相关工作。我简单介绍一下古文字工程的进展情况:2020年11月,中宣部、教育部、国家语委等八部门启动实施"古文字与中华文明传承发展工程"以来,在教育部语信司的直接推动下,组建了古文字与中华文明传承发展工程专家委员会、建立了部际协调机制、成立工程秘书处,并制定了2021—2025年工程研究计划和相关管理制度,由清华大学牵头,组织北京大学等11所高校以及中国社会科学院、中国文化遗产研究院、中国国家博物馆、中国国家图书馆、故宫博物院等17家重点单位建立了古文字与中华文明传承发展工程协同攻关创新平台,聚集了全国古文字学研究的主要力量,组成了400多人的专家学者队伍,确立了160多项重点研究项目。2022年8月,秘书处对一年来工程进展情况进行了总体考评,结果显示:参与工程建设的各协同单位高度重视,建设工作全面展开并取得了重要进展,产出了一批学术精品,得到各方面的积极评价。随着"古文字与中华文明传承发展工程"的推进和建设计划的实施,我们有信心确保这项工程实现预期目标,在古文字学学科建设、人才培养、平台建设

---

[1] 出自《习近平致信祝贺甲骨文发现和研究120周年:坚定文化自信 促进文明交流互鉴》,新华网,2019年11月2日,http://www.xinhuanet.com/politics/leaders/2019-11/02/c_1125184389.htm。

等方面取得较大成效。

学习党的二十大报告和习近平总书记视察殷墟遗址重要讲话精神，我们更加深切地感受到，在推进中华民族伟大复兴的进程中，语言文字工作者要根植中华优秀传统文化沃土，勇于担负起时代赋予的使命，按照新时代、新征程、新要求来对标定向，深入探究甲骨文等古文字蕴涵的奥秘，科学阐释中华优秀传统文化的精髓，努力推进古文字学科的高质量发展，更好地服务于马克思主义中国化时代化和中国式现代化建设的宏伟大业。

【编按】2022 年 11 月 15 日，国家语言文字工作委员会召开学习贯彻党的二十大精神座谈会。本篇为座谈会上的发言，刊载于《语言文字应用》2022 年第 4 期。

汉字是两岸人民共同的精神家园

刚才朱歧祥教授（台湾"中国文字学会"理事长）谈了对本次会议的一些感受，我深有同感。本次会议的召开得到了两岸文字学会各位朋友的积极响应，同仁们坐在一起进行了充分而坦诚的交流、研讨，让我很感动，也很受鼓舞。下面我也谈一些感想。

第一，这次会议是两岸文字学者深度交流的一次会议。大家深情回顾了两岸学者多年来在一起的合作与友谊，相互介绍了各个学会和学者所做的工作，内容涉及两岸语文生活现状、汉字规范、语言规划，涉及两岸文字的分歧和未来"书同文"的构想。虽然时间有限，各位先生没能充分展开来谈，但我们仍能感受到各位先生的深层思考和对汉语言文字发展规律的认识。这次会议让我们增进了彼此的理解，也可以说两岸文字学者真正是在"同频共振"。过去，我们虽然有合作、有交流，但围绕两岸"书同文"这个主题，以两个学会来组织这样深入的讨论和交流，还是第一次。因此，这次会议是两岸文字学界交流合作的一次有历史意义的会议。

朱会长开幕致辞时说："我们来了！"让我心情为之一振。为什么要来？来干什么？这次台湾学者以文字学会的整体面貌出现，代表台湾文字学界"来了"，这跟过去是很不一样的！在交流过程中，我深切感受到，两岸学者共识存焉，因为我们心气相通！这是我的第二个感想。

第三，这次交流面对现实，畅想未来。现实生活中，两岸语言文字涉及的问题非常复杂。汉字与悠久的中华文明有着深层的历史联系，汉字跟每个人都是息息相关的。做规范汉字表，动一个字，增减一个偏旁、一个笔画都牵动着社会上成千上万人的神经。李宇明教授做司长的时候，说了一句令人印象深刻的话——"字深如海！"汉字的问题，学问深、内涵深，问题深不可测，切不能简单化处理。我认为，当前两岸的汉字问题必须认真地去思考、去面对，现实要求我们绝不能够采取回避的态度。两岸文字最大的现实问题就是繁简分歧。在词汇方面，不仅两岸存在着差异，任何时代的词汇系统都是一个流变的系统，不同时代的词语有差异，同一时代不同人群的词汇有分别，这些都是正常的。文字则具有稳定性、持续性和广泛的社会性，所以我说文字问题是两岸语言文字最核心的问题。文字是最牵动人心、涉及面最广的问题。我们今天讨论两岸繁简分歧，在理解的基础上面对两岸繁简的现实，承认繁简差异实际是两岸语言文字的核心问题，为此，我们共商大计，联手提出实现两岸"书同文"的目标和愿景。

围绕两岸繁简分歧这一核心问题，我们将"书同文"作为两岸文字发展的终极目标，这是我们在座的和不在座的文字学者的共同使命和责任。"书同文"一直是历代先贤们的理想。早在先秦时代先贤就提出了"书同文"，到秦始皇统一六国，实现了"书同文"。当代人理应顺着先贤的脚步，继续追求这个理想。"书同文"之所以成为先贤的理想，说明那时的文字运用肯定是有差异的。随着文字的稳定、持续发展，产生差异是必然的。失去了差异的文字可能就没有了它的生命力。汉字的发展历史就是于规范中求稳定，在突破规范中求发展，所有汉字的发展都是对已有规范的突破。古文字阶段就是如此，没有战国对西周的突破，就不会有隶书的产生；没有俗体字对楷书的突破，就不会出现现在的语文状况。实际上，真正最早提倡写简体字的，是新文化运动的代表人物胡适之先生。当时那一代人，为了国家和民族振兴，他们关注和推进文字改革，于是1935年就有了简体字方案。海峡两岸的语文规范和现代化其实都是沿着先贤的脚步前进的。台湾的文字标准按照这个步子走下来，大陆的汉字简化也是这个过程的自然延伸。两岸文字政策虽然分流，但并没有本质的差别。以前我们过分强调分歧，现在我们通过交流寻找我们合作的基础，建立我们共同的方向，这一点很重要。"书同文"是历代先贤的理想，也是历代的语文实践，目前更是两岸的现实需求。从海峡两岸及香港、澳门乃至全球范围来看，繁简并存是一个客观存在的现实，这是不能否认的。繁简并存给两岸教育、中华文化的国际传播、两岸的交流合作带来许多麻烦，影响了利用汉语汉字交流的效率。为了推动信息化，推动教育发展，推动两岸经济文化融合，推动中华文化在全球传播，现实需要加快推进两岸"书同文"。这不仅是一个终极目标，是我们的一个愿景，我相信这也是汉字发展的历史必然。文字是一种社会现象，它的发展不是个人或少数人能阻碍的。我坚信通过两岸学者的努力，经过一代代人的持续推进，两岸"书同文"这一终极目标一定会实现。

为实现"书同文"这个长远目标，两岸文字学会的各位学者要发挥好作用，不仅要面对现实、扎实工作，更要先觉先行、相向而行！汉字是中华文化的根脉所系，是两岸人民共同的精神家园。作为文字学者，我们要通过自身努力，重视汉字教育和汉字知识的普及传播，主动建言献策，从更高的高度，以更广阔的视野，为实现两岸"书同文"这一民族大业作出我们应有的贡献。

这次会议是两岸学者首次深入交流、共商"书同文"的会议，我们期待后续的合作与实际行动。让我们携起手来为造福于两岸同胞，造福于千秋万代，造福于中华民族，为最终实现两岸"书同文"的目标而尽心尽力！

【编按】2018年9月2日，两岸中国文字学会在清华大学举行首届交流研讨会，签署了《两岸中国文字学会交流合作备忘录》。本篇是在交流研讨会上的总结发言，由马晓稳、任攀根据录音整理，刊载于《语言规划学研究》2018年第2期。

多层次展现汉字文化的独特魅力

文字是人类文明形成和发展的重要标志之一，汉字是中华民族创造的悠久历史文明的伟大成果。在世界文明发展史上，汉字作为一种文字体系，其负载的文化内涵的丰富性、历史的悠久性和影响的广泛性，是其他任何文字体系都无可比拟的。汉字文化以其独特的魅力，展现出中华民族的伟大智慧和创造，是博大精深的中国文化的象征。

河南省是中华文明形成和发展的主要地区之一，汉字文化与河南的联系极其密切。目前发现的代表汉字成体系之后最重要的资料——甲骨文、中国研究汉字的第一部著作——《说文解字》，都出现在河南。甲骨文的发现，开创了中国古文字研究的新时代；《说文解字》则统治和影响着传统中国文字学研究近两千年。近年来郑州商城陶文和小双桥朱书陶文的面世，使我们对商代前期的汉字获得了新的认识；偃师二里头、登封王城岗陶文，则透露出夏代文字的若干重要信息；而舞阳贾湖的刻画符号，更是引起学者对中国文字起源的丰富联想。所有这些无不表明河南与汉字文化渊源久远的独特联系。由此看来，在河南建立中国文字博物馆的倡议绝不是逞一时之想，应该说这是一项非常有意义的重要的文化建设工程。

汉字作为一种古老的自源文字体系，不仅历史悠久，而且其生命力历久弥新。世界上其他古文字，如苏美尔楔形文字和古埃及圣书字都早已失传，唯独汉字恒久不衰、持续使用至今。这一现象成为文明史研究的重要课题和难解之"谜"，也使得古老的汉字愈加充满独特的魅力。

建立中国文字博物馆，要立足于全面准确地展示汉字文化的悠久性、丰富性和独特性，使中华民族这一伟大发明成为激励子孙后代努力贡献于人类文明进步和社会发展的强大动力。

汉字文化的魅力可以从多层次展示。

首先，汉字形体结构历史演进的展示，应成为一条贯彻始终的主线。汉字从起源至今经历数千年的演变，虽然对其起源的研究尚处于探索阶段，但是通过各种新石器时代的刻画符号，如仰韶文化、良渚文化、大汶口文化等刻画符号，可以略窥汉字形成的许多要素；夏文化遗址和商代前期文化遗址中的若干陶文资料，与殷墟甲骨文的关系也可追寻；殷商晚期甲骨文到现代汉字，各时期资料异常丰富，完整地体现出汉字发展演进的历史进程。汉字的发展，记录和保存了她所处的各个历史时代的文化信息。通过汉字形体演进历史的展示来揭示这种信息，也就从一个侧面展示了中华文化的发展演进历史。

其次，汉字的发明、演进与其书写工具及载体的发明演进密切相关。陶器刻画与制陶工艺和工具、甲骨文与甲骨占卜文化及甲骨制作契刻技术、青铜器铭文与青铜文化及青铜铸造技术、简牍缯帛文字与竹木简制作和纺织技术发明，以及文字的印刷与纸和印刷技术的创造，凡此等等，不仅从书写工具、载体的变迁展现出中国文字的发展史，同时也展示出中国古代物质文明和精神文化的发展与中国文字的深层关系。

第三，汉字作为一种书写艺术的历史演进与历代书法艺术作品也应是汉字文化独特魅力展示的重要方面。汉字之构形美及其发展，最能代表和体现中国传统造型艺术的精神。书法作为一门独特的艺术，从古到今名家辈出，历代书法家的创作，是中国艺术宫殿中的重要构成部分，在世界艺术中独树一帜。以汉字造型为基础发展而来的这门艺术，至今为世人喜闻乐见。围绕书法艺术形成的书法文化，也是中国传统文化的精粹所在。因此，汉字文化博物馆理应有选择地展示历代书法艺术作品，向人们介绍中国文字由实用的书写符号向审美的书法艺术发展的历程。

第四，汉字的研究是中国传统学术的重要领域。自东汉许慎《说文解字》问世以来，近两千年来许多学者致力于历代汉字的研究，形成了独具特色的中国文字学。历代研究中国文字学的学者和他们的著作，揭示汉字的构造及其发展演变规律，为汉字文化的丰富和汉字的教育及传播作出了重要贡献。历代中国文字学研究的代表性学者及他们的研究成果，在中国学术史上有着崇高的地位。展示他们的贡献，让更多的人了解中国文字学的历史及有关知识，将从另一个方面更好地表现汉字文化的深刻内涵，促进汉字文化知识的普及。

第五，汉字作为一种书写符号系统，记录和传播着汉语及不同时代形成的博大精深的中国历史文化。一方面，不仅流传保存于世的各种手抄和印制的古代典籍汗牛充栋，成为研究中国历史文化的重要资料，体现出汉字在中国历史文化积累传播方面的重大贡献，而且中国历代藏书文化也成为汉字文化构成的重要内容，具有极其丰富的文化内涵。另一方面，随着汉语典籍的传播，其他民族在接受汉文化影响的同时，也影响了他们创制自己的民族文字，如中国古代契丹、西夏和近邻日本、朝鲜、越南等。这从一个侧面反映出汉字文化的历史贡献和巨大影响。在我们展示汉字文化时，受汉字影响而产生的异族他国文字也是不可忽视的内容。此外，汉字的影响不仅仅在语言文字领域，它还广泛地影响着汉字文化圈人们的生活习俗，如汉民族的命名、避讳、吟诗作对、谶纬符咒、测字算命等，都深深打下汉字文化的烙印，折射出汉字文化的独特魅力。虽然有些对汉字神异化而形成的习俗是消极的，但作为一种习俗其形成和发展同样反映了汉字的影响，也应予以关注。

上述各个方面，从不同层次显示了汉字文化的内涵是非常丰富的。外国有学者认为：中国文字即中国文明。这虽然不甚全面，但却道出了汉字文化最典型地显示了中国文化的基本特征。汉字文化的研究近年来有不少论著问世，取得很大成绩，但毋庸讳言，这些著作不少有浮躁浅陋之处，有待更多严肃的学者去从事这方面的深入研究；汉字知识的普及和优秀的研究成果的推广也是一项需要加强的工作。

多层次展示汉字文化的独特魅力，最主要的固然是展示历代汉字文化的丰富遗存和学者们研究的成果，但是，这种展示在弘扬汉字文化的同时，也必然会促进汉字文化更广泛地普及和研究不断走向深入，并使历史悠久的汉字文化在新世纪焕发出新的活力，为世界文明的进步作出我们中华民族新的伟大贡献。

【编按】中国文字博物馆是以文字为主题的国家一级博物馆，坐落于殷墟甲骨文发现地——河南省安阳市。2007 年 11 月中国文字博物馆一期工程开建，2009 年 11 月正式开馆。本篇是关于中国文字博物馆建设的笔谈，刊载于《郑州大学学报（哲学社会科学版）》2005 年第 5 期。

对中国语言文字博物馆建设的建言

近日，中共中央办公厅、国务院办公厅印发了《关于实施中华优秀传统文化传承发展工程的意见》（简称《意见》），对实施中华优秀传统文化传承发展工程作了全面部署。我国语言文字资源极其丰富，是中华优秀传统文化的载体和津梁，是中华文化独特的优势所在。为了加强中华优秀传统文化载体建设，保护和利用好我国优秀的语言文字资源，特建议：进一步加强中国文字博物馆建设并新建国家语言博物馆。

2009年建成开馆的中国文字博物馆，是我国唯一以文字为主题的集文物保护、陈列展示和科学研究为一体的国家级博物馆，位于甲骨文发祥地——河南省安阳市，是经国务院批准的国家"十一五"期间重大文化工程。从开馆到2016年底，中国文字博物馆共接待中外参观者约880万人次，充分发挥了收藏、展示、研究、交流、教育等功能，受到社会各界普遍赞誉。但是，由于中国文字博物馆地处安阳，在行政管理上隶属于安阳市政府，在业务管理上隶属于文化部、国家文物局、河南省文化和旅游厅、河南省文物局，管理体制多层架构，各种问题长期搁置，解决渠道不畅，效率低下；馆藏文字文物极少，与国家级博物馆地位明显不相称，使慕名而来的参观者深感失望；原计划续建工程尚未动工，博物馆整体功能尚待完善。

我国有130多种不同语言和丰厚的方言文化资源，近年来，多数民族语言处于濒危状态，方言文化也日趋消失。国家有必要建设专题性的语言博物馆，抢救、收集、保护和利用各民族的语言资源和方言文化资源。建设国家语言博物馆，对中华多民族文化的传承和保护、研究，对增强民族凝聚力与和谐社会建设，对国家语言文化安全，都具有深远意义。

基于对中国文字博物馆现状的调研和我国语言文字现状的认识，我们认为，要努力抓好中共中央办公厅、国务院办公厅《意见》的落实，"大力推广和规范使用国家通用语言文字，保护传承方言文化。开展少数民族特色文化保护工作，加强少数民族语言文字和经典文献的保护和传播，做好少数民族经典文献和汉族经典文献互译出版工作"。为此，提出以下建议：

中国文字博物馆目前已开馆八个年头，为保障各项工作能够及时、顺利开展，确保博物馆高水平运营发展，应尽快理顺管理体制，明确由国家文物局直接管理，国家给予充分的运营经费保障，避免国家级博物馆的地方化。

针对馆藏文字文物少的问题，由国家文物主管部门加大支持力度，采取强有力措施，在全国范围内予以调拨或者有偿调拨典型文字文物；同时，设立文物征集专项经费，畅通资金来源及拨付渠道。国家应发挥体制优势和资源优势，努力将中国文字博物馆建成跻身世界一流水平的博物馆。

国家有关部委继续重视和支持加快中国文字博物馆续建工程，尽快解决其基础设施不完善、基本功能缺失、文物库房设计缺陷、保障体系不完善等问题。

由国家文物局、国家语言文字工作委员会牵头，有关部委参加，组织专家启动论证建立国家语言博物馆的可行性方案，将国家语言博物馆建设列入中华优秀文化的传承和保护工程。

【编按】本篇是在中国人民政治协商会议第十二届全国委员会第五次会议上所作提案的主要内容，刊载于《中国文物报》2017年3月14日。

努力打造汉字文化名城

在第三届许慎文化国际研讨会隆重开幕暨漯河市"中国汉字文化名城"称号授牌仪式举行之际，我谨代表中国文字学会、中国训诂学研究会向漯河市人民和漯河市委、市政府表示热烈的祝贺！向海内外专家学者倾力支持、莅临会议表示衷心感谢！

汉字是历史悠久、博大精深的中华文明的载体和象征，是中华民族对人类文明的伟大贡献。在世界各种文字中，汉字是延续历史最久、文化内涵最为丰富的唯一古典文字体系，不仅对中华文明的传承发展具有巨大的历史功绩，而且至今依然是世界上使用人口最多的文字。

地处中原的河南省是中华文明的重要发祥地，也是汉字文化形成的圣地，漯河在汉字文化史上更具有独特的历史地位。漯河舞阳贾湖裴李岗文化遗址发现的新石器时代刻画符号，距今约有七八千年，是目前考古发现的与汉字起源有可能相关的最早的新材料，引发了学术界对汉字起源的新一轮热烈讨论。

早在公元一世纪，漯河先贤许慎就撰写出中国文字学史上的奠基性著作——《说文解字》。《说文》这部伟大的文字学著作，蕴含了先进的文字学思想，奠定了文字学的理论基础，建立了汉字分析的科学方法，开辟了文字学发展的基本路径，影响传统文字训诂之学近两千年的发展。在语言学高度发展的当代，《说文》深刻的思想文化内涵依然熠熠生辉，显示出无穷的魅力！在我国汉字文化史上还没有任何一部著作的价值和影响力能超过《说文》，即便从世界学术史来看，一部学术著作历经两千年仍然如此具有生命力，也是极为罕见的！只要我们说到汉字文化，我们就不能不对许慎和《说文》表达由衷的景仰和崇敬。

漯河人民不仅因有许慎这位伟大的文字学家而引以为自豪，更是自觉地发扬先贤精神，以传承弘扬汉字文化为己任。近年来，漯河市经济社会发展成就突出，历届市委、市政府高度重视传承许慎文化，积极推进"汉字文化名城"建设，多次组织汉字文化学术活动，召开许慎文化国际研讨会，建立许慎研究机构和资料中心，修缮许慎陵园，建成许慎文化园等纪念性建筑，努力将汉字文化打造成为漯河市文化建设的品牌和亮点，产生了广泛的社会影响。

难能可贵的是，漯河市面向社会尤其是广大青少年，有计划、有组织地开展丰富多彩的各类汉字文化活动，促进了汉字文化的普及和传播，使弘扬字圣精神、传承汉字文化在全市蔚然成风，城市文明风貌和语言文字工作水平都达到了一个新的高度。

漯河市在拥有丰厚的汉字历史文化资源的同时，又自觉地持之以恒地传承和弘扬汉字文化，获得了学术界的一致肯定和认可。我们期待，漯河市在获得"中国汉字文化名城"这一殊荣之后，乘势而上，不断提高传承弘扬汉字文化的水平，真正将漯河建成享誉中外的"汉字文化名城"！预祝第三届许慎文化国际学术研讨会圆满成功！谢谢！

【编按】 2015年，在"第三届许慎文化国际学术研讨会"召开之际，由中国文字学会、中国训诂学会研议，授予河南省漯河市"中国汉字文化名城"称号。本篇是10月30日在会议开幕式暨授牌仪式上的致辞。

汉字研究

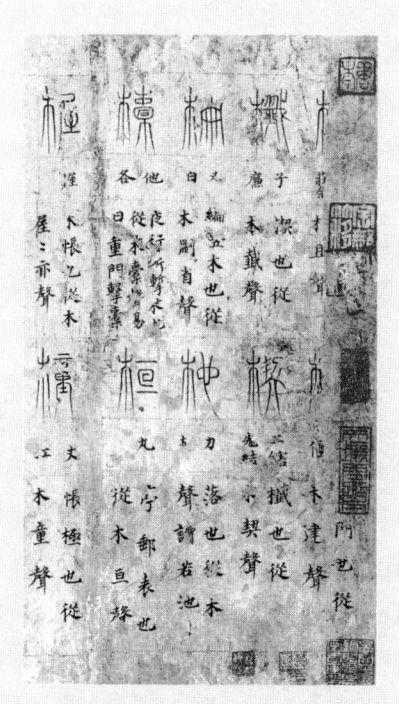

唐写本《说文解字·木部》残卷

早在先秦时代，前人就开始了对汉字的研究。两汉时期，研究汉字已发展成为专门的学问，东汉许慎撰著的《说文解字》，就集中体现了那个时代的汉字研究成果和发展水准。从汉代到清代2 000多年来，以《说文》为代表的传统文字学积累了极为丰厚的研究成果。到了20世纪，西学东渐，在西方学术文化的冲击下，我国传统学术有的逐渐走向衰微，有的成功实现现代转型，文字学堪称传统学术实现现代转型的典范。

语言文字研究要自觉服务国家语言文字事业发展大局

2020年10月，孙春兰副总理在第四次全国语言文字会议讲话中指出，语言文字是文化传承的载体，是国家繁荣发展的根基，是经济发展、社会进步的重要保障，是民族团结、国家统一的文化根基，是国家主权、国家安全的重要支撑，要高度重视语言文字工作的战略性地位。[1]中华民族的伟大复兴和现代化建设的宏伟目标，对国家语言文字事业提出了更高的战略定位和发展要求。语言文字研究者要主动回应和自觉服务新时代国家语言文字事业发展新需求。

一、语言文字研究适应时代发展新需求，研究者要勇于攻坚克难，为传承弘扬中华优秀传统文化夯实根基。党的十九大报告指出："文化自信是一个国家、一个民族发展中更基本、更深沉、更持久的力量。""没有高度的文化自信，没有文化的繁荣兴盛，就没有中华民族的伟大复兴。"十九届五中全会提出：到2035年，我国要基本实现社会主义现代化的远景目标，建成文化强国。博大深厚的中华文明是建设文化强国、确立文化自信的不竭源泉，语言文字是中华文明的主要载体和根基所在。传承弘扬中华优秀传统文化，实施文化强国战略，为新时期语言文字研究提供了难得的历史机遇。比如甲骨文等古文字研究，是一项关系到中华历史文明传承发展的基础性研究，意义重大，难度也很大，号

---

[1] 出自《孙春兰在全国语言文字会议上强调 全面加强新时代语言文字工作》，新华网，2020年10月13日，http：//www.xinhuanet.com/politics/2020－10/13/c_1126602191.htm。

称"冷门绝学"。习近平总书记在2016年5月哲学社会科学工作座谈会上的讲话、2019年致甲骨文发现和研究120周年贺信中,都对开展甲骨文等古文字研究的重要意义有深刻论述和明确要求。[1] 为落实《讲话》要求和贺信精神,2018年开始,国家社科基金设立"冷门绝学"和国别史研究专项;教育部、国家语委设立"甲骨文等古文字研究与应用专项"。2020年11月,经中共中央、国务院批准,中宣部、教育部、国家语委等八部门在"甲骨文等古文字研究与应用专项"的基础上,启动实施"古文字与中华文明传承发展工程"。该工程以传承弘扬中华优秀传统文化为宗旨,全面系统开展甲骨文、金文、简帛文字等古文字研究,揭示古文字在中华文明乃至人类文明发展史上的重要作用,深入发掘蕴含其中的历史思想和文化价值,创新转化成果,服务时代需求,为促进文明交流互鉴、推动中华文明发展和人类社会进步发挥应有作用。这是语言文字研究服务于国家文化发展战略的一项重大工程。目前,在国家语委等有关部门的指导下,已组织动员起全国的研究力量,搭建了协同创新平台,制定了"十四五"研究计划,各项研究工作将陆续展开。这项工程既是语言文字研究传承弘扬优秀传统文化的基础性工程,也是语言文字研究自觉服务于国家重大战略需求的典型事例。除古文字与中华文明传承发展工程外,我国语言资源的保护利用、有关语言文字的基础与应用研究等,都是语言文字研究传承中华优秀传统文化,服务于文化强国建设和提升文化自信的重要体现。

二、语言文字研究适应时代发展新需求,研究者要敢于进行理论创新,为构建中国特色哲学社会科学学科体系、学术体系、话语体系贡献力量。语言文字研究要立足于语言文字实际开展语言学理论、方法创新和"三个体系"建构的研究。中国传统语言学蕴涵着丰厚的理论和思想

---

[1] 出自《习近平:在哲学社会科学工作座谈会上的讲话(全文)》,新华网,2016年5月18日,http://www.xinhuanet.com/politics/2016-05/18/c_1118891128_4.htm;《习近平致信祝贺甲骨文发现和研究120周年:坚定文化自信 促进文明交流互鉴》,新华网,2019年11月2日,http://www.xinhuanet.com/politics/leaders/2019-11/02/c_1125184389.htm。

资源，要加强对传统语言学的传承和研究，为语言学理论创新和国家语言文字事业发展提供源头活水。

三、语言文字研究适应时代发展新需求，研究者要善于因应改革开放和现代化建设发展大势，为全面提升国家语言能力提供智力支撑。语言文字在国家现代化建设中具有基础性地位，实现现代化的宏伟目标对国家语言能力建设提出了更高要求。国家语言能力建设，需要研究者开展多维度研究，在汉语言文字、民族语言文字和外语教育研究等方面进行深入系统的探讨，为国家语言文字事业发展和语言能力建设提供智力支撑。

四、语言文字研究适应时代发展新需求，研究者还要重视语言文字的跨学科研究，以满足科技进步和经济社会发展对语言文字的重大需求。语言文字的跨学科研究涉及信息技术、脑科学、人工智能、医学工程以及经济学、社会学、心理学、教育学等多学科领域，对国家现代化建设具有重大影响，语言文字研究者要重视跨学科研究，更新语言学观念，多学科协同攻关，以满足国家科技进步和社会发展新的重大需求。

新时代确立了语言文字在中华民族伟大复兴中的基础性、战略性地位，为语言文字研究开辟了极为广阔的前景，语言文字工作者要根据国家语委"十四五"科研部署，胸怀"国之大者"，自觉服务于国家语言文字事业发展大局，努力作出无愧于时代的新贡献。

【编按】本篇是 2021 年 11 月 9 日在国家语言文字工作委员会召开的"十四五"科研工作会议上的发言。

《说文解字》何以成文字学千古经典

　　文字的创造和发明是人类社会发展进入文明时代的重要标志。在世界文字发展史上，只有汉字从创造之日起延续使用至今未曾发生根本性的变革。汉字不仅是中华民族最重要的交流工具，也是传承传播中华文明的重要载体。中华文明作为世界上唯一延续至今的古典文明，之所以能完好地传承，汉字发挥了无以替代的巨大作用。不仅汉字历史悠久，对汉字的研究同样也起步很早。这里要向大家介绍的《说文解字》（简称《说文》），就是产生于东汉（25—220年）时期的一部文字学经典。

　　一、《说文解字》是一部怎样的书

　　《说文》的著者许慎，字叔重，是东汉著名经学家。根据《后汉书·儒林传》记载，许慎少年博学经籍，时人称"五经无双许叔重"。许慎"以《五经》传说臧否不同，于是撰为《五经异义》。又作《说文解字》十四篇，皆传于世"。许慎在经学方面有重要的影响和地位，他撰著《说文》的主要目的也是服务于经学。

　　西汉（公元前206—25年）武帝独尊儒术，设立五经博士，当时通行的五经主要是今文经。西汉晚期刘歆领校秘书，发现王庭收藏的古文经书与通行的今文经书颇有不同，于是倡导设立古文经，由此引发经学史上的今、古文之争。所谓"今文经"即用通行的隶书抄写的经书，隶书是汉字经历漫长的历史发展由秦篆逐步演变而来的；而"古文经"则是用先秦古文字（战国文字）抄写的。古、今文字与文本的差异，是今、古文经学争论的焦点所在。今文经学者按照隶书来解释文字构造，出现了"马头人为'长'""人持十为'斗'"之类的谬说。许慎批评今文经学家为"俗儒鄙夫，玩其所习，蔽所希闻，不见通学，未尝睹字例之条，怪旧艺而善野言，以其所知为秘妙"（《说文·叙》）。因此，他撰著《说文》一书，为了"解谬误，晓学者，达神恉"，纠正今文经学对文字认识和解说的各种错误。从每个字的解说到整部书的结构布局，《说文》都受到当时的思想文化尤其是经学的深刻影响。就《说文》内在的系统性及其所蕴含的丰富的思想文化内容而言，我们完全可以将这部说字解经的著作当作经典来阅读理解。

《说文》的撰写，大约始于东汉（25—220年）建初八年（83年）许慎师从贾逵后的某年，成书于作《叙》之年，也就是汉和帝永元十二年（100年），安帝建光元年（121年）由其子许冲将定稿奏献皇上。《说文》作为第一部系统分析解说汉字的著作能在东汉问世，与两汉时期"小学"的繁荣发展密切相关。"小学"就是以文字训诂为主要内容的传统语文学，作为经学的重要组成部分，两汉时期因注释经典的需要，"小学"取得了长足进步，出现了一批著名的文字训诂大家。两汉学术文化的发展为许慎撰著《说文》提供了良好的社会环境和条件。写作《说文》期间，许慎"博问通人，考之于逵（贾逵）"。由此可见，《说文》的产生得益于两汉时期思想文化的发展和语文学的进步，这部书既是许慎个人的伟大学术创造，也是那个时代语文学研究成果的集中体现。

《说文》的出现标志着文字学的正式创立，它影响了中国近两千年来文字学发展的走向。历代的字书编纂、文字研究以及文字规范与教育等，都以《说文》为基本依据和标准。不仅如此，《说文》本身也早已成为文字学研究的对象，如唐代的李阳冰、南唐的徐铉和徐锴对《说文》的校订研究以及宋元时期的"六书"学。到清代，研究《说文》成为专门的学问，人称"许学"或"《说文》学"，出现了段玉裁、桂馥、王筠、朱骏声等四大家。据近人丁福保编纂的《说文解字诂林》统计，有清一代《说文》学者达250多人。

《说文》对上古字词奥义的训释和揭示,对阅读先秦经典具有极大的帮助,是打开中华历史文化宝库的一把钥匙。北齐颜之推说:"(《说文》)隐括有条例,剖析穷根源。郑玄注书,往往引以为证。若不信其说,则冥冥不知一点一画有何意焉。"(《颜氏家训·书证》)清代《说文》学家段玉裁说:"无《说文解字》,则仓、籀造字之精意,周、孔传经之大旨,薶蕴不传于终古矣!"(《说文解字注》第十五卷下)

随着1899年殷商(约前14世纪—约前11世纪)甲骨文的发现,古文字研究逐步发展成为一门新兴交叉学科。甲骨文是殷商晚期的文字,埋藏地下三千多年不为人所知。孙诒让、罗振玉、王国维等早期甲骨文学者之所以能较快地考释辨认出甲骨文字,《说文》起到了桥梁作用。比如通过《说文》来考证商周金文,再根据金文去辨认甲骨文,即为罗振玉考释甲骨文的基本路径。《说文》篆文是古文字发展的终极形态,通过篆文可沟通古今文字的联系,使甲骨文、金文、战国文字的释读有了凭借。如果没有《说文》保存的篆文和其他古文字材料,如果没有《说文》建立的文字分析和阐释方法,甲骨文等古文字的考释在不太长的时期内能取得如此巨大的成就是难以想象的。

《说文》原本是为"说字解经义"而撰著的一部字书,问世近两千年,不仅深刻影响了文字学、训诂学、字书学的发展,而且也是学者释读甲骨文等古文字、研究先秦经典和古代思想文化必须凭依的重要参考。即便是从世界范围来看,具有如此长久的生命力和现代意义的古代学术著作也是十分少见的,《说文》堪称汉字研究的一部千古经典。

二、《说文解字》应该怎么读

今天我们应该怎样阅读《说文》?一般说来,从专业的角度阅读这部经典,须注意以下几点:一、要把握该书的编纂背景和宗旨,二、要了解其总体结构,三、应熟悉其解说体例,四、要体味其对文化奥义的

《说文解字》何以成文字学千古经典　　111

揭示。对普通读者而言，我们可以通过一组数字来掌握阅读《说文》的要点，这一组数字是："2""6""14""540""9353""133441"。

（一）所谓"2"，是指《说文》有两个通行的早期版本。《说文》通行本有"大徐本"和"小徐本"。"大徐本"就是徐铉校定的本子。

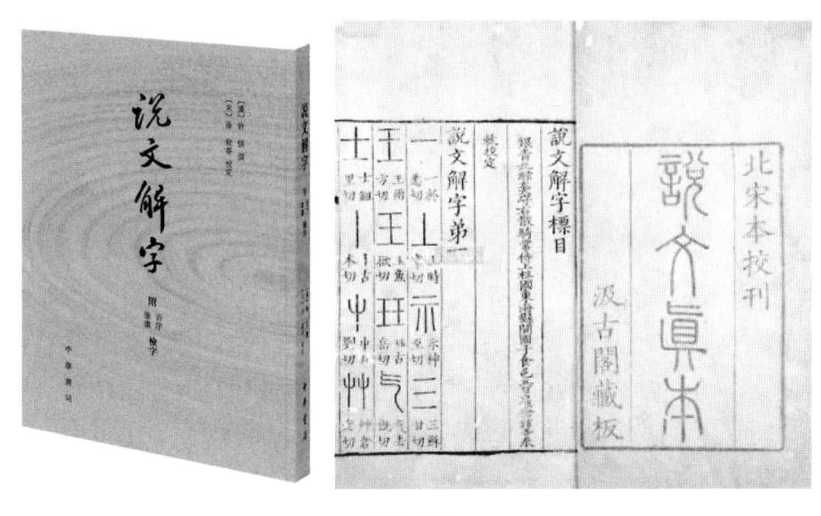

（大徐本）

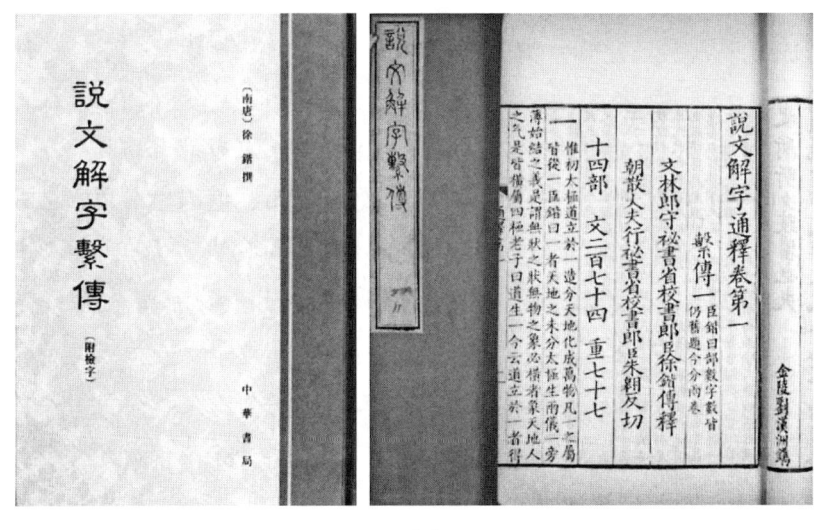

（小徐本）

徐铉，字鼎臣，初仕南唐，后归于宋。徐铉对《说文》进行了改易分卷、增加各字反切和新附字，也有少量补充《说文》的注释。"小徐本"则是徐铉胞弟徐锴校勘注释《说文》的本子。徐锴，字楚金，仕于南唐，逝于南唐覆亡前夕。徐锴有《说文解字系传》四十卷，分为"通释""部叙""通论""祛妄""类聚""错综""疑义""系述"等部分，是全面注释和系统研究《说文》的首部著作。二徐对《说文》的传承贡献很大，二徐之后传习和研究《说文》都依据这两个版本。这两个版本也存在一定差异，可相互参看。

（二）所谓"6"，指的是"六书"，是《说文》阐述的六种造字和用字的方法。"六书"一名最早见于《周礼》，郑众《周礼》注和班固《汉书·艺文志》都提到"六书"的具体名目，班固说"六书"是"造字之本"。《说文·叙》不仅有"六书"之名，而且对"六书"作了界定。郑众、班固和许慎的"六书"名目和排序虽各有差异，但应无根本差别。"六书"是《说文》"说文解字"所遵循的基本方法，尽管该书并不是对每个字都注明属于"六书"哪一类，但根据其分析，读者可以轻而易举地作出判断。《说文》之后，讲"六书"基本上都是依据许慎的说法，"六书"也成了东汉以来讨论汉字构形的基本理论，宋元时期还形成了"六书"之学。清人戴震认为："六书"之中，"象形、指事、会意、形声"为字之"体"，即造字之法；"转注、假借"是字之"用"，即用字之法。"六书""四体二用"说，广为学者所接受。今天看来，《说文》对"六书"的界定虽然略嫌简单，但以甲骨文等古文字材料来验证，许慎的"六书"理论基本上还是符合古文字构造和使用实际情况的。《说文》"六书"说为汉字构形理论和分析方法奠定了基础，至今还对文字学理论建设有重要影响。

"六书"的具体含义如下。

"指事者，视而可识，察而可见"（《说文·叙》），是指由抽象符号组合或在象形符号上加标记而组成新字的造字方法。如"一""二""三""四"，就是抽象符号的组合；而"亦"是在一个人（大）两腋各加一点，标记腋窝所在；"甘"是在口里加一横画，表示口含着食物，味道"甘美"。

"象形者，画成其物，随体诘诎"（《说文·叙》），是根据客观物象的形态轮廓来构成文字符号的方法。象形字又称作"文"，"文者，物象之本"。如"贝"就是一个海贝的象形，也指货币；"册"，就是由竹简编起来的简册的象形；"身"为妊娠的形象，突出腹部。

"形声者，以事为名，取譬相成"（《说文·叙》），是由一个与字义相关的形符和一个表示该字读音的声符组合成字的方法。许慎举的例子是"江""河"，二字的字义都与水有关，形符为"水"，"工""可"分别是表示它们读音的声符。形声字是汉字最主要的构形方法，一方面形符继承了汉字以形表意的传统，另一方面声符则通过记音建立起字与所记词的联系，为汉字构形开辟了广阔的发展路径。根据研究，西周时期，新造字80%左右为形声字，到战国时期新造字99%都是形声字。即便在今天，我们要为新发现的化学元素造一个新字，用形声造字法就能很便捷地实现。形声造字法确保了汉字这一古典文字体系永葆生命之树常青。

"会意者，比类合谊，以见指㧑"（《说文·叙》），是由两个或两个以上字符组合在一起表达一个新意的造字方法。甲骨文等古文字中的会意字，大体上可参考许慎的界定来进行分析。如："获取"的"取"，就是由象形字"又"（右手）和"耳"组成，表示战争杀敌后，取左耳作为请功的凭证。《说文》分析说："取，捕取也，从又从耳。《周礼》：获者取左耳。《司马法》曰：载献聝。聝者，耳也。""立"，《说文》："住也，从大立一之上。""立"表示人（大）在地（一）上驻足。《说文》："竝，併也，从二立。""替，废，一偏下。""竝""替"二字都是由两个"立"字组成，差别在于"竝"为二人并立，"替"字一个"立"的位置"偏卜"，表示"废替""更替"的意思。许慎分析字形"一偏下"，显然是有来历的。

"转注者，建类一首，同意相受"（《说文·叙》），举例"考"

"老"二字。按照许慎的分析"考"是形声字、"老"是会意字。对"转注"的定义理解多不相同,众说纷纭,未有定论。戴震认为"转注"就是同义字相互训释。

"假借者,本无其字,依声托事"(《说文·叙》),"假借"是同音字之间的相互借用,戴震称"转注""假借"为用字之法。

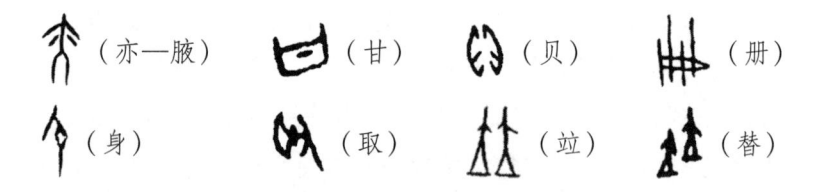

☧(亦—腋)　☒(甘)　☒(贝)　☒(册)
☧(身)　☒(取)　☒(立)　☒(替)

(三)所谓"14",指《说文》这部书有14篇,即《说文》的结构和分篇。《说文》从"一"字开始,到"亥"字结束,一共收了9353个篆文作为解说对象,再将这些篆文划归14篇,每篇包含若干"部",每部按照一定规则系联相关字,这就是《说文》的基本结构。另有第十五篇为后《叙》及许冲所上表等,也合称为15篇。

《说文》"始一终亥"有何深意?许慎说得很清楚。《说文》"一"下说:"惟初太始,道立于一,造分天地,化成万物。""一"是万物之初始,所以《说文》从"一"开始。为什么最后一个字是"亥"字?《说文》"亥"下说:"十月微阳起,接盛阴……亥而生子,复从一起。"夏历以十一月配十二支的"子",以此类推,到十月就是十二支的"亥"。因"十月(亥)微阳起,接盛阴",于是阴阳交替,周而复始,循环无已,所以说"亥而生子,复从一起"。这显示《说文》的结构受到战国秦汉时期流行的阴阳学说的影响。

(四)所谓"540",指的是《说文》的540个部首。《说文》将所收全部字归类分为540部,每部选取各字所共有的一个偏旁(意符)列于这部字之首,以统领该部所有字,这个被选出来的偏旁(意符)就称之为"部首",部首与该部所有字都有意义上的联系。《说文》所收第一字是"一","一"也是部首,"凡一之属皆从一"就是对"一"作为部首的说明。"亥"是《说文》所收最后一字,也是540部最后一个部首，但"亥"这个部首下并没有所统属的字，这种现象很值得注意。这表明许慎确立部首时既考虑各个部首分部统字的实际作用，同时也兼顾《说文》全书结构的系统性，体现出"以究万原""知化穷冥"的思想，因此，即使"亥"没有统属字，也被列为部首。

《说文》540部之间根据字形特征"据形系联"，如第一篇共14部，按照"一、二（上）、示、三、王、王（玉）、珏、气、士、丨、屮、艸、蓐、茻"排列。"一"为《说文》之始，"上"的古文作"二"列于"一"部之后，"示"从"二（上）"列"上"部之后，"三"承"上（二）"次于"示"部之后，"王"三画而连其中列"三"之后，"玉"与"王"形近次于"王"之后，"珏"为二玉次于"玉"之后。"气"小篆（气）与"三"近似上承"三"，"士"从"一十"上承"一"。"丨"为"上下通"一竖画，随后的"屮""象丨出形"，"艸"从二"屮"，"蓐"从"艸"，"茻"从"四屮"。第一卷十四部排列的先后顺序皆"据形系联"，全书540部也都按照这一原则排序。"540部"是《说文》的一个重要创造，是许慎揭示和建立汉字系统内在联系性的一次成功尝试。《说文》分部奠定了历代按部首编纂字书的基础，现代字书的部首就是从540部逐步简化发展而来的。

《说文》各部所收字的编列，按照"方以类聚，物以群分。同条牵属，共理相贯"的办法。有的部首列字根据事类编排，如"玉"部按照先玉名、次玉器、再玉事等顺序排列各字；有的部首收字按字义关系编列，如"示"部第一字是当朝皇帝的名讳"祜"字，其后分别为"福祐""神祇""祭祀""祸祟"等各组字。《说文》各部字的编排，从不同角度建立了字与字之间的关系，使看起来杂乱无章的众多字建立起相互之间的联系。这不仅表明许慎对汉字字际关系及其系统性已获得了较为深入的认识，而且还在这一认识的指导下进行了字书编纂的实践。

（五）所谓"9353"，指的是《说文》所收全部正篆，即《说文》分析解释的全部字。《说文》收字以篆文为"正"，作为标准字体，同时也会根据需要收列部分古文和籀文，这就是许慎所说的"今叙篆文，合以古籀"的收字原则。《说文》所谓"古文"主要是孔子壁中书和民间所献古文经所用的文字,"籀文"即传为西周晚期太史籀所编字书《史籀篇》上的文字。从《说文》来看,收入的古文、籀文,主要是与篆文有明显差异的字形。如篆文"箕""子""雷"下所收列的古文、籀文:

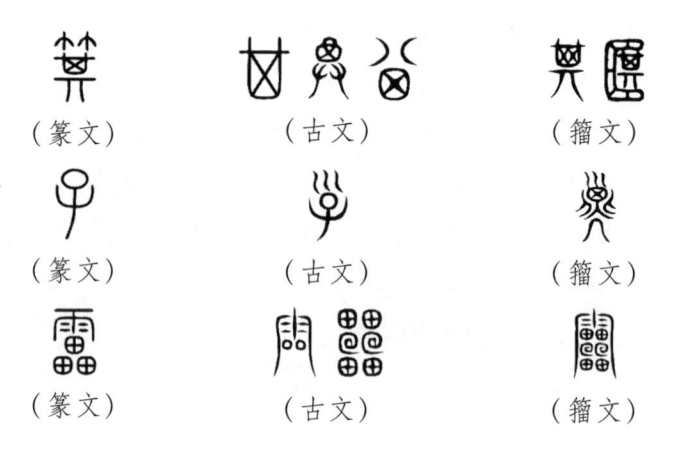

（篆文）	（古文）	（籀文）
（篆文）	（古文）	（籀文）
（篆文）	（古文）	（籀文）

《说文》正篆之外,共收列籀文200多个、古文近500个。除此之外,《说文》还收有部分篆文或体、古文奇字和时用俗体。这些就是《说文·叙》所记的1 163个"重文"。许慎撰写《说文》时,对当时所见篆文、古文、籀文以及俗文或体等进行了全面系统的整理,这不仅有助于比较篆文与古、籀的异同,也保存了汉代流传的各类古文字和篆文异体资料,这是许慎对汉字研究的巨大贡献,使篆文以及古籀文字能得以较好传承。

（六）所谓"133441",是许慎所记《说文》释义、说形、注音的总字数。《说文》在每个正篆之下,首先是"释义"。许慎释义采用了同义为训、音近声训、注明字源、标定义界等多种方法,如:"禄,福也";"天,颠也";"神,天神,引出万物者也";"吏,治人者也"。此外,《说文》还引用文献用例、引通人说或方言俗语等为辅证来阐释字义。如:"王,天下所归往也。董仲舒曰:古之造文者,三画而连其中谓之王。三者,天、地、人也,而参通之者王也。孔子曰:一贯三为王。"许慎用"天下所归往"之"往"释"王"是声训,引董仲舒和孔子说，是为了说明"王"的形义关系。《说文》引通人说或注明何人所言，或用"一曰""一云"，保存不同解释。

其次是"说形"。《说文》在各字释义之后，对该字字形予以分析，以揭示形义之间的关系。许慎说形，就是将"六书"说具体落实到各字的构形分析之中。象形字用"象某之形""象某某"等来分析，如："人""象臂胫之形"，"中""象丨出形有枝茎也"。指事字用"从某"并指出指事标记所在，如："本，木下曰本，从木，一在其下。""末，木上曰末。从木，一在其上。"形声字用"从某，某声"来分析，如："祐，助也。从示右声。"会意字用"从某从某"来分析，如："析，破木也。一曰折也。从木从斤。"许慎认为还有些字的结构是会意兼形声，用"从某从某，某亦声"来分析，如："娶，取妇也。从女从取，取亦声。"

第三是注音。《说文》产生的时代，小学家们对字音的标注还停留在"某音某"的直音法阶段，直音法就是选用一个同音字来标注另一个字的读音。《说文》的注音主要是通过分析形声字，指出"从某，某声"，既分析字形结构也兼及注明这个字的读音。形声字在《说文》中占80%左右，通过分析形声字指出该字读音，是一个可行的方法。由于形声字的来源较为复杂，并不是每个形声字的声符与该字读音都完全一致，而其他非形声结构类型的字却又不包含表音要素，因此，《说文》的注音并不能完全依据分析形声结构来解决。形声结构分析之外，《说文》采用"读若""读与某同"等方式，用音同或音近的字来比拟注音。如"珣""读若宣""坄""读与私同""抶""读若伴侣之伴"等，采取了常见字、常用词和经典文献用字来比拟注音。在今天看来，《说文》的注音手段比较落后，但在当时能通过系统分析形声字从构形层面解决绝大多数字的注音问题，再辅之以"读若"等办法来标注一些字的特殊读音，对许慎而言也可谓煞费苦心了。

通过以上这组数字，对《说文》的版本、造字用字方法、全书结构、内在系统性、收字范围、分析阐释文字形音义的体例和方法等主要内容，我们就能获得一个总体认识，基本上可以把握阅读《说文》的要点。

三、阅读《说文》应注意哪些问题

关于文字对中华文明延续和传承发展的重要性，许慎有着清醒而深刻的认识，他说："盖文字者，经艺之本，王政之始，前人所以垂后，后人所以识古。故曰本立而道生，知天下之至啧而不可乱也。"（《说文·叙》）许慎的文字学思想和观念，即便在今天来看，依然具有重要的现代学术意义。许慎不仅通过探求文字构形与其负载的文化意义体现其文字学观念，而且还从理论和实践两个方面为汉字的阐释奠定了理论基础，深刻影响了传统文字学的发展。因此，阅读《说文》，首先必须真正地认识许慎，体会许慎撰著《说文》的用意，更好地领略《说文》的思想内涵和文化价值。

阅读《说文》也要认识到该书的时代局限性。虽然历史文化的发展在汉字生生不息的过程中得到了一定的反映，但阐释者对文字构形及其负载的历史文化内涵的阐释，难免总会打上时代的烙印。许慎的汉字阐释受到先秦秦汉历史文化的影响，既体现出对孔、孟等先秦儒家思想的继承，亦接受了混合阴阳五行观念的汉代儒家学说，同时，其他先秦秦汉思想文化也或多或少地在《说文》中隐现。归根结底，《说文》对许多汉字构形及其文化内涵的揭示，只是许慎在他那个时代所理解的历史文化，未必符合汉字构形的本义。因此，阅读《说文》，既要重视许慎对文字构形所蕴含的历史文化要素的阐释，更要从历史文化的实际出发，尽可能地寻找和还原不同历史阶段文字产生与发展所凝结的思想文化内涵，努力探索汉字阐释的科学方法和正确路径。

《说文》的局限性还体现在所依据的文字形体方面。《说文》"篆文"是汉字经历了漫长的发展沿革之后的形体，只是秦汉时代文字的样本。"古文""籀文"虽然是先秦古文字，但其数量有限且为传抄材料。许慎以字形为依据，探求构形本义和历史文化内涵，所据"篆文"却是古文字发展的末流，而"古""籀"也非最早的形体，尤其是属于战国文字的"古文"已多有讹变。许慎利用长期演变甚至讹错后的字形来探求造字初意和文化意蕴，不可避免地会带来各种错误。尽管许慎以其惊人的卓识，将这种错误控制在最低限度内，但全书剖析字形不当、解说文字失误者仍不在少数。因此，阅读《说文》，必须实事求是地对待许慎存在的各种错误和问题。

百余年来，随着殷商甲骨文的发现，两周青铜铭文、战国秦汉文字等大量问世，一方面，《说文》为释读甲骨文等古文字提供了凭借；另一方面，甲骨文等古文字材料也为发现和纠正《说文》错误、解决其存在的问题提供了可能。因此，阅读《说文》，必须高度重视甲骨文等古文字研究新成果，只有充分利用古文字研究成果来校正《说文》之失，才能更好地发挥《说文》这一文字学经典的当代价值。

【编按】本篇为2022年6月清华大学"人文清华"讲坛"典读中国"系列之"《说文》导读"整理稿，由李洁琼协助"人文清华"讲坛团队整理，经删改后刊于《光明日报》2022年11月12日第10版。

《说文解字》与汉字阐释学

《说文解字》（以下简称《说文》）是一部划时代的伟大著作，它的产生标志着中国文字学的正式创立。这部伟大的著作奠定了中国文字学研究的理论基础、基本方法和范式。《说文》自问世以来，一直影响和决定着中国文字学研究的历史进程和总体方向，整个传统文字学研究史也可以说就是一部《说文》研究史。

晚清以来，西学东渐，中国传统学术受到了严峻的挑战，面临着存亡危机。以《说文》为代表的传统中国文字学也不例外，随着现代语言学的传入，一些语言学者试图摆脱《说文》的影响而创立新说，有的人甚至奉西学为神明，否定和批判《说文》和传统文字学。尽管如此，随着中国传统学术的发展和进步，《说文》的潜在价值和巨大影响不仅没有降低，反而日益彰显。作为汉字研究的经典性著作，《说文》博大精深，蕴涵丰富，许慎的一些重要的文字学思想及其价值尚没有被后人充分认识到，有待当代学者进一步去发掘和弘扬。我们认为，提出汉字阐释问题并探讨建立汉字阐释学的可能，就属于这方面的一个尝试。

在汉字教学与研究过程中，汉字的阐释问题实际上是汉字研究的核心问题。无论是教学还是研究，对汉字的认知和解释，既是起点也是终点。认知汉字的形、音、义并作出合理的解释，是学习者、教学者和研究者首先要面对的问题，也是最终要解决的问题。

汉字作为记录语言的符号系统，学习者在汉字习得过程中，逐步认知汉字的各种属性（形、音、义），从而达到了解汉字知识并学会书写和应用汉字。这是一般意义上的汉字认知过程，也就是汉字习得的过程。对普通的语言文字学习者来说，学会运用也就达到了目的。

教学者为实现教学目标，必须尽可能地对汉字的各种属性给出合理的解释，这种解释是建立在研究者对汉字阐释的基础之上的。这就涉及汉字研究中的阐释问题。

汉字的阐释实际包含两个不同层次：一是为一般汉字习得者更好学习汉字，对汉字属性作出必要的解释，比如汉字教学过程中的字形分析、字音描写和字义解说；二是对汉字属性形成的缘由予以揭示并作出解释和说明，其目的是要阐明汉字构形的"所以然"，比如汉字形体来源、音义关系的分析等，这种分析往往涉及汉字构形的功能及其文化蕴涵。

汉字阐释牵涉的问题相当复杂，面对数量巨大、内容庞杂的汉字体系，阐释者如何分析解释，影响汉字阐释的要素有哪些，应遵循什么样的原则和方法，如何有效建立汉字与其产生发展的历史文化背景的联系，历代汉字阐释的成果如何甄别，能否建立科学的汉字阐释模式，诸如此类，都需要进行深入的专门探讨，我们将研究探讨汉字阐释问题的专门之学称为"汉字阐释学"。

早在中国文字学的萌芽阶段，对汉字阐释的问题就已经有所触及，如《左传·宣公十二年》中出现的"夫文，止戈为武"，《韩非子·五蠹》"自环谓之私，背私谓之公"，就是对汉字"武、私、公"的构造及其含义的阐释。《说文》是汉字阐释的百科全书式著作，书中不仅对所收全部汉字的形、音、义及其构造意蕴进行了力所能及的阐释，而且许慎阐释汉字的理论、方法和经验为汉字阐释学的建立提供了宝贵的借鉴。下面我们看一个例子，《说文》卷一"王"字：

> 王，天下所归往也。董仲舒曰：古之造文者，三画而连其中谓之王。三者，天、地、人也；而参通之者，王也。孔子曰：一贯三为王。

对"王"的解释体现了许慎说文解字的基本方法和目标追求，也包含了他的汉字阐释思想。"天下所归往"说的是"王"的读音来源，即"王"的读音源自"天下所归往"的"往"；"三画而连其中谓之王。三者，天、地、人也；而参通之者，王也。孔子曰：一贯三为王"。这段文字是要阐释"王"字为何写成"三横画一竖画"，说的是"王"的构形意蕴，即字形构造的理据。比较一下现在通行的权威工具书，我们就会发现，这些工具书只是注明"王"字读音和字义，一般并不分析"王"字的来源和构形的理据，也就是说，现代语文工具书基本上放弃了《说文》的释字传统。即便如此，汉字研究和教学过程中，却无法回避这个问题。因此，关于"王"的解释，一直是学者所关注的问题，后来也提出了不少新说，如：王字从火（旺）说、象王冠说、象人端拱而坐说、象牡器之形说，现在大家比较同意林沄的"象斧钺形"的说法。

上举新说，虽然多不同意许慎对"王"的阐释甚至超越了许慎，但是在方法上，则依然继承了《说文》开创的汉字阐释传统，那就是从特定的文化背景和文化传统出发，通过分析汉字构形及其蕴含的文化要素，来揭示汉字构造和发展与中国文化的深层关系，从而阐释汉字构形的理据、特点和规律。这种汉字阐释的方法，已突破汉字作为记录语言符号系统的层次，将汉字阐释从语言层面上升到与历史文化的研究相结合的层面，我们曾将具有这类特征的汉字阐释称作"汉字的文化阐释"。"汉字的文化阐释"是对《说文》汉字阐释传统的继承和发扬，具有当代学术意义和重要价值。"汉字阐释学"即是对"汉字文化阐释"的理论化和系统化，是一个跨越语言文字学、历史学、考古学、民俗学和思想文化史等不同学科的交叉边缘学科，许慎及其《说文》可以说是这门学问的思想源头和资料宝库。

从汉字的文化阐释到汉字阐释学的提出，并不是我们要标新立异，而是文字学研究的必然要求；将许慎及其《说文》与建立汉字阐释学联系起来，也不是我们盲目推崇古人，而是《说文》及其奠定的文字学传统使然。近年来，汉字的研究、教学呈现出一片繁荣景象，孔子学院在世界各国的建立更是促进了汉语汉字在海外的广泛传播。如果我们全面考察汉字教学和研究的实际情况，尤其是关于汉字文化或汉字与中国文化关系的各种观点，对汉字与传统文化的误读误解可谓比比皆是，这在一定程度上造成汉字阐释的混乱，给学习者、教学者带来不少困惑，也使人们对汉语文字学的科学性有所质疑。这种状况的出现，表明已经形成的文字学理论和成果还不能适应当前汉字教学和研究的需要，建构真正能科学解释汉字与中国文化关系的新的理论学说，对当前的汉字研究和教学都具有现实的必要性。因此，我们认为，借鉴许慎的汉字阐释成果，发掘《说文》蕴藏的文字学理论遗产，建立科学汉字阐释学是汉字研究适应时代要求的新拓展。

《说文》对建立汉字阐释学提供的借鉴，至少有以下几个方面：

其一，《说文》对汉字功能和属性的认识，奠定了建立汉字阐释学的认识论基础。许慎说："盖文字者，经艺之本，王政之始，前人所以垂后，后人所以识古。故曰：本立而道生，知天下之至啧而不可乱也。"这种认识，一方面，与现代语言学对文字功用的认识完全一致，即文字符号系统通过记录语言，从而突破有声语言的时空局限，"传于异地，流于异时"，实现"垂后""识古"的功效；另一方面，特别值得注意的是，许慎将文字提高到"经艺之本，王政之始"的高度，认为文字是"经艺"和"王政"的本始，具有根本性、决定性的作用，这就为他阐释文字的文化内涵奠定了认识论基础。从这种认识出发，他对《说文》这部书的作用也就有了明确的定位，那就是"将以理群类，解谬误，晓学者，达神恉……万物咸睹，靡不兼载"。他的观点和研究实践，尤其符合汉字这种自源性文字体系，是对汉字与中国文化关系的自觉体认。只有准确认识汉字与它赖以产生、发展的文化背景的深层联系，揭明汉字与传统文化的依存关系，才能发展出真正适应这种文化背景下产生的文字体系的阐释理论和方法。从这个意义上说，将许慎看作汉字阐释理论的奠基者是毫不为过的。

其二，《说文》确立了汉字阐释学必须坚持的历史性原则。确立汉字的历史发展观是正确考察汉字并实现对汉字科学阐释的基本原则，这在今天是一个常识问题。因为汉字经历了产生、发展、变革等各个发展阶段，这是一个漫长的历史进程。在不同的历史阶段产生的汉字现象，其蕴含的文化信息是有差别的，对其正确阐释必须是建立在对这种历史发展的正确认识之上的。但是，许慎所处的时代，对汉字的历史发展认识并不清晰，比如对待重新发现的古文，"世人大共非訾，以为好奇者也，故诡更正文，向壁虚造不可知之书，变乱常行，以耀于世"。许慎批评"诸生竞说字解经谊，称秦之隶书，为仓颉时书，云父子相传，何得改易？乃猥曰：马头人为长，人持十为斗，虫者屈中也"。从《说文·叙》这些记录可以看出，当时对汉字的历史发展面貌世人多所不晓，甚至对"古文"这种字形的存在都表示怀疑，基本上没有建立起汉字的历史发展观。许慎《说文·叙》则清晰地描述了文字的生成和发展，他认为：文字起始于庖牺氏"始作八卦"、神农氏"结绳为治"；黄帝之史仓颉"初造书契"，"仓颉之初作书，盖依类象形"，"其后形声相益"；"五帝三王之世，改易殊体"；到周宣王有太史籀大篆，春秋之后"诸侯力政"，战国时期"言语异声，文字异形"；秦始皇于是书同文字，颁行小篆；"是时，秦烧灭经书，涤除旧典，大发隶卒，兴役戍，官狱职务繁，初有隶书，以趋约易，而古文由此绝矣"。这个描述，是当时对汉字发生、发展史认识最完整的记录，就今天的认识而言，也基本符合汉字产生和发展的实际情况，这证明当时许慎已经确立了汉字历史发展的正确观点，正是这种观点的确立，才保证了他的汉字阐释研究基本上能体现历史性原则，经得起时代的考验。

其三，《说文》发展了汉字阐释的理论和方法，使对汉字的系统阐释成为可能。许慎撰写《说文》一书，对汉字系统的构造进行了深入研究，发明了汉字540部首，"其建首也，立一为耑（端），方以类聚，物以群分，同牵条属，共理相贯，杂而不越，据形系联，引而申之，以究万原，毕终于亥，知化穷冥"。《说文》构建的汉字系统揭示了汉字形音义的内在联系性，使数以万计的汉字变得有规律可循。许慎认为汉字的构形是由"依类象形"再到"形声相益"而"孳乳浸多"的，他发展和丰富的"六书"理论为"说文解字"确立了基本理论和方法。汉字研究的历史表明,这也是汉字阐释的有效方法。

其四,《说文》的汉字阐释实践,为汉字阐释学的建立提供了丰富的素材。据《说文·叙》记录,《说文》共收列 9 353 字,重文 1 163,解说文字达 133 441 字。这是对当时所使用汉字和流传的籀文、古文、或体、奇字的全面整理,是一部皇皇巨著。《说文》对所收文字的阐释,体现了许慎的汉字阐释思想,内容极为丰富。其子许冲上《说文》表,称《说文》"六艺群书之诂,皆训其意,而天地、鬼神、山川、艸木、鸟兽、蚰虫、杂物、奇怪、王制、礼仪,世间人事,莫不毕载"。《说文》不仅收录宏富,关键是许慎"引而申之,以究万原",对每个字所进行的阐释,是一次汉字阐释的伟大实践。今天看来,无论许慎的阐释正确与否,对汉字阐释学的建立都具有重要的理论意义和样本价值。许慎阐释汉字所体现的认知过程、阐释模式、遵循原则和基本方法及其对汉字与文化背景关系的梳理,影响和启迪了历代学者的汉字阐释行为,这些学者中有许多成就卓著,如南唐徐锴、清代段玉裁等。历代汉字阐释的成果为建立汉字阐释学提供了资料积累和理论准备,而这一切又都是建立在《说文》基础之上的。

基于以上几点,我们认为从发掘《说文》蕴涵的汉字阐释成果入手,弘扬许慎汉字阐释的理论和思想,探索建立科学的汉字阐释学,以适应当代汉字教学和研究的需要,是许慎和《说文》对当代文字学研究价值的又一个体现。

在建立汉字阐释学的视野下,我们再一次发现了《说文》这部巨著的重大价值,但是真正意义上的科学的汉字阐释学的建立,将是一项艰巨的任务。我们必须通过对汉字阐释传统的继承和合理要素的发掘,充分利用当代文字学,特别是古文字学研究的新成果,吸收考古学、历史学、思想文化史等学科领域的营养,立足《说文》而又有所超越和发展。

第一,要进一步理清汉字阐释涉及的基本要素和主要环节。汉字阐释是一个复杂的主体行为过程,涉及阐释的对象、阐释主体和阐释过程，这是构成汉字阐释的三个基本要素。

第一个基本要素是"阐释对象"，也就是历代汉字。汉字是中国文化的产物和文化信息的载体，汉字蕴涵的文化要素既有本源性的，也有历代发展演变过程中附加上的，异常丰富而复杂。当前对历代汉字，尤其是先秦汉字面貌的认识，已远远超过许慎，我们所见到的甲骨文、青铜器铭文、战国文字资料，许慎都无缘见到，对历代汉字的发展演变我们的认识也更为清晰。因此，我们要借鉴许慎的思想、理论和方法，回答许慎试图解决而由于时代和资料的局限无法解决的问题，包括纠正当时背景下难以避免的错误。

第二个基本要素是"阐释主体"，也就是汉字的阐释者（解释者）。汉字的阐释者既是汉字文化阐释的实施者，同时又是一定文化的创造物，其阐释行为模式和认知范式总是取决于他所接受的文化传统、一定时期文化背景的影响以及个人生长的文化环境。在这一点上，今天的学者比起许慎有许多优势也有很大局限，许慎去古未远，沉浸于当时的文化情境之中去体味汉字的一点一画，这是今天的学者永远也无法企及的。时代相去越远的阐释者，与阐释对象之间的疏离越是难以弥合，阐释者总是难以摆脱其时代的局限和对远古的蒙昧无知。

第三个基本要素是"阐释过程"。汉字阐释是一种非常复杂的主体心智活动，从阐释对象的确定、认知，到对汉字文化要素的揭示，并进一步予以证说，从而得到正确的结论，这个过程严密、复杂、艰难，而且充满歧途。因为汉字自身不能证说自己而且情况复杂，中国文化又博大无比，其内涵及其变化更是气象万千，一个汉字到底在哪一个层面以何种方式与一种文化现象发生内在联系，往往是很难对其作出简单的判断的。故此，汉字阐释的过程就显得十分复杂和充满风险，这个过程最终决定着阐释的成败。

近年来，对中国传统文化的重新估价，使得汉字文化研究再次引起学者的重视。但是，由于阐释者对汉字文化的简单化理解以及中国文化和汉字知识的积累所限，致使各种似是而非甚至错谬百出的阐释触目皆是。这也从一个方面表明汉字阐释的复杂性和艰难性。即便是训练有素、学识渊博的文字学家，也难以保证自身所作的阐释就是准确无误的，历代学者在这方面留下了许多教训。

第二，在认识到汉字阐释的复杂性和不确定性的同时，要将《说文》阐释汉字的经验进一步上升到科学的理论。汉字阐释作为一个非常复杂的主体行为过程，尽管因阐释者的差异存在着种种不同，但是阐释者也遵循着基本的阐释模式。当阐释者面对阐释的汉字时，总是试图调动其全部知识，对汉字的构形及其文化内涵作出合理的解释和证说。我们曾认为，排除阐释者由于所处时代、个人文化积累和背景不同而形成的差异，汉字阐释大体上涉及以下五个重要范畴，即文化诱导、文化抉择、具体化、体悟和证说。

所谓"文化诱导"，即指文化传统和各种文化要素对汉字阐释的导向作用。阐释者是一定文化传统的表征，无论何种阐释，阐释者都是一定文化要素的代言人。在阐释过程中，各种文化要素都有可能引导阐释者对阐释对象作出某种判断。

所谓"文化抉择"，即指阐释者对阐释过程中起诱导作用的各种文化要素和信息的选择和取舍。阐释对象的单一性和文化信息的庞杂性，使得面对同一阐释对象时，对文化信息的抉择显得至关重要。因为只有某一或某些信息对阐释对象是有意义的，其他信息则是起干扰作用的多余信息。

所谓"具体化"，即指将阐释者抉择的文化信息落实到阐释对象汉字的构形或读音之上的过程。这个过程既有对字形具体而细微的分析证明，也有对字形符号的抽象和超越，往往只有通过抽象来引发不同的联想，才能正确揭示阐释对象的文化内涵。

所谓"体悟"，即指阐释者在认知和阐释汉字过程中呈现的一种复杂的心智活动。体悟激发义化要素与阐释对象的关联，决定阐释者对文化信息的取舍并影响文化信息具体化的过程。

所谓"证说"，即指汉字阐释者对自身阐释合理性的证明，它应当展示阐释过程及结果的理据性和可靠性。因此，阐释者需要追索汉字早期构形及其流变，考察汉字时代背景，寻找各种文化典籍、考古学和人类文化学材料予以证明。

以上五个范畴，构成汉字阐释完整的模式化过程，虽然并非每个汉字的阐释都机械地遵循全部的阐释环节，但是哪怕最简单的阐释也不会违背各个范畴的实质，否则，就会走向歧途。但是，即使认识到汉字阐释所涉及的这种模式，也不能保证阐释结论就必然正确。许慎为代表的传统汉字阐释及后人对汉字的种种"误读"，为我们提供了有益的镜鉴。

第三，建立科学的汉字阐释学，需要进一步深化对《说文》所遵循的历史性原则的认识。这一原则不仅应贯穿于汉字阐释的过程之中，而且也是判断汉字阐释结论正确与否的基本依据。

一是关于汉字系统层积性的认识。汉字是伴随着历史发展而次第产生并逐步完成的符号系统，汉字系统的层积性是汉字阐释坚持历史性原则的基础。汉字作为一种文化遗存所呈现出的完整性和系统性，使人们几乎无法客观地再现其内在的历史层次。因此，当人们去建立汉字与中国历史文化的联系时，常常因忽视历史层次性而发生种种误读。即便是许慎也因此出现许多错误，如上举他对"王"字构形和意蕴的阐释，就属于这样的问题。

二是关于汉字与文化发展层次对应性的认识。不同时代产生的汉字，其最初形态及其负载的文化信息只与它产生的那个时代的历史文化相关联。文化本身是动态的系统，既体现传承性，也体现一定的时代性。要尽可能排除主观随意性，只有坚持历史性原则，真正寻找并建立汉字与相应时代历史文化发展层次相对应的关系，对汉字构形的文化阐释才有可能趋向正确。

三是关于汉字携带的文化信息层累性的认识。将不同时期产生的汉字置于同一历史层面，并试图建立它们与中国古代文化的联系，必然会混淆汉字与文化关联的历史层次性，背离汉字阐释的历史性原则。汉字携带的文化要素实际上也是一个历时层累的过程，随着汉字历经不同时代的沿用，它负载的文化信息也越来越多，这种层层叠加的文化要素，使得同一字因此负载着不同时代的文化信息。如"王"字、干支字的使用、沿革所不断叠加的信息。因此，汉字的阐释者只有坚持历史性原则，才能科学分辨各种文化信息的历史层次，从而正确地阐释内涵复杂而丰富的汉字。

当然，汉字阐释学的建立，面临的问题远不止以上这几个方面。比如，汉字形、音、义本身还是一个复杂的有待证明的系统，许多汉字的构形及其音义关系是混沌不清的，这需要尽可能地将汉字阐释建立在对汉字本身科学分析的基础上；汉字的历史层次性和动态发展的轨迹迄今还未能得到充分的揭示，使得汉字阐释必须首先面临汉字发展历史层次的判别问题，这需要以艰辛而严谨的汉字断代研究工作为前提；古代历史文化虽然得以流传和保存下来，但是文化信息的丢失、断裂和变形是普遍发生的，使得阐释过程中对汉字与古代文化关系的建立显得非常艰难，有时会面临误读误判的风险，这就要求阐释者必须尽最大可能寻找那些失落的文化信息，排除相关文化信息的干扰，从而真正重现汉字与古代文化的本来联系；对汉字文化阐释的证说，总是难以摆脱阐释者自身的和时代的局限，因此，如何科学地估价历代汉字阐释的成果并审慎地加以运用，这也是衡量汉字阐释者水平高低的一道难题。

许慎和《说文》这部伟大的著作，为汉字阐释学的建立奠定了基础，积累了经验，他致力于揭示汉字与中国文化深层关系的努力，不仅开创了汉字阐释的传统，也为当代建立科学的汉字阐释学、创新文字学研究提供了可能，这可以说是《说文》重大学术价值的再一次证明和显现。

【编按】2010年10月27—28日，国家语言文字工作委员会、中国文字学会等单位在河南省漯河市举办"第二届许慎文化国际研讨会"。本篇是在研讨上的主旨演讲，原载于王蕴智、吴玉培主编《许慎文化研究（二）——第二届许慎文化国际研讨会论文集》，中国社会科学院出版社，2015年，第3—11页。

汉字研究 70 年：从传统学术到现代学科

汉字作为世界上唯一使用至今的自源古典文字，记录和传承了悠久而博大的中华文明，是中华民族对人类文明发展的一个伟大贡献。早在先秦时代，前人就开始了对汉字的研究。两汉时期，研究汉字已发展成为专门的学问，东汉许慎撰著的《说文解字》，就集中体现了那个时代的汉字研究成果和发展水准。从汉代到清代 2 000 多年来，以《说文》为代表的传统文字学积累了极为丰厚的研究成果。到了 20 世纪，西学东渐，在西方学术文化的冲击下，我国传统学术有的逐渐走向衰微，有的成功实现现代转型，文字学堪称传统学术实现现代转型的典范。文字学的现代转型发端于 20 世纪之初，其成功实现转型则取决于新中国成立以来的汉字研究。

70 年来，在继承汉字研究传统的基础上，文字学立足于我国经济社会发展与文化进步的新要求，得益于甲骨文等大量古文字材料的新发现，取得了全面发展和显著成就，逐步发展成为独具特色的现代学科。70 年来文字学的发展进步，主要表现在以下几个方面：

（一）适应新社会、新时代现实需要，推进文字改革和语文现代化建设，开拓了现代汉字、汉字教学、汉字信息化处理等研究领域，从根本上改变了传统文字学研究的视点和走向。

在西方文化影响和冲击的背景下，清末以来汉字改革运动蓬勃兴起，先后提出了切音字、国语罗马字、拉丁化新文字等多种改革汉字的方案。新中国成立后，1954 年成立了直属国务院领导的中国文字改革委员会。1955年召开了全国文字改革会议，会议通过了《全国文字改革会议决议》，就汉字简化、推广普通话问题提出八条建议。1956年1月国务院通过了《关于公布〈汉字简化方案〉的决议》和《国务院关于推广普通话的指示》，2月向社会公布了《汉字简化方案》。1958年1月周恩来总理在全国政协会议上作《当前文字改革的任务》报告，提出当前我国文字改革的三大任务是简化汉字、推广普通话、制定和推行汉语拼音方案，明确了新中国文字改革的任务和方向。同年2月，吴玉章向全国人大一届五次会议作《关于当前文字改革工作和汉语拼音方案的报告》，会议批准了《汉语拼音方案》。经过这一时期的准备，新中国的文字改革工作明确了发展方向、主要任务和指导方针，进入全面推行实施的新阶段。

新中国的文字改革，继承和发扬了近代尤其是新文化运动以来汉字改革的成果，适应了我国经济、社会、教育和文化事业发展的紧迫要求，是我国现代化进程中确定的重要国策，对我国现代化建设、文化教育事业发展和社会语文生活都产生了广泛而深远的影响。

我国文字改革的方针大计，对汉字研究更是产生了直接的影响，繁简字字形研究、异体字整理、字体标准研制、汉字与汉语拼音教学等成为研究者关注的主要问题，文字学研究由长期以来致力于古代文献用字和历史汉字转向现代汉字的理论与应用研究。1985年国务院将中国文字改革委员会更名为国家语言文字工作委员会。1986年召开全国语言文字工作会议，会议面向现代化建设与信息化时代需要，调整和明确了新时期语言文字工作的任务和方向，对语言文字规范化、标准化提出了更高要求。

新时期的现代汉字研究全面走向深入，现代汉字简化问题、字形分析、异体字和异形词研究、汉字检字法研究等都取得了新成绩，逐步形成了文字学研究的新分支——现代汉字学，产生了一批有影响的学术成果；汉字信息化处理理论、方法和技术研究取得突破性进展，国家发布了一系列汉字字符集标准，适应了汉字信息化处理的需要；语文教育尤其是对外汉语教学的快速发展，推进了汉字规范的制定和推广、汉字习得与认知研究、汉字教学的理论方法研究与实践等，汉字研究的领域进一步得到拓宽。

（二）在国家语文现代化大背景之下，文字学学科建设和理论研究面向现实需求，在文字学理论体系探索和构建、汉字基本理论问题研究等方面，取得了重要的进展，为国家语言文字政策的制定和实施提供了理论支撑。

比如，在对传统"六书"理论反思的基础上，当代文字学者对汉字构形理论的探索不断走向深入，提出了"表意、形声、假借"新"三书"说、汉字构形学与构形分析方法、汉字构形方式动态发展的理论与分析方法等，发展了汉字结构理论和分析方法，提升了科学分析汉字的水平；在汉字的起源、汉字形体的发展演变、汉字的特点和性质、汉字字用以及字际、字词关系等基本问题研究方面，学者们进行了广泛而深入的探讨，提出了一系列新的观点，深化了对汉字体系形成及其发展规律、汉字特点和性质等基本问题的理论认识；将汉字与世界文字和民族古文字进行比较研究，从更广阔的理论视野来认识汉字的特点和发展规律，建立比较文字学的尝试也颇值得称许；汉字在域外与民族地区传播研究是近几年新形成的研究领域，已取得可喜的进展，呈现出良好的发展前景。由于这些方面的进步，文字学研究的基本问题日趋明晰，文字学理论体系构建不断完善，研究方法更加科学严密，从而使传统文字学得到了根本改造，总体上完成了从传统学术向现代学科的转型。文字学独特的研究对象、悠久的研究传统和广泛的研究领域，从一个重要方面体现了中国语言学学科的鲜明特色，在世界语言学格局中也占有不可替代的地位。

（三）古文字研究取得巨大成就，近代汉字研究异军突起，为汉字发展史研究奠定了坚实的基础。

以1899年甲骨文的发现为契机，古文字研究从旧的金石学中逐步分离出来，成为一门新的学科。随着中国考古学的快速发展，甲骨文、金文、简牍、帛书等古文字资料一系列重大新发现，为古文字研究的繁荣发展提供了前所未有的优越条件。古文字资料的整理、研究取得了举世瞩目的成就，古文字学成为一门具有世界影响的学科，并形成了甲骨学、金文、战国文字、秦汉文字研究等古文字研究分支学科。古文字研究跨越历史学、文献学和语言文字学等多个学科，体现了综合、交叉的特点。新出各类古文字的资料整理、文字考释和内涵揭示，吸引了多学科学者的积极参与，几乎每一批新材料的公布，都引发了海内外学术界的极大关注。古文字研究领域取得的成就，推进了相关学科的发展，更直接改变了文字学研究的面貌。由于殷商甲骨文到秦汉文字原始材料的不断问世，展示了汉字形体结构的发展变化轨迹和实际使用的面貌，为揭示汉字构造和形义关系、建构汉字形体演变和发展谱系、分析出土文献用字特点和规律提供了可能，近年来在这些研究领域取得许多重大成果。

在古文字研究繁荣发展的同时，近代汉字研究异军突起，取得了长足的进步。近代汉字是相对于先秦古文字提出的概念，有的学者称之为隶楷阶段的文字。近几十年来，近代汉字研究取得了很大进步。利用秦汉文字资料，揭示隶变的发生、隶书的形成以及汉字的古今演变；依据魏晋南北朝以及隋唐碑刻墓志、简牍、抄本文献等材料，对魏晋以降的文字材料进行系统整理研究，揭示楷书的形成和各种异体现象，产生了一批很有影响的新成果；在历代俗字、字书疑难字、佛经音义文字的整理研究和理论探讨等方面所取得的成果，最能显示近代汉字研究所达到的学术水准。

古文字、近代汉字研究的成果日益丰厚，为汉字发展史的研究奠定了坚实基础，汉字古今发展的历史和理论研究成为当前文字学研究的前沿领域，文字学界不断有高水平新成果推出。

（四）重视发扬汉字研究优良传统，汉字与中华历史文化深层关系的各类研究新作迭出。

汉字与汉字研究事关中华优秀传统文化的弘扬和传承，20世纪80年代以来，文字学与文化史研究学者或从历史文化的宏观背景着眼，或从具体历史文化现象切入,深化了对汉字构形及其发展演变与历史文化关系的认识,通过探索建立汉字文化学、提出汉字文化阐释的理论和方法等,拓展了汉字研究的新路径。文字学学术史研究这一时期也重新受到重视,立足于弘扬优秀学术传统,总结汉字研究的历史和经验,在《说文》学、"六书"学等传统学术领域产生了一批总结性研究成果。文字学学术史的梳理和历代文字学研究成果的发掘,为当代文字学发展提供了理论源泉和丰富营养,对文字学人才培养和学术研究发挥了积极作用。

此外,改革开放以来,为适应文字学学术发展需要,先后组建了中国古文字研究会、中国文字学会两个重要的全国性学术团体。一些重点大学还成立了文字学与古文字学专门研究机构,文字学与古文字研究人才培养工作取得长足进步。党和国家高度重视甲骨文等古文字的研究,习近平总书记指出:"要重视发展具有重要文化价值和传承意义的'绝学'、冷门学科。这些学科看上去同现实距离较远,但养兵千日、用兵一时,需要时也要拿得出来、用得上。还有一些学科事关文化传承的问题,如甲骨文等古文字研究等,要重视这些学科,确保有人做、有传承。"[1] 为加强甲骨文等古文字研究,国家有关部门专设"冷门绝学"研究专项、甲骨文等古文字研究专项,重点支持相关研究工作,以保证冷门不冷、"绝学"不绝。

70年来,文字学者把握时代机遇,辛勤耕耘,取得了超绝前代的突出成就。我们相信,未来的文字学研究依然大有可为,一定会创造出新的辉煌!

【编按】为庆祝中华人民共和国成立70周年,应有关部门邀请撰写本篇,对文字学研究70年成就作简略回顾。原刊于《光明日报》2019年9月7日第12版。

---

[1] 出自《习近平:在哲学社会科学工作座谈会上的讲话(全文)》,新华网,2016年5月18日,http://www.xinhuanet.com//politics/2016-05/18/c_1118891128_4.htm。

中国古文字研究会应时而生 40 年

今天我们举行中国古文字研究会成立四十周年国际学术研讨会和纪念活动,今年也是我国改革开放四十周年。中国古文字研究会在吉林大学的成立是改革开放的产物,她是改革开放后第一个全国性的学术组织,可以说是应时而生的。

今天参会特别高兴,也非常感慨。当年我们刚刚接触古文字,读《古文字研究》第一辑,通过《古文字研究工作的现状及展望》一文,了解到全国古文字研究的形势。《古文字研究》就是因为中国古文字研究会的成立而创办的,由中华书局出版。那时我们读《展望》这篇文章,深感自己选择这门专业还是有些使命感和崇高感的。后来有幸跟姚(孝遂)老师学习,闲聊中姚老师回忆当年中国古文字研究会筹备过程,那时于老(于省吾)、容老(容庚)、商老(商承祚)、赵诚、姚老师等南北几位先生,往返交际,推动学会的成立。在当时,这真是一件了不起的事情。我国的改革开放刚刚起步,学术研究从"文革"十年动乱中刚刚回归,老一辈学者就以很高的使命感与情怀来推动学术的发展。中国古文字研究会的成立对中国古文字、古代史、文字学的研究产生了广泛而巨大的影响。

中国古文字研究会对古文字学研究的推动最重要的是提供了一个学术交流的平台,让古文字学者定期有一个聚会,这是交流学术、切磋学问、推动发展非常好的机会。学术如果没有交流就不可能走向深入,特别是现代社会。20 世纪七八十年代,写一封信要很长时间才能寄到,现在交流渠道多样、便捷，在当年学术交流是非常不容易的。研究会的成立促进了交流，在交流中产生了影响：老一代学者的道德文章起了非常重要的示范作用，而这些影响了一代又一代的青年学者。

我第一次参加中国古文字研究会的活动，是纪念研究会成立十周年的研讨会，就在长春这个南湖宾馆。此后，二十年、三十年、四十年我都参与和经历了，不知不觉三十年弹指一挥间。通过研究会，我们受到了老一辈道德文章的熏陶，年轻一辈也在这样的氛围中不断进步成长，古文字研究会这个平台起到了重要作用。

在充分肯定改革开放四十年我国取得的举世瞩目的伟大成就的同时，对当前学术界受市场经济影响产生的学风浮躁以及学风管理方面存在的问题，有识之士也深感忧虑。学风问题与社会大背景密切相关，任何学术活动、任何学术团体不可能脱离社会，学术界出现的学风问题有大环境因素，但我们学术界自己能否有所作为呢？我觉得在我们学界，由于古文字研究会形成了良好会风以及一代一代学者影响，这个领域在学风方面特别难能可贵。每次参加学术活动，学者之间的争鸣、批评有时非常尖锐，我们看到老一辈学者在会场上激烈争论，散会后又是亲密的朋友，这是特别难能可贵的风气，在古文字学界一直保留得非常好。当代谈到学风建设，作为学术共同体应该有所作为。学术共同体的学风建设，最关键的是老一代学者的引领和代表性学者的示范，我想中国古文字研究会的学风，对当代学风建设会有所启迪。从这一点来说，作为古文字的同仁，我非常赞成吴校长（吴振武）所说的，能参与咱们这个学会是值得骄傲的。

四十年过去得很快，现在我们这支队伍很庞大，举目一看，基本以中青年为主，很多年轻人已经做得非常出色了，当年首届会议上发表的"展望"一定程度上已成为现实。冷门不冷，"绝学"不绝，除了国家有关部门的重视以外，最重要的是要下力气培养，成长一批批优秀的青年学者，这是我们的事业发展不竭的源泉。中国古文字研究会的成立是中国古文字研究史上一件值得纪念的大事，未来研究会成立五十年、六十年、七十年，乃至久远，这十年一次的纪念活动都应该办，而且都应该在吉林大学办！因此，吉大任重道远，我们每位古文字学者同样都任重道远！

【编按】2018 年 10 月 9—11 日，吉林大学在长春南湖宾馆举行的"纪念中国古文字研究会成立四十周年国际学术研讨会"。本篇是在研讨会上的致辞，由马晓稳根据录音整理。

开创新时代古文字学发展的新局面

古文字之于传承发展中华文明的价值和意义，近10年来达到了前所未有的认识新高度。古文字研究关系到中华文明的传承发展，新时代切实推进古文字学的发展，要重视解决好以下几个问题。

第一，提升古文字学学科建设水平。

古文字虽然历史悠久，但以古文字为研究对象的古文字学还处于初级发展阶段。按照目前的学科体系划分，古文字学还只是附属于汉语言文字学、历史文献学等二级学科下的学科方向，还没有形成独立的学科体系。古文字学涉及语言学、历史学、考古学、古文献学等众多人文学科，而且随着数字化时代的到来，人工智能等信息技术已被引进古文字学研究领域，古文字学实际上应作为一门新型交叉学科才能体现其学科内涵和特征。目前，古文字学学科的现实与发展需求严重不相适应，急需进行统一规划并突破建设障碍。古文字学学科建设的进展，将直接决定古文字学的未来发展走向，应引起足够的重视。

第二，夯实古文字学人才培养的基础。

古文字学门槛高、入门难、出成绩难，是典型的"冷门绝学"。中华文明的传承发展需要古文字学薪火相传，而育人则是确保古文字有人做、有传承的关键所在。为此，教育部启动实施了古文字学人才培养强基计划，目前，已有10多所高校列入古文字学强基计划本科招生。但是，由于学科建设滞后，师资队伍不足，教学内容和培养目标各校差异明显，社会和考生对古文字学缺乏足够的认知，实施过程中还面临着不少亟待解决的问题。适时总结办学经验，准确把握强基计划人才培养的定位，筑牢人才培养之基，是确保古文字学可持续发展的必然要求。

第三，加强古文字学人才队伍建设。

古文字学涉及甲骨文、金文、战国秦汉文字等各领域，研究的问题复杂，成果的产出和科研创新难度较大，需要研究者有长期坐冷板凳的精神。但在当前人才评价制度下，这些学科特点使得研究者面临重重困境，不利于吸引和稳定人才队伍。人才队伍建设是发展古文字学的核心问题，需要突破制度束缚，创造友好环境，为凝聚更多优秀人才从事古文字学研究提供必要的政策和条件保障。

第四，重视古文字学研究成果的创造性转化。

古文字学者习惯于书斋学问，古文字研究成果历来号称艰涩高深，令人望而生畏。新时代的古文字学者，应该走出书斋，贴近大众，自觉阐释和揭示汉字的文化内涵，将弘扬中华优秀传统文化精神作为自身的责任和义务，通过大众喜闻乐见的方式，创造性地传承和传播中华优秀传统文化，为治国理政和文化强国建设提供智力支持。同时，古文字学成果的创造性转化，必将改善古文字学发展的社会环境，更好地促进古文字学科在新时代的发展进步。

2020 年，中宣部、教育部和国家语委等八部门启动实施"古文字与中华文明传承发展工程"，立足于出成果、出人才、可持续，确立了总体建设目标和五大建设计划，安排了 11 项重点建设任务。随着古文字工程的全面展开，我们相信，新时代的古文字学必将开创其发展的新局面。

【编按】 2022 年 9 月，国家语委语信司举办"迎接二十大，语言文字这十年"系列活动，其中包括 6 场名家讲坛。本篇为《语言战略研究》杂志邀请讲坛专家为杂志所撰短文，载于该刊 2022 年第 6 期。

大力开拓近代汉字研究

第二届近代汉字学术研讨会对近代汉字研究而言具有重要历史意义。今年上半年在西南大学召开了2018年度中国文字学会理事会，会上杨宝忠教授介绍了第一届近代汉字研讨会的有关情况，并表达了希望进一步加强近代汉字研究的愿望：组建近代汉字研究会。经理事会认真研讨，今天在美丽的西子湖畔成立近代汉字研究会，并产生首届的领导团体，这是中国文字学，尤其是近代汉字研究的发展与进步的重要体现。

近代汉字长期以来是中国文字学研究的薄弱环节。20世纪80年代朱德熙先生就发出倡议，希望加强近代汉字的研究。裘锡圭先生也多次提醒要重视近代汉字。记得在2004年，张涌泉先生专门撰文呼吁大力推动近代汉字研究，文中说"古代汉字与近代汉字研究如车之两轮，鸟之两翼"，给我留下了深刻印象。传统文字学研究有漫长的历史，百年来古文字学也取得了巨大的进步。尤其令人高兴的是，在老一辈的倡导下，更是在座各位先生的共同努力下，30年来，近代汉字研究取得了全面的进步，这是中国文字学整体发展的生动写照。

近代汉字研究的发展，首先是队伍的壮大。今天近代汉字研究者济济一堂，尤其是青年学者已成生力军，是近代汉字发展的重要标志。

其次是领域的开拓。近30年来几乎覆盖了近代汉字的各个方面，从汉魏晋简牍到历代碑刻，从写本到刻本，从出土材料到域外发现。研究重点也从早期碑别字拓展到佛经音义、域外汉字、民族地区汉字传播等方方面面，产生了一批代表性人物。

第三是成就突出、成果丰硕。如黄文杰对秦汉简帛文字的研究、毛远明在魏晋碑刻整理方面，都有一系列代表性成果。张涌泉的皇皇巨著《汉语俗字研究》以及《敦煌俗字研究》《汉语俗字丛考》等，在座的诸位都是读过的。我自己虽然不研究俗字，但也常常学习他们的著作，受到很大的启发。应该说近代汉字研究30年来的快速发展，与张先生的巨大贡献是密不可分的，他在理论范式与研究方法上提供了门径，影响了整个学界。杨宝忠独辟蹊径，专挑疑难杂字，爬梳历代疑难字，逐个讨论，形成了自己独特的研究风格。何华珍开拓了域外汉字领域，从早期的中日韩文字比较，延伸到越南喃字研究。曾良在明清小说刻本文字研究上的工作也独树一帜。这些先生，加上众多年轻后辈的跟进，使得近代汉字研究成为文字学界，也是目前中国学术界最活跃的领域之一。

正是各位同仁的持续努力以及由于30年来近代汉字研究的巨大进步，杨宝忠等先生倡议，在中国文字学会下设近代汉字研究会，这是推进中国文字学研究的重要举措，也是中国文字学会发展的重要契机。我相信，近代汉字研究会的成立和全国近代汉字研讨会的举办，必将开拓近代汉字研究的新局面。

近代汉字研究也是难度非常之大的领域。众所周知，古文字研究较难，但也有其独特优势，比如甲骨文、铜器虽称量多，但材料是封闭的。近代汉字材料何其之多，不管从哪一领域切入，都很难作穷尽性研究。近代汉字之难，首先难在材料数量巨大、品种繁多，既有简牍，也有碑石，还有写本；既有经典文献，又有民间契约文书，还有海外材料，这是其他领域难以望其项背的。

我想今后近代汉字研究的首要任务，还是在研究会的统筹下，加强沟通，各有分工侧重，系统整理有代表性的文字材料。没有这样的基础工作，将来更加深入系统的研究必然会受到限制。

第二是加强对各类现象的研究。近代汉字历史跨度很大，以前之所以研究者少，是因为存在不少误解，认为没有太多学问可做。其实近代汉字学问非常深，有很多复杂问题需要解决，疑难字考释难度甚至不亚于古文字。所以在材料整理基础上，要尽快研究近代汉字的各种发展现象。一个字一个字地研究，一个形一个形地分析，逐步开展，发扬精细化的特色。

第三要进一步重视近代汉字的理论总结和规律揭示。像张涌泉对俗字的理论总结，杨宝忠在疑难字研究中也揭示了不少规律，我想近代汉字有不少理论问题还有待深化。比如"近代"如何限定？又比如不少概念亟待统一。分析汉字构形，传统文字学家常使用"偏旁"，而现代汉字学者提出"部件"这一概念。唐兰先生提出"记号"，裘先生对"记号字"作了专门论述，现代汉字学者进一步谈到了"记号字""半记号字"。其实什么是"记号"，什么是"记号字"，不同学者使用的内涵并不一致。又比如"构件""部件"，不同先生的著作认识也有差异。这些问题是研究近代汉字无法回避的。近代汉字研究的理念、方法如何提升，这些问题都需要深入探讨。汉字到今文字阶段依然在发展。新文化运动时，汉字成了"牛鬼神蛇"，为什么没有被废除？为什么依然保持稳定呢？饶宗颐先生提出汉字形体结构长期稳定之谜，这个谜如何回答？近代是很关键的阶段，近代汉字研究对解释汉字发展演变规律具有重要意义。我特别期待近代汉字研究会在这些问题上取得重要进展。

总之，近代汉字研究会的成立标志着中国文字学会的发展，标志着中国文字学研究的发展，更预示着中国文字研究将会开拓出一个新局面。所以对这次会议，中国文字学会各位同仁充满期待。

最后要说的是，近代汉字研究会的成立具有典型性与示范意义，希望成立后的新的领导班子认真探索、总结经验，既推动中国文字学与文字学会的发展，又能够按照国家的相关要求规范运行。谢谢大家！

【编按】2018年11月2日在浙江财经大学召开"第二届近代汉字学术研讨会"并成立中国文字学会近代汉字研究会分会。本篇是在研讨会开幕式上的讲话，由马晓稳根据录音整理。

东亚汉籍与汉字传播研究

"东亚汉籍与越南汉喃古辞书国际学术研讨会",是我们所有与会者以及中国文字学会的各位同仁充满期待的一次会议。汉字的传播研究是近年来才逐渐引起学者关注的学科领域。这次会议围绕"东亚汉籍与越南汉喃古辞书"来开展,主题非常鲜明,是关于汉字传播研究的一次非常重要的会议。

文字的传播是人类文明史最重要的现象,也是文字发展史研究最重要的课题之一。我们知道,世界上有三大自源的古典文字体系,当然包括南美的玛雅文字,也可以说有四大自源的文字体系。除自源的文字体系之外,全世界的文字绝大多数都是通过文字传播的接受而形成发展起来的。因此,研究人类文明史不能不高度重视文字传播史的研究。历史上,作为自源文字体系的汉字,它在传播发展过程中曾经深刻地影响着周边的国家和地区,形成了汉字文化圈。朝鲜、日本、越南都是接受中华文化深度影响的国家,这些国家的语言文字也深受汉语汉字的影响。这次会议围绕着"东亚汉籍与越南汉喃古辞书"来开展,可以说是抓住了汉字传播史研究一个关键性的重要课题。

东亚汉籍异常丰富,既有直接从中国引进、转写、转抄的大量书籍,也有这些国家接受汉文化的影响用汉文写作的作品。这些丰厚的历史文化资源,对研究中国与周边国家的文化交流交往,都是极为重要的资料。这些资料绝大多数还沉睡在图书馆、博物馆和私人藏家的手里。如何进一步推进这些资料的发掘、研究和利用,确实是中国以及接受汉字文化影响的各国家学者所共同面临的重要课题。

汉字系统在传播过程中本身也不断地经历着变化、变迁。如何更好地利用汉字，在接受汉字影响的同时发展各国自己的文字，可以说是朝鲜、日本、越南曾经面临的共同问题，各国也都在这个过程中先后建立了自身的文字体系。越南喃字的发明和汉喃古辞书的编写，就体现了越南既接受了汉字传播的影响，也为发展自身文字体系作出了努力。越南喃字及汉喃古辞书，不仅为越南文化史，也为汉字传播史研究留下了一份珍贵的遗产，更是当前汉字传播史研究的非常重要的对象和课题。通过各国学者多年的努力，这方面的研究已经取得了很重要的成果。这次会议的发起单位之一，越南社会科学院汉喃研究院在喃字资料的收集、整理和汉喃古辞书研究方面积累了非常丰厚的资源，取得了相当多的成果。日本、韩国学者在汉字传播研究方面也都取得了很多成就。这次会议四国学者在一起分享各自的研究成果，交流各自的研究经验，是一次富有重要意义的国际学术交流与合作，对推动东亚汉籍的整理研究以及越南喃字和汉喃古辞书的研究都是一次难得的机会。

汉字作为中华文明的伟大创造，是世界上唯一数千年来持续使用且长盛不衰的古典文字体系，这是中华民族对人类文明史的非凡贡献。可以说，汉字既是中国人民的宝贵文化遗产，也是世界文明的宝贵遗产。汉字传播到周边国家以后，由于语言环境、文化背景的差异，其自身也受到不同国家语言和文化的影响，从而导致汉字体系本身也发生一些变化。对这些变异现象的分析研究，可以促进对汉字本体的认识，提升汉字研究的理论水平。汉字的传播发展是文字传播史上的典型案例，如果将汉字在不同国家传播过程中所形成的各种发展现象进行系统地梳理探讨并上升到规律性的总结，我们一定会进一步扩大汉字研究的视野，丰富汉字理论研究的内容，更加深刻地认识汉字系统本身。从这个意义上来说，推进汉字传播的研究，必将有助于中国文字学自身的提高和文字传播理论的发展。

浙江财经大学在汉字传播研究方面独树一帜，何华珍教授在中日汉字比较研究方面取得了突出的成绩，承担了国家社科基金重大招标项目"汉字发展通史"子课题"汉字域外传播史研究"。由何华珍教授发起召开的"东亚汉籍与越南汉喃古辞书国际学术研讨会"，促进了中、日、韩、越各国学者的交流和合作，必将开创汉字传播研究的新局面，也有利于推动"汉字域外传播史研究"子课题的进展。

这次会议发表的论文涉及汉字传播研究的许多方面，令人印象深刻的，有汉语俗字、民族文字俗字、域外汉文俗字的研究成果；有中国古典文献、东亚汉籍整理研究的成果。会议交流中还提出了不少新观点和新问题，如"国际汉字""跨文化汉字""东亚汉字研究一体化"等，这些问题值得作进一步深入的理论探讨。在我们看来，汉字传播研究还有一个坚持什么样的学术立场和价值追求的问题。任何一种学术，作为治学者一定有自己的学术立场和价值追求。这种学术立场和价值追求可能有的是自觉的，有的是不自觉的。不管自觉还是不自觉，却是客观存在的。推动东亚汉籍和汉字的传播研究，我认为至少有三个层面的价值所在：

一是对语言文字研究本身的价值。汉字的传播现象是人类文字传播的一个重要案例。把汉语汉字的传播放到整个人类文明史上来看，其研究价值就凸显出来了。汉字作为古典文字，传承使用那么长的时间，对朝鲜、日本、越南、中华民族地区乃至整个世界都产生了深远的影响，这确实是世界文明史上重要的语言文字传播现象。从这种角度来看汉语汉字的特点、规律，对深化汉字系统的认识非常之重要。过去的研究，更多的是就汉字谈汉字，有的问题说不清楚。这次会议有先生谈到汉字功能的扩展问题、谈到汉字笔谈文献整理问题，这对我们正确认识汉字的功能和性质都很有参考价值。而汉字在不同语言文化背景下的传承、使用和变异及其发生原因的研究，对完善和建构科学的汉字理论，进一步揭示汉字汉语的规律和特点都很有启发意义。所以，从专业的立场上来看，开展汉字传播的研究是非常有价值的。

二是东亚汉籍研究的文献学价值。东亚汉籍研究就是以汉字为载体的典籍流传、整理和研究。以汉字为载体的典籍，无论是中国的典籍传到周边国家，还是周边国家以汉字书写的典籍，这些典籍为文献学研究开辟了一个广阔的领域。东亚汉籍的整理工作应该说任务是非常之艰巨的。从文献学和典籍整理研究这个角度，东亚汉籍整理研究会为相关的研究提供坚实的资料基础。如果没有文本文献的整理研究为基础，相关的历史文化研究就不可能得出正确的结论，这方面已经有一些教训。东亚汉籍资料的扎实整理和研究，有利于推动东亚历史文化交流研究，这是东亚汉籍研究的文献学价值之所在。

三是东亚汉籍和汉字传播学术研究的现实意义。中、日、韩、越四国学者进行学术交流与合作，是从学者的立场立足学术来研究学术问题，但是这种合作研究必定有一个功能外溢的问题。各国学者的研究有助于客观准确地认识彼此交往交流的历史，各国历史文化交流的研究成果也一定会影响当代社会，从而使这方面的研究获得当代价值，那就是促进各国当代文化的交流，增进各国人民的互相理解，推进各国的相互融通、和谐共处，通过各国人民友好交往，共同努力创造亚洲文明的美好未来。前几天，北京召开"'一带一路'国际合作高峰论坛"，习近平主席在主旨发言中特别指出"一带一路"是中国的，更是世界的；"和平合作、开放包容、互学互鉴、互利共赢"，是中国秉持的"丝路精神"。[1] 这次会议与会的各位学者所研究的课题与"丝路精神"是何等的契合！因为我们所做的研究正是再现各国曾经历过的那种"交流互鉴，互利共赢"的交流史。历史的研究与现实的需求很自然地结合起来了，这是我们开展东亚汉籍和汉字传播学术研究的当代价值之所在。

这次会议达到了开阔视野、分享成果、促进交流的目的。汉字的传播研究还是一个有待发展的领域，这个领域已聚集了一批优秀的学者，

---

[1] 出自《习近平在"一带一路"国际合作高峰论坛开幕式上的演讲》，新华网，2017年5月14日，http://www.xinhuanet.com/world/2017-05/14/c_1120969677.htm。

随着更多学者的关注和参与,这一研究领域的未来必然可期。我们相信并期待通过各国学者的交流和合作,东亚汉籍与汉字传播研究能取得更多高水平的研究成果,为促进各国的合作与交流带来积极的影响。

【附记】2017 年 5 月 19—21 日,浙江财经大学举办"东亚汉籍与越南汉喃古辞书国际学术研讨会"。本篇根据在研讨会开幕式和闭幕式上的致辞录音整理,并作为何华珍、阮俊强教授主编的《东亚汉籍与越南汉喃古辞书研究》(中国社会科学出版社,2017 年)的序言刊布。

学科建设与人才培养

唐兰《古文字学导论·引言》

历代研究汉字的成果，尤其是近百年来古文字学的形成和发展，为中国语言学理论体系的建构积累了丰厚的资源，在中国语言学理论体系中文字学应该也必须有着不可或缺的重要地位。

　　古文字学作为交叉学科的鲜明特点，自然也决定了古文字学人才培养的特点。古文字学家唐兰曾说："古文字学的功夫不在古文字。"当代著名古文字学家裘锡圭谈到学习古文字的方法时特别强调："如果想学好古文字，必须掌握古文字学之外的很多知识。"这些意见既是他们自身的经验之谈，也说明了古文字学所具有的学科特点。

文字学与中国语言学理论体系的建构

语言科学对国家现代化建设的重要性随着信息化的发展显得日益突出。目前，我国语言科学还明显不适应国家现代化建设的需求。新时代加快中国语言学的发展，解决好国家现代化建设过程中提出的重大语言文字问题，是语言学界义不容辞的责任和使命。为此，教育界和语言学界近年来一直努力推动语言学学科设置的调整，以便从学科布局上为语言学的发展开拓外部空间。与此同时，语言学界对中国现代语言学发展历史的反思以及语言学研究的新探索和跨学科发展，则体现了语言学界内部的理论自觉和积极作为。就文字学与中国语言学理论体系的建构问题，下面谈谈我们的一些思考。

一、关于中国语言学理论体系的建构

首先，我们要面对这样一些问题：中国语言学理论体系所指是什么？中国语言学是否有自己的理论体系？当前提出中国语言学理论体系建构问题是否必要？一般说来，语言学理论是语言学家在研究人类不同语言的实践中形成的专门知识，语言学理论体系就是语言知识的系统化、科学化，是关于不同语言的普遍的规律性认识，这些理论和方法对不同语言研究有着普适性。但是，世界上有数千种语言，任何语言学家所熟知的语言都是极为有限的，任何语言学理论都只是语言学家根据其熟知的语言并借鉴其他语言学家研究各自熟知的语言所得到的认识而建立起来的理论，除一些基本原理外，至今为止还不能说有某种语言学理论是放之四海而皆准的理论。由于人类语言的复杂性和多样性，语言学家对人类语言的研究和认识还是很不够的，即便是经过语言学者长期研究并有较为深刻认识的语言，对其内在规律的揭示也是有限的。由此看来，任何语言学理论都是建立在对某些语言研究基础上代表人类一定阶段认识水平的理论，任何语言学理论体系都是语言学家在这种理论认识基础上建构的知识体系。在这一点上，瑞士著名语言学家费尔迪南·德·索绪尔就有很清晰的认识，在《普通语言学教程》中他申明所研究的对象只是"以希腊字母为原始型的体系"。基于以上认识，我们认为，中国语言学理论体系就是指以汉语为主要研究对象而形成的关于中国语言的系统化、科学化知识体系。

众所周知，我国传统语言学研究并不追求知识的系统化和科学化，尽管积累了对汉语言文字极为丰富的认识成果，但语文学家们在理论体系的建构方面并无兴趣，因此，传统语言学著作在理论的系统性和方法的科学性方面确实是一块"短板"。真正现代意义上的中国语言学研究是从近代才开始的。以《马氏文通》的问世为标志，经过几代学者的努力，中国现代语言学研究所取得的成就是巨大的，这一点不容否定。但是，毋庸讳言，中国现代语言学的发展历史基本上也就是模仿、追随西方语言学的历史。中国现代语言学的基本理论、主要研究方法和旨趣都深受西方语言学的影响，以西方语言学为圭臬研究汉语问题依然是当前中国语言学的主流。

百余年来，中国现代语言学的发展远没能达到它理应达到的高度，无论从认识上还是从实践上看，中国语言理论体系的建构似乎都还遥不可及。因此，我们认为，中国语言学理论体系的建构问题，依然是摆在中国语言学界面前的不容回避的现实问题。近年来，在如何解决中国语言学研究面临的问题，进一步完善中国语言学理论体系建设方面，语言学界也有一些探讨，提出了诸如"字本位"等一些理论设想和新说。这些探讨和新说的提出，对中国语言学理论体系建构是具有启迪意义的。

我们认为，推进中国语言学理论体系的建构，需要开展以下几个方面的工作：一是全面反思中国现代语言学百年历程，这是建构中国语言学理论体系的起点；二是客观对待中国语言学研究的传统，发掘和弘扬传统语言文字学的精华，为中国语言学理论体系建构获取宝贵资源；三是立足汉语汉字实际，在与世界语言文字的比较中，更科学地揭示汉语言文字自身的发展和演变规律，夯实中国语言学理论体系建构的基石；四是面对国家现代化建设需要解决的语言文字问题，更好地推进中国语言文字理论研究与现实需求的结合，这是建构中国语言学理论体系的动力所在；五是通过进一步完善中国语言学理论体系，增强中国语言学界的理论自信，加强与西方语言学的对话，并为世界语言科学的发展真正作出中国学者的贡献，这体现了中国语言学理论体系建构的学术价值和意义。

二、汉字与中国语言学理论体系的建构

中国语言学理论体系的建构必须建立在对汉语言文字特点和发展规律认识的基础之上，这一点不会有任何异议。但在汉语言文字主要特点和发展规律的认识方面，至今却未能形成一致的意见，有些看法甚至还存在着根本性的分歧。这里我们仅就如何认识汉字问题做一个简单的回顾。

汉字是世界上现存的唯一持续使用的自源古典文字。经历了漫长的历史发展和沿革，汉字成为一个极为复杂的文字体系。在中国语言学理论体系建构过程中，客观描述汉字历史沿革脉络，准确揭示汉字发展演变规律，理应作为最重要、最基本的课题之一。

在中国传统语言学研究中，文字问题一直是核心问题。东汉许慎《说文解字·叙》说："盖文字者，经艺之本，王政之始，前人所以垂后，后人所以识古，故曰本立而道生，知天下之至赜而不可乱也。"这是对先秦到汉代"文字为本"观念所做的简洁而明了的概括。我们知道，早在先秦时代，我国就形成了分析文字的"六书"学说。据《周礼·保氏》记载，"六书"学说当时就用来指导贵胄子弟的语文教育。从西周晚期的《史籀篇》、秦代的《仓颉篇》到东汉的《说文解字》，字书的编纂及其成熟，集中体现了先秦两汉文字学发展的水准。可以说从先秦到两汉，就已经确立了汉字在传统语言学研究中的核心地位，这一点一直延续到近代，从来也未曾发生过改变。尽管传统小学包含了文字、音韵、训诂等内容，但文字始终处于核心地位，音韵学对字音的记录和分析、训诂学对字义的训释和推求，都是由文字之形出发，最终落实到对形音义的解释。对汉字形音义关系的认识，决定了传统语言学研究的路径。对此，清代著名语言学家段玉裁在给王念孙《广雅疏证》所写的《序》中说得很清楚："小学有形、有音、有义，三者互相求，举一可得其二；有古形、有今形，有古音、有今音、有古义、有今义，六者互相求，举一可得其五。""圣人之制字，有义而后有音，有音而后有形。学者之考字，因形以得其音，因音以得其义。治经莫重于得义，得义莫切于得音。"这个影响很大的论述，总结了前人在语言文字研究实践中探索出的经验，也可以说是中国传统语言学研究的基本理论和方法。

西方学者对汉字的认识与他们的语文生活背景和语言学观念密切相关。西方学者泰勒（Issac Tylor）以为，人类文字的发展经历了图画、图画标记、表言符号、表音节符号、表字母符号等五个阶段，总体上人类文字是从表意向表音发展的，而拼音文字则是表音文字中最先进的。[1]按照这种学说，汉字是一种落后的需要改革乃至淘汰的文字，最终要走拼音化的道路，这就是近代以来中国语言学界主要的倾向性意见。今天看来，西方语言学家对文字问题的认识具有较大的片面性，对汉字的有些认识甚至是完全错误的。对中国语言学影响很大的索绪尔主张将人类的文字划分为表意、表音两种体系，并将汉字作为表意体系的代表。[2]他把自己的研究限定在"以希腊字母为原始型的体系"，这是他有自知之明的一面。但他对汉字有一个极易产生误解的说法，认为"对汉人来说，表意字和口说的词都是观念的符号；在他们看来，文字就是第二语

---

[1] 潘文国：《字本位与汉语研究》，华东师范大学出版社，2002年，第40页。
[2] [瑞士] 费尔迪南·德·索绪尔（著），高名凯（译）：《普通语言学教程》，商务印书馆，1980年，第50—51页。

言。"布龙菲尔德认为"所谓表意文字（ideographic writing），这是一个很容易引起误会的名称"，"不如叫作表词文字或言词文字（word-writing或 logographic writing）"。[1] 布龙菲尔德指出"表意文字"名称"容易引起误会"，确实是一个有预见性的判断，但将汉字这类古典文字体系直接称作"表词或言词文字"，似乎也过于简单。这既与汉字体系的实际情况不完全相符，也不能使主张"表意文字"说的学者信服。夏含夷（Edward L. Shaughnessy）最近出版的《西观汉记》对西方汉学家关于中国文字性质的辩论有精到总结，他指出："一百多年以来西方汉学家一直很热烈地讨论中国文字的性质。简单地说，辩论的双方分别是文字学家和语言学家。文字学家经常强调中国文字的'形'，而语言学家强调它的'声'。"[2] 顾立雅（Herrlee Glessner Creel，1905—1994）与卜弼德（Peter A. Boodberg，1903—1972）之间的论争就是最有名的论争之一。这种争论一直延续到德范克（John De Francis，1911—2009）、陈汉生（Chad Hansen）与安戈（J. Marshall Unger）和鲍则岳（William G. Boltz）。夏含夷认为："现在又过去了二十多年，西方学者对中国文字的性质这个议题似乎还没有定论。语言学家强调汉字的语音，文字学家强调书写的某些特点。""语言学家和文字学家如果将来能够合作，想必会在这个问题上取得重要进展。"[3] 西方语言学家、文字学家乃至哲学家对汉字的看法，是在与表音文字的对比中形成的，他们站在不同的学术立场上对汉字的性质等问题提出看法，但总体看来西方学者并没能形成定论，他们对汉字的某些认识还较为肤浅，有些观点也未必正确。

近现代以来，我国语言学界在接受西方语言学影响时，对西方学者尤其是汉学家的观点缺乏全面的介绍和研究，把某些西方语言学理论当成金科玉律，而对另一些理论和看法则予以忽视。如关于汉字问题，西

---

[1] [美] 布龙菲尔德（著），袁家骅等（译）：《语言论》，商务印书馆，2004 年，第 360 页。
[2] [美] 夏含夷：《西观汉记：西方汉学出土文献研究概要》，上海古籍出版社，2018 年，第 22 页。
[3] [美] 夏含夷：《西观汉记：西方汉学出土文献研究概要》，上海古籍出版社，2018 年，第 22—31 页。

方语言学家的观点对我国语言学界所产生的影响远远大于文字学家的影响。对汉字的蔑视和片面的学术取向，深刻影响了一百多年来的中国语文生活和语言学研究，其显而易见的有：一是动摇了汉字的神圣地位，以致新文化运动提出了"汉字革命"论，主张"废除汉字"、推行拼音文字。近代以来，汉字从"经义之本"变成革命的对象，否定和贬低汉字成为社会主流声音。汉字命运的这一根本性转变，既是中国近代特殊的历史文化背景所造成的，也是受西方语言学理论和思想影响的结果。二是改变了传统语言学研究的方向，借鉴和模仿西方语言学，以语法研究作为中国语言学的研究中心，以文字为中心的"小学"研究传统被逐步抛弃。这一改变影响了中国现代语言学研究的整体格局。潘文国认为："由于中心的变更，带来语言研究全局的变化，各项具体研究都要重新定位，寻找自己在新的语言研究格局中的地位，在新的学术'范型'里谋求生存和发展。"[1]

近年来，一些语言学者对中国现代语言学的发展历史进行了反思，提出要立足于中国语言学传统和汉语言文字的实际开展理论的探索和实践，"字本位"理论是这些探索中最有影响力和代表性的新说。[2]"字本位"理论主张者声称，强调汉字在汉语研究中的重要性，并不是传统小学以文字为研究中心的简单回归，而是将"字本位"上升到汉语研究认识论和本体论的高度，是"结合新世纪之交的最新语言理论和语言哲学，对古老命题作出新的科学解释"。[3]这一理论提出后引起了不小的争议，这些争议与各人的理论背景、学术旨趣不尽相同有关，更与对汉字汉语的特点和发展规律的认识差异密切相关。无论如何，"字本位"理论的提出，重新将汉字问题纳入中国语言学理论体系建构的视野，这是值得充分肯定的。

---

[1] 潘文国：《字本位与汉语研究》，华东师范大学出版社，2002年，第5页。

[2] 徐通锵：《基础语言学教程》，北京大学出版社，2001年；徐通锵：《汉语结构的基本原理——字本位和语言研究》，中国海洋大学出版社，2005年；潘文国：《字本位与汉语研究》，华东师范大学出版社，2002年。

[3] 潘文国：《字本位与汉语研究》，华东师范大学出版社，2002年，第73—79页。

三、文字学理论创新与中国语言学理论体系的构建

在中国语言理论体系建构过程中,我们认为,充分考虑汉字因素是必然的要求。无论是发掘汉语历史资源还是推进当代中国语言学理论建设,都需要更加深入地认识汉字的特点、属性和发展演变规律。因为汉字,汉语历史资料积累成为一个庞大的资源宝库;也因为汉字,汉语的研究变得极为复杂和困难,许多问题的研究由于汉字原因极易走入歧途。因此,当代中国语言学理论的建构,应努力促进文字学与语言学研究的结合,确立汉字研究在中国语言学研究中的基础地位,将对汉字的科学研究作为建构中国语言学理论体系的基础性工作。

文字与语言是语言学研究不可分割的整体,汉语和汉字尤其有着密不可分的联系。中外语言学研究的历史表明,将语言和文字作为一个整体来研究是历代语言学者的共识。但是,由于世界语言文字体系具有各自不同的特点和差异,语言学者立足于不同语言文字体系而形成的语言学理论体系也会具有不同的特色,比如以印欧语系语言和拼音文字为研究对象而建立的语言学理论体系,与以汉语言文字为研究对象而形成的中国传统语言学理论就存在着鲜明的差异。而且,在同一文化和学术背景下,由于不同的语言学者或以文字为研究重点或以语言研究为重点,因研究重点和领域的不同也会对相同的语言和文字问题形成明显的认识差异,如西方学者对汉字性质认识的分歧和争论。

中国语言学理论体系的建构,不仅要立足于汉语言文字的实际,而且也要重视发扬中国语言学研究的传统,这就决定了汉字研究的基础性地位和推进文字学理论创新的必要性。以汉字为研究对象形成的文字学具有深厚的积累,体现了中国传统语言学的特色,是建构中国语言学理论体系的重要资源。如果我们能将汉字问题放在应有的位置和理论构架中,使汉语与汉字研究有机贯通,更深入地探求和揭示汉语与汉字的密切关系,真正突出中国语言文字的特点和发展规律,中国语言学者就有可能提出与西方语言学不完全相同的理论,对世界语言学的发展作出中

国学者应有的贡献。

　　从中国语言学理论体系建构的要求来看，汉字研究的理论创新还存在较大差距。历史悠久的传统文字学重视应用，以"说字解经谊"为主要任务，汉字训释的成果积累丰富，但是其忽视理论总结的局限也很明显。从《说文解字》问世以来，历代文字学发展的成就大多体现在字书的编纂方面，理论上一直没能超越"六书"学说。随着甲骨文等古文字资料的大量发现，现当代从事文字学研究的学者，对汉字形体的历史发展、构形特点和规律等方面的认识水平已远远超越古人，唐兰、裘锡圭等文字学家利用古文字新材料开展汉字理论研究取得了较大成就。[1]不过总体来看，文字学界依然将主要精力放在单字的考证分析上，在汉字理论研究方面的建树远不如汉字考释成就显著。近年来，忽视汉字理论研究的局面有所改观，在文字学理论和研究方法的探索方面出现了一些新进展，如"汉字构形学"、[2]"汉字学三平面理论"、[3]"汉字动态分析的理论和方法"等。[4]按照建构中国语言学理论体系的要求，文字学研究应进一步加大理论创新，在全面总结历代文字学以及近年来汉字发展和构形理论研究成果的基础上，充分利用自殷商甲骨文以来新发现和传世的文献资源，发挥汉字古今一脉传承的巨大优势，对不同时代汉字形体、结构、字用的历史发展进行系统梳理，深入探索汉字与汉语以及汉字汉语与中华历史文化的深层关系，更准确地认识汉字的构形特点、发展规律和性质，使汉字理论的创新更好地适应中国语言学理论体系建构的需要。在汉字发展史与汉字理论研究方面，近年来我们开展了较为系统的研究工作，也取得了一些新的认识，这些认识有助于澄清中外学者关于汉字的一些误解，对中国语言学理论体系的建构也许会有

---

[1] 唐兰：《中国文字学》，上海古籍出版社，1979年；唐兰：《古文字学导论》（增订本），齐鲁书社，1981年；裘锡圭：《文字学概要》，商务印书馆，1988年。

[2] 刘钊：《古文字构形学》，福建人民出版社，2006年；王宁：《汉字构形学导论》，商务印书馆，2015年。

[3] 李运富：《汉字学新论》，北京师范大学出版社，2012年。

[4] 黄德宽：《汉字理论丛稿》，商务印书馆，2006年。

所裨益。[1]

汉语文字学是研究汉字而形成的独具特色的专门之学。历代研究汉字的成果，尤其是近百年来古文字学的形成和发展，为中国语言学理论体系的建构积累了丰厚的资源，在中国语言学理论体系中文字学应该也必须有着不可或缺的重要地位。我们相信，只要有更多文字学者重视汉字理论研究，依托如此丰富的历代汉字资源，在文字学理论创新方面一定会有所收获；只要立足于汉语汉字的实际，充分重视语言学与文字学研究的融会贯通，中国语言学理论体系建构也一定会更加别开生面。

【编按】2018 年 4 月 14—15 日，《中国社会科学》编辑部、广东外语外贸大学联合举办"第七届中国语言学研究方法与方法论问题学术讨论会"（广州，广东外语外贸大学）。本篇是在会议上所作的演讲，刊载于《汉字汉语研究》2018 年第 2 期。

---

[1] 黄德宽主编：《古文字谱系疏证》，商务印书馆，2007 年；黄德宽等：《古汉字发展论》，中华书局，2014 年。

章太炎、黄侃对《说文》研究的贡献

今天北京师范大学文学院举办纪念章太炎先生诞辰150周年学术研讨会,以纪念近现代思想文化史和民主革命史上这位伟大的思想家、革命家和学问家,缅怀太炎先生对中国学术、教育和文化事业的卓越贡献,从他的思想和学术中汲取智慧和营养,在弘扬和传承中华优秀传统文化的新时代,具有重要的现实意义。太炎先生作为一位革命家和学问家,面对时代大变局和国家之存灭,从文化自省到文化自觉,倡导"用国粹激动种性,增进爱国的热肠",将发扬国粹、振兴民族作为自己的使命和担当,矢志不渝,不懈追求,在今天看来他的坚守和追求尤为显示出重大的历史意义。我很感谢王先生(王宁)和北师大的同仁们组织召开这次纪念会议并邀请我参会,使我有机会再一次接受章黄学术的洗礼。

这次会议以"章黄之学与《说文解字》"为主题,突出了章黄学术最核心的内容。太炎先生的学术涉及经学、史学、文学与小学诸多方面,其思想博大,气度恢弘,为中华思想文化史留下了一份丰厚的遗产。作为国学大师,太炎先生的学术以"小学"为根底,传承乾嘉学派的学术精华,《说文》研究在他的学术中处于基础和核心的地位。他的《说文》研究成果体现在《文始》《新方言》《小学答问》《小学略说》等著作和《说文》讲授笔记中。[1] 关于太炎先生的《说文》学研究特点和成就,王宁先生在为《章太炎说文解字授课笔记》所撰写的《前

---

[1] 参看王宁先生主持整理的《章太炎说文解字授课笔记》,中华书局,2010年。

言》中做了全面的总结和阐述。

作为教育家，太炎先生的思想和学术影响了他的众多弟子和追随者，其中成就卓著而深受太炎先生嘉许的就是黄侃先生。太炎先生称赞黄侃能"明小学"，"尤善音韵文辞"，"能知条理"（《太炎先生自定年谱》）。黄侃先生深受太炎先生影响，在《说文》研究方面用力尤勤，成就斐然，《黄侃论学杂著》《文字声韵训诂笔记》《说文笺识四种》体现了他治《说文》与文字音韵之学的部分成果。《说文》之学在黄侃学术中同样占据着基础和核心地位。

章黄之学的根底是"小学"，其核心是《说文》学。章黄学术对《说文》研究的价值和贡献，我们可以从以下几个方面来理解：

一是从千年《说文》学史来看，章、黄的《说文》研究不仅是南唐"江东二徐"以来《说文》研究的传承和延续，更难能可贵的是在清代《说文》研究四大家之后，章、黄能发扬蹈厉，独辟蹊径，拓展了《说文》研究的领域，丰富了《说文》研究的内容，从而将《说文》学推向了一个新的高度。

二是从我国传统学术现代转型的角度来看，在西学东渐，一些传统学术逐渐式微的背景下，章、黄为《说文》学研究注入了现代学术思想和精神，他们不因为西方学术的盛行以及甲骨文等古文字的新发现而轻易地否定《说文》，而是熔铸新知，洞隐烛微，在继承传统"小学"精髓的同时，推进《说文》学摆脱附庸经学的地位，从而对传统语文学的现代转型产生了重要影响。

三是从汉语言文字学学科发展来看，太炎先生最早提出"小学"应更名为"语言文字之学"，指出《说文》"专以字形为主，而音韵、训诂属焉"，[1] 他们用现代语言学的观点和方法研究《说文》，更加深入地揭示了《说文》的特点、价值和功用，从而使他们的《说文》研究为现代语言文字学学科建设奠定了基石。章、黄"在中国语言学史上，

---

[1] 章太炎：《论语言文字之学》，《国粹学报》第五册，1906年。

是划世纪的人物。一方面他们继承、发展和完善了传统小学，集其大成；另一方面他们突破了传统的界限，将语言文字学作为一门独立的学科，在理论、方法和实践等方面的开拓，为现代语言学的诞生做了奠基工作"（黄德宽、陈秉新《汉语文字学史》第242页，安徽教出版社，2014年）。

章、黄不仅在《说文》研究方面作出了上述贡献，他们还培养了一批《说文》和中国传统学术的杰出传人。北京师范大学陆宗达先生受教于黄侃先生，深得章黄学术精蕴，在《说文》学、训诂学方面卓然名家。师从陆先生的王宁先生，秉承章黄，发扬师说，开拓了汉字构形学、训诂学、汉语史等研究新领域；尤其是在信息化背景下，王先生带领团队开展数字化《说文解字》研究与应用所取得的新成果，进一步彰显了《说文》的当代价值和恒久魅力。

纪念章太炎先生诞辰150周年，以"章黄之学与《说文解字》"为主题，为与会学者交流章黄学术研究成果和《说文》研究心得提供了一次契机，也是学者们《说文》学、汉字学研究新成果的一次展示。我们相信，这次会议对新时代弘扬我国优秀学术传统，推进汉语言文字学研究的进步，必将会产生积极的影响。

【编按】2019年8月29日，北京师范大学举办"章黄之学与《说文解字》：纪念章太炎先生诞辰150周年学术研讨会"。本篇是在研讨会开幕式上的致辞。

于省吾先生与吉大的古文字学教育

参加纪念于省吾先生诞辰120周年、姚孝遂先生诞辰90周年学术研讨会，我非常激动。刚才吴校长（吴振武）代表学校介绍了吉林大学，然后给我们讲了于老（于省吾）和姚老师（姚孝遂）许多故事，深切缅怀了两位先生。林老师（林沄）和其他几位师长的讲话，听完后我感到再次受到了精神洗礼。特别是在当前的学术背景下，听了这些发言，很令人感动。我自己作为学生始终感觉到，如果没有在吉大学习的经历和各位师长的教诲，就不会有自己后来的人生道路与学术道路。

林老师刚才从人才培养角度讲的话非常重要，但由于时间关系没能展开。其实我们经常会遇到有人问这类问题：吉林大学在古文字研究方面怎么能培养这么多人才？包括国内有一些著名的代表性学者都提出过这样的问题。大家公认的吉林大学古文字学的教育、人才培养的成功，可以说是中国高等教育史上一个特殊的现象。我作为一个受教育者，有时候也在思考这个问题。就我个人体会而言，吉大能培养出这么多优秀人才，一代比一代出色，其原因就是能长期努力地按照于老的希望去做：培养更多的年轻人，把这门学问传承下去。

说起我自己和吉大的联系，那也是很幸运的。第二次古文字进修班，按道理我没有资格参加，我那时是南京大学的研究生。教育部委托进修班招生的资格必须是中级职称以上的学术骨干。我在南大的时候导师眼睛失明了，后来程千帆先生负责文学学科，他认为你学古文字这是一个难得的机会，应该去听课，于是就和吉大联系，因为那时匡亚明是南京大学的校长，匡校长也是吉林大学办校史上威望崇高的校长。"匡校长派来的学生嘛，应该接受！"姚老师很快就答应了，我就这样进到这个班里了。与我同时以研究生身份进来的还有杨宽的研究生高智群。这个班应该说是我真正走进吉大，接受各位老师教诲的开始，奠定了我后来整个学术道路的基础。

第一次见于老的时候特别紧张，因为于老的《甲骨文字释林》读得较熟，于老的文风简洁明了，口气也还是比较厉害的，讲一个字，什么人怎么说，然后"皆非也"。我就觉得他很严厉。有一次唐复年陪我去见于老，本来是想去看望问候一下的，结果于老问："你是哪儿的人啊？"我说我是安徽的。他一听就很高兴："啊呀，安徽好啊，桐城派啊！"然后就和我讲了半天的桐城派。后来我才从振武兄那里得知他年轻时候喜欢桐城古文，下过功夫。那时候我很不自信，觉得自己学迟了，而且没有基础，怕学不好，请于老指教。于老讲："你怎么学不好啊，你多大就迟了？""快三十了。""我不也三十几才学古文字嘛。"然后就和我讲了窗户纸如何捅破、苹果如何掉在地上、茶壶怎么跳起来的，等等，就是说学古文字要找到规律，想起来真是特别亲切。当然也讲了如何做笔记，如何读书等具体问题。那次见面一下子就把我害怕的情绪打消了，同时也增加了学习的信心。

那个班真是很重要，那时候林老师给我们讲"古文字研究"，偏重研究方法。林老师当时非常年轻，上课经常穿一件蓝色的套头衫，小白球鞋，非常精神。林老师讲课特点是思维严密，一节课听下来容不得开小差。中间休息他要抽烟，烟瘾还比较大。我那时候还爱问问题，下课多次请教，有时候一说说到天黑。姚老师讲两门课，一门是"甲骨文研究"，一门是"许慎与《说文解字》"。姚老师当时眼睛已经不太好了，讲课不看任何讲稿，娓娓道来，两节课讲下来一直站在那儿。当时刘钊配合辅助，姚老师讲甲骨，刘钊上去摹写。我当时做了很全的笔记，像林老师的书没出来之前，那本笔记一直是我的参考书。姚老师讲课没有讲稿，引用材料脱口而出，记下了之后，我一看非常系统完整，记忆力真是不得了。陈世辉老师讲金文,那时候复印机不是很普遍,古文字资料不易得到。陈老师把每次讲课的材料都复印出来,每人一份,然后讲金文的拓片,这在当时是非常不容易的。何琳仪老师刚毕业留校,开"战国文字研究",后来的《战国文字通论》就是以当时讲课的讲稿为基础写成的。何老师很年轻,喜欢和大家打成一片,晚上常跑到宿舍和大家聊天。

这个学习的过程,使我有机会接触到几位老师,打下了古文字的基础。但也感觉到太短,时间不够,应该深造。但因为各种原因耽搁了很多年。我跟姚老师做学生的时候,姚老师虽然眼睛不大好,但是每一次到他家,一谈就是半天。姚老师谈文献脱口就能说出来,那是年轻时候下的功夫,很多文献他都记得,一些字词都能谈得很具体,令我很受震动。

无论是进修班还是后来的求学,私下和林老师等各位老师请教,我感觉我们吉大的老师有几个特点是很明显的。一是指示门径,做学问应该怎么做,像于老讲方法,怎么考释古文字;像姚老师讲得最多的一句话"你一定把路子弄正,路子不正,南辕北辙,越下功夫,错得越狠",方向很重要,理论很重要。其次,我感受到老师们特别诲人不倦,任何情况下只要我们请教,没有一位老师嫌麻烦,总是详细和你讨论问题。老师们讨论问题是比较不留情面的,跟林老师请教问题必须三思而行,要想好这个问题我是怎么想的、我有什么疑惑,不然林老师几个问题问得你张口结舌。不知道你们有没有同感,尽管后来我已经老大不小了,和林老师讲话还是有这种紧张感。这就是训练你,你提问题,自己先要把这个问题摸到一定程度。姚老师呢,我每次带着问题去,他让你说,说完话他再评价,哪里有问题,或者还不错。我觉得这些指导都非常具有针对性。尤其姚老师特别注意因材施教。比如我有中文背景,我和他说我的考古学、历史学功夫不够,姚老师说你按这个路子走,就走你的路。语言文字是研究古文字的基础,你这个背景要发挥好。他说自己过去也是学中文的,讲了不少个人的体会。另外,他特别强调文字学理论,晚年发表的文章,很多都是理论性的。那时候有人和他争鸣,谈古文字表音性的问题，我问姚老师您怎么看待对您的批评呢，姚老师说他们不懂。我后来体会到，姚老师的观点是正确的。比如他谈文字的表音性是从文字记录语言的功能说文字的构造，特别是他对表意文字说的一些看法。后来我进一步关注到表意文字的说法现在还流传甚广，用的是索绪尔的译本，其实这里有翻译的错误。伍铁平先生专门依据法文本纠正了这个错误，但这个错误已经深深地影响了中国的学术界。中国学者按照错误理解的阐释，现在仍然很流行。其实，索绪尔之后，布龙菲尔德也谈了他的观点。我不知道姚老师是否看到过索绪尔的原文或者布龙菲尔德的东西，但观点和他们一样。我说这些，可以看出姚老师重视理论，鼓励发展理论。又比如同门丛文俊喜欢书法，姚老师就鼓励他做文字与书法问题研究。这些都是因材施教，值得我们学习。老师们诲人不倦、因材施教真的影响我们这些从事教育的人一辈子。于老、姚老师和吉大的老师们对我们最大的影响，就是治学要有严谨求实的精神，可以说他们是以身示范。像于老在病床上还在做学问，一直到最后；像姚老师眼睛不好的情况下，做了那么多成果，这些精神一直激励着我们。

　　后来我到安大工作，何老师去了，徐在国去了，我们几个人传承了吉大的传统，团结协作，以团队精神我们做了一些工作，都是集体完成的，少了谁也不行，少了任何一个人我们都不可能写出《古文字谱系疏证》。这大概体现了吉大的团队意识，做大事情。我们既要为自身的发展，也要为学科发展做点事情。这种精神是老师们以身为范而影响了我们，影响了一代一代吉大毕业的学生，吉大培养的学生经验是成功的，很值得总结。

　　我是在安大第一个开设古文字学课程的人，后来慢慢做到今天这样。所以那年中国古文字研究会成立 30 周年的会议上，裘先生在致辞中肯定了吉大培养学生的贡献，他还说"安大是吉大的分店"。这只是开个玩笑，是对我们的鼓励，当然我们还差得很远。我们一直以母校为骄傲，一直以吉大的工作作为我们看齐的目标。刚才林老师讲了，吉大出去的学生要把于老要求的培养人才的工作做好。我们一定会努力。过去何琳仪老师体检查出问题，我说你不要上课了，他说我就喜欢上课。当时历史系刚刚建了历史文献学博士点，何老师作第一带头人，中文系、历史系两边带学生，那天上课他就是在课堂上倒下来的。像我和在国，对学生都是全身心的，只要是学生的事，我们都可以放下自己手上的工作，围绕学生转。应该说是把吉大好的学风延伸下去，扩展开来。我们也特别期待吉大古籍所把这个传统保持下去，现在的规模，刚才冯胜君所长介绍有20位教师了，可以说吴校长对古籍所度过最艰难时期发挥了重要作用。看到现在古籍所年轻人的状态，我感到由衷的高兴和欣慰。

借此机会，我要表达自己的感谢，感谢老师的培养，也感谢老师们在我工作期间给了我恩泽与阳光。像陈世辉老师，很关注每一位学生的情况，我在安大担任校长的时候，他给我写诗，鼓励我把大学办好。他听说我卸任学校行政事务了，又专门写了一首诗勉励我，让我好好清理图书，可以集中精力做学问了。这种长期的默默的关注和关怀，真的是让我非常感动。平时我和吴老师交流比较多，有困惑、有疑难经常请教，这就是一种母校师长对学生的无微不至的关心。

今天我以一个受教育者的身份谈这样一些感受，我期待我们古籍所越办越好，我也相信我们吉林大学古文字研究这面旗帜一定会高高飘扬。

【编按】2016年7月10日，吉林大学举行"纪念于省吾先生诞辰120周年、姚孝遂先生诞辰90周年学术研讨会"。本篇是在研讨会上的发言，由马晓稳根据录音整理。

李学勤先生不朽的学术人生

"李学勤先生学术成就与学术思想国际研讨会"就要闭幕了。两天来，与会的各位专家学者、先生的生前好友和各位弟子深情缅怀先生，追思先生，回忆与先生交往、从先生求学治学的往事，高度评价了李先生的学术成就和学术贡献。各位的致辞和发言，多侧面地展现了先生不平凡的学术人生、深邃的学术思想和辉煌的学术成就。借此机会，谨代表中心的同事向参会的各位先生、各位同仁表达我们衷心的感谢！

先生的家国情怀、崇高品格，让大家无限景仰；先生大德敦化、博施惠众、功加于时，令大家难以忘怀。两天来，对先生的缅怀和追思，我们心绪难平。大家对先生充满感激和感恩之情，作为先生在清华的后来者，我们中心的同仁更是被深深地感动，我本人也是感慨良多。2017年5月在北京开会期间，先生邀我到他家见面，我知道先生是要直接找我谈来中心工作的事。此前，在清华简第七辑整理研究报告发布会期间，中心常务副主任赵平安教授已代表先生专门找我谈过。我当时觉得中心有先生坐镇，有李均明、赵平安、李守奎、刘国忠等学术中坚，我来不来无关紧要，所以一直没有表明态度。那天，先生向我详细介绍了清华简整理研究和中心发展情况，从各个方面详谈了他希望我过来的一些考虑。尤其让我没想到的是，先生坦然地跟我谈起自身患病详情，尽管他说起来风轻云淡，我获知后则极为不安。先生的谈话，让我深受感动，面对先生我不能说半个"不"字。这一谈就是近两个小时，那时候先生久坐已经非常吃力，却耗费那么长时间与我交谈，过后每当想起先生费力地支撑着身体的谈话情景，都颇感自责。

我来中心工作之后，与中心各位同事一道，在先生指导下立即抓紧开展清华简第八辑的整理、中心实体化推进和筹备纪念中心成立10周年等有关工作。先生虽然人在医院，但心系中心，每次去医院探望，向他汇报中心的工作进展时，他都流露出由衷的快慰。当缙云先生向他报告中心成立10周年纪念大会和国际学术研讨会成功举办时，先生高兴地说："今天是我的节日！是中心的节日！"先生早已是享誉中外、成就卓著的著名学者，但卧病期间他依然勤奋工作。在程薇的帮助下，他撰写出研究清华简的最新论文，为他的文集各卷构思撰写整理校读后记。师母怕他身体难以承受，曾劝他把这些工作放一放，想想别的，先生却说："不想这些，我能想什么呢?!"一息尚存，治学不已！先生是一位真正以学术为生命的学者，他对学术的执着和纯粹精神，将永远激励着我们这些后来者！

古人说："太上有立德，其次有立功，其次有立言，虽久不废，此之谓不朽。"先生"立德""立功""立言"三者兼而有之，因此先生必将不朽。数十年来，先生在古代史、考古学、古文字学、简牍学、青铜器研究以及中国古代文明研究的众多领域，长期引领着相关学术领域的发展方向，为中国当代学术界留下了丰厚的遗产。先生的学术思想、学术成就必将与世长存，会长远地影响着相关学科的发展。正像刚才有的先生所说，对先生的研究也将会是一项长期开展的重要课题。

我们纪念和缅怀先生，最重要的是要沿着先生开辟的学术领域、学术道路，继承他的学术思想，完成他未竟的学术事业。为此，出土文献中心将计划开展以下一些工作：

一是出版先生的文集，整理讲课笔记。这个文集由先生生前亲自审定，并且在病榻上为每一卷文集撰写了说明或者后记，由程薇老师帮助整理。先生在清华讲课，留下了不少讲课笔记，涉及甲骨文、青铜器、古文字学、简帛学等多门课程，这是非常珍贵的资料。我们规划适当时机启动先生清华讲课笔记的全面整理，希望到时候得到各位的帮助，给我们提供比较好的笔记和录音资料。

二是设立"李学勤出土文献研究基金"。这项基金由紫光集团清华校友捐赠，首批捐赠人民币500万元。这项基金将会作为开放性基金，欢迎社会各界不断予以充实，用来发扬李先生的学术成就、学术思想，培养后来者，重点是奖励中心卓有成就的教师以及人文学院与出土文献相关的学生。我们期待，如果这项基金在一定的时候达到一定的规模，希望能覆盖整个中国出土文献研究领域的老师和学生。李先生既是我们中心敬爱的导师，也是全国学术界的大师，以先生命名的出土文献研究基金，不仅为了纪念先生，也为了促进出土文献的人才培养和学术研究，最终应该面向全国。

三是继续做好"李学勤古史研究奖"的评审。这一奖项要努力办成中国人文学科有影响力的奖项，成为中国古代史研究领域最具学术声誉的重要奖项之一，要有郭沫若中国历史学奖、吴玉章奖、吕思勉奖这样的影响。

四是在新大楼建立李学勤先生陈列室。出土文献中心大楼是先生生前推动的重要基础建设，耗费了他大量的心血，遗憾的是他没能走进新落成的大楼。这座大楼应该永远留下先生的学术业绩，我们拟专设一个先生的陈列室，陈列先生的生平事迹和重要的遗稿、遗物、手迹，以缅怀先生、教育来者。这个"来者"既有中心的后来者，也有所有到中心的来访者。我们希望它成为教育清华学生治学为人的一个重要基地，让更多的后学能领略先生的风采人生。希望社会上李先生手稿、信函、遗物的收藏者，有机会把这些捐献给我们，让我们丰富陈列室的陈展内容。

五是在《出土文献》杂志开设研究先生学术思想和成就的栏目。这次会议是一次集中地学习和研讨先生学术思想和成就的研讨会。今后，在《出土文献》期刊开辟栏目，长期发表有关研究文章。《出土文献》杂志是在先生创办的《出土文献》辑刊（总十五辑）基础上获批的正式学术期刊。在座的都知道成为正式的学术期刊这是何其不易，没有十五辑辑刊产生的影响和先生打下的基础，这个期刊是不可能获批的，我们有责任把这个出土文献研究的唯一期刊办好。前天召开了期刊创刊座谈会，参会的各著名期刊主编对如何办好刊物提出了许多好的建议，寄予殷切的希望。

当然最重要的，就是要建设好、发展好先生创建的出土文献研究与保护中心。先生推动收藏的清华简是先生对清华和中国学术界的重大贡献，中心的创立同样是先生对清华和中国学术界的重要贡献。先生为清华简的收藏、整理和研究以及中心的发展殚精竭虑、废寝忘食，直到生命的最后时刻。清华简和中心是先生在清华创下的基业，也是给中心留下的宝贵遗产，我们要特别地珍视和珍惜，要牢记先生的重托，努力实现先生的遗愿，高质量地完成剩余清华简的整理和刊布工作，早日把中心建成世界一流的人文研究中心，以告慰先生的在天之灵。

最后，再次感谢大家出席这次研讨会，也恳请缙云先生和江英女士代我们转达对师母的问候和祝福！谢谢大家！

【编按】2019 年 12 月 8 日，清华大学出土文献研究与保护中心举办"李学勤先生学术成就与学术思想国际研讨会"。本篇是在研讨会闭幕会上的讲话，由任攀根据录音整理。

裘锡圭先生的治学为典为范

今天能够参加裘先生学术文集的新闻发布会，我感到特别荣幸、高兴，还非常激动。正像前面有些领导所说，裘先生学术文集的出版是我们期待已久的大事，可以说裘先生这部学术文集的问世是学林盛事，可喜可贺！首先要特别向裘先生表示祝贺！向复旦大学、向复旦大学出土文献与古文字研究中心表示祝贺！也特别要向支持这部文集出版的复旦大学的领导、复旦大学出版社和为此付出辛勤劳动的各位表示由衷的敬佩之情！

昨天因为来得比较迟，我一看名单上有一个发言，当时心里就有一点惶恐之感，因为要在这样一个隆重而严肃的会议上来就裘先生学术文集的出版发言，这不是一件小事，我应该、理应做好充分的发言准备。昨天夜里11点才到，没能认真地准备，在这儿只是想表达由衷的祝贺之情，谈一点认识和感受。尽管没有什么准备，但是我们对裘先生的学术是非常之熟悉的。昨天夜里匆忙地打开这一部厚重的学术文集，看那些熟悉的篇目再次跳入眼帘的时候，马上我就想到，像我们这些中青年这一代，咱们是读着裘先生的文章在学术道路上摸索、跟随而取得一些进步的，所以对裘先生的论著我们是非常熟悉的。

这部学术文集，除了裘先生的专著和集体合作的项目以外，几乎收集了2012年5月份之前的全部各类独著的学术文章（少数几篇是合著的），全面集中地展示了裘先生的学术成就。这一部书的出版，对中国学术界，尤其是对古文字、出土文献的研究必然会产生重要的、深远的影响，可以说它必然会嘉惠学林、流传久远，这是古文字学界一件意义重大的事情。

裘先生的文集可以说是博大厚重。昨天接我的一个同学跟我说，这套书整整有十几斤。昨天晚上正好我房间有一个秤，我就称了一下，整整十六斤。这个厚重不仅是形式上的，还包含着裘先生几十年来学术探索、学术心血。文集的博大厚重，同裘先生涉及的研究领域密切相关，甲骨文、金文、战国文字、简牍帛书等几乎古文字各个研究领域都有，涉及古文字学、历史学、文献学、哲学、思想史、民族史等多个学科。文集的内容非常深广，而这些广博的学术领域在裘先生这儿得到有机地沟通，真正做到了学问融通，以各个领域的融通来解决传统学术和新出材料的一系列重大问题，因此文集的内容非常地深厚广博。这是文集给我的第一个感受，就是博大厚重。

第二个感受就是，文集体现了裘先生的鲜明学术风格。刚才刘钊教授对裘先生的治学风格作了简单的概括，我很赞同。裘先生的治学，特别是这部文集的出版，让我特别强烈地感觉到八个字，即：求真求是、为典为范。裘先生长期以来追踪学术前沿，以他严谨的治学态度、严谨的学术论述和细腻的思考，写出许多重要的文章。他的研究在真正意义上推动了中国相关研究领域的进步，许多学术论著都可以说是经典之作。他长期以来追求真知的精神、潜心治学的态度，确实堪称当代学术界的杰出代表，所以我说他"为典为范"。

我们做古文字学的很多的年轻学者就是读着裘先生的文章，按照裘先生的学术方法来治学的，同时学习、追随他的治学路径。他在学术界，特别是古文字学界确实是一个典范、是一个样本，尤其是他的严谨的治学态度。我在指导学生的时候，特别要提醒学生，除了读裘先生的文章外，要认认真真地读裘先生的注释。裘先生每一篇文章的注释内涵是非常丰富的，他不仅交代了所有学术思想、见解、资料的来源，我特别感动的是，他在很多的注释中，甚至是某一个人跟他讨论过这个问题、提了哪一点建议，他都一丝不苟地注在上面。还有就是他在其他论文集中写的按语，不同时期论文集的按语就反映出他不断地修正自己的观点，不断地吸收新的研究成果、研究资料，不断地体现他的研究的新高度。我常跟学生讲，读裘先生的文章，把裘先生的注释读懂，对他的按语认真去体悟，将会使你们终身受益，因为我本人也从中深获教益。不仅在平时问学中、请教中获得教益，就读这些注释我也体会特别深切。在当前学风浮躁、急功近利盛行的风气下，让年轻人认真地读裘先生的文章、注释和按语，对培养良好的学风是至关重要的。所以我说裘先生的这些研究，无论从治学精神、治学态度、治学方法和所取得的成就，都可以成为学界的典范。

求真求是、为典为范，这是我最大的感受，也是这么多年向裘先生请益后的直接心得。正因为有这样的一些认识，所以我认为裘先生的学术是可以传世的。他的学术影响，不仅在当代，不仅在古文字学界，其影响必然是久远的。大家谈中国现代学术史，经常感慨王国维等之后好像学术大师稀缺。我觉得裘先生以他自己的研究、他的成果代表了中国当代许多老一辈学者的风范，表明中国当代在继承现代学术方面不仅没有完全中断，确实还有新的发明。当然这样的学者毕竟还是太少。从这个意义上来说，裘先生学术文集的出版尤其具有重要的示范意义。

裘先生的研究在世界上也享有广泛的声誉，我觉得他为中国学者，特别是为中国人文学者赢得了声誉，也赢得了尊敬。在国际交流、海外学术交流过程中，我们确实遇到有一些先生对中国当前的学风、学术状况有很多的批评，当然也是非常善意的。因为有以裘先生为代表的一些学者的成就，他们树立了中国学人的尊严，因此裘先生的学术不仅是中国的，也具有世界性。

从以上这些感受来说，我觉得参加今天这样一个隆重而严肃的新闻发布会感到特别荣幸，这是一次学习和受教的机会。因为没有充分的准备，所以感到很惶然，讲的不对，请大家批评。最后祝裘先生身体健康，祝复旦大学出土文献与古文字研究中心在裘先生的引领下取得更大的成就！

【编按】2012 年 10 月 22 日，复旦大学出土文献与古文字研究中心举办《裘锡圭学术文集》新书发布会。本篇是在发布会上的致辞，由任攀根据录音整理。

何琳仪先生在安大

何琳仪先生是我校中文系教授，当代著名古文字学家，生于1943年8月，病逝于2007年3月，享年64岁。他曾兼任中国古文字研究会常务理事及副秘书长、中国钱币学会学术委员会委员等职。

1967年，何琳仪先生毕业于东北师范大学中文系，当时我国正处于"文化大革命"那个特殊的年代，他毕业后任教于吉林省的一所中学。1978年，大学恢复研究生招生制度，他考入吉林大学历史系考古学专业，师从古文字学泰斗于省吾教授。1981年毕业，获硕士学位，留吉林大学古籍整理研究所任教，先后任讲师、副教授，担任硕士研究生导师，主要研究和讲授战国文字。1998年4月，何琳仪先生调入安徽大学中文系，1999年晋升为教授，2000年增列为汉语言文字学专业博士研究生导师。

何琳仪先生从调入安徽大学到不幸病逝，前后共十个年头。这是他学术和人生最辉煌的十年，在教学、科研和学科建设各方面都取得了突出的成就。

何琳仪先生学术功底深厚，师出名门，是当代古文字研究，尤其是战国文字研究领域最著名的学者之一。他撰著的《战国文字通论》（中华书局，1989年）、《战国古文字典——战国文字声系》（中华书局，1998年），得到学术界的高度评价。他在甲骨学、金文学、钱币学等不同领域都取得了丰硕的成果。在安徽大学工作的十年，是他科研的勃发时期，先后发表各类古文字研究论文74篇，独著、合著6种。同时，他还主持国家社会科学基金项目两项，参与国家社科基金重点项目一项。他的研究立足学术前沿，涉及甲骨文、金文、战国文字等各个领域，对许多古文字疑难问题提出了自己的看法，在学术界产生了重要的影响。1998年以来，他独立完成和合著的科研成果，先后获得国家教育部人文社会科学一等奖、二等奖各一次，安徽省社会科学优秀成果一等奖三次。

在学科建设领域，何琳仪先生也发挥了关键性作用。中文系汉语言文字学是国家重点学科，有着较强的科研实力和较高的人才培养水平，何琳仪先生到安大以后，成为这个学科的主要带头人之一。他在古文字学领域的成就和影响很好地支撑了"文字学与古文字学"这个学科方向，扩大了重点学科的影响。他积极承担学科建设任务，提携后进，堪称表率。由于各种历史原因，安徽大学博士学位学科授权点数量偏少，然而新增博士授权点是一项十分艰难的工作。2003年，在与历史系讨论学科建设时，基于对我校历史文献学情况的判断，我提出将古文字和出土文献研究、徽州文献整理研究与历史系有关力量整合，申报历史文献学博士点的想法。这个设想得到何琳仪先生、刘信芳先生和历史系的认同和支持，并商定由何琳仪先生出任首要学科带头人来领衔申报。这个点的申报工作进行得非常顺利，大家在何琳仪先生带领下齐心协力，一举获得成功。这在当时是一件了不起的成就。我想，历史文献学学科点获得国内同行的支持，与何琳仪先生的学术影响是有直接关系的。新建历史文献学博士点以后，何琳仪先生不仅兼任汉语言文字学和历史文献学的博士生导师，而且作为历史文献学的学科带头人，为学科建设付出了艰辛的努力。汉语言文字学与历史文献学两个学科互相支撑，以何琳仪、刘信芳、徐在国等为学科带头人和学术骨干，加上几位年轻的博士，使安大古文字与出土文献研究队伍迅速成长，连续承担多项国家社科基金项目，在前沿问题研究方面发表了不少有影响的论文和著作。这些成绩的取得，在很大程度上要归功于何琳仪先生的贡献。

何琳仪先生热爱教师这个职业，这与他本科出身师范大学大概有密切关系。到安大以后，他培养了多名博士和硕士研究生，开设了"金文研究""战国文字研究""《诗经》研究""《说文解字》研究""上古音研究"等多门课程，他还为本科生授课。面对学生，他总是娓娓道来，旁征博引，乐此不疲，他的课受到学生的热烈欢迎。2004年例行体检时，发现他肝脏发生严重病变，校医院院长第一时间告知我何老师的病情。了解病情可能会造成的严重后果，我十分担忧，与他夫人一起商量应对办法：一是积极治疗，二是注意调养，三是减少工作量，尤其是尽量不要讲课。这些意见也告诉了何琳仪先生本人。然而，他对自己的病似乎显得漫不经心，照样撰写论文参加学术会议，一如既往地讲他的课，课堂上依旧是谈笑风生。每次见面，我都提醒他注意身体，少上点儿课，他却总是说："放心，我感觉很好！"他就是这样，一直在讲台上站到生命的最后时刻。2007年3月30日下午，历史文献学专业的"《诗经》研究"课是他未能讲完的最后一课；3月31日凌晨3时许，经抢救无效，何琳仪先生永远离开了我们，离开了他钟情的三尺讲台。何琳仪先生倒在讲台上的事迹被媒体报道后，产生了很大的社会反响，当年被群众投票推选为"安徽年度十大新闻人物"之一。

何琳仪先生在安大工作的这十年，教学、科研和学科建设各方面都取得显著成就。在短短的十年内，他完成那么多工作，撰写那么多论著，实在是常人难以想象的！他表现出的崇高的学者风范，严谨的治学态度和勤勉的治学精神，是留给我们的宝贵精神财富，今天我们纪念他，最重要就是要发扬这种精神。他所取得的多项学术成果，将会恩泽一代代后来学人。何琳仪先生虽然离开了我们，但他依然活着，活在学生们的心中，活在他那些充满智慧和才华的著作中！

【编按】2013年8月2日，安徽大学举办"纪念何琳仪先生诞辰70周年暨古文字国际学术研讨会"。本篇是研讨会开幕式上的讲话，原收入安徽大学汉字发展与应用研究中心编《汉语言文字研究》第一辑，上海古籍出版社，2015年，第1—6页。

致古文字与出土文献青年学者西湖论坛

在中国美术学院汉字文化研究所成立周年之际,"古文字与出土文献青年学者西湖论坛"今天开坛会讲,蒙曹锦炎教授邀请,谨代表"古文字与中华文明传承发展工程"专家委员会并以个人名义,向论坛的举行致以热烈祝贺!

中国美术学院是一所美术人才培养和学术研究的著名学府,结合学校"双一流"建设成立的汉字文化研究所,推进汉字文化研究与美术学科的交叉创新发展,对古文字与汉字文化研究是一个重要拓展,其未来发展值得期待。汉字文化研究所,立足于国家重大文化工程的实施,举办古文字与出土文献青年学者论坛,更是切实推进古文字与中华文明传承发展的一项有力举措。

新形势下,加强古文字与出土文献的人才培养、学术研究和学科建设,是适应传承弘扬中华优秀传统文化、提升文化自信、建设文化强国的战略需求。为此,继有关部门设立古文字"冷门绝学"国家社科基金专项、甲骨文等古文字研究与应用专项之后,国家又适时启动实施"古文字与中华文明传承发展工程"这一重大文化工程。这些举措,为古文字与出土文献的研究创造了前所未有的最好发展机遇。

习近平总书记在致甲骨文发现和研究120周年座谈会的贺信中指出:"甲骨文是迄今为止中国发现的年代最早的成熟文字系统,是汉字的源头和中华优秀传统文化的根脉,值得倍加珍视、更好传承发展。"总书记要求:"新形势下,要确保甲骨文等古文字研究有人做、有传承。

希望广大研究人员坚定文化自信,发扬老一辈学人的家国情怀和优良学风,深入研究甲骨文的历史思想和文化价值,促进文明交流互鉴,为推动中华文明发展和人类社会进步作出新的更大的贡献。"[1] 我们要认真学习和深刻领会贺信精神,把握历史机遇,担负起时代使命,为推进古文字与出土文献研究作出无愧于时代的贡献!

"确保甲骨文等古文字研究有人做、有传承",需要一代代学者持续不断地努力奋进。青年学者代表国家学术发展的未来,也是古文字与出土文献研究"有人做、有传承"的根本力量。"西湖论坛"邀约古文字与出土文献研究代表性青年学者开展交流研讨,对推进古文字与中华文明传承发展是颇具远见卓识的行动。希望这个论坛能一届届办下去,将"西湖论坛"办成从事古文字与出土文献研究的青年学者的盛会和高端学术交流平台!

最后,预祝论坛取得圆满成功!祝各位青年学者学术精进、不断取得新成就!

【编按】2021年5月29—30日,中国美术学院举办"古文字与出土文献青年学者西湖论坛"。本篇是为论坛所作的书面致辞,刊于曹锦炎主编《古文字与出土文献青年学者西湖论坛(2021)论文集》,上海古籍出版社,2022年。

---

[1] 出自《习近平致信祝贺甲骨文发现和研究120周年:坚定文化自信 促进文明交流互鉴》,新华网,2019年11月2日,http://www.xinhuanet.com/politics/leaders/2019-11/02/c_1125184389.htm。

强基计划助力古文字学专业人才培养

　　古文字学是事关文化传承的"绝学"和冷门学科。"强基计划"将古文字学专业列入招生和培养范围，是在改革创新古文字学高层次人才培养方面迈出的坚实的一步，是对选拔培养知识结构合理、创新能力突出、有志于奉献古文字学研究的后备优秀人才的一次有益探索。

　　古文字学是一门新兴的交叉学科，涉及语言文字学、考古学、古文献学、历史学等多个学科。比如，古文字资料的发掘、整理和保护工作需要依靠现代考古学；古文字的辨识和解读需要立足于对先秦语言文字发展历史和规律的整体认识，也就是需要古汉语知识和文字学基础；古文字资料的整理和研究涉及古代文献学的理论和方法；古文字资料与传世文献的结合，为历史研究开辟了新的领域和前景。

　　古文字学作为交叉学科的鲜明特点，自然也决定了古文字学人才培养的特点。古文字学家唐兰曾说："古文字学的功夫不在古文字。"当代著名古文字学家裘锡圭谈到学习古文字的方法时特别强调："如果想学好古文字，必须掌握古文字学之外的很多知识。"这些意见既是他们自身的经验之谈，也说明了古文字学所具有的学科特点。由于古文字学涉及多学科领域，一名合格的古文字学人才需要具备多学科的知识和能力，与一般学科相比，古文字学人才成长周期更长，培养难度也更大。正因如此，目前甲骨文等古文字研究虽然成就突出、涌现出多位学术大师和一批学术骨干，但是总体上看研究力量不足、后备人才匮乏依然是一个突出的问题，古文字研究和队伍现状还不能很好适应新时代中华优秀传统文化传承发展的战略需要。

当前古文字学人才的培养，主要从研究生教育阶段开始，部分高校和研究机构根据自身条件，分别在中国语言文学、考古学、历史学等一级学科下属的有关二级学科招生培养。各培养单位的培养目标、课程体系百花齐放，差异明显，其优点是体现了各自的学科优势和特点，缺点则是学生的知识结构、素质和能力都存在一定的局限性。这种状况难以适应古文字学发展对高层次人才培养的需求。

针对当前古文字学人才培养工作存在的困难和问题，需要突破常规，改革现有招生和人才培养模式，探索建立符合古文字学科特点的人才培养体系。这次将古文字学列入"强基计划"，选择若干所具备条件的高校，从本科生培养抓起，建立本科、硕士、博士衔接的培养模式，是对古文字学高层次人才培养的重大改革创新。在招生上，通过改革招生录取方式，选拔一批真正对古文字学有志向、有兴趣、有能力的青年学生。在培养上，通过科学设计教学计划和培养目标、实行分阶段动态选拔培养等措施，加快培养知识结构合理、创新能力突出、有志于奉献古文字学研究的后备优秀人才。

相信"强基计划"的实施将为加强我国古文字研究力量、积聚后备人才、传承发展中华优秀传统文化发挥独特和重要作用。

【编按】2020年1月，教育部发布《关于在部分高校开展基础学科招生改革试点工作的意见》，通过实施"强基计划"，主要选拔培养有志于服务国家重大战略需求且综合素质优秀或基础学科拔尖的学生。作为人文基础学科的历史、哲学、古文字学等专业被列入"强基计划"招生改革试点。《光明日报》2020年1月16日第8版向社会公布了这一改革试点计划。本篇是应约为强基计划"古文字学"专业设置和改革所作的专家解读，在《光明日报》同时刊出。

强基计划古文字学人才的培养

今天03班班会的主题，是为首届强基计划古文字学专业举行开班仪式。首先，我代表中心的老师们对同学们进入古文字班学习表示热烈的欢迎，也祝贺同学们成为"首届"强基计划古文字学专业的学生，有这样一个开创历史的机会。在人的一生中，能有一个机会参与开创某种历史，那将会是让人终生难忘的。我能和大家一起参加这个开班仪式，感到特别高兴！

这个开班仪式具有特殊的意义。古文字学专业属于强基计划的一部分，强基计划是国家为了实现战略需求，着眼未来培养基础学科杰出拔尖人才的计划，而古文字学作为强基计划列入本科招生，在现代中国教育史上还是第一次。

一、关于"古文字学"

为什么把古文字学列到强基计划？经过了一年的学习，很多老师在课堂上做过介绍，同学们在选择这个专业的时候也一定有很多思考。同学们会思考"为什么"学这个专业，"学什么"以及"怎么学"这样一些基本问题。"为什么学"，强基计划已经给我们做了宏观的高层次的定位，不需要我再多讲。每位同学最终选择这个专业，自然是结合了自身的兴趣、爱好和追求，也不需要我再多讲。

古文字学"学什么"？上了这一年的课，老师们也用各种方式给同学们作过一些介绍。例如"出土文献与古文字"这门课程，就是想告诉同学们古文字学要学什么。但是，听说咱们这门课程的难度可能没有把握得太好，使大家觉得学习古文字学有些难。即便如此，经过这一年的准备，还是有这么多同学选择了古文字学专业，不仅有中文系03班的，还有历史系的，相信以后还会有其他专业的同学陆续加入。我们鼓励同学们按自身兴趣自由作出选择，也期待有那种"死心塌地"地走古文字学这条路的学子，当然，我们并不奢望有很多的人来学古文字，那是不现实的，也是不必要的。

二、"古文字学"的特点

今天，利用这个机会，我想着重新谈谈"怎么学"的问题。这可能是进入这个班的同学最想了解的，或者是最为关注的问题。"怎么学"，首先要取决于我们对这门学科特点的认识。古文字学学科有什么特点呢？这可以从不同的角度来进行总结。就个人的学习体会来说，我认为古文字学有这样几个特点：

第一个特点是"既古且新"。说它"古"，是因它研究的对象是上古的东西；说它"古"，是因这门学问起源很早，汉代就出现了古文字这个名称，就开始了古文字的研究。在此后2 000多年的发展过程中，古文字从来没有在学术领域中缺席，它最具代表性的成果就是形成了以《说文解字》为中心的"许学"（"《说文》学"）。我们说它"新"，因为具有现代学术意义的古文字学，也就100多年的历史。2019年国家举行隆重纪念甲骨文发现120周年的系列活动，甲骨文的发现是古文字学从古老的传统学术向现代转型的一个重要的契机。如果没有甲骨文的发现，可能这门学问就不会有今天这样如此重要的地位。

古文字学的发展历程，正反映了中国现代学术形成和发展的过程，所以这门古老的学问随着新材料的不断出土、发现，也不断地绽放异彩，从而成为一个充满了现代学术精神的交叉学科。一提到古文字学，马上就会让人想到"冷门绝学"，这说的是它的难度，做的人少，怕它传承不下来。其实，古文字学是充满生机的，也是一门新学科，"既古且新"正是古文字学的一个特点。

第二个特点是"既专且博"。说它"专",是因为古文字学研究的是中国的、不是世界的文字,而且是中国上古时期的文字,这是一个专门的研究领域,有专门的研究对象和方法,像甲骨文、金文也都有独特的方法、手段、课题。同时,它确实很"博"。古文字学的发展,是随着现代考古学、历史学、文献学、语言学的发展,多学科参与才构建起来的具有现代意义的学科。这使得古文字学的知识结构、知识体系是丰富而博大的,所以它"既专且博"。

第三个特点是"既难且易"。说它"难",容易理解,"冷门绝学",怎能不难?怎么又说它"易"呢?没有走进这个门,古文字像"天书",是很难的;深入接触古文字,会觉得它很有魅力,也较容易理解。在座的黄天树先生是甲骨学家,他曾在央视开过公开课,听了他的课以后,许多听众就发现甲骨文原来也是容易亲近的。我也参加过央视"开讲啦"节目,讲"汉字里的中国文化",我发现听众既有年轻人,也有老太太。在国家图书馆我曾做过一场关于甲骨文的演讲,当时还有一些小学生坐在地上听。这就是中国人对古文字天然的割不断的情感。

说古文字"易",是因为古文字是我们天天使用的现代汉字的前身,只要我们把汉字古今发展的线索沟通了,走进古文字,并不是高不可攀、深不可及。于省吾先生是大家都熟悉的著名甲骨学家。我向他请教如何克服学习古文字的困难,他说,你在一个屋子外,听到这个屋子里面有人说话,不知道里面发生了什么,所以你觉得很神秘。当你把那个窗户纸戳一个洞,就看清楚里面了。学习古文字找不到门径的时候,就像窗户被纸覆盖着;当你找到正确的方法,把窗户纸捅破了一看,原来如此,是很简单的,这个就是"易"。作为著名的古文字学家、甲骨学家,于省吾先生取得的成就如此巨大,关键在于他找到了研究古文字的科学方法。所以说古文字"既难且易",没有走进古文字会觉得很难,找到正确的路径,登堂入室就变得容易了。

三、"古文字学"的培养标准

当然,"怎么学"要取决于我们的培养目标和教学计划。根据对古文字学学科特点的认识,我们为古文字学专业制定了专门的培养方案,大家都学习过,那就体现了清华古文字学人才的培养目标和教学安排,是同学们"怎么学"的基本依据。清华的古文字学人才怎么培养?我们认为至少要考虑三个要素:扎实的古文字学专业基础、跨学科发展的知识构架,还有国际化的学术视野。这三者要结合起来,古文字学专业计划的制定就体现了这三者的结合。

教学计划列出的古文字学基础课程是必须要学好的,包括甲骨、金文、战国秦汉文字等。除此之外,教学计划要体现多学科交叉的知识体系,就是根据古文字学的学科特点,引导大家学好中国古代史、考古学、语言学特别是古代汉语,还有古文献学等,构筑一个合理的知识构架。

李学勤先生研究古文字,他本是清华哲学系的学生,二十多岁到社科院就开始研究甲骨文。有人采访李先生时问道,您现在有这么高的学术成就,时常发现别人看不到的问题,有什么经验可传授?李先生说"大概我是学哲学出身的吧"。学哲学训练抽象思维,善于形而上地思考,更注意从现象揭示事物的本质。

王国维先生曾写过《宋元戏曲史》,开始他也是对哲学、文学感兴趣,后来受罗振玉的鼓励和影响,写出了名震海内外的《殷卜辞中所见先公先王考》,以深厚的学术功底,推进甲骨文研究走向科学化,成为对这一学科影响深远的奠基者之一。

再比如郭沫若先生,著名的现代诗人。1927年大革命失败后,他到了日本,为了研究中国古代历史和社会发展,需要借助一手材料,于是就开始自学甲骨文、金文等古文字,他是把马克思主义理论方法引进到古文字研究的学者,取得了很大成就。这些著名学者,有研究文学的、史学的、哲学的,从不同学科进入古文字学领域,都取得巨大成就,很典型地体现出古文字学作为交叉学科的特质。

因此，清华的古文字学专业应该也必须坚持多学科交叉发展，倡导同学们在打下扎实的古文字学基础、经过严格的学术训练后，能充分利用出土文献资料，向语言学、文学、史学、哲学、古文献学甚至科技史等不同学科领域多元发展。

还有就是要培养学生的国际化视野，使同学们未来能更好地承担文明交流互鉴的责任。中华文明是世界上唯一历史悠久，生生不息，至今仍具有鲜活生命力的古老文明，我们需要给这个世界贡献中华民族的智慧。习近平总书记要求"新形势下，要确保甲骨文等古文字研究有人做、有传承"，要"促进文明交流互鉴"。[1] 所谓"文明交流互鉴"，就是为人类文明发展提供中华民族的智慧和贡献。同时，我们研究古文字也要重视借鉴西方的学术方法。西方人文学科自近现代以来是走在前面的，他们的理论方法有值得借鉴的地方，尤其是古典学研究的成果。因此，在培养计划里，列有"西方古典学""国际汉学"等课程，以拓宽同学们的国际视野，培养同学们开展国际交流合作的能力。

总之，清华古文字学专业就是要培养古文字学基础扎实、具有多学科发展能力和国际学术视野的一流拔尖创新人才。我们要培养这样的人，当然需要经过长期的努力，这既要有同学和教师们的努力，也要有学校的有力支持。今天彭校长出席我们的活动，也充分说明学校对强基计划古文字学专业的重视、期待和支持。

四、"古文字学"的教学安排

讲"怎么学"，同时也就涉及"怎么教"的问题。为实现古文字学专业的培养目标，使同学们更好地成长成才，出土文献中心作为专业教学平台，我们要做好下面几件事：

首先，我们要加强专业性教育，对同学们进行科学的专业化培养和

---

[1] 出自《习近平致信祝贺甲骨文发现和研究 120 周年：坚定文化自信 促进文明交流互鉴》，新华网，2019 年 11 月 2 日，http：//www.xinhuanet.com/politics/leaders/2019-11/02/c_1125184389.htm。

个性化指导。

其次，我们要坚持开放性教育，开放中心的全部资源，包括图书资料、科研资源、课程资源，设立"李学勤出土文献奖学金"；还要探索建立开放的选拔机制，除了一年级之外，二年级有同学想转到古文字专业，只要考核合格，我们也欢迎。

最后一点，我们要倡导融入性教育，鼓励古文字学专业的学生融入中心的学术氛围和环境之中，耳濡目染，在环境的熏陶下培养对古文字的感知，提升对古文字的兴趣。通过融入性教育，让本科生与硕士、博士研究生一起自习、研讨、交流，彼此学习，互相影响；有些研究生课程，也提供给学有余力的本科同学选修。还要创造条件，让同学们尽早融入中心的科研实践中，参与导师的科研工作，以提升从事古文字研究的能力。鼓励大家通过参与学术交流、学术讲座、读书班等各类活动，更多接触名家名师，开阔学术视野。"专业性""开放性""融入性"的培养方式，对中心老师们在"教"的方面提出了新要求。

中心的教师们有一个共同的美好愿望，那就是尽最大努力帮助同学们实现自己的理想，也为古文字学的传承发展，为中华文明的传承发展，培养清华走出来的未来国际一流的学者。这既是我们美好的愿望，也是同学们的崇高理想，让我们共同努力，使这个愿望和理想成为未来的现实，我对此充满信心和期待！

【编按】 2021年6月12日，清华大学日新书院举行首届强基计划古文字学专业开班仪式。本篇是开班仪式演讲致辞。

探索完善强基计划古文字学人才培养机制

对于古文字学来说，强基计划从本科人才培养开始是一件新鲜事儿，确实我们的思想准备都不是很足，过去都是到研究生阶段才分流搞古文字学。强基计划古文字学人才培养的提出，与国家文化建设和战略发展的目标是相关的。因为过去没有培养过古文字学本科生，所以这项工作也是探索性的。如何才能做好强基计划本科到硕博士人才培养，如何解决古文字学有人做、有传承这样一个大问题，确实是摆在我们这些参与强基计划招生培养高校面前的一个新课题。对这样一个富有战略性和探索性的课题，我们开展交流研讨是非常必要的。强基计划实施以来，各个学校都面临着很多共性的问题，也有各自不同的问题。通过交流、研讨，对进一步推动强基计划教育也是非常及时的，山大文学院能够开这样一个座谈会是很好的。之前我也参加过中国人民大学开的一次交流会，因那时古文字学强基计划刚刚开始，还没有很多可交流的话题，只是发表了一些原则性的意见。山人文学院现在开这个会更有针对性，能够把问题理得比较清楚，使交流研讨更加深入。

下面根据我了解的情况，总体说说对山大文学院古文字学强基计划人才培养的认识。第一点，学校、学院都高度重视古文字学强基计划的实施，认识和定位也是比较明确的。杜（泽逊）院长等文学院领导，对山大强基计划的定位在认识上是非常清晰的，学校和学院成立了专门的组织机构来推动这件事，为古文字学强基计划的实施提供了保证。第二点，山大文学院实施古文字学强基计划的基础是非常好的。山大人文学科本来就有着深厚的传统，过去是名家荟萃，现在聚集了像杜院长等一批非常优秀的学者和中青年学术骨干，他们在国内学术界都有很重要的地位，同时老一代学者也继续在发挥作用。山大人文学科有着丰厚的学术资源，文史哲基础学科群实力雄厚，有《文史哲》杂志这样具有典型性和象征性的学术交流平台。在人文基础学科拔尖人才的培养方面，山大这些年也积累了成功的经验。第三点，山大古文字学专业的培养方案，从课程体系、目标定位看，有自己比较鲜明的特色。与一般学校不同，山大古文字学专业比较紧密地结合了汉语文字学，结合本身的学术传统。我注意到这个培养方案从基础课程设置到专业课程，到转段和分流培养，主要围绕着古文字学、汉语言文字学、古典文献学这三个密切相关的专业方向来做。强调小班制和导师制，每年招生10—15人，规模控制得也比较恰当，"3+1+4"分阶段培养方案，大体上与教育部目前正在推动的转段方案也保持了一致。按照教育部的意见，强基计划的转段从三年级开始就很自然地要过渡到研究生阶段。原来我们以为可以跨学科、跨校交流学生，现在看来强基计划一般不跨校，学生还都是在本校培养。这样一来，有它的优点，就是保证了培养的连续性，体现各校人才培养的特色。它的问题就是各个学校之间缺乏横向交流，对学生的流动有一定制约，也可能不合乎一些学生的想法，同时给培养单位带来了很大的压力。也就是说，我们招多少人送出去多少人，从本科一直到转段分流培养到博士阶段，都在招生学校完成，这个压力是比较大的。杜院长就计算过，最多的时候会有八届学生在读，需要有多少老师、多少资源来支撑，对此保持了非常理性和清醒的认识。这样的培养方案和时段安排，并不完全是高校自身所能确定的，这是强基计划整体设计提出的要求。这就对我们分流培养和师资队伍建设提出了比较高的要求，最难的还是师资队伍问题。当强基计划所有的年级进入比较完整的培养序列以后，最高一届博士快要毕业，最新的学生刚入学，这样八届学生同时在校，哪来那么多教师来做一对一的教学，来分流培养，来制定个性化的培养方案？这确实是一个问题。山大文学院现在比较快速地整合了队伍，一是利用文学院的基础，在基础课程方面，让其他非文学院的老师来承担，如考古、中国史这样一些课程。二是在引进古文字学教师方面下了比较大的功夫，快速引进了一些古文字领域的教师，如董莲池、侯乃峰、侯瑞华等，加上原来的力量，现在古文字学已经形成了基本队伍，又聘请了一批著名学者担任兼职教授。在原有基础上通过引进和兼聘，比较快速地形成了强基计划人才培养基本师资队伍，这些措施都非常得力，我听了以后比较受启发。

关于古文字学培养方案，各个学校会有自己的一些特色。清华比较早地启动相关工作，做法跟山大有相同的地方，也有很大不同。清华基础文科人才培养主要是放在人文学院，文史哲学科都在这个学院。像古文字学这样的具体专业人才培养，教学任务基本上就交给了出土文献中心教师承担。为实施强基计划，学校成立了日新书院，把包含古文字强基计划在内的所有文史哲相关专业学生集中起来培养和管理，人文学院主要负责承担教学和后期的分流培养任务。从这个意义上来说，在分担强基计划培养任务的时候，就不像山大文学院压力这么大，这是清华的一个特点。在强基计划实施的过程中，出土文献中心负责制定关于古文字学方向的培养方案，并承担本科阶段的古文字学课程，而在培养计划里面的一些其他基础性课程都是全院多学科参与承担。转段分流之后，对于真正来学古文字的学生，我们则制定一对一的培养方案，一人一策确定指导老师。清华第一届古文字强基计划的转段工作，最近已经正式选拔学生了，我们希望学生能转尽转。因为我们是采取选拔转段，而不是集中招生、分流淘汰。汉语言文学、历史学、哲学都招收强基计划本科生，每个专业招生三十人左右。到分流转段的时候，古文字学专业面向文史哲选拔，计划每年选拔十个左右进入古文字学的分流培养。除此以外，我们也面向全校开放，欢迎适合学古文字学的同学申请。最近，就有一名学数学的学生申请转到古文字学，如果他加试通过之后，将会被吸收进来。选拔转段学习的学生，在四年级之后，就是进入硕士阶段时再一次选拔，确定进入博士阶段学习的人选。这大体上是清华强基计划的实施方案。当然，我们这么做也冒着一定的风险。因为清华学生的选择太多，真正能选古文字、对古文字死心塌地的学生毕竟很少。我们也做好准备，如果学生确实不愿意学古文字也不勉强，尊重学生的选择，让学生有更多的发展空间。选不到十名就选五名，我们相信总是会有一些真正愿意学古文字而选择这个专业方向的学生，那就是真正的学习方向和追求目标明确的学生，我们培养他们也会更加有针对性和成效性。

以上介绍清华强基计划的一些情况。在座的各个高校都参加了强基计划，大家各有各的做法。清华这些做法到底能不能成功？结果会怎么样？我们还在探索中，也会在过程中不断完善。为了与强基计划人才培养要求相适应，我们已经完成了古文字学一级学科博士、硕士授权点建设的论证工作，在座（线上）的杜老师、吴（振武）老师等都参加了前期论证工作。国务院学位委员会备案审批后，我们将会招收古文字学一级学科的硕士生、博士生。这样的话，强基计划人才培养各阶段就衔接起来了，也拓展了学生的分流出口。

最后，对山大古文字学培养计划提一点建议。山大的培养计划中汉语言文字学、古典文献学的色彩特别浓厚，在整个培养方案中重视古典文献学的基础，重视先秦古书的阅读训练，重视汉语言文字学（语言学）的基础。这些都是非常好的，体现了特色。不过在课程体系里，能不能随着学生的增多，适当增加一些交叉性课程？将来学生在这方面的需求可能会增加，因为古文字学作为交叉学科，与历史学、考古学甚至理工科都有交叉。比如我们最近就与计算机学科沟通，考虑联手推出一个真正与计算机交叉的古文字学学科方向，这个问题我们还在探讨中。我想山大同样会面临这个问题。山大有实力很强的考古学、历史学，在课程体系设置、学生分流培养方面，能不能考虑拓展一些空间或者预留一些空间，给学生的个性化发展创造条件？如果做好了，也可以在一定程度上缓解师资力量不足的压力。在分流培养计划方面，各个分组的课程还可以再丰富一些，以便形成古文字学方向的分流课程体系。按照目前规定的这几门课分流培养，到硕博士阶段之后，还显得稍微少了一些，不一定能满足进入硕、博士分流培养阶段学生的要求。因此，建议在分流阶段课程设计方面再进一步细化、丰富一下。

刚才，侯乃峰倡导能不能建立各校的联合，开设一些互认学分的共享课，这是一个很好的倡议。在适当的时候，我们确实可能需要建立一个全国性的强基计划人才培养联盟，如果有可能，在这个联盟内实行资源共享，学分互认，以解决各个学校所面临的资源不足的问题，整个强基计划培养单位联合起来抱团发展。如果想做到优势互补、资源共享，这是必要的。既然乃峰已经提出了这个建议，在座（线上）的都是各校这方面的负责人，无论是从教材建设、课程设置，还是其他一些方面，大家可以进一步加强沟通，共同酝酿推动。

【编按】2022 年 11 月 26 日，山东大学文学院举办古文字强基班培养座谈会。本篇由山大文学院教师根据座谈会上的发言录音整理。

出土文献与古代文明

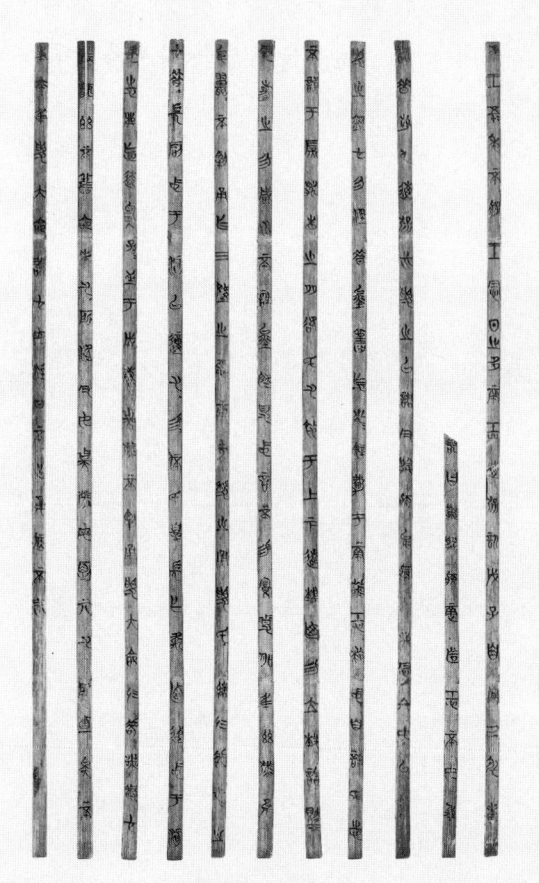

清华简《保训》

古文字与出土文献作为人类古典文明阶段留存下来的珍贵遗产，是今人认识和探索人类文明历史进程所凭借的最为重要的基本材料。世界上现存于世的古文字中，只有中国古文字资料最为丰富和系统，而且也唯有中国的这一古典文字系统当今依然在传承使用。中国文字与古代文献是传承和传播中华古典文明的重要载体，也是中国古代历史文化的信息资源库。

出土文献与汉字研究

汉字是博大精深的中华文化的表征，汉字的形成和发展，与中华文明的形成和发展密切相关。因此，汉字研究既是汉语文字学研究的重要领域，也是中国古代文明史研究的重大课题。

汉字研究在我国有着非常悠久的历史，早在东汉时期，就出现了著名的文字学家许慎，他撰写的《说文解字》是传统文字学研究的经典著作，影响非常深远。从东汉以来，汉字研究积累了大量的成果，历代学者都在这方面有所贡献。但是，直到近代，历代的汉字研究都没能从根本上突破许慎和《说文解字》。除传统语文学对汉字认识的理论水平还比较低以外，历代学者所能见到的汉字史料有限也是主要原因之一。自汉代隶书流行以后，传世的早期汉字除秦汉篆书外，只有少量的"古文"和"籀文"。许慎在《说文·叙》中就曾感叹：自秦"烧灭经书，涤除旧典……初有隶书，以趣约易，而古文由此绝矣！"历代学者沿袭许慎的研究道路和所使用的基本材料来研究汉字，自然不能取得汉字研究的实质性突破。

近代以来，随着现代考古学在中国的发展，从原始刻画符号、殷商甲骨文到近代汉字，一系列出土文献资料重见天日，各个时代汉字的历史面貌清晰地呈现在研究者面前，使现代学者对汉字的起源、构造及其形体演变进行新的理论探索具备了可能，从而突破了以《说文解字》为代表的传统文字学的理论构架，取得了许多新的理论研究成果，使得文字学在20世纪成为中国传统学术向现代学术成功转型的典范。

尽管如此，充分利用出土文献资料进一步全面系统地开展汉字研究，依然是当前和今后汉语言文字研究和中国古代历史文明研究的重大任务。在汉字研究方面，利用出土文献资料可以在以下几个方面进一步开展深入系统的工作。

一是关于汉字起源的探索。作为中华文明史研究最基本的问题之一，汉字起源这个重要问题至今尚未能形成比较一致的看法。出土殷商甲骨文表明，至少公元前14世纪汉字已经发展到成熟阶段。一般说来，从文字萌芽的出现到成为成熟的成体系的文字，需要经历一个漫长的过程。那么，汉字到底起源于何时？是以何种方式起源的？虽然历史上有不少传说和猜想，但是对这个问题的研究长期以来却毫无进展。由于新石器时代刻画符号的发现，汉字起源的研究也出现曙光，20世纪后三十年发表了不少关于这一问题的重要研究成果。不过，对新石器时代刻画符号的性质及其与汉字起源的关系，现在还远未能形成统一的认识，即便是像良渚文化遗址陶器符号和丁公村龙山文化陶文等出现多个成行排列的符号，对其性质是否为文字，学者们在认识上依然还存在很大的分歧。自20世纪90年代以来，在田野考古工作中又发现了许多新的资料，这为文字起源探索提供了重要线索。只有在已有研究的基础上，对考古发现的新石器时代和其他早期零散的文字资料开展更加全面系统的考察分析，并结合不同时期的社会条件和情况，以广阔的视野将不同国家、地区发现的各类原始符号与我国发现的古文字材料进行比较研究，才有可能更加深入地探讨我国新石器时代各种刻画符号的性质及其与文字起源的关系，促进汉字起源问题的研究取得新的突破。

二是关于汉字构形的研究。出土文献材料对汉字研究最明显的影响之一，就是对汉字结构的分析和汉字构造理论的研究。许慎分析汉字的构造，主要是依据小篆和少量的"古文"和"籀文"。这些形体都是汉字长期发展后的结果，依据较迟的形体来分析汉字早期的构造方法和原理，错误自然在所难免。自19世纪末叶之后，殷商甲骨文的发现和深入研究，为纠正许慎分析汉字结构的错误，正确认识一些汉字的构造并科学总结汉字构形原理提供了可能。殷商甲骨文、西周金文乃至春秋战国文字，保存了各个时期原始的文字面貌，为形体结构分析提供了直接的可靠的依据。根据这些材料，可以更加清楚地认识一些因形体演变而无法分析的汉字结构，纠正许慎的某些分析错误。汉字结构分析水平的提高，又进一步促进了汉字理论研究的进步。从20世纪30年代以来，汉字结构理论的研究立足于出土文献和古文字材料，取得了许多新的进展，如古文字学家唐兰、裘锡圭先生等对传统"六书"的分析和关于汉字结构类型新说的提出。目前，出土文献资料越来越多，不同时代和类型的材料中出现了许多过去未曾知晓的汉字构形新要素。但是，对各个时期汉字构形资料的全面整理和综合研究做得还很不够，对一些新见的构形现象还缺乏具有理论深度的分析，这使得汉字构形理论的研究还没能因新材料的大量发现而随之实现重大突破。与其他方面的研究相比，汉字构形理论的研究依然是一个有待加强的薄弱环节。

三是关于汉字发展演变的研究。出土文献作为"同时资料"比较客观准确地反映了历代汉字形体、结构和使用的实际，这为开展汉字发展演变的研究提供了可靠的依据。汉字在先秦时期的历史形态，前人并不是十分清楚，到东汉时尚流行着"秦之隶书为仓颉时书""古文"乃"诡更正文，乡（向）壁虚造不可知之书"等观点。出土文献则全面再现了先秦汉字的历史原貌及其演变轨迹，弥补了文献记载不详的缺憾，长期流传的一些似是而非的观点因这些资料的发现而得到纠正，从而根本上改变了汉字发展演变研究的历史，比如：对殷商到春秋汉字形体的发展、六国文字异形的实际情况、小篆的形成、隶书的发生和发展等重要问题的研究，依据出土文献提供的大量"同时资料"都获得了重要突破，当代学者对汉字发展演变历史的认知程度远远超越了历代学者。近年来，汉字发展演变研究进一步突破长期以来偏重于描述形体发展的局限，开始从不同层面致力于揭示汉字内在的发展变化。比如，依据出土的文字资料，给单个汉字和汉字系统建立历史发展档案、描述其发展演化轨迹并揭示其发展规律；揭示汉字构形方式系统随着汉字体系的发展而发展，在不同历史层面各个构形方式的构形功能所发生的重要调整，等等。当前，依据出土文献进一步开展汉字发展演变的全面综合研究还需要加强。这既要研究汉字体系的整体发展演进，进而从宏观上揭示汉字发展演变的一般规律，又要研究汉字个体在形体、结构、使用等不同方面发生的历史变化，以便从不同层面对汉字的微观变化作出全面的描述；既要将数千年来汉字从产生、发展到变革作出全景式的研究，又要对不同历史时期汉字不同发展阶段进行深入细致的断代描写研究。我们认为，只有通过这样的全面综合研究，才会对汉字的发展演变获得更为全面科学的认识，才能真正把握汉字发展演变的历史规律。

此外，依据出土文献所提供的原始的和不同历史时期的汉字样本，还可以拓展汉字学相关研究领域，如汉字的文化阐释和比较文字学等方面的研究，这些研究必将进一步开拓汉字学的理论视野，丰富汉字学的理论内涵。

总之，要推进历史悠久的汉字学研究取得新的更大的突破，关键还是要依据出土文献资料。只有依据历代出土的文字资料，对不同时代呈现的文字现象进行理论的探讨，才能真正揭示汉字形体结构的规律和特点，最终构建能反映汉字实际的文字学理论体系；只有依据不同时代的出土文字资料，对汉字的发展和演变进行深入的断代研究，才能更加准确地认识汉字起源、发展的历史，揭示汉字体系发展演变的基本规律。

【编按】2012年5月，国家启动"高等学校创新能力提升计划"（简称"2011计划"）。由清华大学李学勤先生、复旦大学裘锡圭先生牵头联合国内11家高校和研究单位，在清华大学组建"出土文献与中国古代文明研究协同创新中心"。为介绍出土文献与中国古代文明研究成果，协同创新中心在《光明日报》刊发了系列文章，本篇是其中一篇，刊于该报2013年9月11日第14版。

出土文献语言研究的回顾与展望

参加今天沙龙的主要是语言学者，而出土文献是一个跨越了语言学的交叉学科领域。

近年来，以出土文献资料为研究对象的汉语史、语言学论著不断增多，我注意到商务印书馆就出了好几种。汉语史，特别是上古汉语研究语料一直比较缺乏，而语言研究要想取得突破和进展，涉及上古时代，语料是很重要的。近些年来，大量出土文献资料的问世，极大地拓宽了古汉语、汉语史研究的语料范围，是语言研究的重要资源。利用中青年语言学者沙龙的机会，介绍一下出土文献语言研究的情况，希望有助于大家对出土文献有所了解，以便更多关注、利用这些新材料。当然，目前利用出土文献进行语言研究，也存在着一些值得注意的问题，也有必要做一些沟通。

一、关于出土文献

什么叫出土文献？出土文献是现在比较流行的一个概念，与它相对应的是传世文献。给一个简单的定义，出土文献一般指考古新发现的各种文物上的文字资料，如甲骨文、金文、货币文字、碑石文字、玺印文字，尤其是近些年大量发现的简牍文字，还有帛书等。出土文献这个名称是逐步确立的，早期不叫出土文献，王国维称作地下材料，把传世文献则称作纸上材料。王国维提出了一个著名的研究方法叫二重证据法，就是以"地下材料"与"纸上材料"相互印证，来探讨古代历史的相关问题（《古史新证》，第2—4页，清华大学出版社，1994年）。二重证据法提出后，陈寅恪予以高度的评价，认为"足以转移一时之风气，而示来者以轨则"（《王静安先生遗书·序》）。近百年来出土文献研究的快速发展，越来越证明这种路径是非常值得发扬的，所以二重证据法是一个对中国现代学术发展产生深远影响的方法。

关于中国历史语言的研究，日本学者太田辰夫曾提出了"同时资料"和"后时资料"的问题。他所讲的"同时资料"，主要是甲骨文、金石、木简、手稿等，20世纪50年代，他提出这个概念时，很多新材料还没有出现。他认为"后时资料"是经过转写转刊的资料。他有这样一个论断，说中国语言研究的材料差不多都是"后时材料"，所以中国语言研究的资料问题是一个重要的障碍（《中国语历史文法·跋》，第380页，北京大学出版社，1987年）。太田辰夫的看法很有影响，有学者就认为出土文献相当于"同时资料"。这个看法可能不一定符合"同时资料"的内涵。此外，还有以古文字资料、地下出土文献材料、简帛资料等来表述"出土文献"的。

"出土文献"这个名称的使用大约是从20世纪70年代开始的。1970年代我国陆续发现大批古文献，出土了临沂银雀山汉简（1972年）、长沙马王堆帛书（1973年）、定县（现为定州）八角廊汉简（1973年）、云梦睡虎地秦简（1975年）、阜阳双古堆汉简（1977年）等多种秦汉简牍帛书资料。当时，集中了全国的力量来整理研究这些材料。尽管是在"文革"这个特殊的历史背景下，但这些材料出现以后，依然推动了历史学、考古学、文献学和古文字学等相关学科领域的发展。

改革开放以后，学术发展进入新的历史时期。1978年1月国务院批准文化部文物局成立古文献研究室，这是首家国家批准的出土文献研究的专门研究机构，这个机构的问世对出土文献这个名称的形成起到了关键性作用。这个机构现在已经不存在了，因为1990年它与中国文物保护科学技术研究所合并成为中国文物研究所，现在又发展成为中国文化遗产研究院。古文献研究室1982年创办了《出土文献研究》辑刊，"出土文献"首次作为刊物名称使用。由于这个刊物涉及的材料很复杂，1980年代出版技术条件很差，出版困难。到1985年才出版创刊号。创刊号所收的文章包括甲骨文、金文、吐鲁番文书、敦煌写卷、历代石刻文字、古文字考释等，这大抵反映刊物主办者对出土文献的看法。裘锡圭则认为：出土文献指出自古墓葬、古遗址等处的古文献资料。从地下发掘出来的古文献，如汉简《仪礼》；后人发现的古人遗留在地上的古文献，如孔壁经书、敦煌莫高窟写卷等，都是出土文献（《出土文献与古典学重建》）。

1990年代后期，随着战国秦汉简牍的不断发现，简牍文献研究成为学术界的热点，出土文献这个名称也逐渐流行开来。如：复旦大学成立了出土文献与古文字研究中心，编辑出版《出土文献与古文字研究》辑刊；清华大学成立了出土文献研究与保护中心，编辑出版《出土文献》辑刊；西南大学汉语言文献研究所成立出土文献综合研究中心，编辑出版《出土文献综合研究集刊》《简帛语言文字研究》。

从简单的回顾可以看出，出土文献是随着地下新材料的不断发现和研究的进展而逐步形成的一个新概念。出土文献是一个典型的跨学科研究领域，它的研究主力是古文字学者、历史学者，真正的语言学者进入出土文献领域的是比较少的。古文字学者、历史学者，研究出土文献不得不解决语言文字存在的问题，因此也会涉及语言研究的有关问题。

近些年是出土文献一个空前的新发现的时期。这些新发现主要有战国楚简，如：包山楚简（448枚，12 600余字）、郭店楚简（804枚，13 000余字）、九店楚简（234枚，约2 700字）、上博楚简（1 200枚左右，35 000余字）、葛陵楚简（1 500余枚，约8 000字）、清华楚简（2 580余枚，字数待统计）、安大简（近1 000枚，字数待统计）。这些战国楚简主要是先秦古籍，多为没有传世的古佚书。其次是秦简，如：甘肃天水放马滩秦简（460枚）、湖北龙岗秦简（293枚）、江陵王家台秦简（800余枚）、关沮周家台秦简（382枚）、湖南里耶秦简（37 000余枚，约20余万字）、岳麓书院藏秦简（2 098枚）、北大秦简（762枚）等。两汉、三国简牍也有重要发现，如：敦煌汉简、居延新简、连云港尹湾汉简、张家山汉墓竹简、敦煌悬泉汉简、随州孔家坡汉简、长沙五一广场汉简、走马楼三国吴简等。新近发现的出土文献材料之多，真可谓呈"井喷"之势。这些出土文献中，不仅有许多先秦佚籍，更重要的是大量应用性文献，如战国秦汉简很多是簿籍类、法律文书类、占卜类资料和官府档案，这些材料真正的都是"同时资料"。

除了上面这些以外，甲骨文这几十年来又有不少新发现，像小屯南地甲骨、花园庄东地甲骨、村中村南甲骨、周原西周甲骨等。青铜器也不断有新发现，吴镇烽《商周青铜器铭文暨图像集成》（2012年）收录铭文16703号，《续编》（2016年）增收1509号。这些青铜器材料都是商周时代的"同时资料"。还有盟书、玺印、货币、陶文等，也是出土文献资料的重要组成部分。出土文献资料的一系列新发现，对历史学、古文献学、古文字学、语言学等领域产生了广泛而深远的影响。

二、出土文献语言研究

早期的出土文献语言研究可追溯到王国维，他的《两周金石文韵读》（1917年）就对金文韵文资料进行了整理。胡小石的《甲骨文例》（1928年）是较早开展甲骨文虚词研究的著作。张宗骞《卜辞弜、弗通用考》（1940年）、杨树达《甲骨文中之先置宾辞》（1945年）是以甲骨文语料研究殷商虚词、句法等语言问题的。于省吾《双剑誃群经新证》（1934—1941年）、《双剑誃诸子新证》（1962年）以及后来结集出版的《泽螺居诗经新证》《泽螺居楚辞新证》（1982年），是利用出土文献资料考索先秦古籍词语的，被誉为训诂学研究的"新证派"。

20世纪50年代初期，管燮初的《殷虚甲骨刻辞的语法研究》（1953年）发表，这是第一部研究甲骨文语法的专著。其后，管燮初又撰写了《甲骨文金文中"唯"字用法的分析》（1962年）、《殷墟甲骨刻辞中的双宾语问题》（1986年）、《甲骨文首字的用法分析》（1992年）等文章，持续开展甲骨文语法研究。他的《西周金文语法研究》（1981年）则是第一本西周金文语法研究的著作。管燮初是20世纪50年代以来专注出土文献语言研究最多且有较大影响的语言学者。陈梦家《殷虚卜辞综述》

"文字"和"文法"两章（1956年）、周法高《中国古代语法》（1959年/1961年/1962年）也都从语言研究的角度运用了甲骨文、金文语料。

20世纪80年代以来，学者对出土文献的语言研究越发重视。裘锡圭专门著文倡导利用古文字资料研究古汉语，认为地下发现的古文字材料比传世古书有明显优越性：古文字资料年代绝大部分比较明确，屡经传抄刊刻的错误少，可以补古书的不足，能提供一些古书里比较少见的语言资料。因此，裘先生提出古文字资料"对于古汉语研究，绝不是可有可无的，而是必不可少的"（《谈谈古文字资料对古汉语研究的重要性》，《中国语文》1979年第6期）。朱德熙是著名的语言学家和古文字学家，他的古文字研究体现了语言学家的思想、观点和方法。裘锡圭对出土文献语言问题的认识受到朱先生影响。裘锡圭的《文字学概要》（1988年），是真正利用古文字资料研究汉字问题的著作，这部文字学著作对语言与文字问题有深入的研究。

赵诚也是这一时期开展出土文献语言研究的重要学者，他先后发表了《商代音系探索》（1984年）、《甲骨文词义系统探索》（1986年）、《甲骨文虚词探索》（1986年）、《甲骨文动词探索》（1989年）（这些文章多收入《古代文字音韵论文集》，1991年），他还撰著《甲骨文简明词典——卜辞分类读本》（1988年）和《甲骨文字学纲要》（1993年），这些论著涉及商代语音、词汇、语法和文字各个层面。

20世纪90年代，出现了几位致力于出土文献语言研究的青年学者，如师从裘锡圭攻读博士学位的张玉金，在出土文献语言研究方面出版著作多种，如：《甲骨文虚词词典》（1994年）、《甲骨文语法学》（2001年）、《甲骨卜辞语法研究》（2002年）、《西周汉语语法研究》（2004年）、《西周汉语代词研究》（2006年）、《出土文献语言研究》（2006年）、《出土战国文献虚词研究》（2011年）等。喻遂生也从语言学角度研究出土文献资料，发表了《两周金文韵文和先秦"楚音"》（1993年）、《甲金语法札记三则》（1995年）、《甲骨文"我"有单数说》（1996年）、《甲骨语言的性质及其在汉语史研究中的价值》（1999年）、

《甲骨文动词和介词的为动用法》（2000 年）、《甲骨文语序问题札记二则》（2000 年）、《甲骨文单个祭祀动词句的转换和衍生》（2002 年）、《甲骨文"在"字介词用法例证》（2002 年）、《甲骨文的词头"有"》（2002 年）等甲骨、金文语言研究论文 20 多篇（多收入《甲金语言文字研究论集》，2002 年）。他培养的不少研究生也以出土文献语言研究作为学位论文选题。张显成则对秦汉简帛词语考释（量词、合成词、医药专门词汇）等开展了专题研究，有《简帛药名研究》（1997 年）、《先秦两汉医学用语研究》（2000 年）、《简帛量词研究》（2017 年）等论著出版。沈培在出土文献语言研究方面开展了很深入的工作，出版了《殷墟甲骨卜辞语序研究》（1992 年），这也是他师从裘锡圭先生时完成的博士学位论文。这一时期黄建中还在华中师范大学成立了甲骨语言研究中心，召开了"甲骨语言研究方法讨论会"（1990 年），出版了《甲骨语言研讨会论文集》。

　　进入 21 世纪，由于出土文献新材料的大量发现，出土文献语言研究引起更多学者的重视，语言学界、古文字学界出版了一批研究出土文献语言的新作。如：陈年福的《甲骨文动词词汇研究》（2001 年）和《甲骨文词义论稿》（2007 年）、杨逢彬的《殷墟甲骨刻辞词类研究》（2003 年）、齐航福的《殷墟甲骨文中句式使用的组类差异考察——以"岁"字句为例》（2014 年）和《殷墟甲骨文宾语语序研究》（2015 年）、王晓鹏的《甲骨刻辞义位归纳研究》（2018 年）、杨怀源的《西周金文词汇研究》（2007 年）和《金文复音词研究》（2015 年）、武振玉的《两周金文虚词研究》（2010 年）和《两周金文动词词汇研究》（2017 年）、周守晋的《出土战国文献语法研究》（2005 年）、王颖的《包山楚简词汇研究》（2008 年）、李明晓的《战国楚简语法研究》（2010 年）、刘凌的《战国楚简连词语体差异研究》（2017 年）、赵彤的《战国楚方言音系》（2006 年）、李明晓的《战国秦汉简牍虚词研究》（2011 年）、吉仕梅的《秦汉简帛语言研究》（2004 年）、姚振武等《简帛文献语言研究》（2009 年）、杨建忠的《秦汉楚方言声韵研究》（2011 年）、伊强的

《秦简虚词及句式考察》（2017 年）、张艳的《帛书〈老子〉词汇研究》（2015 年）、周建姣的《东汉砖文语法研究》（2014 年），以及大西克也的《并列连词"及""与"在出土文献中的分布及上古汉语方言语法》（1998 年）等和孟蓬生关于出土文献与上古音的研究，等等。这些论著涉及甲骨文、金文、战国秦汉简牍等各类出土文献资料，探讨了语法、词汇、语音、文字等各个层面的问题，虽然这里的列举是不全面的，但足以显示出土文献语言研究在 21 世纪初期呈现的良好发展态势。2016 年、2017 年在华南师范大学和西南大学还召开了首届和第二届"古文字与出土文献语言研究国际学术研讨会"，这也是出土文献语言研究日益自觉、快速发展的一个标志。

三、出土文献语言研究的展望

出土文献语言研究虽然发展态势良好，但也存在着一些值得注意的问题。这些问题我们认为主要有以下几点：

一是古文字成为利用出土文献语料开展语言问题研究的主要障碍。出土文献主要是用古文字书写的手抄文献，文本文字障碍使得语言学者对出土文献材料不能便捷、准确地使用，不少论著在使用出土文献材料时也存在这样那样的问题。这些问题既有古文字辨识方面的，也有对古文字学最新研究成果吸收不够导致的。

二是出土文献性质复杂，对其时代、地域、语料价值的判定较为困难，容易落入新材料的陷阱。比如有的学者研究清华简语言问题，将清华简一律作为战国语料看待，这显然是有问题的，那里面有些是西周材料，是典型的出土文献中的"后时资料"；也有学者认为利用楚地出土的文献就可以研究楚国的方言，其实问题并非如此简单，因为楚地的东西有很多是中原传抄过去的。

三是出土文献多为残章断简，语料分布有其局限性，完全依据出土文献研究语言问题，尤其是语音、语法等问题，有时会出现偏差。

四是出土文献语言研究具有学科交叉性特点，需要研究者同时具备古文字学、古文献学和语言学等学科知识，一般学者很难兼具多学科知识，因而，形成高水平出土文献语言研究成果较为困难。

五是出土文献语料库建设滞后，新的语言学理论、方法和技术手段，尚未能在出土文献语言研究领域得到有效的利用，出土文献语言研究效率较低，研究成果的价值尚未能得到语言学界的充分认可。

出土文献语言研究虽然有上述这些问题，但我们认为其发展前景值得期待。这是因为：

第一，出土文献作为语料有其不可替代的优势，尤其是商周时期的甲骨文、金文，都是可靠的"同时资料"，是研究当时语言唯一可凭借的资源，必然会得到更多重视和发掘。

第二，语言研究与出土文献研究需要相互结合。语言研究需要利用出土文献，以弥补汉语史语料的不足；出土文献研究目前面临的主要瓶颈，则是语言层面问题的突破。出土文献一些疑难问题的解决，既需要在文字、历史等方面下功夫，也需要依据语言规律作出准确解读。目前古文字学界对出土文献中的语音、词汇、词义、语法等疑难现象还不能作出科学分析，一定程度上影响了对文本的准确阐释。

第三，出土文献整理水平的全面提高，将为语言研究利用出土文献资料提供更加便利的条件，有利于语言学者跨越文字障碍更好地研究出土文献语言。

第四，随着出土文献的不断增多和研究的不断深入，对其语料性质的认识水平将会不断提高，对各类出土文献语料产生的时代、过程、文本流传的线索认识会越来越清楚，这使得语言学者更好地利用出土文献资料开展科学的语言研究成为可能。

基于以上分析，我们相信出土文献语言研究是一个值得开拓的新领域，将会获得更好的发展前景。

【编按】本篇是在商务印书馆"2019中青年语言学者沙龙"（2019年1月20日）所作的演讲。

数字时代古文字的传承和传播

数字时代信息科学与技术发展的日新月异，深刻影响着人类社会的生产和生活方式，人类文明正经历着空前的历史巨变。众所周知，文字与文献是人类文明史上的伟大创造。人类社会生产、经济活动以及社会治理的需求，是导致文字和文献产生的原动力。人类社会的知识创造和积累、传承和传播以及不同文明的交流和互鉴，因为文字与文献的出现，获得了突破时空局限而有效进行的可能。从整个人类文明发展史来看，文字与文献所发挥的巨大历史作用几乎是无与伦比的。

古文字与出土文献作为人类古典文明阶段留存下来的珍贵遗产，是今人认识和探索人类文明历史进程所凭借的最为重要的基本材料。世界上现存于世的古文字中，只有中国古文字资料最为丰富和系统，而且也唯有中国的这一古典文字系统当今依然在传承使用。中国文字与古代文献是传承和传播中华古典文明的重要载体，也是中国古代历史文化的信息资源库。

党的二十大报告强调，要增强中华文明传播力影响力。古文字作为中国文字的早期历史形态，在中华文明迈向数字文明新时代的历程中，其传承和传播必须主动面对数字时代带来的挑战和影响，深入思考数字时代的新要求，积极推动古文字数字化进程。数字时代对古文字传承和传播的积极影响是显而易见的。

一、藏品数字化

依托数字化技术可改变古文字资料的储藏方式，为古文字的传承和传播开辟便捷通道。

中国古文字资料的载体主要是甲骨、金石和简帛等。这些历史文物及其文字资料都是收藏单位的珍稀瑰宝。古文字资料的文物属性，使得其保护和利用成为长期以来困扰收藏单位和古文字研究者的一大问题。除了极少数在博物馆展示的材料外，一般的研究者根本无法接触到古文字实物。数字化技术可使这些古文字文物以多维方式呈现出来，通过网络系统和其他电子媒介将深藏于博物馆的珍贵文字文物资料与研究者和公众分享，为古文字研究、传承和传播提供极为便利的条件，同时也能妥善解决文字文物保护和利用的矛盾。

目前，国际上一些著名的收藏单位已开始尝试将所收藏的古文字文物数字化，并通过信息门户网站部分向社会公布。如果各收藏单位能够有计划地将全部收藏的古文字文物资料数字化并公之于众，必将极大地推进古文字的传承和传播。这是古文字适应数字文明时代新需求的一项令人期待的宏大工程。

二、建立数据库

古文字的数字化可促进各类古文字资源数据库的建立，为古文字研究获取资料提供极大便利。

古文字资料印刷品价格昂贵、不便流通，使得专业研究者和一般读者获得古文字资料极为困难，阻碍了古文字的研究、传承和传播。古文字学成为名副其实的"冷门绝学"。古文字数字化为建立各类古文字数据库奠定了基础，通过数据库可以从根本上突破长期以来制约古文字学发展的资料瓶颈。古文字资料获取的便捷，必将极大地提高古文字研究和学习的效率。

近年来，一些研究单位分别开发甲骨文、青铜器铭文和简帛文献数据库，有些已经开始面向专业学者提供服务。如清华大学出土文献研究与保护中心与出版单位合作，将《清华大学藏战国竹简》整理研究报告数字化，建立了《清华大学藏战国竹简》电子书网站，读者通过网站可方便地使用清华简研究成果。同时，中心还开发建立了"楚文字综合整理工作平台"，启动了以清华简为代表的楚文字数据库研制。

三、改变研究模式

古文字数字化在相当程度上可改变古文字知识的生产方式，为全面提升古文字整理、释读和阐释水平注入强劲动力。

古文字学作为一门新兴交叉学科，需要语言学、文字学、历史学、考古学、文献学等多学科知识积累，进入这一研究领域并取得创新成果需要付出艰辛的努力，古文字学者往往要穷其毕生精力、专心致力于某一研究领域，才能获得一定的成就。因此，古文字知识的生产和创造、更新和换代，不像其他社会科学和人文学科那样来得快速，长期的知识积累和学术传承在这一学科领域显得更加突出和重要。古文字数字化和信息技术在古文字研究领域的运用，有望改变古文字知识的生产方式。

比如，通过数据库可以为研究者提供检索各类专题文字资料和已有研究成果的服务，节省研究人员资料收集整理的大量人力；运用人工智能技术探索甲骨缀合、竹简编联新路径，甚至尝试进行疑难文字的释读，可为古文字的释读工作提供信息技术支持；采用图像信息处理技术解决文物文字信息提取和辨识的难题，可为正确释读古文字的疑难字奠定文本基础；如此等等。可以预言，数字化与信息技术的运用，将会改变古文字研究的传统模式，形成与数字时代相适应的古文字研究新方法和新范式。

四、传播大众化

数字时代提供的各类传播路径和平台，可为古文字传承和传播开辟极为广阔的前景。

传统的传播方式和路径，使古文字知识的传承和传播受到极大局限。对社会大众而言，古文字是那么深不可测，令人望而生畏。数字时代，网络、新媒体和各类传播平台可以生动形象地传播古文字知识产品，让古文字走进社会、走近大众。人们可在喜闻乐见的轻松氛围中获得古文字知识。通过培育古文字传承和传播的深厚群众基础，尤其是有针对性地加强以青少年为主要对象的古文字数字化传播，对弘扬传承中华优秀传统文化以及古文字学学科的长远发展都有深远意义。

数字时代为古文字的传承和传播带来巨大的历史机遇。古文字学学者要善于把握机遇，努力拓宽视野，主动更新观念，开拓新思路，探索新路径，充分发挥信息技术对古文字与出土文献传承和传播的积极影响。由中宣部、教育部、国家语委等八部门组织实施的"古文字与中华文明传承发展工程"，将数字化作为工程建设的重要内容，统筹安排了多个古文字与出土文献数字化项目。随着工程建设的推进，各建设单位将会结合自身实际，努力探索古文字融入数字化时代的方法和路径，推出古文字数字化研究新成果，积极推动古文字学学科的交叉发展，使古文字在数字文明时代焕发出新的生机。

【编按】2022 年 9 月 9 日国际儒学联合会、清华大学联合主办"2022 和合文明论坛"，设立"数字时代的文字、文献与文明"主题论坛。本篇是在主题论坛上的演讲，刊载于《光明日报》2022 年 10 月 30 日第 5 版。

略说清华简的重大学术价值

清华简自 2008 年 7 月收藏并于 10 月召开鉴定会以来，《保训》等篇的陆续发布，震惊了学术界，引起了热烈的讨论，《光明日报》还因此开辟了"解读清华简"专栏。学术界一直热切关注并期盼早日看到这批具有重大价值的新材料。今天，第一批整理研究成果——清华简首册隆重面世，实在是可喜可贺！

首先，要对李学勤先生领导的清华大学出土文献研究与保护中心的各位专家学者表示热烈祝贺与崇高敬意！从参观中心所整理竹简留下的深刻印象到面前这部散发墨香的新书，我能强烈地感到，为了保护、整理好这批具有重大价值的珍贵材料，参与其事的各位先生付出了极大的努力，开展了富有成效的卓越工作，其精神令人感佩！

严谨而科学地整理保护是深入开展清华简研究的基础性工作，难度非常之大。作为长期埋藏于地下的战国遗物，任何不当处置都有可能造成无法弥补的重大损失。清华大学领导颇具卓识，顾（秉林）校长、谢（维和）校长等校领导高度重视这批竹简的收藏和保护，提供了很好的设施，创造了必要的工作环境和条件，这是清华大学对中国学术文化发展所作的又一重要贡献，令人钦佩！

清华简的抢救保护和整理研究，必将在中国学术史上留下辉煌的一页！历史上汉代孔子壁中书的发现、西晋汲冢竹书以及甲骨文和敦煌遗书的发现，都曾对中国学术文化史产生过重大而深远的影响；继郭店楚简、上博楚竹书之后，清华抢救的这批竹简也将同样会对中国历史文化研究产生深远影响。

仅就首册发表的这批竹简看,这批资料涉及中国历史和思想文化史的许多重大问题,其价值和意义是难以估量的。《尹至》等文献九篇,与传世文献《尚书》《逸周书》关系密切,大多是佚失已久的篇目,为研究商周历史中许多悬而未决的重要问题提供了新的材料。《保训》篇中文王训诰武王,说到舜"求中""得中",上甲微"假中""归中"的故事,篇中蕴含的思想关涉到中国传统文化中"中道"观念;提到舜"乃测阴阳之物,咸顺不逆",则关系到阴阳谐和的思想。"中"与"阴阳"这些观念是长期影响中国主流思想文化的核心元素。尽管对简文中这些词的具体理解还有不同意见,对这批竹简的思想内容是否体现的就是西周早期的思想也会有不同看法,但是,不管怎样,这篇文献重见天日,对进一步探讨"中道"与"阴阳"观念的形成与发展,价值是毋庸置疑的。其中《楚居》一篇,李学勤先生指出"对于研究楚国历史地理,以及楚文化考古工作,无疑有重大价值"。如新蔡葛陵楚简发现之后,我们从"三楚先"的排列中曾推论"穴熊"和"鬻熊"是楚同一位先祖(2004年10月29日南京大学中文系;2004年11月,中国古文字研究会第十四届年会,杭州),对此,有的先生提出不同看法,而《楚居》则"更清楚地证明了这一点"(《文物》2010年第5期)。

对于古代文献研究,清华简也是一批绝好的材料。从首册各篇来看,有些可以与传世的《尚书》《逸周书》的一些篇章对读,如《金縢》《皇门》《祭公》等;有些虽是佚文,但传世文献中或明确记载其篇目,或多次征引其文句,如《尹诰》《程寤》等。这对我们进一步研究《尚书》《逸周书》等重要先秦文献的形成和流传历史极其重要,为我们进一步研究解决传世文献中的疑难问题也提供了可能。文献学史上一直对《尚书》《逸周书》等重要的记载商周时期历史的传世文献的真伪问题争讼不绝。清代经学家皮锡瑞说:"孔子所定之经,惟《尚书》真伪难分明。""《尚书》伪中作伪,屡出不已,其故有二:一则因秦燔亡失而篇名多伪,一则因秦燔亡失而文字多伪。"他认为正是由于秦焚经书,"《尚书》独受其害",因而也导致《尚书》文本真伪混乱莫辨(《经学通论》第53页,中华书局1954年,1982年重印本)。清华简公布的这批与《尚书》相关的资料,至少反映了战国时期的文本面貌,我们相信这必然会促进传世《尚书》等文本的校读研究。近年来,随着郭店简、上博简等战国出土文献研究的深入,对先秦传世文献中的许多问题我们获得了新的认识,传世文本在保持文献原貌方面也许需要重新估价。比如《尚书》等书记载有关禹的事迹,有"布土、随山、浚川"等文字,而近出西周中期的豳公盨铭文正巧有"天命禹尃土堕山浚川"的记载(《中国历史文物》2002年第6期),从语言学和古文字学上皆可证明铭文与传世文本的内容、文辞和用字一致,这说明传世文本必有所据,而铜器铭文与传世文献所据文本应该有相同的渊源。《尚书·多士》说"惟殷先人,有册有典",中国的典册制度渊源久远,重要典册有专人掌管,其授受传播规范有序,虽然战争和人为毁坏使大量典籍散佚殆尽(如上博简内含将近100种先秦文献,而有传世文献可供对照者不到十分之一),但是流传下来的必然是最重要的典籍,其文本的面貌也应该与原貌相差不远。已公布的清华简的有关材料,为我们提供了新的重要的实证,我们可以根据这些新材料重新审视传世文本,探讨文本流传过程中内容和文字的变异,不必因为清华简与传世文献有许多相同或可以互证的数据而心存疑惑。

此外,清华简多达2 580枚,数量庞大,内容重要,对战国楚文字乃至整个古文字的研究必然会产生重要影响。已经公布的材料,出现了一些古文字新字形和新用法,一些词语可以与传世文献或西周金文铭辞互相发明,这些对先秦汉语史和汉字史研究都是非常珍贵的。

清华简全部内容的整理公布尚需时日,不过仅就首批公布的材料来看,就已经提出了许多令人兴奋的问题。可以预期,简文涉及的中国思想史、学术史的一些重大问题,一定会引起学术界长期的关注和研究,清华简的发现也必然会促进中国古代历史文化研究取得更大的成就。因此,清华简的整理、出版,可以说是名山事业,功在千秋,是对中华民族历史文明研究的重要贡献！

【编按】2008年，清华大学收藏一批珍稀战国楚简（学界称之为"清华简"），学校成立清华大学出土文献研究与保护中心，在李学勤先生的带领下组建了整理研究团队，开始了这批简的整理和研究。2010年12月，首批整理研究成果《清华大学藏战国竹简（壹）》由中西书局出版。2011年1月5日上午，在清华大学主楼举行了清华简首批整理研究成果——《清华大学藏战国竹简（壹）》发布会。本篇是在发布会上的致辞，刊于清华大学出土文献研究与保护中心编、李学勤主编《出土文献》第二辑（中西书局，2011年，第5—7页）、《文汇读书周报》（2011年3月4日）。

清华简的文学价值

新年伊始，非常高兴能够参加《清华简》第三辑的成果发布会，可以说新年之初给我们带来了欣喜。昨天晚上匆忙翻看了《清华简》第三辑，感到非常惊喜。《清华简》第一、二辑发布以后，在学术界产生了很大的影响，刚才裘（锡圭）先生特别强调了清华简的学术价值。清华简除在先秦史、古代文献学、古文字学、语言学研究方面的重要价值以外，第三辑又给我们展现了一种新的价值——那就是对中国先秦文学研究的重大价值。下面，我就这个问题谈一点粗浅的认识。

清华简的文学价值首先体现在《诗经》学方面。裘先生、李（学勤）先生都已经提到了这一点。《诗经》作为中国文学的渊源，对中国文学的影响是众所周知的。《诗经》从流传以来，在很多问题上都形成了长期的争论。上博简《孔子诗论》公布以后，曾经引起了人们对《诗序》的重新研究与思考。我们知道，建国以后，对《诗经》的研究主要走了一条纯文学的道路。清华简发现后，第一辑《耆夜》篇记载了君臣饮酒作诗，再现了西周诗歌创作的一些情景。这辑发布的《周公之琴舞》这组诗，就像李先生在《文物》2012年第8期所介绍的，使我们再次看到诗与乐、舞的关系，以及《诗经》与中国古代礼乐文化的关系。《芮良夫毖》一篇，启发我们进一步反思到底应该怎么看待《诗经》写作的真实意图，要重新估价《诗序》的内容和意义。从文学史的角度来说，所涉及的关于《诗经》研究的这些问题，意义确实是非同一般的。现在的情况是，研究文学的真正来研究清华简的比较少。

今天，我最想说的是第二个问题。这批简除了《诗经》佚篇的重要发现以外，还有一篇作品，就是《赤鹄之集汤之屋》。李先生在《文物》上介绍这篇作品的时候，最早提出这篇作品与《汉书·艺文志》记载的《伊尹说》可能相似。《伊尹说》，我们知道《汉书·艺文志》是把它归到"小说家"一类的，是小说十五家的第一家，就是《伊尹说》二十七篇。李先生的看法，涉及一个很重要的问题，就是关于先秦文学中的"小说"问题。这个问题当然是中国文学史的一个重要命题，涉及中国古代"小说"到底是什么时候起源的，是怎么发展的。

大家都知道，在《庄子》里面就有"小说"这个词，到《汉书·艺文志》列了十五家小说，放在"诸子略"后面，提到有1 380篇。并且说："小说家者流，盖出于稗官；街谈巷语，道听涂说者之所造也。"在《伊尹说》后面还注释说："其语浅薄，似依托也。"这15家小说，过去都亡佚不存，文学史家对它们的内容不甚了然，很多研究文学史特别研究小说史的专家都认为先秦并没有"小说"，他们信从张衡在《西京赋》里面所说的"小说九百，本自虞初"，认为汉武帝时候的方士虞初以"医巫厌祝之术"著《周说》，这就是"小说"的起源。

清华简《赤鹄之集汤之屋》，似乎可以归到小说家这一类。如果这样的话，《赤鹄之集汤之屋》这一篇就应该是先秦小说的原貌。当然《伊尹说》我们也不知道它是什么面貌，《赤鹄之集汤之屋》能不能归到《伊尹说》里面虽然还有待研究，但把它的性质当作小说来认定，我认为是不成问题的。如果认为《赤鹄之集汤之屋》是一篇小说，它就是我们现在看到的确定无疑的先秦时期的小说作品，这在文学史上当然是一个重大发现。

我们认为，无论从简文的故事结构、内容和性质还是从写作方法上来看，把《赤鹄之集汤之屋》看作先秦的小说作品，都应该是没有问题的。根据学者的研究，汉代的小说创作大都与神仙方士活动有着密切的关系。比如《艺文志》15家小说，其中确定是汉代人作品的，基本上都出自方士之手，它主要的内容也是谈方术的。《赤鹄之集汤之屋》的故事，体现了浓厚的巫术色彩，这就与虞初以"医巫厌祝之术"著小说很相似。这种与汉代小说家创作特点的一致性，恐怕不是偶然的。

需要说明的是，中国文学中真正称为小说的这种文体的产生，当然不可能早到先秦时代。研究小说史的学者石昌渝提出：传统目录学上的小说与作为散文叙事文学的小说的分水岭，就是"实录"还是"虚构"。说实话的是传统目录学的小说，编假话的那就是作为散文叙事体文学的小说。

由于对小说的文体特征、内涵理解不一，在相当长时间内，小说这种文体在目录学里都是作为正史的一种补充，它在归类上要么放在史部，要么放在子部。从魏晋南北朝志怪小说、志人小说，到唐代传奇出现以后，可以说中国古代真正意义上的小说就走向了成熟。不过一种文体的成熟和从理论上认识到它是一种文体并不是同步的。到明代时才有这样明确的认识，正式把文学类的这种小说确认下来，但是它的起源和成熟实际要早于这个时代。

按照叙事文学小说文体的特征来看，《赤鹄之集汤之屋》也符合虚构故事这样一个基本特点，还具备了其他一些特征。比如，这篇故事虽然篇幅不长，但是人物关系很复杂，它涉及汤王、小臣、汤王的妻子，拟人化的群乌，群乌中间还有巫乌；故事还涉及了上帝和后土，帝派了两条黄蛇、两只白兔，到夏桀那儿作祟。整个故事人物关系非常复杂，在一个短短的文本中设计出这么复杂的关系干什么呢？我觉得这是作者有意识地为自己展现丰富的想象来编故事创造条件的。

第二就是故事情节有起伏。这个故事情节生动，一开始汤发现一只赤鹄，把它射下来让小臣做羹，这是一件好事。汤王出门了，他的妻子要求尝羹，然后在她迫使下小臣让她尝了鹄羹，故事开始发生转折；小臣因为惧怕汤王追究而逃跑，因汤的诅咒病倒在路上，不能讲话，差点儿被群乌吃掉，这个时候巫乌就来搭救他，于是故事再次发生转折；然后就是经巫乌指点，小臣去见夏桀，并帮助夏桀斩除作祟的灵异之物。故事有起有伏，生动有趣。

第三就是人物对话很生动。人物对话是小说的特点，这篇先秦文献里面，有很口语化的对话。比如，汤的妻子要喝羹，小臣说不能给你喝，喝了王要杀我。他妻子说，那你要不给我喝，我也要杀你怎么办，一问一答，很是生动。此外，群乌与巫乌之间的对话，以及小臣见夏桀时自称是"天巫"来了，对话也都很生动。

最重要的一点，就是这篇文字具有文学的功能和特色。它讲的就是一个完整的故事，完全属于《汉书·艺文志》说的街谈巷语、趣闻轶事之类，看不出这个讲故事的作者要表达多少这个故事之外的道理和寓意，就是说他没有明确的功能指向。谈小说的起源都要提到先秦诸子中的寓言故事，但在先秦诸子散文里面，引寓言、讲故事，目的都是说理论道。而这篇简文只是讲故事而已，你不知道它要说什么道理。尽管这篇简文也说了蛇、兔子包括后土来作祟降疾于夏桀，是由于受到帝的指使，好像是天命在起作用。但实际上作品并没有强调帝命不可违，相反小臣却是违帝命而行动。他自己去帮助夏桀来解除这个疾病，杀了这些灵异动物，这么做不就违帝命了吗？从这些综合来看，这篇作品并没有特殊的政治寓意，就是讲一个生动的故事，这个完整的故事具有叙事文学的审美功能。

从这个作品本身分析来看，它不可能是历史的真实，只是一个虚构的故事，应该是一篇文学作品。尽管从人物真实性来说，汤、夏桀、小臣这些人是真实的，也有文献记载可证。但是，说伊尹是一个厨子，他的身份是个小臣，这只是西周以后在春秋战国时期广泛流行的传说。从甲骨文发现的伊尹史料和传世文献的梳理来看，早期他并不是这样一种身份。而且伊尹起于庖厨的这个传说，一开始就有人不赞成，包括孟子。孟子就批评这个观点，说伊尹不可能是一个靠做汤做饭来取得汤的信任的人。从人物关系来说，过去讲汤和伊尹，都是明君贤臣的关系定位，从来没有改变过。在这个故事里面，就看不出来是这样一个关系定位。虽然传说小臣伊尹曾经"五就汤，五就桀"，但他始终是辅佐商汤而背弃夏桀，这个地位关系也是明确的。这个故事反过来了，汤诅咒小臣，小臣逃而助夏桀，不仅从未见文献记载，而且与文献形成的人物关系的看法是大相径庭的。从这个事件来看，以赤鹄煮羹可能与《楚辞·天问》的那几句话有关系，是楚地传说的一个故事，但是在这篇文献中这个故事显然经过铺陈发展，是作者进行了整体构思创作而成的。把这些综合起来看，我们认为这篇作品确实相当于一篇叙事体的小说，小说的一些基本要素它大都具备了。

退一步说，我们不认为它是一篇真正的文学意义上的小说，至少可以把它作为《汉书·艺文志》所说的那种小说家的小说，这绝对是没有问题的。无论将它定位在哪一种小说，《清华简》（叁）公布的这篇文献都为中国文学特别是小说的起源研究提供了珍贵的原始材料。长期以来，文学史家们都认为先秦没有小说，这个结论恐怕因这批文献的公布要重新思考，甚至要重新改写。

受李先生的启发，我谈了一点理解，不知道是不是有道理，请各位指教。总之，我认为《清华简》（叁）的公布再次展现了清华简的另一个重大价值，就是对先秦文学研究的价值。我想，随着后续材料的公布，说不定还有更多的与文学有关的材料发现，这应该引起研究文学史的专家学者们的重视。

【编按】本篇是2013年1月4日在《清华大学藏战国竹简（叁）》成果发布会上的致辞，由程浩根据录音整理。根据该次演讲著者撰写了《清华简〈赤鹄之集汤之屋〉与先秦"小说"——略说清华简对先秦文学研究的价值》一文，刊于《复旦学报（社会科学版）》2013年第4期。

《清华简》（柒）"语类"文献与晋文公史事

刚才李先生介绍了《清华简》第七辑的主要内容，卜宪群所长特别从史学方面谈了清华简的价值，包括这一批"语类"文献的价值。我听了以后很受启发，因为才拿到材料，还没有深入研读，下面仅谈些粗浅认识和感受，以请教李先生和各位先生。

《清华简》第七辑主要是"语类"文献，其中《越公其事》非常重要，于《越语》《吴语》之外，提供了吴越历史研究的新材料。而关于晋史的几篇短文，也同样有重要意义。就像刚才李先生所说的，提供了晋史研究不少新的内容。无论从抄写的字迹还是简的形制看，《子犯子余》和《晋文公入于晋》这两篇应该统一起来观察。

这两篇楚简文献提供了新的历史内容。春秋时期，齐桓晋文是五霸中影响最为深远的，到齐宣王时，他还要问孟子齐桓晋文之事，但孟子不愿意跟他讲，他要谈"保民而王"。我们现在看到的这两篇文献，显然是对晋文公史事进行了选择性的加工整理，它不谈晋文公称霸的整个时代大势，也不谈晋文公与秦缔结"秦晋之好"以及与齐结盟这样一些重要的历史。它选择的是两个角度，一个是子犯、子余与秦穆公对话以及晋文公、秦穆公和蹇叔的对话。这篇对话的政治思想史价值是较大的。子犯谈的是晋文公的高尚品性，子犯说："吾主好定而敬信，不秉祸利，身不忍人，以节中于天。"子余则说晋文公左右"二三臣，不干良规，不敝友善"，又说："吾主弱时而强志。"晋文公问蹇叔"起邦""亡邦"之道，蹇叔回答兴邦之道，所举的例子是太甲、盘庚、文王、武王，亡国者举的例子是桀、纣、厉、幽，并说："亦备在公子之心已，奚劳问焉？"这些话与前面跟秦穆公对话里讲到的"在上之人，上绳不失"，"以德和民"等是相呼应的。[1] 所以，《子犯子余》这篇短文，虽然文字不多，但实际上它揭示了晋文公之所以能称霸的思想和政治伦理基础。

《晋文公入于晋》这篇短文，使我们马上就想到《晋语四》"公属百官"一段文字。[2] 这段文字记录了"公属百官"的具体举措，结果是"政平民阜，财用不匮"。《晋文公入于晋》记录晋文公初入晋所做的事情，可以与《晋语四》这段文字结合起来看。简文在提到晋文公见"好臧"等各色人等之后，[3] 发布了四道命令。第一道是修晋邦之政；第二道是修晋邦之祀；第三道是"为稼穑"；第四道是"搜修先君之乘、饬车甲"。[4] 在每一道命令之后，有一句话反复重复，即"四封之内皆然"。这句"四封之内皆然"，我认为不是晋文公本人的命辞，而是作者的话，是强调每一道命令发出以后，四封之内公卿世族皆以为然，皆认可和服从晋文公的政令。[5] 根据相关文献记载，晋文公入晋之初，发生过"吕、郤之乱"，他的政权不稳，以至于秦穆公派了三千人来护卫他。在这个背景下，四道命令一出，四封之内皆以为然，说明

---

[1] 因语体所限，本演讲引用《清华简》第七辑材料都用宽式，通假字直接用本字，整理时如有必要则另加注释。
[2]《国语·晋语四》："元年……公属百官，赋职任功，弃责薄敛，施舍分寡。救乏振滞，匡困资无。轻关易道，通商宽农。懋穑劝分，省用足财，利器明德，以厚民性。举善援能，官方定物，正名育类。昭旧族，爱亲戚，明贤良，尊贵宠，赏功劳，事耇老，礼宾旅，友故旧。胥、籍、狐、箕、栾、郤、柏、先、羊舌、董、韩，实掌近官。诸姬之良，掌其中官。异姓之能，掌其远官。公食贡，大夫食邑，士食田，庶人食力，工商食官，皂隶食职，官宰食加。政平民阜，财用不匮。"
[3] 这里显然指晋文公不仅会见了公卿贵族，也见了流亡期间曾追杀或背弃自己的寺人勃鞮、竖头须这类人。见寺人勃鞮、竖头须之事，《左传》《国语》等皆记载颇详。
[4] 释文"貣"读"式"，当读为"饬"。《说文》："饬，致坚也。"
[5] 释文将"四封之内皆然"都作为晋文公"命曰"内容恐有不妥，无论从语气还是四道政令的内容看，这句话都不宜看作晋文公所说。"四封"见于《国语·越语》《管子》《晏子春秋》等，皆泛指诸侯封територ内之地。《晋语四》提到"近官""中官""远官"等，此处"四封"是否特指不同等级受封赏者，尚待研究。

晋文公通过这些举措，政局趋向稳定。四道政令所产生的治国理政的效果，也与子犯评价晋文公"好定而敬信"相呼应。晋文公稳定了内政，"政平民阜，财用不匮"，于是"乃作为旗物"，整顿军队，"成之以象于郊，因以大作"。这可能就是《左传》僖公二十七年、《晋语四》提到的"备师尚礼"，"乃大搜于被庐，作三军"。通过加强军备，整顿军纪，军力强盛以后，"因以大作"，"元年克原""五年启东道""九年大得河东之诸侯"，从而一举成就霸业。这篇简文，对晋文公迎王于郑、结盟秦齐等入晋之初的大事都未提及，而详细介绍了晋文公入晋之后的内政和军事准备，为我们认识晋国的历史，了解当时的背景，提供了新的内容。这两篇"语类"短文的发现，同时也提出一个问题，为什么在楚简里出现晋史这类篇章？这种文章是写给谁看的？《清华简》第七辑公布后，这些问题一定会引发更多的研究，也将会有更多的意见发表。

清华简的整理工作，为我们奠定了非常好的文本基础，在总体问题上已经为我们确定了研究方向。我相信这批简的公布一定会带来更多的新的研究成果。我们也更期待《清华简》每一辑都像这样让我们惊喜。清华简整理研究团队不仅在整理工作方面是一流的，在向社会介绍研究成果方面也是一流的，包括这次《算表》获得吉尼斯世界纪录认证和新闻发布会，这些都是我们作为同行引以为傲的。

【编按】2017 年 4 月 23 日，清华大学举办清华简《算表》吉尼斯世界纪录授牌仪式暨《清华大学藏战国竹简（柒）》成果发布会。本篇是根据发布会上的发言整理，刊载于《出土文献》第十一辑，中西书局，2017 年，第 3—5 页。

《清华简》（玖）新发现的珍稀文献

《清华大学藏战国竹简（玖）》（清华大学出土文献研究与保护中心编，中西书局，2019年）整理研究报告共收竹简124支，刊布《治政之道》《成人》《廼命一》《廼命二》和《祷辞》五篇新发现的珍贵文献。

一、新发现五篇文献的主要内容

《治政之道》篇共43支简，简尾有编号，首尾编联无阙。经研究，我们发现该篇与《清华大学藏战国竹简（捌）》《治邦之道》所收27支简属同一篇文献。由于该篇文献篇幅宏大，简文分属两位抄手抄成，一位抄手所抄简尾有编号，另一位所抄无编号，两位抄手所用竹简长度也略有差别，因此，按照常识我们将这篇长文分成两篇。现在复原为一篇文献后，该文共由70支简组成，约3 230字。根据篇首"昔者前帝之治政之道"句，遂定篇名为《治政之道》。

《治政之道》是一篇罕见的长篇政论文章，简文鉴古论今、气势恢宏，纵论治邦理政之道，主张为政者当自上始，修身修德，施教以用民；举而有度，兴贤用能，勿使令色富贵；勤恤百姓，度力以使，均利兼爱，勿虐民滥刑；亲睦邻国，慎武力，兴文威；修内政，通商旅，来远人。凡此等等，可见这是一篇研究先秦政治和思想史的重要佚文。

《成人》篇共30支简，主要记述了"成人"向王（后）陈述典狱刑法的言辞。根据简文"成人"的口气，"成人"大概相当于《书·盘庚上》《诗·荡》之"老成人"、《书·康诰》之"耇成人",指"年老成德"、德高望重的辅弼之臣。简文中不知确指何人,很有可能是作者虚拟的人物。

《成人》篇开头谓司正失刑,妖象横生,王遂征询群臣,以求对策。由此引出"成人"回答王的四段言辞,每段均以"成人曰"发端。"成人曰"第一段开宗明义,论述法律乃治国纲纪,得之则兴,失之则亡,从正反两面论述了法治的重要性。成人认为"司正荒宁",刑法沉滞,就会出现"五无刑",以致祸乱并出,邦家不宁。这段简文涉及"司正""典狱""五盗""五审""五枭""五辞"等先秦法律用语。

"成人曰"第二段陈述典狱司正断案的原则,强调秉心中正,要兼听"两造"陈述,广泛采证,稽查案件疑点,参考对比相关案例来最终定谳。这段论述涉及"刑"之五"无赦""五争""五常""五正""五罚"等重要法律概念。第三、四段以嘉谷"五时"生长为喻,提出"德政亦用五时",告诫王毋败坏刑法,要以法循绳百姓过失。

《成人》篇简文以成人之口阐述了法治观念、法律意义、司法制度、断狱原则等问题,包含丰富的法治思想,是一篇重要的先秦法制史文献。

《廼命》两篇,《廼命一》为12支简,《廼命二》有16支简,竹简下端各自分别编号。两篇简形制相同,为同一抄手所书,内容相关联,都是训诫之辞。篇题取自两篇篇首二字。《廼命一》诫训嬖御迩臣,要求他们忠君勤事,尚德布惠,敬身相上,谨言慎行,勿强取豪夺,以保其室家。《廼命二》诫训同宗群父兄弟,要求他们恭民毋淫,勠力同心,相收相恤,慎密言语,昌德扬善,尽心相上,夙夜从事,以保全宗室。

《廼命》两篇每以"毋或"之辞引出禁诫之语。这种训诫格式,与《左传》襄公二十三年所载鲁国盟誓之辞"毋或如东门遂不听公命"等类似。《廼命》两篇的训命主体没有明确记载,从所命对象分别是嬖御迩臣、群父兄弟以及"朕唯箴汝""出纳吾诰命"等话语,可以推论发出训命者应该是王。这类训命与《书》类文献中的训诰有某些相似之处,但更加针对嬖御迩臣、群父兄弟可能发生的某些行为而发出训诫,具有明确的警戒训示目的。从一个侧面反映了时王对当时王室贵族状况的深切担忧及试图防范控制的努力。

《祷辞》篇共 23 支简，简原有编号，篇题据简文内容拟定。《祷辞》与《廼命》两篇为同一书手所抄，祷辞多用韵语，是一篇祷祠地祇的告事求福之辞。《祷辞》共分八段，祷告地点有某邑之社等，祷告对象有后稷、东方之士正、东方之白马、君夫、君妇等。祷辞内容涉及祝祷地点、对象、祭品、仪式等，目的是祈求神灵保佑其里邑昌盈，祛害趋利。

在楚地出土的包山简、新蔡简、周家台简等均有祭祷类内容，但主要是记载祭祷过程；九店楚简《告武夷》、睡虎地秦简《日书》甲种《马禖》《梦》等短章以及新蔡简部分残简也属于祷辞，但像这样完整的长篇祷告之辞则是首次发现。这篇祭祷告文篇幅完整、内容丰富，有助于深化我们对楚地祭祷习俗和相关文献的认识和研究。

二、先秦治邦理政和法治思想重光于世

清华简每辑研究报告的整理完成，都给我们带来惊喜。本辑发布的五篇文献，在失传 2 300 余年后重光于世，极其珍贵。这些文献为先秦时期历史文化研究提供了前所未见的新材料，具有值得进一步发掘的价值。根据初步研究，我们有以下一些粗浅认识。

《治政之道》《成人》等篇对先秦思想史、法制史研究具有重要价值，其中蕴含的治邦理政和法治思想，对推进当代国家治理体系和治理能力建设也有一定的借鉴意义。

《治政之道》篇应是楚人当时创作的一篇作品，文中论述"远监夏后殷周，迩监于齐、晋、宋、郑、鲁之君"，据此大体可以确定该文写作于战国中期前后。这篇政论文主张的修身、治国、教民、选贤等，体现出明显的儒家政治思想和学说，如开篇说"六诗者，所以节民、辨位，使君臣、父子、兄弟毋相逾，此天下之大纪"；篇中谓君子德风，小人德草，上之所好，下亦好之；黄帝四面，不出门檐而知四海之外；

敦睦邻国，兴亡继绝，聘问以时，祭祀以礼等，都是比较典型的儒家思想。同时，篇中吸收了其他学派的一些说法，比如节葬节用，是比较典型的墨家思想；寡欲不争、刚易折毁而不可恢复、武可犯而文不可犯等，是比较典型的道家思想；"君臣之相事，譬之犹市贾之交易"、士农工商世守其职，则近于法家思想。诸如此类，体现出以儒家思想和学说为主导，兼容诸家思想的特点。这篇文献丰富了我们对战国时期政治思想史的认识。

《成人》篇以"惟邵中秋，方才胶黄，司正失刑，土多见妖，流而淫行"开篇，从记录时间和方位所用词语来看，这可能是一篇楚人论述法治的文献。简文所称之"王"，应是楚王。这篇简文是出土文献中目前所见唯一一篇珍贵的先秦法制史文献，对先秦法制史研究的价值不言而喻。从这篇文献中，我们可以看出其法制思想的渊源和发展变化。比如成人论述法治的意义时有这样一段话："古天氐降下民，作之后王、君公，正之以四辅：祝、宗、史、师，乃有司正、典狱，惟曰助上帝乱治四方之有罪无罪，惟民纲纪，以永化天明。"这段话与《孟子·梁惠王下》所引《书》"天降下民，作之君，作之师，惟曰其助上帝宠之四方有罪无罪"显然相关。前人认为孟子所引即《周书》，《清华简》第五辑《厚父》篇有"古天降下民，设万邦，作之君，作之师，惟曰其助上帝乱下民之慝"等语，很可能就是《孟子》所引述之《书》。从《成人》这段文字不仅可以看出其引述和沿袭《厚父》篇的有关文字和内容，而且简文还增加了"正之以四辅""乃有司正、典狱"等内容，显示出《成人》篇对西周法制思想的继承和发展。

《成人》简文与《书·吕刑》的关系更为密切，如简文说"凡民五争，正之于五辞，五辞无屈，正之于五常，五常不逾，正之于五正……五正之疵，惟交，交惟过，过而信"。《吕刑》作"两造具备，师听五辞，五辞简孚，正于五刑；五刑不简，正于五罚；五罚不服，正于五过；五过之疵，惟官、惟反、惟内、惟货、惟来"。简文与《吕刑》内容和文字相近，显示《成人》篇与《吕刑》的密切关系。《成人》篇主张"司中司德,监在民侧。毋非中非察,以作不度。各中乃信,惟辜惟法"。简文对"中"的强调和论述,与《吕刑》"罔中于信""爰制百姓于刑之中""罔非在中""罔不中听狱之两辞""今往何鉴非德于民之中"等关于"中"的基本观念一致。《成人》篇强调"德政亦用五时",刑法要顺应德政,主张"五时不度,司事有诛"。这类思想与《吕刑》篇所说"德威惟畏,德明惟明""朕敬于刑,有德惟刑"等对"德"的推崇极为一致。顾颉刚曾怀疑"《吕刑》可能成于楚""乃楚之刑书"(顾颉刚、刘起釪:《尚书校释译论》,中华书局,2018年)。楚简《成人》的发现及其与《吕刑》的密切关系,对顾颉刚关于《吕刑》"成于楚"的说法有利。《成人》篇可否成为顾氏《吕刑》"乃楚之刑书"说的新证据,值得进一步研究;《成人》篇首句"惟邵中秋"与《吕刑》篇名是否有某种关系,也是一个可以探讨的问题。无论如何,《成人》篇对先秦法制史和《吕刑》的研究都是一个重要发现。

三、丰富了对先秦竹书形制的认知

《治政之道》"同篇异制"现象,丰富了我们对先秦竹书形制的认识,对建构先秦简帛文献学和出土竹书的编连整理有启迪意义。

《治政之道》与《清华简》第八辑《治邦之道》合成一篇后,是出土文献中目前所知篇幅最长的单篇政论文献。《治邦之道》之所以被单独分出,编入第八辑,主要依据简的形制、书体等确定。按照形制的明显差别分为两篇,合乎我们已经建立起的对竹简分篇编连的经验认知。但在整理第八辑《治邦之道》篇时,我们已发现该篇简文开头有缺环,还发现编为第14号的一支简与前后简内容不相关联,且简的下端有墨点标记,因此认为这可能是一支"衍简"。在整理第九辑《治政之道》篇时,课题组成员发现一些现象,提出《治政之道》与《治邦之道》可能是同一篇文献。经过对反印墨痕、内容、用字和用词习惯综合分析后,初步确定二者应合而为一。进一步研究还发现,《治政之道》自编为第42号与第43号两简相互错位(即第43号简应接41号),且第42

号简为《治邦之道》篇书手所抄。当我们将《治邦之道》篇第 14 号所谓"衍简"移到篇首时，正好与《治政之道》篇第 42 号简内容衔接。至此，第 14 支简那个墨点才真相大白——原来它是书手表示这支简是其抄写部分的首支简，他还抄写了另一抄手所抄部分最后一支简（即第 42 号简），由此，《治邦之道》篇首缺环和第 14 号简无法安放的困惑遂涣然冰释。两篇合璧之后，其契口和编痕完全一致，且原《治邦之道》篇最后一支简（即第 27 号简）有绝止符号，表明这是一篇完整的长文。关于这篇"同篇异制"简文的考辨及其对简帛文献学的意义，贾连翔先生有专文考论。

《廼命》《祷辞》等不仅内容独特，也属于一种特别的文体，它们的发现对楚地祭祷习俗的研究以及先秦文体学的研究都提出了新课题。这五篇文献中出现的不少新字新词，对楚文字疑难字的考释、上古汉语的研究也都很有价值。

在新发布的《清华大学藏战国竹简（玖）》整理研究报告中，我们也留下了一些遗憾。比如还有一些疑难字词未能彻底解决（如《治邦之道》"五种岁刈"的"刈"字就没有明确认出），对有些文献的性质和理解尚有待深化。《清华简》每辑整理研究报告的出版，只是为学术界提供一个研究文本，随着报告的问世，深入的研究工作实际上才真正开始。我们期待得到学界的批评指正，更希望有更多不同学科的学者积极参与，共同深入探讨和发掘这批新材料的丰富内涵和重要价值。

【编按】本篇是 2019 年 11 月 22 日在清华大学举办的《清华大学藏战国竹简（玖）》成果发布会上的发言，刊载于《中国社会科学报》2019 年 11 月 28 日。

传统的力量：清华简的当代价值

在人类文明史上，传统文化从来就是一种深沉而伟大的力量。它连接着人类文明的过去，规定着人类社会的当下，也影响着人类发展的未来。不同的文化传统使不同的地区和国家的发展千差万别，各呈异彩。

五千多年来，生生不息的中华文明，是世界上最古老、最源远流长的文明。它影响着我们的生活，在现实、在历史、在每一个地方都存在着，成为中华民族基本的文化基因。它是涵养社会主义核心价值观的思想源泉，也是实现"两个一百年"奋斗目标，实现中华民族伟大复兴的根本力量所在。

中华文化传统之所以得以完好地保存和传承，语言文字厥功至伟。历代积累下来的传世文献，保存了不同时期中华民族的智慧和思想精华。地下新发现的殷商甲骨文、金文、战国秦汉文字更是上古历史的原生态再现。

以清华简为例，2008年，2 500多支（枚）战国竹简入藏清华大学，这批简被学术界誉为继汉代"孔子壁中书"、西晋武帝的"汲冢竹书"之后的第三次先秦文献的重大发现。清华简的内涵极其丰富，经过十多年的整理和研究，它的神秘面纱被逐渐地揭开。到目前为止，我们已经整理发布了10部研究报告，公布了各类珍稀文献55种（篇），其中44种（篇）入选了《国家珍贵古籍名录》。清华简不仅包含了诗、书类等古代文化传统的核心内容，还有多种记录商周历史和先秦思想史的珍贵文献，以及数学、天文、历法等方面的科技史料。这些新发现对古代历史、先秦思想史、科技史以及古文献学、古文字学等都有重要的学术价值和意义。

我们都知道，先秦时期是中华民族精神和文化传统形成的关键时期。清华简再现了先秦时代历史文化的原生态面貌，为我们深入挖掘和阐发中华优秀传统文化精髓提供了极其珍贵的原始材料。

比如，清华简中发现了《虞夏商周之治》等一批有关治国理政的佚文。其中一篇《治政之道》长达3 300多字，是目前所见的先秦最长的一篇政论文章。这篇文章对治国理政的论述系统而深刻。这批新发现的文献是先秦思想史、政治制度史的珍贵记录，它既包含和传承了商周时期的有关思想元素，也反映出战国时代社会发展和政治文化的变革精神。虽然，这些文献沉埋地下2 300多年不为人所知，一旦问世，其深邃的思想依然熠熠生辉，可为当代治国理政提供宝贵的借鉴。下面略举几点：

第一点，以史为鉴。《虞夏商周之治》等多篇简文对夏商周的历史乃至东周时期的诸侯国兴衰更替的历史进行了总结，从中汲取治政的经验和教训。以史为鉴是我们中华民族优良的文化传统，这些文献体现出在先秦时代这种传统已经有相当的影响力。

第二点，以民为本。有一篇简文叫《尹诰》，记载夏桀自害其民，因此老百姓就产生了"离心"，所以招致灭亡。《厚父》篇认为，"民心惟本，厥作惟叶"。《天下之道》论天下之道关键在于得民心。还有一篇叫《治政之道》，它主张明君治国，要修身修德，施教以用民；勤恤百姓，度力以使，均利兼爱，勿虐民滥刑。民本思想是中华优秀政治文化的精华所在，清华简多篇文献展示了这一思想的早期形态，为当代政治建设提供可以借鉴的思想资源。

第三点，选贤任能。有一篇简文叫《良臣》，列举了传说和历史上的60多位良臣贤相。另外，如伊尹、傅说、子产、管仲等名臣在多篇文献中是主要人物。有一篇《邦家处位》，从正反两面论述良人政治与邦家兴衰的关系。《治政之道》提到，对人才的选拔要通过听其言、察其貌、观其形、课其功，然后再谨慎地使用；同时主张以"仁"和"有道"作为选才的标准，不论出身，唯贤才是举。明君贤臣是古代治国理政的理想追求，这种思想在清华简中表现得尤为突出。

第四点，"刑法中正"的思想也在清华简中多篇出现。《成人》篇是目前所知最长的一篇关于先秦的法律文献，它强调"司中司德"。这些简文内容表现了先秦时期"刑法中正""刑德并重"的思想和追求。

以上所举这些治国理政的思想，虽然传世的各种文献也有记载，古代的一些明君贤相在治理国家的过程中也有所使用，或不同程度地受到影响。但是，对这些思想的渊源所在、对它形成历史的认识，则由于清华简的发现而得到极大的深化和拓展。

总之，清华简不仅使我们有机会领略前贤们深刻的思想、卓越的智慧，也使我们更具体地感受到中华文化传统的深远影响和巨大力量。我们相信随着清华简整理研究的不断深入，清华简的价值和意义必将在民族复兴的伟业中得到进一步的彰显。

【编按】2021年时值清华大学建校110周年，学校特别策划"大学"系列论坛。本篇是2021年4月16日在系列论坛收官之场——"大学·思想"论坛上的演讲。

清华简：中华文化的瑰宝

2021年12月16日，《清华大学藏战国竹简》第十一辑成果发布会在清华大学举行，清华简再一次引起社会的广泛关注。清华简于2008年入藏清华大学，总数有2 500余支（枚），通过AMS碳14年代测定和专家鉴定，这批简的时代约在公元前305（±30）年，属于战国中期偏晚。经过10多年的整理研究，从2010年至今，共出版清华简整理研究报告11部，公布各类珍稀文献61种（篇）。

清华简的发现，学术界认为可与汉代孔子壁中书、西晋汲冢战国竹书相媲美，都是先秦文献的重大发现。清华简内涵丰富，价值巨大，下面略作介绍。

一是清华简中发现了多篇《尚书》类文献。这类文献主要有与商书有关的《尹至》、《尹诰》（又名《咸有一德》）、《说命》（三篇），以及与周书相关的《保训》《金縢》《封许之命》《厚父》《摄命》（《冏命》）、《四告》等篇；还有《命训》《程寤》《皇门》《祭公》等《逸周书》类文献。

这些书类文献中，有的是亡佚已久的古文《尚书》佚篇，比如：《尹诰》篇记录了伊尹协助商汤灭夏的重要史实，《礼记·缁衣》等典籍曾引述该篇的内容。东汉时郑玄给《尚书》作注时，说这篇文献"今亡"，在清华简中重新发现了东汉就已亡佚的这篇文献。《尹诰》的发现证明传世古文《咸有一德》确实是后人伪作。《说命》三篇记载殷代高宗武丁与贤臣傅说的事迹，自题篇名《傅说之命》，部分内容与

《国语·楚语》引文相一致。古文《尚书》也有这三篇,与简文相对照,发现二者完全不同,说明流传的古文也毫无疑问是后人作伪的作品。

有些书类文献从未见于文献记载,如《保训》篇记载周文王重病后向太子发(武王)传授"保训"的内容,讲述舜"得中",尧"受厥绪";上甲微"假中于河""传贻子孙,至于成汤";告诫太子发受大命之后,要"祗服毋懈,其有所由矣"。学术界有人称这一篇为"文王遗言",是一篇早已亡佚的书类文献,内容涉及"中道"这一古代核心思想的形成和传承。《程寤》篇记载周文王之妻太姒梦到商王庭生荆棘之事,关涉到周受天命代商这一重大事件。《逸周书》列有《程寤》篇名,传世文献也多有引述,但该篇亡佚已久,清华简再现了此篇原貌。

《尚书》是"上古帝王之书",在中国文化史上地位崇高,《尚书》的流传也一直是中国学术史上研究的重要问题。《史记》记载孔子作《书传》,编次其事。今文《尚书》29篇为汉代伏生所传,汉武帝末年,鲁恭王拆孔府旧宅,从壁中发现古文《尚书》16篇,但是早已亡佚。清华简书类文献的再发现,进一步坐实东晋梅赜所献的古文《尚书》25篇确实是伪作,具有重大的学术史意义。清华简中有些新发现的书类文献,未必为西周作品,有可能是春秋战国时期改写或拟作的,如《成人》等篇,这体现了书类文献在当时的广泛影响和权威地位,同样具有重要的资料和学术价值。

二是清华简中新发现西周的有关诗篇。清华简《耆夜》篇记载武王八年戡耆(黎)得胜,在文王宗庙举行饮至礼,武王、周公、毕公、召公、辛公甲、作册逸、师尚父等参加宴饮。武王、周公等彼此赋诗酬唱,其中周公所吟的《蟋蟀》篇,《诗经》中就有同名诗篇,二者比较,有同有异,而其他诗篇则没有任何记载。《周公之琴舞》是一组诗,首四句为周公儆戒诗,后列成王诗一组九首,除其中第一篇即《诗经·周颂·敬之》外,其他皆亡佚。《芮良夫毖》为芮良夫因厉王时弊所作的训诫之诗。芮良夫事迹文献多有记载,《诗经·大雅·桑柔》相传为他所作。这些诗篇,多未收入《诗经》,可以丰富我们对西周时期礼乐和诗歌关系的认识，推进对《诗经》这部文学经典的研究。

三是清华简新发现一批古史资料。清华简《系年》是一部亡佚已久的史书，记载了西周到东周的历史变迁与秦、郑、晋、楚、吴、越等诸侯国的兴起和发展。《楚居》篇则记录了楚国早期历史和楚王徙居都邑的情况，对楚国历史研究有多方面的价值。《管仲》《郑武夫人规孺子》《郑文公问太伯》《子仪》《子产》《子犯子余》《晋文公入于晋》《赵简子》《越公其事》等篇，丰富了东周齐、郑、晋等国历史研究资料。

四是清华简发现丰富的思想文化史资料。清华简中发现的思想文化史资料，内涵复杂，既有多篇治邦理政类的文献，如《邦家之政》《治邦之道》《成人》《邦家处位》《治政之道》《虞夏商周之治》等，也有政治思想、天文历象、阴阳术数融为一体的文献，如《命训》《管仲》《心是谓中》《筮法》《别卦》《四时》《行称》等。

《清华简》第十一辑新发布的《五纪》篇，是一部极其重要的佚书。这部佚书抄在 130 支简上（现存 126 支），原文约 5 000 字（现存 4 450 字）。简文以天之"五纪"（日、月、星、辰、岁）为中心展开，从天文数算、神祇司掌、人事行用、山川物产、人体结构以及黄帝传说等方面，论述了天地神人的相互关系，建构了一套庞大而复杂的天人系统。该篇简文为先秦思想文化史研究提供了前所未见的新材料，是先秦文献的又一重要新发现。

五是清华简中有不少重要的先秦科技史资料。比如：《算表》，为古代数学文献最早的实物例证，是一种实用的"算具"，对先秦数学史研究很有价值；《四时》《五纪》等篇，为先秦天文历律研究提供了珍贵的材料；通过《五纪》篇可以推拟先秦的宇宙图式，了解先秦对人体结构的精准认识，等等。

此外，清华简作为战国楚地抄本，多篇文献是当时楚人撰写的，反映了战国时代楚地语言文字发展和使用的实际面貌。这些文本文献不仅为解决楚文字乃至整个古文字疑难问题提供了契机，而且大量新发现的语言文字现象，对汉语史、汉字史研究都很有价值。

到目前为止，清华简的整理工作已过三分之二，其整体面貌已完全清晰。由于清华简的丰富内容和重要文献价值，已整理公布的清华简先后有 44 种入选第四、五、六批《国家珍贵古籍名录》。

清华简在学术界和社会产生了很大影响，国内外学术界高度重视这一重要新发现，清华简研究成为人文学科研究的前沿领域，古文献学、先秦史、古代思想史、科技史以及古文字学与汉语史研究各个领域的众多学者，利用清华简提供的珍贵新材料，开拓研究领域，产生了一批有重要影响的成果。清华简新发现对中国当代人文学术发展的影响，彰显了清华简的价值和意义，清华简可谓当之无愧的中华文化的瑰宝！

【编按】本篇是应清华大学党委宣传部约请介绍清华简，2022 年 4 月 15 日在"藤影荷声"微信公众号首发，清华思客、清华文科、腾讯网等转载。

谈谈新见战国竹简《诗经》的文化意义

　　《诗经》这一典籍，我想在座的各位同学都非常熟悉，从小学大家就开始接触到《诗经》，平时言谈中很多成语来自《诗经》，可以说从先秦到当代，《诗经》对中国文化的影响是极其深远的。如果从书籍的角度讲，没有一部书像《诗经》影响这么广泛，流传这么悠久；从文学作品的角度讲，《诗经》是我国文学作品的源头之一。传世的《诗经》都是汉代以后的，现在传下来的就是《毛诗》。在出土文献中，阜阳汉简《诗》也是汉代的抄本。先秦的《诗》到底是什么样子？我们读先秦古书比如《春秋左氏传》，会看到引《诗》、赋《诗》，那是非常普遍的现象。但谁也不知道先秦《诗》本来的面貌，虽然讲《毛诗》是古文《诗》，说是子夏传下来的，但是也没有什么绝对的证据。非常幸运，现在我们有机会看到战国早中期的《诗经》抄本，虽然篇章比传世的《毛诗》少了很多，但就是这一小部分也弥足珍贵。今天我就从简本《诗经》的文化意义这个角度，给同学们做些介绍。

一、战国楚简《诗经》简介

　　首先介绍战国竹简《诗经》的情况。战国竹简《诗经》的基本情况，去年我在清华大学召开的中国古文字研究会年会上做过介绍，《文物》杂志2017年第9期有两篇介绍文章。"安大简"是2015年入藏安徽大学的，《诗经》是其中的一部分内容。《诗经》简长48.5 cm，宽0.6 cm，简有三道编绳，文字抄得很工整，但疏密有差异，每简27—35

字不等。简背有划痕，是竹简在人工制作中留下的，这是为了有利于简的编联。简的正面首尾留白，简面有编号，编号自第1至第117号，部分简缺失，实际存简不足百支。

根据简的内容，我们知道这些简都是《诗经》中《国风》部分的内容。我们知道《周南》是《毛诗》的开篇之作，我们读毛传、郑笺都会知道《周南》有多少篇，有多少章、多少句。简本在《周南》的最后，有一支简写"《周南》十又一"，即指《周南》有11篇诗，与传世《毛诗》一比对，连名称都是一样的。简本《诗》没有篇名，我们判断它原本是有篇名的。因为我们发现有两条简提到了篇名，这个篇名正好是某一《国风》的第一篇，比方说"《鄘》九《柏舟》"，就是《鄘风》一共有9篇，第一篇是《柏舟》，正好与《毛诗·鄘风》第一篇《柏舟》对应。又有"《魏》九《葛屦》"，我们比对《毛诗》，知道《魏风》第一篇确实是《葛屦》。根据这些线索，我们可以反推，简本《诗经》虽然没抄篇名，但它的篇名与《毛诗》差距应该不大。《召南》有14篇，这跟传世的《毛诗》也完全一样，排序也一样。但是《秦风》就不一样了，有10篇。还冒出来个《侯风》，在后面写"六"，指《侯风》有六篇。我们猜测《侯风》可能还是指《王风》，因为当时王的地位下降了，所以称"风"，这样的观点汉儒早就说过了，而简本就干脆称《侯风》，这也是我们采取的一种可能的解释。《侯风》六篇的内容属于《毛诗·魏风》，根据上下文，我们怀疑可能是抄手误置了。

总的来说，《诗经》简有"《周南》十又一""《召南》十又四""《秦风》十""《侯》六""《鄘》九""《魏》九（实际10篇）"，存诗共58篇。在出土文献中一下子见到58篇诗，可不是很容易。《国风》的排序也和《毛诗》不太一样，当然，《王风》是否叫《侯风》还是一个有争议的问题。《侯风》6篇在《毛诗》中属于《魏风》，简本《魏风》属诗除首篇《葛屦》外，其余9篇则属《唐风》。这些问题很复杂，需要专门讨论。简本与《毛诗》相较，有许多差异，有的章次与《毛诗》不同，有的章数与《毛诗》不同，异文更是非常之多。

二、简本《诗经》文化信息发微举例

下面谈谈战国《诗经》简发现的文化意义。《诗经》是蕴含着丰富的文化信息的，对《诗经》文化功能的解读从先秦就已经开始了。《汉书·艺文志》："《书》曰：'诗言志，歌咏言。'故哀乐之心感，而歌咏之声发。诵其言谓之诗，咏其声谓之歌。故古有采诗之官，王者所以观风俗，知得失，自考正也。"从《艺文志》论诗的产生、采辑及对诗的功能的认定，可见古人对《诗经》的文化功能有明确的体察。关于学《诗》之风，文献记录可追溯到春秋时代。孔子在《论语》中就多次谈到学《诗》。在《论语·阳货》篇中，"子曰：'小子何莫学夫《诗》？《诗》，可以兴，可以观，可以群，可以怨。迩之事父，远之事君；多识于鸟兽草木之名。'"孔子之所以强调学《诗》，这是因为他认为《诗》具有"兴、观、群、怨"等方面的文化功用。在《季氏》篇中，孔子甚至说："不学《诗》，无以言。"《礼记·经解》也记录："孔子曰：'入其国，其教可知也。其为人也，温柔敦厚，《诗》教也。'"从这些言论，可以看出在春秋晚期孔子是如何看待《诗》的，可见《诗》的影响力之大，《诗》的文化功能早就被明确提出来了。另外，春秋时代"赋《诗》言志"出现在各种典礼仪式以及重要政治场合，赋《诗》成为一种流行的修辞表达方式。这该怎么看？《孟子·万章上》曰："故说《诗》者，不以文害辞，不以辞害志。以意逆志，是为得之。"在孟子看来，说《诗》的关键是"以意逆志"。早在春秋战国时代就存在的赋《诗》言志，后来一直保持着，已成为一种深厚的文化传统。秦火之后，我们知道西汉有齐、鲁、韩三家《诗》列于官学，此外尚有未列官学的古文《毛诗》。后来三家《诗》亡佚，只有《毛诗》传世。《毛诗》因为毛传、郑笺而获得绝对权威的地位。对《诗》意的理解和文化功能的确认，从汉代以后，一般来说也超越不了《诗序》、毛传和郑笺。汉代人对《诗经》文化功能的认识以及《诗》意的理解，决定和影响着其后将近两千年对《诗》的理解，尤其是《诗序》，对历代

《诗》学产生了很大的影响。但《诗序》的来源一直有争议，《诗序》至少从汉代就开始流行了。汉儒谈《诗》就是谈《诗》的教化和"美刺"的功能，已经高度政治化了。

战国简本《诗经》被发现以后，使我们有机会检验汉代人对《诗》的文化功能的解读和认知是否可靠。我们知道近现代对传世文献的态度有一个重要的变化——疑古。"古史辨派"学者否定《诗序》、毛传和郑笺，批评汉儒的"诗教"及其对《诗》的文化功能的阐述，这在现代学术史上是很有名的。胡适对如何解读《诗经》提出自己的看法，认为《诗经》就是一部歌谣总集，可以从社会史、政治史、文化史的角度来研究（《古史辨》三）。近现代以来，《诗经》研究更多的是从文学的角度，而对《诗》的教化作用及文化功能就讲得比较少，基本持否定的态度。这样的否定对吗？过去我们也很难作出判断。战国简本《诗经》的发现给我们提供了一些新信息，根据我们初步研究的结果，可以看出，汉儒对《诗经》功用的解说有些显然有过头的，但也有不少是合理的，完全否定恐怕也有问题。汉儒的解释也有很多是不对的，因为通过比较战国的文本，知道原来的《诗》不是这么说的，文本依据出了问题，所以有可能说得不准甚至说错。但说得不准或说错的背后，涉及《诗经》如何流传等重要的文献学问题，由于时间的关系，我们只举几个例子来略作说明。

墙有茨，不可扫也。中冓之言，不可道也。所可道也，言之丑也。
墙有茨，不可襄也。中冓之言，不可详也。所可详也，言之长也。
墙有茨，不可束也。中冓之言，不可读也。所可读也，言之辱也。

《鄘风·墙有茨》这首诗大家都很熟悉，我们读这首诗的时候好像没什么难度，但我们是不是就真的读懂了呢？恐怕也不好说。比如"中冓之言"的"中冓"，到底是什么意思？历来对它的说法都不太一样。由于对这两字的误解导致对整首诗生发了许多误解。《诗序》将该诗的解释与一定的历史事件联系到了一起，认为："《墙有茨》，卫人刺其上也。公子顽通乎君母，国人疾之，而不可道也。"根据《序》，该诗是卫人讽刺他的君主，因为公子顽与君母私通，这件事说起来很丑。毛传说："兴也。墙所以防非常。茨，蒺藜。欲扫去之，反伤墙也。"是说墙上的蒺藜想扫也不能扫，如果要扫，就会把墙体给破坏了。诗人从墙有茨联想到国君宫廷淫秽的事，这种事若说出来也会损害国家的体面。郑笺进一步说："国君以礼防制一国，今其宫内有淫昏之行者，犹墙之生蒺藜。"如此解释就把它当作是一首政治讽刺诗了，并坐实到公子顽通宣姜之事。但这首诗本义是不是这样，确实大可怀疑。诗意的误读，实际上是因为"中冓"这个词不好理解，毛传说"中冓"是"内冓"，"冓"是什么就没说清楚；郑笺说"内冓之言，谓宫中所冓成顽与夫人淫昏之语"，他不说"内冓"是什么，却说"内冓之言"，说"宫中所冓成"也不太好懂。陆德明《经典释文·毛诗音义上》收录了该诗异文："冓"，"本又作遘……《韩诗》云：中冓，中夜，谓淫僻之言也"。《韩诗》说"中冓"是"中夜"则说明白了，与毛传、郑笺所讲完全不是一回事。《玉篇》引《诗》作"冓"，与《韩诗》之训相同。清代陈奂《诗毛氏传疏》认为"冓"指"宫中之室"，说得较明确，显然没有文献依据。后来的训诂学家跳不出淫秽之言，又或读"冓"为"垢""姤"等。长期以来，对"中冓"的训释，意见未能统一，对诗意的理解也一直沿袭毛、郑之说。

新出战国简本《诗经》这首诗是完整的，提供了解决问题的新材料。简本《墙有茨》首句写作"墙有蒺藜"，"中冓"作"中㝱"。"㝱"这个字在甲骨文中出现过，作 （《合集》20964），从"夕"，"录"声。甲骨文"夕"指"夜"，"㝱"与夜晚有关，"中"一般指中间，中夜就是指午夜。黄天树先生曾经考证甲骨文中的"中㝱"，推断"中㝱"可能指夜半。但是这个词在文献中从来没见过，除了甲骨文有之外，青铜器中也从来没见过，现在却在战国简中出现了。如果"中㝱"一词指半夜，这首诗的诗意理解就豁然开朗了。看来《韩诗》的解释是有根据的。传世各本"㝱"作"冓""遘"或"㝛"，都是同音借字。"菉"是见纽侯部字,与来纽屋部的"录"声字古音相近。

我们再来看这首诗,"中冓之言,不可道也",最有可能是指夫妻之间情感交流之话,所以才不能对外面说,说了就"丑",不合礼仪。如果这样解读,是不是把这首诗理解得太简单了?其实,我们看上博简《孔子诗论》的评语:"《墙又(有)茅(茨)》慎密而不智(知)言。"这可印证《诗论》与安大简是相通的。"慎密",正如《易·系辞上》所说"几事不密则害成,是以君子慎密而不出也","慎密"就是小心谨慎、保守秘密。《诗论》评这首诗"慎密而不知言",当是指夫妻之间半夜时分的情话不要让他人知晓,而不应是指公子顽通奸秽之所说的淫秽之语。一般说来《诗》写的应是普遍现象,是一种生活或社会现象的概括,不能坐实到一件具体历史事件之中,把诗意理解得太单一了。

有人或许会问这么说有什么文化意义?我们要知道这是一种言语礼仪的教化。古人很重视言语礼仪规范,我们在《诗经》中可读到"白圭之玷,尚可磨也;斯言之玷,不可为也"。话说得有过失,就不能改变了。古人很重视对言语的呵护,所以孔子提倡学《诗》,不学《诗》"无以言",诗可以使人温柔敦厚,规范人的言行举止。孔子就是这方面的典范,《乡党》里面有一段话描写孔子跟不同人说话时的举止:"孔子于乡党,恂恂如也,似不能言者。其在宗庙、朝廷,便便言,唯谨尔。朝,与下大夫言,侃侃如也;与上大夫言,訚訚如也。君在,踧踖如也,与与如也。"这实际上就体现了孔子对言语礼仪规范的重视和言语修养所达到的高度。再来看这首诗,以"墙有茨"起兴,告诉人们涉及一些敏感话题的时候,要"慎密"而有所避嫌和防范,特别是关于男女私情的话是不可公开张扬的。所以这首诗看似简单,背后还是合乎先秦礼仪文化的要义的。不能把它坐实到一个具体的历史事件中,利用"美刺"说去联系历史,这样就是对该诗的过度解读了。

《魏风·伐檀》这首诗大家也都很熟悉,对这首诗的理解,从来就没什么争议。下面我们就看看三章诗中间的最关键的两句话:

（一）不稼不穑，胡取禾三百廛兮？不狩不猎，胡瞻尔庭有县貆兮？

（二）不稼不穑，胡取禾三百亿兮？不狩不猎，胡瞻尔庭有县特兮？

（三）不稼不穑，胡取禾三百囷兮？不狩不猎，胡瞻尔庭有县鹑兮？

简本三章中这两句话出现了重要的异文，根据异文再来看传世本，我们从来没提出疑问的地方却是有疑问的。《序》："《伐檀》刺贪也。在位贪鄙，无功而受禄，君子不得进仕尔。"是说在位者很贪鄙，没有功劳却享受了福禄，但是君子却不能得到提拔。该诗的前三句，郑笺说是指诗人看到河水清涟，感慨自身才能得不到重用，"是谓君子之人不得进仕也"。朱熹《诗集传》说："比也。""诗人言有人于此用力伐檀，将以为车而行陆也。今乃置之河干，则河水清涟而无所用，虽欲自食其力而不可得矣。"该诗可能与《序》曰"不得仕进"关系不大，朱熹的分析庶几近之。从伐檀之劳苦，联想到不劳而获之君子，首三句应该是"兴"，而不是"比"，这是很自然的一种联想。该诗以刺贪鄙，表达了对社会不平等的怨言，这样理解诗应该是准确的。

简本异文可以帮助更好地解读该诗含义。第一章"不狩不猎，胡瞻尔庭有县（悬）貆兮"，毛传："貆，兽名。"说得太笼统。郑笺："貉子曰貆。""貉子"是一种打地洞的犬类动物。第二章"不狩不猎，胡瞻尔庭有县（悬）特兮"，毛传："兽三岁曰特。"这种解释也不太靠谱。第三章"不狩不猎，胡瞻尔庭有县（悬）鹑兮"，毛传："鹑，鸟也。"简单来说就是一种像鹌鹑一样的小鸟。我们仔细想想，这三句话有没有问题呢？"不稼不穑，胡取禾三百廛（亿、囷）兮"等句，谓不事稼穑却占有大量粮食。在农耕时代，占有这么多粮食只能是身居高位的贵族"君子"。而"不狩不猎，胡瞻尔庭有县貆（特、鹑）兮"等句，指不狩猎却在庭中高悬猎物。"三百廛（亿、囷）"极言粮多而刺贪，这没有问题；"悬貆、特、鹑"等，也当以所悬猎物之大，显示君子之贪。但细想一下，毛、郑等人对这几类动物的解释却与刺贪之意不大相称，在门庭悬挂一只小鸟或体格不大的貉子，如何显示财富之多或地位的高贵呢？这显然是有问题的。可是，历代学者都没提出疑问，毛、郑之说从来就没被怀疑过。

战国简本《诗经》这几句出现了异文，根据这些异文，看来毛、郑之说是有问题的。"貆"，简本作■，从"豨""备"（"邎"省）声，根据押韵关系，我们就知道上面"备（"邎"省）"是声符。所从"豨"即"豨"，是意符。《淮南子·本经训》说尧之时"封豨修蛇，皆为民害"，"封豨"即高大的野猪。更重要的是《集解》说："封豨，大豕。楚人谓豕为豨也。"汉代扬雄《方言》记载南楚叫"猪"为"豨"。简本这个字应释"豲"（豪猪），从"豨"与南楚称"猪"为"豨"正相合。《毛诗》的"貆"与"豲"是同音字，楚简这个字可能就是其本字。为什么说这个字用在这里更合理呢？首先因为"豲"不单是一头猪，更是一头体形硕大、很凶猛的豪猪，把这样的豪猪挂在门庭才能显示"君子"的地位，这就更加合理了。

"特"字除毛传的解释，还有一个常见的义项——公牛。《说文》："朴特，牛父也。"段注："特本训牡，阳数奇，引申之凡为单独之偁。""牡"，《说文》训"畜父也"，是广义的名词，所有畜父都叫牡。"特"在本诗中当指捕获的公牛才更加合理，而不是毛传所说的三岁兽，因为三岁兽指代很不明确。前面说豪猪，这里说公牛，都是体形硕大的动物。在狩猎时代，人们显示财富的时候往往把牛头挂在门庭，以展示自己狩猎的成果。

"鹑"，毛传："鸟也。"孔疏："鹑，鷃其雄。"将鹑悬于庭中，与第一、二章所悬"貆（豲）、特"很不相称，且根本不能显示"彼君子"的富有和地位，一只"小鸟"似乎也难以体现该诗"刺贪"的立意。"鹑"简本作"䴢"，即"麎"（麇）。"麇"在《诗经》中也有，陆德明《释文》："《尔雅》云：郊外曰野麇，兽名也。草木疏云：麇，獐也。""獐"也是体形比较大的鹿类动物，简本"县鹑"就是"悬麕"，因为"麕"读音与"鹪"比较接近，遂由一头鹿误解为一只小鸟。

按照简本《伐檀》诗，君子庭中所悬挂的分别是"豭（豕属）""特（牛属）""麕（鹿属）"，皆为狩猎所获体形硕大之动物，代表了狩猎的成果。从甲骨文狩猎卜辞到传世文献关于狩猎的记载，都表明古人狩猎比较有代表性的动物是猪、鹿、麋、牛等，这也是狩猎时代中原地区最常见的几类体形硕大的动物。按照简本，《伐檀》刺君子"在位贪鄙，无功受禄"之义也因此更加凸显出来了。

下面我再谈一首可能涉及一种古代制度问题的诗，即《召南》的压轴篇《驺虞》：

彼茁者葭，壹发五豝。于嗟乎驺虞。
彼茁者蓬，壹发五豵。于嗟乎驺虞。

我们知道《召南》以《鹊巢》为开篇之作，而《驺虞》这首短诗放在最后，为什么呢？历来《诗经》研究者大做文章，说是这么排列有深刻的意义。《诗序》："天下纯被文王之化，则庶类蕃殖，蒐田以时，仁如驺虞，则王道成也。"根据《诗序》的说法，我们读这六句诗怎么也读不出这么深刻的含义。向那茁壮成长的芦苇（蓬蒿）"一发五豝（豵）"，是指一箭射中五只小猪，还是一箭射出而惊动五只小猪？各家理解虽不尽相同，但总的来说，是将一箭射出与五只小猪联系起来分析的。"于嗟乎驺虞"，用今天的话，就是"哎呀，驺虞！"这是什么意思？这首诗前两句本来是很具体的田狩场景，后一句却令人费解。毛传："驺虞，义兽也。白虎黑文，不食生物，有至信之德则应之。"按照毛传，驺虞是仁义之兽。兽怎么会有仁义呢？先秦诸子讲人和动物的差别就在于人懂得仁义道德，动物是不辨仁义道德的，但这里的驺虞却有，毛传的解释我们无法验证。驺虞这一动物存在否？在古书中确实能找到它的记载，《山海经》里面有，说它是神兽，其他文献讲驺虞都来源于这类神话传说。关于驺虞这种动物，因为这首诗的流传，也因为《诗经》深远的文化影响，就像龙、凤、麒麟一样，也见于不少古书记载。这是将传说中的动物神灵化、政治化，使它们成为文化的符号，驺虞作为"仁义"之兽后来也变成这样。《驺虞》这首诗应该产生得比较早，有文献记载成王时期就出现了《驺虞》，《周礼》提到天子射礼所奏的音乐就是《驺虞》。为什么天子在举行射礼的重要场合要演奏这首诗？驺虞是"义兽"如何同射礼、同"一发五豝（豵）"联系起来呢？经学家们颇费精神，提出了种种解释。毛传说天下纯被文王之化，天子有仁义之心，就像驺虞一样。而今文《鲁诗》《韩诗》则认为："驺虞为天子掌鸟兽官"，也就是说在射猎的时候，驺虞是在场的职官。贾谊说："驺者，天子之囿也；虞者，囿之司兽者也"，"作此诗者，以其事深见良臣顺下之志也者"（《新书·礼》卷六）。今古文各家的解释都很勉强。看来关键是如何理解"驺虞"，弄明白了"驺虞"的含义，"五豝""五豵"就好解释了。正巧简本保存了这首诗，虽然有些残损，但关键的字还在，拼联后发现这首诗不是两章，应是三章九句，简本如下：

皮（彼）茁者葭，一发五豝（豝），于差（嗟）从乎！
皮（彼）茁者蓬，一［发五豵，于差（嗟）从乎］！
［皮（彼）茁者］蓍，一发五麇，［于差（嗟）从乎］！

从简本来看，历来争议最大的"驺虞"竟然作"从乎"，这是一个重要的异文。"驺虞"和"从乎"是什么关系？有两种可能，一个是读音相近，抄诗的人就把"驺虞"抄成了同音字"从乎"，二者读音是相通的。我们知道现在的"乎"在楚简里面从"虎"，"虎、乎、虞"读音都是很接近的。那"从"和"驺"呢？一个是东部字，一个是侯部字，侯东对转，所以把"驺虞"写成"从乎"完全有可能。如果承认这一点，就跳不出毛传和郑笺。另一种可能，所谓"驺虞"本来就是"从乎"，是汉代人受观念的影响，把"从乎"误解为传说中的义兽"驺虞"，这种可能不能排除。如果我们根据简本直接读"从乎"行不行？首先，有"于嗟从乎"这种句式吗？有。《诗经》与"于嗟从乎"

相类似的句子，有"于嗟麟兮"（《周南·麟之趾》）、"于嗟阔兮""于嗟洵兮"（《邶风·击鼓》）、"于嗟鸠兮""于嗟女兮"（《卫风·氓》）等。我们都知道"乎"与"兮"本是分化关系，作虚词每互通。清代人王念孙曾梳理"乎"和"兮"在文献中相通的例子。这样，我们读"于嗟从乎"为"于嗟从兮"也没什么大问题。那接下来"从"字该如何理解？在《诗经》中"从"有"驱赶"的意思，田猎时追逐野兽叫"从"。《齐风·还》"并驱从两肩兮"，毛传："从，逐也。兽三岁曰肩。"这样诗意就比较好理解了，就是一幅描述田猎的具体场景：向着茁壮的苇草（蓬蒿，蓍草），一箭射出，窜出五只小猪（鹿麇），哎呀快追吧！好像也很合理。这就涉及"豝"和"豵"到底指什么。我们都知道"麇"具体指什么动物是有争议的，现在看来"麇"就是鹿子。这三种都是指小动物，"豝""豵"是小猪，"麇"是小鹿，因为是小动物，才可能聚集在苇草（蓬蒿、蓍草）之中。一箭射出，惊动五只小猪（鹿麇），于是去驱赶它们。如果能这么简单地理解，这一描写田狩场景的短诗，为什么可以作为射礼演奏的音乐呢？为什么那么被推崇呢？我们知道，"从"还有另一个常用义，即读作"放纵"之"纵"。在"于嗟从乎"中，将"从"读作"纵"，理解为"放纵、放生"也文通字顺。如果读为"纵"，这首诗的意思就发生了根本变化。"纵"是放生，一箭射出，跑出五只小动物，哎呀放了它们吧！为什么要放了它们？这是因为该诗的背后蕴含了上古一种重要的制度——虞衡制度。

《书·舜典》："帝曰：'畴若予上下草木鸟兽？'佥曰：'益哉！'"孔传："上谓山，下谓泽。顺谓施其政教，取之有时，用之有节，言伯益能也。"又："帝曰：'俞！咨益。汝作朕虞。'"孔传："虞，掌山泽之官。"《周礼·天官·太宰》："以九职任万民……三曰虞衡，作山泽之材。"郑玄注："虞衡，掌山泽之官，主山泽之民者。"《周礼·地官》有山虞、林衡、川衡、泽虞四官，其下各设属官。"虞，度"；"衡，平"。虞衡之职，掌山川林泽之禁令，以平其守。总之，虞衡制度见于《书·舜典》《周礼》《左传》《国语》等文献，后世的"封山育林"、保护幼兽雏鸟和休渔等，实际是这种思想和制度的延续和影响。古人是从狩猎时代进入农耕时代的，狩猎时代的经验和智慧，告诉人们不能捕杀幼兽、网捕小鱼，因为动物的繁殖和生长，直接关系狩猎资源的保护，影响人类自身的生存。设置虞衡之职这种制度，是渔猎时代到农耕文明的跃进，是渔猎时代人们长期形成的生活经验和智慧的制度化。西周金文、战国文字等出土文献材料，证实虞衡制度确实存在。金文出现"林（衡）""（山）虞"等官职，战国官玺有"平阳桁（衡）""左桁（衡）正木""虎（虞）木之玺""行鹿之玺"等。这些和传世文献是可以互证的。《周礼·地官·司徒》："迹人掌邦田之地政，为之厉禁而守之。凡田猎者，受令焉，禁麛、卵者，与其毒矢射者。"郑玄注："为其夭物且害心多也。麛，麋鹿子。"疏："此谓四时常禁。……彼以春时先乳，特禁之也。"《礼记·曲礼下》："国君春田不围泽，大夫不掩群，士不取麛卵。"郑注："生乳之时，重丧其类。"《礼记·月令》："命祀山林川泽，牺牲毋用牝，禁止伐木，毋覆巢，毋杀孩虫、胎夭飞鸟，毋麛毋卵。"这些文献资料是上古实施虞衡制度的客观反映。

　　我们回到这样的背景下来读《驺虞》，就能发现这首诗是虞衡制度的具体写照。放生幼小动物，就是遵循"毋麛毋卵"这种制度的规定。这种制度之后上升到礼乐文化，所以天子举行射礼时要演奏《驺虞》。简本异文，为我们提供了从虞衡制度来理解该诗的新的路径。当然，历史上虞衡制度是有变化的，《孟子·梁惠王上》："不违农时，谷不可胜食也；数罟不入洿池，鱼鳖不可胜食也；斧斤以时入山林，材木不可胜用也。谷与鱼鳖不可胜食，材木不可胜用，是使民养生丧死无憾也。养生丧死无憾，王道之始也。"孟子把虞衡制度与"王道之始"联系在一起了，自然也体现了对虞衡制度的极力推崇。《诗序》也有合理成分，所谓"庶类蕃殖，蒐田以时"，实际也隐含了虞衡制度的要义。《韩诗》《鲁诗》谓"驺虞为天子掌鸟兽官"，已触及对诗意的正确理解。由于《诗序》将"驺虞"误解为"义兽"，将这首诗附会为"文王之化"，谓"仁如驺虞，则王道成也"，最终导致对该诗理解的偏误。简本《诗经》给我们提供了理解一种古老制度的机会，从虞衡制度可帮助我们重新对这首诗作出新的解读，也有助于我们理解为什么在射礼上要演奏《驺虞》。

上举各例表明，以新出楚简《诗经》校读《毛诗》，检视毛传、郑笺和历代学者的研究，可以明辨前人是非，有助于准确解读一些诗的文化内涵，起到正本清源的作用。从这个意义上看，新出战国楚简《诗经》虽然数量有限，但其价值则是无与伦比的。当然《诗经》简的文化意义远远不止这些。

三、楚简《诗经》的学术史意义

《诗经》对我国思想文化有着极为广泛的影响，新发现的战国早中期简本《诗经》，再现秦火之前古本《诗经》的原貌，无论从《诗》学史还是经学史的角度看，都具有重要的学术史意义。历代致力于《诗经》研究的学者，曾提出了许多未能解决的学术问题，其中有些问题由于简本《诗经》的发现有可能提出新的解决方案。

《诗经》在春秋战国之际已广泛流传。秦始皇统一六国之后，李斯奏议焚禁古书。《史记·秦始皇本纪》："天下敢有藏《诗》《书》百家语者，悉诣守、尉杂烧之。有敢偶语《诗》《书》者弃市。"《诗》《书》是儒家的核心经典，"至秦患之，乃燔灭文章，以愚黔首"（《汉书·艺文志》）。《诗》《书》由此而遏绝。钱穆指出："惟《诗》《书》古文，流传本狭，而秦廷禁令，特所注重，则其遏绝，当较晚出百家语为甚。"（《两汉经学今古文平议》）

焚书之后，《诗经》还得以流传，主要有赖于口耳相传。《汉书·艺文志》说："（《诗》）凡三百五篇，遭秦而全者，以其讽诵，不独在竹帛故也。"今文《诗》多是靠记忆转写下来的。阜阳汉简《诗经》跟三家诗的异文很不一样，我想道理是一样的，也是靠记忆转写下来，有时写错字、别字、同音字，从而造成不同的异文。汉惠帝四年废挟书之律，广开献书之路，先秦典籍的收集和整理重新得到重视，《诗经》得立于学官。据《汉书·艺文志》记载："《诗经》二十八卷，鲁、齐、韩三家……《毛诗》二十九卷，《毛诗故训传》三十卷。凡《诗》六家，四百一十六卷。""汉兴，鲁申公为《诗》训故，而齐辕固、燕韩生皆为之传。或取《春秋》，采杂说，咸非其本义。与不得已，鲁最为近之。三家皆列于学官。""又有毛公之学，自谓子夏所传，而河间献王好之，未得立。"《毛诗》是因河间献王才引起重视的，陆德明《经典释文·序》："河间人大毛公，毛公为《诗故训传》于家，以授赵人小毛公（一云名苌）。小毛公为河间献王博士，以不在汉朝，故不列于学。"毛公之学自称是从子夏传下来的，我们知道在《论语》中孔子跟子夏谈《诗经》的记载最多。上博简《诗论》公布以后，有人说这是不是子夏《诗》说？"后汉郑众、贾逵传《毛诗》，马融作《毛诗注》，郑玄作《毛诗笺》，申明毛义，难三家，于是三家遂废矣"。只有《毛诗》因为有毛传、郑笺的影响，独传下来。四家《诗》，"唯《毛诗》郑笺，独立国学，今所遵用"（《经典释文·序》）。根据《汉书》记载，河间献王所好之《毛诗》，应是得自民间的"古文先秦旧书"。或以为《毛诗》"本经与今文无大差别"（蒋伯潜《十三经概论·毛诗概论》）。

虽然今文三家和《毛诗》看起来传承有序，但《诗》学史上提出的疑问并不少，如：

（一）《诗经》是如何采集、何时编成的？

（二）孔子删诗说是否有据？《史记·孔子世家》说"古者诗三千余篇，及至孔子，去其重，取可施于礼义"者三百五篇。这一说法影响很大，但前人早就提出了不同的看法。孔子自己说"《诗》三百，一言以蔽之，思无邪"，他所说的"《诗》三百"应该就是定本。《诗》到底是如何形成定本的？

（三）《毛诗》是否源自秦火之前古本，是否确为子夏所传？

（四）四家《诗》差异何在？异义何以取舍？

（五）《诗序》与《诗》义是何关系？《诗》经学者认为：《诗序》与《诗》义有的不沾边，有的不怎么靠谱，有的也只是包含一些合理成分,那么《序》是怎么形成的?

长期以来,历代研究《诗》的学者对这些问题争论不休,莫衷一是。这些都是学术史上的重要问题,简本《诗经》的出现能否解决这些问题呢?

关于简本《诗经》的学术史意义需要深入的专门研究,这里主要谈几点初步看法:

(一)简本《诗经》与《毛诗》相比较,显示两本所收诗篇大体一致,说明战国早中期之前《诗经》定本就已形成了。"古者诗三千余篇",经孔子增删为三百五篇之说不可信。如果《诗经》文本到孔子时才编成,按古书流传的延续性,删去的2 700首不可能一下子绝迹。在简本中几乎看不到一首《毛诗》之外的新诗,这只能说明在当时《诗经》就有一个定本,这个定本是简本与《毛诗》的共同源头。这对否定孔子删《诗》说的观点显然有利。

(二)简本编纂体例与传世本有许多不同,国风部分各国先后、诗篇排序、一些诗的章次和章数与传本都存在差异。这些现象表明春秋战国时期《诗经》同一个定本有不同抄本,传抄过程中不同程度的调整改变情况是存在的。

(三)因《诗经》传本并非一种,传抄者对诗意理解的差异、地域用字的习惯和特点的差异,以及转写传抄的一时之误,会造成大量的异文现象。简本则再现了战国楚地《诗经》抄本的面貌。通过对比,既发现了《毛诗》存在的漏字少词、误字和用字差异,也发现了简本有错抄漏抄的地方,更多的则是体现了楚地用字习惯的不同。

(四)以简本校读《毛诗》,可以对《毛诗》在流传过程中发生的问题予以合理解释。如《甘棠》"勿翦勿拜"的"拜",阜阳汉简也写成"拜"的古体。"拜"如何理解,直接读"拜"明显读不通,古人有多种看法。简本写成"掇","掇""拜"都是月部字,语音相通;"拜""掇"在楚简中都从手,二字字形非常接近。《毛诗》应该是把"掇"抄写成音近的"拜",这里的"掇"应读为"剟","削去"的意思，这样就文通字顺了。由此也可证明《毛诗》确实可能源自战国古本。在隶古定或传抄古文的过程中发生形近讹误是常见的。

（五）《诗序》是《诗经》传承过程中，传《诗》者对诗意的理解和阐发，对《诗》意理解有一定借鉴作用。但以简本校读，《诗序》未必合乎《诗》之本义。如上举对《驺虞》诗意的理解。

以上略举战国楚简《诗经》学术史意义之大端，待简本整理公布后，相信学者们必将有更多的发现。我们目前所能做的就是把基础整理工作做好，为学者提供一份比较便用的可靠的文本，并尽可能提出我们的初步意见供大家参考。

说得不对的地方，请大家批评指正。谢谢！

【编按】2015 年初，安徽大学在海外抢救回一批战国竹简（学界简称为"安大简"），这批竹简包含多种先秦重要文献，其中《诗经》（部分）是首次发现的战国时期抄本，具有重大的价值和意义。黄德宽、徐在国主编的《安徽大学藏战国竹简（一）》2019 年 8 月由中西书局出版，公布了《诗经》全部材料和整理研究成果。本篇是 2017 年 12 月 18 日应邀在中山大学文学院所作的讲座，介绍了《诗经》简整理研究的初步认识，由刘伟浠整理，原刊载于《古文字论坛》第 3 辑，中西书局，2018 年，第 323—338 页。

略说《仲尼曰》《曹沫之陈》的文献价值

《安徽大学藏战国竹简（二）》[1]发布的《仲尼曰》《曹沫之陈》（后文简称《曹沫》）两篇文献，前者是首次发现的战国时期编纂的孔子语录，后者与《上海博物馆藏战国楚竹书（四）》发布的《曹沫之陈》是同一篇文献。这两篇简文各有其独特的文献学价值，是战国出土简牍文献资料的重要新发现。下面简略谈一谈整理这两篇简文时形成的一些初步认识。

先说《仲尼曰》。《仲尼曰》这篇简文，辑录了孔子语录25条，其中8条见于今本《论语》，见于《礼记·缁衣》《大戴礼·曾子疾病》等文献的4条，《礼记·中庸》《大学》等文献有类似内容的5条，尚有8条还未能从传世文献找到对应的材料。《仲尼曰》的发现，对《论语》文献学研究有很重要的意义。

《论语》是儒家思想的元典文献，集中体现了儒家宗师孔子的思想观念和哲学智慧，对中国古代历史文化影响广泛而深远。我们今天所见到的《论语》是汉代整理传承下来的文本，汉代曾有《鲁论》《齐论》《古论语》三种。《鲁论》20篇，为鲁人所传习，经东汉末年郑玄整理注释，传承至今，就是今本《论语》。《齐论》22篇是今文传本，为齐人之学，多出《问王〈玉〉》《知道》两篇，早已亡佚。《古论语》是孔子壁中发现的古文抄本（21篇），有两《子张》篇，"篇次不与

---

[1] 安徽大学汉字发展与应用研究中心编，黄德宽、徐在国主编：《安徽大学藏战国竹简（二）》，中西书局，2022年。以下所引该书内容，不再出注。

《齐》《鲁论》同",[1] 未能传世。近几十年来，还出土了三种汉代《论语》抄本。1973 年，河北定县西汉中山怀王刘脩墓出土简本《论语》，有残简 620 多枚，是公元前 55 年（刘脩逝年）之前的传本，与今本《论语》在章节、词句和用字等方面有许多不同。[2] 2011 年，江西南昌市发现西汉海昏侯刘贺墓《论语》简，存 500 多枚，大多残缺，其中有见于《齐论》的《知道》篇题。[3] 此外，20 世纪 90 年代，朝鲜平壤市乐浪地区发现 120 枚竹简《论语》抄本（据已发表的材料有《先进篇》《颜渊篇》两篇），抄写时代约在汉代宣、元之间。以上几种出土简本《论语》的抄写年代大体上在西汉中期。通过比较研究，可知汉代《论语》文本在总体上比较一致，但也存在不少差异，这些发现对《论语》的传承传播和儒家思想研究都是十分珍贵的材料。

安大简《仲尼曰》是战国时期与《论语》相关材料的首次发现，虽然篇幅不大，只有 8 条见于今本《论语》，但对《论语》的文献学研究具有多方面的价值。概括说来，主要有：

一是从编撰体例来看，《仲尼曰》已具备《论语》基本的文体特征。《仲尼曰》各条，以"仲尼曰"开头，引述孔子言论；分条辑录编排，条目之间各自独立；所录孔子言语，篇幅短小，内容精粹，隽永深刻，是典型的语录体。这些正是《论语》基本的文体特征。

二是从编撰者来看，"仲尼"之称是孔门弟子尊称孔子的习惯，由此可推测，《仲尼曰》是孔子门人所辑录编撰的孔子语录。《汉书·艺文志》曰："《论语》者，孔子应答弟子时人及弟子相与言而接闻于夫子之语也。当时弟子各有所记，夫子既卒，门人相与辑而论篹（撰），

---

[1]（魏）何晏：《论语序》，（清）刘宝楠撰，高流水点校：《论语正义》，中华书局，1990 年，第 777 页。

[2] 河北省文物研究所，河北省文物研究所定州汉墓竹简整理小组：《定州汉墓竹简·论语》，文物出版社，1997 年，第 1—4 页。

[3] 刘贺元康三年（公元前 63 年）封为海昏侯，几年后病逝。该墓出土大量竹简书籍，《论语》之外，还包括《诗》《礼》《春秋》《孝经》等。参看朱凤瀚主编：《海昏简牍初论》第九章"海昏竹书《论语》初论"，北京大学出版社，2021 年，第 141—163 页。

故谓之《论语》。"《仲尼曰》的编撰，大概正如《汉书·艺文志》所述，是"弟子各有所记"中的一种。[1]

三是从收录条目的分布和内容看，《仲尼曰》辑录的孔子言论三分之二以上不见于今本《论语》，称谓也与《论语》多称"子"或"孔子"不同，见于《论语》的8条在文字上也有所不同。可见《仲尼曰》与今本《论语》虽有联系，但不大可能是《论语》的战国摘抄本。据荆州博物馆最近公布，2021年荆州王家咀798号墓发现战国楚抄本《孔子曰》，部分可与今本《论语》对读，少量散见于《礼记》《孟子》等传世文献。发布者认为："《孔子曰》虽与西汉各本《论语》有一定渊源关系，但文本结构差异较大，不可视为同一书。"[2]《仲尼曰》《孔子曰》这两种战国简文情况非常相似，这表明在战国时期孔子言论已广为流行，孔门弟子辑录编撰的孔子语录不止一种，并且曾以不同的方式在一定范围内流传。

四是从《论语》的成书和定名来看，《仲尼曰》为相关问题的研究提供了新材料。《论语》一名见于《礼记·坊记》《孔子家语·弟子解》，汉代著作多有称引。然而东汉王充《论衡·正名篇》则说《论语》得名，始于孔安国。[3] 前人指出《论语》得名与定本的形成当有一定关系，始于孔安国所题不太可信。[4] 关于《论语》之名，马培棠

---

[1] "论撰"之"论"与"撰"同义，即撰择编次。关于辑撰《论语》的孔门弟子，前人有不同说法。或曰仲弓、子游、子夏所撰定（郑玄《论语序》），或曰出自曾子、有子门人（罗豫章《二程语录》），参看（清）刘宝楠撰，高流水点校：《论语正义·附录·郑玄〈论语序〉》逸文，第796页。

[2] 极目新闻、荆州博物馆发布：《重大发现！荆州战国楚墓出土你没读过的"论语"》，"荆州发布"微信公众号，2022年5月27日。https://mp.weixin.qq.com/s?__biz=MzA5NTIzOTE4OQ==&mid=2649901401&idx=1&sn=c4318bc445f5ed194450b8c5910bc2ad&chksm=88448423bf330d3ca505844af078c162374446a824d69839c30f8a485c87daa5b84255c2b62&scene=27#wechat_redirect。

[3]《论衡·正说篇》："初，孔子孙孔安国以教鲁人扶卿，官至荆州刺史，始曰论语。"《论衡校释》引孙世扬说："还之孔氏安国，以授扶卿，自是《论语》之名始有限制，《论语》之学始有专师。此王充所谓'始曰《论语》'，别于前此之泛称《论语》者矣。"参看黄晖：《论衡校释》卷第二十八，中华书局，1990年，第1138—1139页。

[4] 刘宝楠谓："《论衡》以扶卿为人姓名，而鲁则所居之地。又以扶卿为安国弟子，是传古论之学，与汉志诸文不合。至以论语为安国等所题，尤不可信。"（清）刘宝楠撰，高流水点校：《论语正义·附录·郑玄〈论语序〉》逸文，第796页。

曰："《论语》之名，虽早见于《礼记·坊记》，而两汉时代，称谓并不一致。或单称'论'，或单称'语'，或别称'传'，或别称'记'，或详称'论语说'，直至汉后，《论语》之称，方告确定。其内容，强半皆孔子之言，故曰《论语》。"[1]《仲尼曰》简文的最后有"中（仲）尼之耑谞（语）也"一语，其中"耑谞（语）"的释读，整理时还没能形成一致的意见。徐在国教授与顾王乐博士疑"耑谞（语）"可释作"论语"，并认为《仲尼曰》25条"均出自战国时期的《论语》"，"简文'仲尼之论语也'，是说所记仲尼之语主要出自《论语》"，《仲尼曰》"有可能是早期《论语》的一个摘抄本"。[2] 如果这些看法可以成立的话，《仲尼曰》的发现就具有重大的学术史意义。由于该句中虚词"之"表示的是领属关系，"耑谞（语）"所指应是仲尼所言说的内容，而不大可能指《论语》这个书名。从前人论述和文献记载来看，一般不认为战国时期《论语》已经成书并有了定名。就《仲尼曰》简文提供的信息，目前还难以作出肯定性结论。我们怀疑这个词可读为"短语"。按照楚文字的用字习惯，"耑"可读为"短"，"短语"就是指所记录的孔子这些短小隽永的语录，相当于典籍中常说的仲尼之"微言"，"短语"和"微言"表达的是同一意思。[3] 当然，"耑谞（语）"的释

---

[1] 马培棠：《国故概要》，转引自陈国庆编：《汉书艺文志注释汇编·六艺略·（七）论语》，中华书局，1983年，第79—80页。
[2] 徐在国、顾王乐：《安徽大学藏战国竹简〈仲尼〉篇初探》，《文物》2022年第3期。
[3] "微言"，是先秦一个较为流行的词语。《逸周书·大戒》："微言入心，凤喻动众，大乃不骄。"朱右曾校释："微言，微眇之言。"（黄怀信、张懋镕、田旭东撰：《逸周书汇校集注》，上海古籍出版社，2007年，第564页）战国楚简就有仲尼之"微言"这种说法（见安大所藏战国楚简，待公布）。《汉书·艺文志》："昔仲尼没而微言绝，七十子丧而大义乖。"[（汉）班固撰，王继如主编：《汉书今注·卷三十·艺文志第十》，凤凰出版社，2013年，第1000页]《经典释文》："夫子既终，微言已绝。恐离居已（以）后，各生异见，而圣言永灭，故相与论撰，因辑时贤及古明王之语，合成一法（法，卢校疑为"秋"讹），谓之《论语》。郑康成云：仲弓、子夏等所撰定。"[（唐）陆德明撰，吴承仕疏证，张力伟点校：《经典释文序录疏证·注解传述人·论语》，中华书局，2008年，第122页] 又见于刘宝楠《论语正义》附录《郑玄〈论语序〉逸文》所引《论语崇爵谶》以及刘勰《文心雕龙·论说篇》等。"耑语"，也有可能读"传语"。"耑"与"专"常通用。《说文》："专，六寸簿也。"汉代《论语》多"名之曰传"（《论衡·正说篇》）。郑玄："书以八寸策。《钩命决》云：'《春秋》二尺四寸书之，《孝经》一尺二寸书之。'故知六经之策，皆长二尺四寸。《易》《书》《诗》《礼》《乐》《春秋》皆尺二寸，《孝经》谦，半之。（转下页）

读要形成一致的认识,还需要进一步开展深入的探讨。

总体看来,新发现的《仲尼曰》《孔子曰》都应该是战国时期孔子"门人相与辑而论撰"的文本,《论语》的最终编定,应当吸收了孔子门人这些不同的辑撰本,《汉书·艺文志》关于《论语》成书的记述大抵不错。《仲尼曰》的发现,有助于推进《论语》成书、定名和传承等问题的探讨。

下面简单谈一下《曹沫之陈》的文献学价值。安大简与上博简《曹沫》的发现,表明这篇文献在战国时期是一篇很有影响的军事著作。上博简《曹沫》公布之后,学者对简文编连、释读已开展了深入研究,但在简文编连、字词考释、文意理解等方面,也存在着较多分歧,不少问题尚未最终解决。安大简《曹沫》对深入开展这篇简文的研究是极为难得的资料。其价值主要有以下三点:

(一)以安大简《曹沫》为参照,两篇简文互校,上博简《曹沫》编连的错误可得以纠正,残缺的简文可得以补足,可解决一些疑难字词的释读。经过整理研究,可基本恢复《曹沫》文本原貌,这为深入开展相关问题的研究奠定了文本基础。[1]

(二)两篇简文大概来源于同一母本,两种抄本互校和异文互勘,可解决一些疑难字词的训释。如:

> 五人以敁(伍),一人又(有)多,四人皆赏,所以为刬(敦)。
> (安大《曹沫》简17—18)

(接上页)《论语》八寸策者,三分居一,又谦焉。"刘宝楠正义曰:"'八寸'者,策之度。"[(清)刘宝楠撰,高流水点校:《论语正义·附录·郑玄〈论语序〉逸文》,第793页]王充:"夫《论语》者,弟子共纪孔子之言行,敕记之时甚多,数十百篇,以八寸为尺,纪之约省,怀持之便也。以其遗非经,传ารু纪识恐忘,故但以八寸尺,不二尺四寸也。"(黄晖:《论衡校释》卷第二十八《正说篇》,第1136页)如果"尚语"读作"传语",实际上也就是"短语",所谓"六寸簿"之"专(尚)",可能不仅是因为简的尺寸形制,盖与简的内容也相关,抄录孔子微言短语,使用短简,"纪之约省,怀持之便也",二者并不矛盾。

[1] 关于《曹沫》编连问题,参看李鹏辉:《据安徽大学藏战国竹简〈曹沫之陈〉谈上博简相关简文的编联》,《文物》2022年第3期。

庄公曰："此三者，足以战乎？"答曰："戒胜怠，果胜疑，亲率胜使人，不亲则不劚（敦）也，不和则不畀（辑），不义则不服。"
（安大《曹沫》简 18—19）

这两条简文中"所以为断""不亲则不断"，上博简《曹沫》26+62 与安大简 17—18 号相对应，两种简本"断"字作"劚"相同。简文"所以为断"之"断"，陈剑以为："断，决也，犹言裁定功过赏罚之标准。"[1] 安大简《曹沫》18—19 与上博简 49+33 号相对应，上博简作"不亲则不綧"，"綧"原注释读"敦"，认为"有纯厚之意"。[2] 根据上博简"綧"与安大简"劚（断）"构成的异文关系，我们认为安大简两处"断"字皆应读为"敦"。《庄子·逍遥游》"越人断发文身"，《释文》："断，司马本作'敦'。"清华简《芮良夫毖》"绳劚"之"劚"，[3] 沈培读作"准"，"绳准"指规矩法度。[4] 清华简《越公其事》"墨叀"合文，袁金平读"墨准"。[5] "准"与"綧""淳"音同，皆为章纽文部字，"劚""叀"读"准"，可证"断"与"敦"相通。"钧"与"醇"通，《史记·平准书》："自天子不能具钧驷。"《索隐》："钧驷，《汉书》作'醇驷'。'醇'与'纯'同。""钧"又与"专"通，《史记·屈原贾生列传》："大专盘物兮。"《集解》："《汉书》'专'字作'钧'。"《索隐》："此'专'读曰'钧'。""醇""纯"与"钧"相

---

[1] 参看陈剑：《上博竹书〈曹沫之陈〉新编释文》，收入陈剑：《战国竹书论集》，上海古籍出版社，2013年，第118页。

[2] 马承源主编：《上海博物馆藏战国楚竹书（四）》，上海古籍出版社，2004年，第264页。

[3] 见《芮良夫毖》简 19—20、简 22，参看清华大学出土文献研究与保护中心编，李学勤主编：《清华大学藏战国竹简（叁）》，中西书局，2012年，第80—81页（放大图版），146页（释文）。

[4] 沈培：《试说清华简〈芮良夫毖〉跟"绳准"有关的一段话》，清华大学出土文献与中国古代文明研究中心、清华大学出土文献研究与保护中心编：《出土文献与中国古代文明——李学勤先生八十寿诞纪念论文集》，中西书局，2016年，第183页。该文最初发表于由清华大学出土文献研究与保护中心主办的"出土文献与中国古代文明"国际学术研讨会（北京西郊宾馆，2013年6月17—18日）上。此据2016年正式出版之文。

[5] 袁金平、孙莉莉：《清华简〈越公其事〉合文"叀墨"新释》，《出土文献》第13辑，中西书局，2018年。

通,"钧"与"专"相通,可见,从"专"声的"剸(斷)"与"敦"相通,符合文献用字习惯。简文两个"剸(斷)"皆读为"敦",表示"勉励"之义。《尔雅·释诂上》:"敦,勉也。"简文"五人以伍,一人有多,四人皆赏,所以为剸(敦)",指"伍"作为一个作战单位,需要和衷共济,同生共死,故而"一人有功",另外四人皆获奖赏。"所以为剸(敦)",为"所"字结构,表示以奖赏四人作为敦勉其团结合作、奋力作战的手段。简文"亲率胜使人,不亲则不剸(敦)也",指亲自率兵出战要胜过指使他人(兵士)冲锋陷阵,因为不身先士卒就不能达到敦勉(兵士)的效果。

(三)两种《曹沫》简本互校,可以纠正抄本的文字失误,有助于简文的正确理解。如下面两例:

庄公或问曰:"攻者奚如?"答曰:"民有货:曰城,曰固,曰阻。三者尽用不皆(谐),邦家以忧(尤)。"(安大《曹沫》简40—41)

这段简文䘚字从心尤声("忧"),对应的上博《曹沫》简56号作䘚,整理者隶定为从心厷,读为"宏"。根据简文文意,可以判断上博简是因形近而将"尤"讹为"厷",造成了一个错字。这个"忧"字应读"尤",训"咎",指灾祸。新蔡简甲三10"少(小)又(有)外言戚也,不为憖(忧—尤)"可证。因误"忧(尤)"为"宏"字,遂引发对"三者尽用不皆"之"皆"字的误释。上博整理者读"皆"为"弃",[1] 学者多从之;或疑"皆"用作"替"。我们以为"皆"应读为"谐"。从简文看,前面讲到攻者具备的有利条件(城、固、阻)都是客观的,接着说"虽然三者尽用而不谐和,则邦家以忧(尤)",说明邦家之祸,关键在于人事不谐和。下文说"善守者""上下和且辑",正与此相对而言。

曹沫答曰:"臣闻之:'昔之[明王之]起于天下者,各以其世,

----

[1] 马承源主编:《上海博物馆藏战国楚竹书(四)》,第281页。

以殁（没）其身，今与古亦多不同矣。"（安大《曹沫》简44—45）

安大简44—45"殁"字对应的上博64+65简文作"及"，"及"应是"殁"的错写。安大《曹沫》简6—7"臣闻之曰：君子以贤称而失之，天命；以亡（无）道称而殁（没）身就世，亦天命"，可与简44—45"各以其世，以殁（没）其身"相参看。"没身"一词，先秦出土和传世文献常见，如清华简《治政之道》第11—12号简："昔之为百姓牧，以临民之中者，必敬戒毋倦，以避此难，没身免世，患难不臻，此之曰圣人。"[1] 马晓稳认为："世"与"命"的意思相类，都是指人一生的过程。《吕氏春秋·观世》："故日慎一日，以终其世。"高诱注："没身为世。""没"当训为满、尽。"即世""就世""没世""免世"这类动宾结构的词组中，"世"应理解为人的一生一世，前面的动词都是趋止、满尽一类的意思。[2] 因此，上博简"以及其身"据安大简应校改为"以殁（没）其身"。就这些例子而言，安大简《曹沫》抄本胜于上博简，两种简本相互校核，对恢复《曹沫》文本面貌，解决文本疑难字词释读，准确理解文本内容都是很有价值的。

以上所说的，只是整理研究过程中形成的一些初步认识，大多数意见都体现在第二辑整理研究报告之中了。《安大简》第二辑报告的公布，为古文字学、汉语史、思想史和古文献学等相关学科提供了新材料，随着多学科学者的参与和研究的不断深入，我们相信，这两篇文献的价值将会得到更加全面的揭示。

【编按】 本篇根据2022年8月19日在《安徽大学藏战国竹简（二）》成果发布会上的发言整理修改，补充了部分注释。

---

[1] 清华大学出土文献研究与保护中心编，黄德宽主编：《清华大学藏战国竹简（玖）》，中西书局，2019年，第39—40页（放大图版）、127页（释文）。
[2] 马晓稳：《读清华简〈治政之道〉札记（六则）》，《清华大学学报（哲学社会科学版）》2020年第1期，第53—54页。

汉字文化访谈

西周何尊铭文拓片

中华文明多元一体，多民族和谐相处，共同推进中华文明的长盛不衰。汉字汉语一直是中华民族通用的语言文字，是不同民族、不同方言区人们交流交际的共同工具。以汉字书写的典籍，使先人思想和智慧得以跨越不同时代、地域和方言而广泛传播，影响所及，化成天下。汉字对传承弘扬博大精深的中华文明、对维护和巩固中华民族共同体，都发挥着无与伦比的巨大历史作用。

让古文字"活"起来

汉字连接了中华民族的历史、现在与未来，被视为中华文化的"活化石"。甲骨文、篆书、隶书、楷书、草书……形态各异的古语今言，真实记载着博大精深的中华文明史，熠熠闪耀着中华民族的智慧光辉。在日益提倡中华优秀传统文化的今天，古文字成为研究历史与传承传统文化不可或缺的重要环节。因此，本期学术周刊邀请全国政协委员、中国文字学会会长、安徽大学原校长、党委书记黄德宽教授，就古文字的发展规律、历史文化价值及相关学科建设、顶层规划等进行了访谈。

一、文字是记录语言和历史文化的符号系统

学术周刊：您主持与编著的《古文字谱系疏证》一书，为中国古文字构建了"家谱"。中国古文字主要指哪个阶段的汉字，有着怎样的特征及发展规律？

黄德宽：汉字是世界上现存的最古老的文字。对于汉字的发展，学界分成了不同阶段，古文字一般是指先秦文字，即秦代小篆之前包含秦代小篆的文字。随着考古材料的新发现，有些学者把西汉早期小篆到隶书的过渡文字，也纳入古文字研究范畴。

早期古文字主要是根据客观物体的形态来构形的，许慎《说文解字》中讲到"象形者，画成其物，随体诘诎"，用象形、表意手段来构造文字，象形性比较强。春秋战国时期，大量新字产生，光靠象形、表

意不能造出那么多文字符号，形声字获得了发展。形声字以形符表示意义或意义范畴，用声符记录读音，成为最便捷的造字方法。最新研究成果显示，形声字实际上在西周晚期就已成为主要的造字方法，到春秋战国时期95%的新字都使用了形声造字法。由此可见，古文字的发展轨迹是：文字形态从早期的象形性强，逐步发展成线条化、规范化的形体；造字方法从早期的以形表意逐步发展成为形声造字，汉字构形方式日益简化。

学术周刊：近年来，关于提倡使用简体字还是繁体字的争论引起各界关注，您如何看待这一现象？

黄德宽：在中国大陆，简化字是国家规定的法定文字，繁体字依然在一定范围内使用；台港澳地区包括海外华人华侨则主要使用繁体字。有观点认为，使用简体字影响了文化的传承，不符合文字发展规律。也有观点认为，繁体字不符合时代发展需求。在我看来，繁体字和简体字是汉字同一体系不同发展阶段的产物。其实，现在通用的简化字并不完全是1949年新中国成立以后造出来的汉字，许多简化字早在宋元明清时代就已在日常使用领域出现，比如民间记账的账簿上、通俗话本小说中，都有很多俗体字，这些俗体字是老百姓经常用的字，很多就是简体字。简化字吸收了这些长期在民间流行的俗体字，并进行了系统的整理和规范，由此可见，简化字是汉字持续发展和规范整理的结果，不是哪个人或哪个时代凭空生造出来的。其实，繁体字本身也是简化而来的。从先秦时候象形性很强的篆书到秦汉时期的隶书，再到魏晋以后逐步发展完善的楷书，汉字形体日趋简化，发生了很大的变化，从这个角度来看，繁体字也是汉字发展一定阶段的产物。繁体字与简体字都是楷书，只是在笔画和结构方面存在一些繁简的差异而已。

文字是记录语言和历史文化的符号系统，同时其形体本身也蕴含着一定的历史文化要素。但是文字不完全等同于它所记载的历史文化，汉字简化并不会从根本上剥离传统文化。值得注意的是，大陆地区尽管推行简体字，但并没有废除繁体字，繁体字依然在使用，繁体字古书也在出版，高校中文专业的学生还要求能够认识、使用繁体字。因此，不能把简体字与繁体字简单地完全对立起来。

二、作为具有现代意义的学科，古文字学是中国近代以后产生的新兴交叉学科

学术周刊：对于古文字学学科，在概念方面您是如何界定的？这一学科发展现状如何？应怎样更好地推动它的发展？

黄德宽：早在甲骨文发现之前，中国就已有研究古文字的传统，如汉代许慎的《说文解字》就是专门研究小篆等古文字的。作为具有现代意义的学科，古文字学是中国近代以后产生的新兴学科，特别是1899年甲骨文发现以后，古文字学从传统金石学中进一步独立出来。从狭义角度而言，古文字学学科就是研究古汉字的形成、构造、发展演变与运用规律的学科。从实际研究情况看，古文字学跨越了语言文字研究层面，不仅研究古文字形成、发展、构造和应用规律，还用古文字材料研究古代历史文化，如甲骨文与殷商历史文化，青铜器铭文与西周东周历史文化，简牍帛书与战国时期历史文化。脱离了古代历史文化研究，就不能完全了解和阐释古文字及其发展。由此可见，古文字学是一门交叉学科。

古文字学研究对象，主要是考古发掘的地下出土材料，一般称之为出土文献。近年来我国古文字学研究日益得到关注与重视，比如利用国家协同创新中心建设的机会，由李学勤、裘锡圭两位著名古文字学家牵头，组织国内代表性的古文字研究机构和学者，成功申请了"出土文献与中国古代文明研究协同创新中心"，这个中心挂靠清华大学。中心通过认定以来，开展了一系列重大课题的协同研究工作，在古文字学和古代历史文明研究方面已取得一批重要研究成果。

三、古文字研究的历史价值与当代魅力

学术周刊：汉字连接了中华民族的历史、现在与未来，古文字对于

传承中华优秀传统文化起到怎样的作用，对了解中国历史有哪些价值与意义？

黄德宽： 古文字造形本身就蕴含了诸多文化要素，反映了造字时代的一些文化现象，研究古文字可以发掘许多古代历史文化信息。比如，我们日常使用的一些与"石"有关的汉字，就反映了石器使用对汉字造形的影响，像"砥砺、研磨、破碎、基础"等等，这些与石有关的字，反映了农耕时代的石器文化。再如"玉，石之美"者，古代汉字中大量与"玉"相关的字，还体现了当时人们对玉器的崇尚和古代的礼乐文化。由此可见，很多文化要素沉淀在汉字构形中，甚至可以说，每个来源古老的汉字都蕴含着一定的古代文化信息。

古文字还记录了不同时代的历史内容。利用出土文献研究历史文化，最主要的是看古文字所记录的内容。过去我们对殷商时期历史了解是有限的，但甲骨文的发现，可以有力证明《史记·殷本纪》关于殷商世系的记载基本是正确的。这一发现具有里程碑的意义。晚清以后，有一种疑古思潮，认为中国古代很多历史记载都是不可信的，包括司马迁的《史记》，甲骨文的发现则推翻了这一质疑。传世文献在流传过程中，有一些逐渐散佚或毁弃，导致很多历史内容丢失，甲骨文等地下出土文献，没有经过后人的改变，一旦挖掘出来就可以与当时的历史对接起来，通过这些原始材料，我们就可以重建丢失的历史，重找失落的文明。这就是古文字的重大价值。再比如，前不久清华简公布了一些关于《尚书》的材料，发现了失传已久的古文《尚书》，弥补了传世文献的不足。又比如，古书中曾提到周武王在甲子早上消灭了殷纣王，新出土的西周早期的利簋铭文中就明确写着"武征商，唯甲子朝"，证实了武王征商的确是在一个甲子日的早晨。这就把传世文献中的历史记载与传说坐实了。可以说，古文字资料和出土文献，可以重新完善、补充传世文献的不足，在有些方面，甚至要改写古代历史，它的意义是非常重大的。

学术周刊： 汉字发展至今，有着怎样的当代魅力？

黄德宽：刚才提到，汉字作为世界上最古老的文字，延续不断地发展到今天，必然有其独特的魅力。一提到中国文化，人们首先想到的就是汉字符号，这是一种与西方拼音文字完全不同的符号。

汉字的魅力怎样来解读？我认为汉字有"三美"。一是典雅之美。从形态而言，汉字具有一种古典、雅致之美，这种美既与现实紧密相连，是我们使用的文字，又超越现实，连接远古。二是巧思之美。从文字符号构形而言，每个汉字的构形都不重复，并且可以按照一定规律去学习与掌握，这体现了古人在构造汉字时的奇巧构思，是古人智慧的结晶。三是韵律之美。汉字还具有节奏感，在书写时就能感受出来：笔画与笔画之间的连带关系，书写的快慢轻重，这种变化体现的就是一种美感。把汉字本身的内在美表现出来，是写汉字之人的自觉追求。这种自觉追求上升到理性阶段，就成为书法艺术。当它成为书法艺术的时候，汉字的形态、节奏之美最终体现为一种韵律。比如欣赏草书时，有时你根本都不认识这是什么字，但这种线条的艺术，你会觉得很美。这种美从何而来？汉字本身内在美学要素的升华。古代书法家观赏舞剑受到启发可以把字写得更美，在喝醉后更能写出独具个性的狂草，这就是把一种精神状态写到汉字中去了。在世界所有文字体系中，只有汉字才具备这些独特的魅力。

四、从国家安全战略高度开展语言文字工作

学术周刊：您不仅是古文字学的研究者，还多年从事高校教育与管理工作。您觉得，现代大学需要培养出怎样的人才？或者说，高校教育应如何与现代社会接轨？

黄德宽：对于高等教育，存在一些批评的声音，这说明，高等教育培养的人才与经济社会发展需求还不能很好契合。但中国高校所作出的成绩是值得肯定的，社会各行各业的专业技术人员和各类领导管理人才都是高等教育培养出来的，从这一角度而言，高等教育总体上还是适应了中国现代化建设的发展的，如果给予全盘否定，这些人才从哪儿来？

当然我们也应看到，高校教育与现代化发展要求相比，做得还很不够。高等教育改革任重而道远。

　　高校的本质就是培养人才。有些高校过于强调科研，强调量化考核，整体办学方向出现了偏差。学校如何做到因材施教，如何提升成材率以更好地为现代化建设培养更多人才，我认为从根本上应重视全面素质的培养、创新思维的训练、思辨精神的倡导。理想、信念、道德、情操，社会责任、专业素质，乃至身心素养，这些都是全面素质教育要解决的问题。创新意识就是要突破应试教育对学生思维的固化，激发创新思维，培养学生提出问题、发现问题的能力。没有提出和发现问题的能力，只会接受现成的知识，何谈创新发展？青年人不缺潜在的创新素养，关键是如何激活。当然，还要知行统一，学以致用，不仅善于发现问题，还要善于解决问题，提升转化知识的能力，适应社会，并在实践中寻找不足，培养一种终身学习的能力。

　　学术周刊：您曾提出，中国需要建设一流大学。一流大学应具备哪些基本因素？您有哪些好的建议与实践？

　　黄德宽：中国要下大力气办一流大学，因为一流大学代表了一个国家的科技与教育水平，一个国家的科技与教育水平决定了其未来的核心竞争力。没有一流大学，不会出一流人才；没有一流人才，不可能建设现代化强国。

　　有些人以发表了多少篇国际论文、拿了多少科研经费、有多少院士等作为衡量一流大学的硬性指标，我认为这是不妥当的。一流大学主要指的是大学品格所达到的状态，追求卓越是它的基本特征，主要体现在大学文化精神所达到的高度，一流的优质学生与高层次、高水平的教师队伍，当然，还要有办学基本条件与学校管理体系等作为支撑条件。另外，中国一流大学不能盲目按照西方标准要求自己，而是要做有中国特色的大学，符合中国现代化建设需要的大学，符合中国高等教育发展规律的大学。中国大学要立足中国实际，立足中国教育传统，强化社会主义大学精神，以学生为本，以教师队伍为关键，下功夫完善制度体系，促进大学管理改革，既要适应社会发展，又要引领社会发展，只有这样，我国一流大学建设才能取得应有的成就。

学术周刊：您刚才提到大学的文化精神，主要指什么？

黄德宽：大学文化首先是人的文化，体现为人本精神，就是以学生、教师为本。其次是体现传承文明的精神，大学本身就是一个知识传承的殿堂。除此之外，大学还要生产知识、产生思想与科技成果，必须强调独立、自由、创造性的精神。

学术周刊：您在"两会"上曾提出，应从国家安全战略高度加强我国语言文字工作。我国语言文字工作对维护国家安全有何意义？从国家安全战略高度加强语言文字工作，应采取哪些必要的措施？

黄德宽：语言文字是一个传递信息、传播文化的载体。中国文化之所以几千年来生生不息，就是因为汉字汉语的传播；中国多民族之所以团结，就是因为汉语文字的推广与使用。无论是从国内、国际，还是从历史来看，无论从正面还是反面来看，都要重视语言文字，因为语言文字安全就是国家文化安全，一旦某种文化意识形成"气候"，就很难扭转回来。比如说全民学英语，你会看到，青年一代对西方文化特别是英美文化比对中国传统文化还要了解得多，他们吃洋食、过洋节，崇尚西方的生活方式，从某种程度上说，这些都是通过学习英语而来。我们把学习英语放在不适当的地位，结果把自己的母语忽视了。通过接触这些现象，我觉得，语言文字工作对传播优秀传统文化、塑造当代核心价值观，对抵御西方的西化与分化，维护民族的团结和统一，都是有长远的潜在影响的，必须重视。

在这种情况下，我认为国家应该把语言文字提升到国家安全战略的高度来考虑。美国的国家语言安全战略，是国防部、教育部等一起实施的，甚至将语言作为一个战略武器。中国是一个大国，与世界各国有着广泛的国际政治、文化和经济贸易关系，同样也存在语言安全问题，无论从哪个方面来看，都不应该把语言文字作为一个无足轻重的东西。可喜的是，很多人已意识到母语的重要性，并逐步实行改革外语考试、加强母语教育等措施。

【编按】本篇是《中国政协报》记者张丽为该报"学术周刊"所作的访谈，2016年2月22日刊于《中国政协报》第9版。

谈出土文献研究的新进展

黄晓峰：想请您先介绍一下近年来出土文献的重要发现及公布的情况。

黄德宽：近几十年来，出土文献的大量发现是中国学术史上一件非常重要的事情。一般说来，凡是有文字的文物，都可以把它归到广义的出土文献这个领域。而裘锡圭先生就比较严格，他认为出土文献还是指那些书籍类的文献。现在一般用的是广义的出土文献概念，只要是出土文物，有文字的，我们都叫出土文献。这些出土文献有的是从地下考古发现的，有的是藏在地面上的，比如说敦煌书卷，它就是藏在地面洞窟里的，是古代文献的再发现。

从甲骨文发现以来，一百多年来不断有新的出土文献发现。特别是20世纪80年代末90年代初以来，战国秦汉各类简牍材料有一系列重要发现，如湖北荆州的包山楚简、郭店楚简等。郭店楚简的重要性就在于发现了一批重要的古籍，这些古籍中有一些是大家都熟悉的，比如《老子》《缁衣》篇。由于这些新发现的材料可以与传世文献对读，这就解决了很多楚文字考证中长期难以辨认的疑难字词，因而推进了古文字学和楚简研究的整体发展。可以说，郭店简的发现是一个标志性的转折点，楚文字的研究从此进入一个新的阶段。1994年，上海博物馆的马承源先生通过友人从香港抢救回来一批战国楚简，也就是已出版的《上海博物馆藏战国楚竹书》。这批战国楚简全部都是书籍类文献，数量非常大。在这些文献里有一些是很著名的，比如涉及《诗经》的文献《孔子诗论》，还有《周易》《缁衣》篇以及见于郭店简的《性情论》等。

除此之外，上博简大多数篇章都是新发现的没有流传于世的先秦文献。这些竹简书籍的发现，改变了我们对传统文献的很多认识，极大地丰富了出土文献资料。

继上博简之后，另一个重大发现就是2008年清华大学从香港文物市场抢救回来的一批竹简。这批竹简的重要性，可以说甚至超过了前面这几批。清华简中有失传已久的《古文尚书》和《逸周书》，还有《楚居》《系年》这类史书以及《筮法》《算表》等术数类文献，绝大多数是没有传世的重要文献。清华简不仅内容重要，数量也比较多，有2 500多枚，竹简保存较好，主要是整简。到2019年，清华简已经公布了九辑整理研究报告，今年要出第十辑整理报告，整理工作差不多完成了一大半。2015年初，安徽大学又从香港抢救回来一批材料，数量虽然不及清华简，但它的重要性也非常突出。比如去年公布的第一辑整理研究报告，是《诗经》最早的抄本。除上述之外，考古发现的战国竹简还有不少，如河南新蔡简等，也是很重要的材料。

古代核心经典文献《诗》《书》《礼》《易》，在这几批战国竹简中陆续发现，这是古代文献非常重大的收获。战国楚简的多批次发现，使我们完全可以从一个崭新的角度来了解先秦时期的文献流传情况，探讨先秦学术思想和历史文化的相关重要问题。从郭店简问世后，就有学者提出应通过这些出土文献材料重新反思一些古代学术史上的问题，郭店简、上博简、清华简、安大简等战国竹简的发现，在一定程度上要改写中国的学术史。

除了战国简以外，秦汉简帛也有一些重要发现。20世纪70年代发现了有名的睡虎地秦简、马王堆帛书、银雀山汉简等，80年代末90年代初又发现了龙岗秦简、放马滩秦简、王家台秦简、周家台秦简等。2002年，在湖南湘西里耶发现的秦简，数量有38 000多枚。2007年前后湖南大学岳麓书院从香港抢救回来一批秦简，2009年北京大学也从海外抢救回来一批秦简和汉简。此外，敦煌悬泉置汉简、长沙五一广场东汉简和走马楼三国吴简等，都是数量巨大的古代简牍的重要发现，极大丰富了出土文献的内容。这些年来，在甲骨文方面也有新的一些发现，比如安阳殷墟、周原周公庙都有甲骨文出土，商周青铜器更是时有发现。

总体上看，甲骨文发现的一百多年来，出土文献新发现越来越多，资料日益丰富，内容和数量都十分可观。

黄晓峰：在19世纪末20世纪初，敦煌文献、甲骨文的发现与研究，对中国学术的发展或者说现代转型，起到了极大的推动作用。比如说王国维先生提出了二重证据法。现在正好差不多过去了又有一百年，这一百年间，除了文献更为丰富以外，从学科的范式来说，会不会有突破性的进展？

黄德宽：我们都知道王国维的二重证据法非常有名。二重证据法之所以重要，可以从两方面看：一个是从学术史的角度看他当时提出的背景；一个是利用二重证据法取得的成果、产生的学术影响。王国维先生有很强的学术敏锐性和观察力。1925年他在清华国学院讲授《古史新证》，有感于近世的疑古之过，提出了二重证据法。他认为地下新材料出现之后（当时主要是敦煌遗书、甲骨文，还有少量的青铜器），使纸上材料有一些错误可得到纠正，同时也可证明有些纸上材料是可靠的，古书中有些历史记载应该是实录。即便是那些百家不雅驯之言，有时也有它可靠的成分，表现了部分的事实。二重证据法提出来以后，影响深远，研究出土文献的学者是奉为圭臬的。王国维当时用甲骨文资料写了一篇著名的文章，就是《殷卜辞中所见先公先王考》，后来又写了《续考》。他在文章里用甲骨卜辞证明《史记》记录的可靠性，同时也纠正了《史记》的一些错误，并且从甲骨文材料还发现像《山海经》这类带有神话传说色彩的作品，也有部分史实的影子。一百年之后，我们看古代历史研究利用出土文献资料所取得的一系列成果，确实能够证明他提出的理论和方法的正确性。

今天的研究对王国维的二重证据法有没有发展？当然有，但总体精神我觉得没有根本变化。王国维提出二重证据法时，能看到的地下材料是非常有限的，主要是早期发现的甲骨文和青铜器铭文。近百年来，第一个变化是科学考古学的引进和发展。新出土文献资料绝大多数都是通过科学考古发现的，在材料的断代、系统整理和材料本身价值判断等方面，远远超过了王国维的时代。考古学的发展使二重证据法的研究，除了对传世文献和出土文献进行文本对读以外，更引进了考古环境、伴随器物以及相关科技手段的综合运用，从而大大丰富了二重证据法。第二个变化是在研究视野上有所拓展和突破。如果说王国维利用二重证据法，只是从古史的角度印证史料的可信、可疑或错误，还是停留在历史资料辨析使用上，那么现在的研究领域就大大拓宽了，目标也不完全相同了。现在已从微观的材料选择取舍、判定真伪，进而上升到对古史的建构；从一般性利用出土材料研究历史，上升到通过对出土文献资料的全面系统研究，进而揭示整个古代历史文化演进的线索，探索历史发展的规律。在商代历史的研究上表现是最为明显的。我们知道商史研究过去没有太多的文献依据，主要是靠司马迁的《殷本纪》。现在不一样了，前几年出版的十卷本《商代史》，以出土的甲骨文资料为基础，结合商代考古发现等多种资料，从商代社会与国家、经济与科技、社会生活与礼俗、宗教祭祀、战争与军制、地理与方国等各个方面，建构了全面系统的商代社会历史。第三个方面是出土文献学科的发展。如果说二重证据法提出之初，是就文献文本的局部问题来进行研究，以确证文本的史料价值，那么现在已经从对材料的研究、考辨上升到对文本文献流传演变的整体研究，出土文献学科为重建先秦古典学术源流演进历史开展了许多深入的探索。前些年，李学勤先生提出重写学术史问题，重点讲的是学术思想的演变。先秦学术史以往是在前人研究和传世文献的基础上来建构的，当今依据出土文献一手资料，与传世文献相结合，校正过去对传世文献的一些误读和认识偏差，重新思考和建构先秦学术思想文化，特别是揭示文本文献流传演变的历史轨迹，促进文献学、思想史和学术史研究的交叉融合，是出土文献学科的一个发展趋势。

黄晓峰：刚才您也提到了，李学勤先生提出重写学术史，裘锡圭先生也讲了重建中国古典学，夏含夷也说中国古代文献需要不断重写，这些可能都是因为新材料的发现。我们会有点好奇，以往根据传世文献建立的古代学术史的一些认识，在哪些方面可能会颠覆或修正，您可以举几个例子来说明吗？

黄德宽： 目前学术界对这些提法是有不同看法的。比如有人就认为根据出土文献资料，怎么就能重写中国学术史，怎么能重建中国古典学呢？认为这是过于突出了出土文献的价值和地位。有些先生就不是很赞成，甚至批评还蛮尖锐的。我个人的看法是，所谓的重写也好，重建也好，不是一种全盘的否定或全面的推翻、彻底的颠覆，只是一种校正、丰富和深化。比如说重建古史，就是对古史研究重新清理、校正基础上的重建工作。20世纪前半叶疑古思潮和新史学的发展，可以说突破了长期以来传统史学建构起来的大一统思想体系和史学框架。传统古史对三皇五帝的传说历史进行了整合，然后代代相传，由此构成上古史系统。这个系统很多先生都提出怀疑，比如顾颉刚先生做了很重要的研究工作，傅斯年先生写的《夷夏东西说》等，影响都很大。马克思主义理论指导下的史学研究，更是全面影响了20世纪中叶以来的中国史学研究方向。传统的史学观和史学框架可以说已经被颠覆了。

近年来，随着地下新材料的大量发现和考古学的发展，用这些新的出土文献资料和考古发现，来检验和反思中国古代乃至现代学术史，提出重写学术史、重建古典学，以期对古史和古典文献获得更加客观、全面、科学的认识，这是当代学者面临的时代机遇，也是一种历史责任。实际上，出土文献新发现为某些工作的开展提供了可能，也显得非常必要。如有名的道家经典《老子》，出土文献至少已发现了战国楚简、帛书和汉简的四种不同抄本。将这些不同时期的抄本与流传于世的《老子》进行对比，会发现不仅在文本上存在一定的差异，在思想观念上也有很大的变化。从学术史的角度和古典文献学的角度来看，这表明《老子》在传承过程中其文本经过了不断地再加工，不同时期的加工调整在出土文献中留下了蛛丝马迹。文本在流传过程中不断发生变异是古代文献流传中普遍发生的现象，这种变异既有有意识的改动，也有传承过程中不自觉发生的差错。参照出土文献资料，充分考虑文本变异因素，进而重新认识道家思想，探讨其形成和发展历史，并重新认识儒、道的关系，这都属于重写学术史和重建古典学的命题。因此，所谓"重写"，只是根据新材料，进一步审视那个时代的文本和后来的发展变化，恢复不同时代文本的本来面貌，同时通过文本的变化，揭示学术思想的发展演变。从这个角度来说，我想这是一种认识的深化和发展。

黄晓峰：清华简刚入藏时，《上海书评》曾采访过李学勤先生，那个时候还没有开始正式整理。现在十多年过去了，您能否具体谈谈整理过程中遇到了哪些困难，有哪些突破？

黄德宽：清华简是一批重要的材料，2008年能入藏清华大学，是已故李学勤先生对中国学术史的重大贡献。在李先生的带领下，从2010年开始，一年出一本整理研究报告，有人说这是出土文献整理研究的"清华速度"。每一辑清华简整理研究报告的公布，都引起海内外学术界的震动，整理报告的水平也得到了学术界的公认。用李先生的话说，清华简太重要了，每看到一批材料都吃不好、睡不好，完全处在一个兴奋状态。清华简数量是目前所发现的古籍文献类最多的，竹简的整理编连难度大，字词的考释理解难，文献内容复杂解读更难，总之，面对的都是难题。好在经过十多年的努力，李先生已经带出了一支整理研究团队，一批年轻学者在实践中不断成长。

清华简整理研究在突破难点的同时，通过不断总结经验，对战国竹简的认知也在不断深化。比如竹简的编连，随着研究的深入，发现竹简的制作、埋藏过程留下一些线索可循。如有些竹简在制作时，为了排序方便，制作者会在简背刻一些划痕，整理时根据这些划痕就有利于确定竹简原来的排序；同一个竹简剖开制作的简，其竹节和长度是一致的，这个线索也可以帮助将同一篇或同时制作的简拼合在一起；有些竹简埋藏地下时留下一些污迹信息，由此可以帮助判断埋藏状态，这些也可以利用来编连，等等。综合以上各种信息，结合竹简文字书写风格、内容来编排连缀，一般就能较好解决竹简编连问题。但是，随着研究的深入，我们发现问题并不是这么简单。如有的简按照划痕记号是应该编连在一起的，但实际上古人不一定完全遵循这种划痕记号，有时候会有错位发生。有的竹简书手当时自己给简编了号，按道理照号编排应该很准确了，但现在发现书手自己也有编错号的。一般来说，形制相同且为同一书手所抄的内容相关的简文应该编在一起，反之，就应该分开编连，作为不同的篇章看待。可是，我们在整理第九辑的时候，发现其中一篇简文和第八辑公布的《治邦之道》应该是同一篇。在整理研究第八辑《治邦之道》时，发现一些现象不好理解，不知如何处理恰当，比如有一支带有标记的简，就觉得放哪儿都不合适。在第九辑清华简的整理研究时，发现一篇简文与第八辑这篇有问题的简文竟然是同一篇长文。但这篇长文却由两位抄手抄写，各人制作的竹简形制长短也不一样，原来我们按照常识分为两篇是不对的，二者应合为一篇。有了这一发现，前面遇见的令人困惑的问题也就迎刃而解了。这个例子的出现，改变了我们之前的"常识"，丰富了我们对战国竹简制作和抄写的认知，也典型地说明整理战国竹简的难度之大。

黄晓峰：这些年也出现了一些伪造的竹简，有一些出土文献公布以后，不太被认可，不知道您如何看待？我们很多文献是从香港的文物市场上抢救回来的，在这些竹简的鉴定、甄别方面，您觉得有些什么特别需要注意的吗？

黄德宽：对流传于世的简牍，我们要持非常审慎的态度，关键是要做好科学的鉴定工作。近年来出土文献出得比较多，社会上有一些不法之徒就开始造假简，也有个别单位不慎买了假简，甚至把它公之于众了，这是很遗憾的事。一般说来，只要经过了严格的科学技术检测和专家鉴定，对竹简真伪的辨别是完全有把握的。因为专家学者这些年来接触的简很多，只要综合研判简的形制、文字结构和文本内容，还是能看出假简的破绽的。

现在也有一种现象，有些人既没有很好地深入这个领域，也没有听取有关专家的意见，然后就说这些简都是假的，甚至写文章发表一些不着边际的批评性言论，这就显得不太合适了。出土文献是一座学术富矿，期待学术界用比较客观的态度来看待出土文献，我认为做中国古代研究的，特别是做先秦秦汉以前历史文化研究的学者，如果不使用甚或排斥出土文献，那实在是一个很大的缺憾。

黄晓峰：今年《出土文献》成为学术期刊。从2010年开始创办《出土文献》辑刊，到现在差不多十年了，您能大致介绍一下刊物的发展历程吗？

黄德宽：《出土文献》辑刊是2010年由李学勤先生创办的，同时由李先生担任主编。当时随着清华简研究的深入和出土文献的增多，创建一个专门发布这些研究成果的辑刊，有其现实必要性。我们知道，出土文献研究文章发表起来非常困难，因为造字、排版非常不容易，一般杂志都不是很感兴趣。辑刊创办以后，由于李先生的感召力，得到了学术界的积极支持，包括老一代和中青年学者在辑刊上发表了很多高质量的文章。从2010年到2019年共出版了十五辑。与此同时，大家感到出土文献领域还没有一本正式的学术期刊，经过出土文献研究与保护中心和中西书局的共同努力，在清华大学和上海世纪出版集团的支持下，将辑刊改为期刊的申请获得国家新闻出版署的批准。期刊申请之所以能够最终获批，我想与十八大以来党中央重视中华优秀传统文化的传承发展是有密切关系的。今年年初教育部发布了"强基计划"，古文字学专业列入实施"强基计划"的三个文科专业之一。这些都表明，《出土文献》的创刊是应运而生！

这本期刊由清华大学出土文献研究与保护中心和中西书局共同主办，清华团队负责学术把关，主要承担组稿、审稿等专业工作，中西书局团队负责编辑、出版工作，两家密切配合，共同承担期刊的编辑出版事务。这些年来，中西书局在出土文献出版方面异军突起，贡献卓著，出了一批又一批新材料，在学术界创下了品牌和声誉。我们两家在清华简整理出版方面有多年合作，两个团队配合默契。现在又共同新创办了出土文献领域唯一一本学术期刊，并邀请了海内外有很高学术声誉的著名学者组建了学术委员会和编纂委员会，我们的目标就是要把《出土文献》打造成在海内外有较高学术影响的一流学术交流平台。

【编按】本篇是澎湃新闻记者黄晓峰所作的访谈，澎湃新闻《上海书评》于 2020 年 5 月 10 日发表。

汉字研究呈现全面发展的新气象

一、汉字与中华文明相生相伴

《中国社会科学报》：您曾在很多场合提出，"汉字是开启中华文明的一把管钥"。在理解中华文明方面，汉字所扮演的"管钥"功能是如何体现的？

黄德宽：在一种文化中，文字符号的出现和成熟是这种文化发展到文明阶段的标志之一。中华文明源远流长，汉字在中华文明的历史传承中发挥了关键性作用。汉字本身是中华文明的一部分，用汉字书写的历代典籍文献，记载了数千年来中华文明演进发展的历史，为中华文明的积累、传承和发展奠定了基础。

《中国社会科学报》：从世界文字史上来看，汉字具有哪些特征？饶宗颐先生曾提出"汉字图形化持续使用之'谜'"，您对此有何看法？

黄德宽：西方学者将世界上的文字分成表意和表音两大类型，汉字被作为古典的表意文字的代表。虽然一些学者并不赞同"表意文字"这个概念，但汉字被称作"表意文字"的说法仍有相当广泛的影响。

与世界上其他表音文字不同，汉字从产生至今一直保持着自身特征。从起源来看，汉字是孕育于中华文化沃土的自源文字体系；从发展来看，汉字的发展演变经历了漫长的历程且未曾中断；从文字功能来看，作为符号系统的汉字，其形体既包含了字义信息也有读音信息，不仅记录了古今汉语，也保存了极为丰富的历史文化内涵。

著名学者饶宗颐曾提出"汉字图形化持续使用之'谜'"。许多学者从不同角度探讨过这个"谜",并从不同方面给出了自己的答案。这确实是中华文明史研究的一个重要课题。在我看来,"汉字图形化持续使用"的主要原因有以下几点:其一,汉字在形成和发展过程中,沿袭了其形成阶段建构符号系统的路径选择,汉字构成记录汉语符号系统的基础是以形表意,这一基础从未动摇;其二,汉字符号构造在保持传统的同时,选择了形声构形作为主要方式,这一选择使得汉字符号生成与记录汉语不断发展的实际需求始终相适应,从而排除了实施根本性变革的必要性;其三,中华文明生生不息,这使得与中华文明相生相伴的汉字始终保持着鲜活的生命力和稳定性。

《中国社会科学报》:从殷商甲骨文到近代文字,汉字在沿革和演变中,经历了哪几个比较重要的发展阶段?

黄德宽:汉字发展历史阶段的划分是文字发展史研究的重大课题。简言之,汉字系统经历了起源和形成、发展和完善、变革和同一等不同的发展时期。史前时期是汉字的起源和形成阶段,考古发现的新石器晚期刻画符号,为探索汉字起源提供了重要线索,但汉字的起源至今还是汉字发展史研究中一个有待破解的难题。

目前已知最早的成体系的汉字是殷商甲骨文,西周时期的汉字系统沿袭了殷商甲骨文,并日趋完善。战国时期,汉字经历了剧烈的发展变革,直到秦统一六国,实施"书同文字",秦篆最终成为规范六国文字的样本,古文字的发展历史才走向终结,这是汉字发展的第一个重要阶段。

秦汉之际,最常使用的汉字形体是隶书。隶书的出现,可以追溯到战国时期的秦国。秦的"书同文字"虽然以小篆为标准,但日常使用的是隶书。这种早期流行于秦的隶书,经历秦汉时期的发展,到西汉已逐步成为主体,小篆最终退出历史舞台,汉字形体完成了从古文字向今文字的转换,进入汉字发展的第二个重要阶段,即隶楷文字阶段。

随着近代以来的西学东渐,古老的中华文明和汉字系统受到了西方文明的巨大冲击,汉字改革成为近现代社会文化变革的一个重要方面。在吸收汉字改革成果的基础上,新中国的学者们确立了现代汉字简化字系统，简体汉字也成为我国法定的规范文字，这是汉字发展的第三个重要阶段。

二、中国文字学研究前景光明

《中国社会科学报》：从您自身从事文字学工作的体会来看，当代文字学研究应该注重哪些方法论原则？

黄德宽：文字学在我国是一门"早熟"的学问。东汉学者许慎所著的《说文解字》，是我国传统文字学形成的标志。文字学旧称"小学"，以文字、音韵、训诂为主要研究内容，是为解读经典服务的。直到近代，"小学"附庸于经学的传统才得以改变，"小学"也逐步发展成为具有现代学术意义的语言学的不同门类。百余年来，由于甲骨文等古文字的大量发现，我国的文字学研究取得了很大进展。但是，从研究现状来看，也存在着明显的局限性，影响了文字学学科的创新发展。文字学研究如果要创新发展并适应当代的需要，从材料到方法等各个方面都还有待改进。

我认为，当代文字学的研究，应更加重视将发扬文字学传统与推进学术创新结合好，将出土文物与传世文献材料的运用结合好，将个体汉字考释与汉字理论建设结合好。这三个结合，是推进当代文字学学科建设和学术发展所应坚持的方向。

《中国社会科学报》：近年来，我国对以古文字研究为代表的"冷门绝学"尤为重视。在此背景下，文字学研究呈现出哪些新趋势和新的研究热点？未来，中国文字学研究在哪些方面仍有拓展的空间？

黄德宽：近几年来，在建设文化强国的时代背景下，我国文字学研究获得了历史上最好的发展机遇。国家有关部门积极推进对甲骨文等古文字的研究工作，国家社科基金设立"冷门绝学"研究专项，中宣部、教育部、国家语委等八个部门共同设立的"古文字与中华文明传承发展工程"也在2020年正式启动，这些举措为汉字研究提供了强有力的支持。国家的重视与社会各界的关注，极大地调动了从事汉字研究的学者们的积极性，汉字研究呈现出全面发展的新气象。甲骨文等古文字研究、汉字发展史研究、汉字与汉语关系研究、汉字的传承传播研究、汉字的文化阐释研究、汉字应用和信息化技术研究等，都成为当前热门的研究领域。

我相信，随着各项举措的实施和学术界的持续努力，中国文字学研究一定会取得更大进展，获得更大成就。未来，对甲骨文等古文字的整理和研究、汉字发展史研究、汉字理论研究、汉字的文化阐释研究、汉字尤其是古文字信息化研究与应用等，都有可能取得重要突破。总之，汉字研究虽然困难重重，但其前景值得期待，我国汉字研究的新成果必将为世界语言学发展作出独特贡献。

《中国社会科学报》：请您谈一下加强汉字研究的意义。

黄德宽：在我看来，加强汉字研究的意义主要有三点。首先，汉字是我国的通用文字，开展好汉字研究对汉字教学、国家通用语言文字的推广和规范使用都具有重要现实意义。其次，汉字作为一种古典文字，内涵极为丰富和复杂，开展好汉字研究，深入认识和揭示汉字发展的历史和规律，对于回答好汉字如何适应信息化并更好地服务于现代社会信息传播和语文生活这一时代命题，具有重要意义。最后，加强汉字研究，深入阐释汉字文化的深邃内涵，对弘扬中华优秀传统文化、提升文化自信、推进我国与世界各国的文明互鉴具有重要意义。

【编按】本篇是《中国社会科学报》记者张清俐的访谈，刊于该报2021年6月11日第2185期。

了不起的汉字，迎来最好的时代

一、汉字不是"汉代使用的文字"

解放周末：我们每天都在接触汉字，但对汉字并不一定真正了解。究竟何为"汉字"？

黄德宽：汉字既不是指汉代使用的文字，也不是指汉民族使用的文字，而是指中国和海外华人所通用的记录汉语的文字系统。

中国古代并没有"汉字"这个名称。先秦时代称作"文""字""书""名""书契"等，秦代才将"文字"连称，近代称为"中国文字"。到了现代，"汉字"这个名称才流行开来。

解放周末：一种文字对一个国家、民族来说，意味着什么？

黄德宽：人类历史上使用的文字，既有产生于本土的自源文字，也有借自其他文字系统发展而来的借源文字。对自源文字体系而言，文字是历史、社会、审美和民族深层心理结构的综合，它的发明和使用，标志着一个国家和民族进入文明时代。

世界上大多数国家使用的文字系统，都是在借鉴、移植其他文字的基础上创造的。汉字是从中华文化沃土上创造出来的自源文字，与中华文明的进程相伴随，记录了博大精深的中华文明发展的历史过程。汉字记载下的汗牛充栋的历代典籍，对中华文明的传承发展发挥着无可替代的巨大作用。后人正是通过文字记载才能更好地走近中华民族的历史，了解过去。

解放周末：那么，汉字到底起源于何时？

黄德宽：这个问题直接关系到中华文明的形成，目前仍是学者探索的重要课题。

根据现代考古发现和历史记载，可以肯定，至少在公元前 2000 多年的夏代，汉字就已经形成了。比如，《史记》对夏代世系就有详细记载，这透露出司马迁撰写《夏本纪》时，可能依据了流传下来的早期文字记录。现代考古发现，我国多个地区的新石器时代文化遗存中出现了与文字起源关系密切的刻画符号。山西襄汾陶寺遗址发现的"文""邑""辰"等文字符号（公元前 2600—前 2000 年），尽管学术界在如何释读上还有不同意见，但这些字是目前能见到的最早汉字样本是没有疑问的。

解放周末：同样是古老的文字，两河流域苏美尔人创造的楔形文字和古埃及的象形文字都早早地消亡了。汉字为何拥有这么强的生命力？

黄德宽：总体来说，一种文字的衰亡，其主要原因是创造出这种文字的文明因为各种历史原因而衰落乃至消亡，一种文明的消亡必然导致与之相伴随的文字失去生存的根本。

与其他文字相比，汉字之所以能历久弥新，永葆生机，最根本的原因是中华文明的世代传承、生生不息。尽管中华文明一路走来也经历了许多坎坷，但以汉民族为核心形成的中国文化传统不仅一直没有中断，中华文明还在漫长的历史进程中不断吸收不同民族和域外文化的精华，经历着不断地自我扬弃、丰富、创新和发展。汉字与中华文明历史发展相伴随，也因此保持着强大的生命力，被使用传承至今。

另一方面，文字是记录语言的符号系统，它的功能和使命是记载不断变化发展的语言和社会生活。汉字能保持生命力的内在原因，在于它能很好地适应汉语的各种变化，不断完善其记录语言的功能。汉语是一种多方言的语言，早在先秦时代，人们就关注到了方言，到汉代还产生了记录各地方言的著作。汉字的一大优势就在于它具有强大的超方言功能，不同方言区的人们书面语都使用汉字，不会因为方言差异而造成交流障碍。不管方言读音有怎样的变化，汉字的字形字义是稳定的，文字符号与不同方言词之间也能建立起对应关系，并不因为方言而影响信息的传递。

从现实看，汉字也完全能适应现代科技的发展，充分发挥其工具属性。比方说有一种新的化学元素被发现了，运用汉字的形声造字法就能够很便捷地造出一个新的字来记录它。

二、不必将"yyds""xswl"看得太严重

解放周末：但是，在数千年的发展历程中，汉字也经历过危机。

黄德宽：的确。汉字经历了不断突破自我发展困境的历程，并且度过了存废危机才有了今天的发展。

汉字的发展，首先遇到的便是构形的困境。汉字早期的构造主要运用以形表意的方法，如运用象形、指事、会意等造字法来构造文字符号。但这种造字方式有很大局限性，不仅符号众多，而且复杂的抽象概念以及语言中的虚词等无形可象的，就难以构造记录符号，从而陷于构形的困境。先人们通过运用"同音假借"和形声造字法，使汉字实现了构形困境的突破。形声造字法的发展完善，从根本上解决了汉字符号生成的机制问题，使得汉字符号可以适应时代发展而生生不息。

汉字发展的第二个困境是书写和阅读效率之间的矛盾。往往字的构形越复杂，符号自身提供的信息就越丰富，辨识就更容易，对阅读理解字义也更有利。但形体符号太复杂，会影响书写效率。因此，汉字形体符号的省简就成为贯穿汉字体系发展的主线。汉字系统通过自身的发展，在简化形体过程中，经历了从描摹客观物象而形成的篆体，变为抽象点画组合的隶书，后来又确立了楷书，使得汉字的笔画系统和方块字形态最终确立，解决了书写效率的提高问题。与此同步，汉字系统通过形声字发展和构形模式的单一化（形声化），使以形符示义和以声符记音相统一，从而突破书写与阅读效率相矛盾的困境。

汉字真正面临的危机，是清末西方文化冲击下形成的汉字改革运动，到 20 世纪初新文化运动时期将汉字改革推向了高潮。当时，中华

民族陷入深重危机，一些人将中国积贫积弱的原因归结为科技教育落后，而科技教育落后是因为汉字繁难。一时间，各种汉字改革方案纷纷面世，改革汉字乃至废除汉字成为这一时代的主流声音。

新中国成立之后，随着国家的强盛和繁荣，回过头来看，人们发现，之前的时代对汉字的否定，实际上是由于民族正面临存亡危机，丧失对自身文化的信心，从而导致对汉字认识上出现了偏差。伴随着中华民族复兴和国家现代化建设的伟大历史进程，中华优秀传统文化的地位重新得到了认识，古老的汉字也经历了规范化、标准化和信息化建设，在新时代再一次展现出其强大的生命力。

解放周末：步入信息化时代，当人们习惯于打字之后，就容易提笔忘字。这么下去，人们以后是不是都不会写字了？

黄德宽：技术的发展和工具的改变是时代的必然，从历史的视角来看，信息化时代给人类带来了很多便捷，整体利大于弊。当然，这也伴随着对文字书写的影响。

一方面，我们要相信汉字的传承亦是中华文化的传承，文化的力量不可抗拒，不必过分担忧。与此同时，发现这个问题后，我们应当有意识地加强汉字教育，有意识地适当做一些日常习惯上的改变，避免书写功能的下降。我们不妨把书写作为一种享受、一种审美，作为文化传承的一种方式，来弥补信息化时代下少有书写机会的问题。

另一方面，我们也确实要改进和加强语文教育，尤其是义务教育阶段的汉字教学。不能只教汉字怎么写，还要告诉学生这个字为什么这么写，要兼顾汉字背后的历史渊源和文化内涵。教育的质量和效果提升了，才能增进文化的传承。

解放周末：汉字有书写规范，但在信息时代，互联网上的表达十分丰富。前几年出现了"火星文"，近两年则随着弹幕文化的流行，出现大量的字母缩写表达，比如yyds（永远的神）、xswl（笑死我了）。这些网络用语会对人们，尤其是下一代的正常表达产生影响或危害吗？

黄德宽：首先要明确，规范地使用国家通用语言文字是每个公民的责任和义务。公众媒体、公众人物、正式的公众场合，都应该遵守国家语言文字的规范标准，维护语言文字的严肃性，不能胡乱改动。只有这样，才能保证语言文字的良好传承和发展。

其次，对于网络上层出不穷的新表达，比如用符号、字母和汉语拼音来替代汉字，我们可以看作是一种亚文化现象，是独特的虚拟世界的表达。这些流行的亚文化更新迭代非常快，可能没多久就会被自然淘汰。从这个意义上说，只要维护好主流阵地的语言文字规范不动摇，对于网络上这些突破规范的表达，我们不必将其看得太严重，可以持一种相对宽容的态度。

三、"冷门绝学"其实有生机、有温度

解放周末：在一部分人看来，古文字学是一门冷门学科，甚至是一门"绝学"。为何您却认为，这是一门有生机、有温度的新兴学科？

黄德宽：古文字学研究的对象是上古的东西，这门学问的起源非常早。一提到古文字学就让人联想到"冷门绝学"，实际上说的是它的难度，做的人少，怕它传承不下来。

随着光绪二十五年（1899年）甲骨文的发现，后人比汉代人看到了更多更早的文字。20世纪70年代，湖南长沙马王堆汉墓出土了帛书《老子》（甲乙本）、《周易》等一大批珍稀文献。20世纪90年代，湖北荆门郭店楚墓出土了《老子》《缁衣》等多种战国时期的竹书。近年来，上海博物馆、清华大学、北京大学、安徽大学从海外抢救回来了多批战国秦汉竹简，其中既包含了中华核心经典，也有大量未曾传世的佚书。考古单位也陆续发现了一些新的文献资料。还有历年发现的商周青铜器铭文，数量多达2万余件，记录了许多重要的商周历史文化内容。这些出土文献新材料内容极为丰富，涵盖了上古社会的方方面面，很多内容都属于首次发现。

随着这些新材料的发现，古文字学这门古老的学问迎来了前所未有的机遇，开辟了很多新的研究领域，成为一个充满现代学术精神的新学

科。近年来，在国家的支持下，古文字学的发展受到了社会各界的关注，研究队伍越来越壮大，因而充满生机，发展前景广阔。

解放周末：您一直强调，如今的古文字学是一门新兴的交叉学科，如果只懂得古文字，做不好这门学问。著名古文字学家裘锡圭先生也有类似论断。一个合格的古文字学研究者，究竟要具备哪些领域的知识和技能？

黄德宽：古文字学是一门"既专且博"的学问。它研究的是中国上古时期的文字，这是一个专门的研究领域，有专门的研究对象和方法。没有经过专业的训练，对一个字根本无从辨认、分析。

同时，它很"博"。除了文字学的知识，还要对上古汉语有了解。因为文字是记录语言的，如果脱离语言环境，只从文字本身进行分析，很可能会出现错误。而文字作为一种符号，记录了当时的社会、文化方方面面的内容，因此也要对历史学有所涉猎。古文字的书写方式、篇章组织、文本流传问题，又涉及文献学。此外，很多文献都从地下出土，要鉴定、整理这些文物，光有古文字和古文献经验还不够，要具备一定的考古学知识，还要借助自然科学的技术和方法。

解放周末：这些年您一直在从事出土文献与古文字的研究，现在正主持清华简的研读工作，是否也用到了上述的"十八般武艺"？

黄德宽：是的。清华简并非科学考古发现的，而是2008年从海外文物商那里抢救回来的，所以它们面临的第一个质疑就是究竟是真是假。对于这批竹简的出土时间、流散过程，全都不得而知。当时，清华大学成立了由李学勤、裘锡圭、李伯谦等先生组成的专家委员会进行鉴定，大家凭借多年来积累的经验，一致认为这批竹简上的文字书写风格是战国时期的，从内容来看应该是战国时期的古书类文献，涉及中国传统文化的核心内容，是前所罕见的重大发现。

这还不够。为了印证这一论断，2008年底，清华对这批竹简中的无字残片标本进行了 AMS 碳 14 年代测定，经树轮校正后，得到的数据为公元前 305±30 年，即战国中晚期，这与学者鉴定观察的结果基本一致。

另外，专家还对竹简残片的含水率做了测定，结果是400%，这是曾经在水中浸泡千年才有的结果，现代人不可能做到这一点。后来，随着对这批竹简整理研究的深入，把残章断简一片片拼起来，根据文字记载的内容进行综合判断，证明它的价值极其重大，绝不可能是造假之物。

经过一系列研究和检测综合判断，毫无疑问这批竹简是战国时期的真品。十多年来，在李学勤先生奠定的基础上，清华大学出土文献研究与保护中心的专家们经过艰苦努力，迄今为止，已经整理发布了10辑研究报告，每一辑报告的发布都引起了学术界的轰动，并带动了相关学科研究的开展。今年，我们马上就要发布第11辑研究报告，大家对此都非常期待。

四、尤其要有坐冷板凳的精神

解放周末：2020年1月，教育部发布了"强基计划"，古文字学专业被列入其中。这是否意味着古文字与出土文献研究迎来了"最好的时代"？

黄德宽：过去，古文字学人才的培养主要从研究生教育阶段开始，部分高校和研究机构根据自身条件，分别在中国语言文学、考古学、历史学等一级学科下属的有关二级学科招生培养，培养方式、课程体系百花齐放，差异明显。这种模式现在已经难以适应古文字学发展对高层次人才培养的需求。

这次改革将古文字学列入"强基计划"，选择若干所具备条件的高校，从本科生抓起，建立本科、硕士、博士衔接的培养模式，是对古文字学高层次人才培养的重大改革，将为加强我国古文字研究力量、积聚后备人才、传承发展中华优秀传统文化发挥独特和重要的作用。

解放周末：今年6月，清华大学首届"强基计划"古文字学专业举行了开班仪式。这批学生是怎样选出来的？

黄德宽：学校考虑到高中生进入大学直接学习古文字学可能比较困难，所以先让学生们上了一年的课，了解相关内容，随后由日新书院文、史、哲三个专业本科生在一年级末进行双向选择，择优遴选组成现在的古文字班。

开班仪式上，一位学生代表的发言让我印象深刻。他回顾了自己与古文字学结缘以及逐步萌生学习兴趣的历程，并表达了自己坚持这个专业的原因和对未来的畅想。从他和其他同学身上，我感受到了清华学子对传承弘扬中华优秀传统文化的理性思考和担当精神。如果仅仅为了追求个人的生活幸福、更好的工作，大家也不会选择这个专业。能在这条路上走下去，一定是出于内心召唤和深层思考的引导。

解放周末：您觉得，从事古文字学研究的人应该具备哪些品质？

黄德宽：其实做学问，不管是古文字学还是其他学科，都需要一定的品质，这是相通的。我认为以下三点尤为重要。

首先是对中华传统文化有深切的热爱和崇敬。没有热爱与崇敬，很难真正献身于这份事业。

其次，在学术上要有奉献精神，尤其要有"坐冷板凳"的精神。研究古文字学不是为稻粱谋，也不是为一己之利，它是一份清苦、艰难的事业。如果耐不住寂寞，不甘于坐冷板凳，就难以坚持。

还有就是要有宽广的学术视野，善于吸收多学科的知识。不要以为古文字学就是枯燥、死板的咬文嚼字，要在古文字学领域有所突破，必须要打开眼界，博采众长。青年学生还要有国际化视野，这样才能更好地承担起中华文明与世界文明交流互鉴的责任。

解放周末：对青年学子来说，老一辈学人的优良作风和家国情怀也是激励着他们前进与成长的动力。

黄德宽：是的。我们的老一辈学者都是数十年孜孜以求、心无旁骛地治学，他们的自觉担当影响了一代代青年学子。

清华大学成立出土文献研究与保护中心时，李学勤先生已经75岁高龄了，为了清华简的整理研究，他夜以继日、呕心沥血，带着一群年轻人从无到有地干起来。后来他生病入院，在病床上依然心系研究，通过口述来写文章。他的治学态度和精神深深地影响着我们。

今年4月17日，在清华蒙民伟人文楼出土文献研究与保护中心内建成的李学勤先生纪念室正式揭牌。中心还设立了"李学勤出土文献基金",以奖励投身于出土文献学习研究的优秀青年学子。我想,青年学生的治学品格,需要教师们平时的言传身教,需要老一辈学人治学精神的滋养,更需要他们在实践中自觉地去砥砺磨炼。

【编按】本篇是《解放日报》记者吴越的访谈,刊于该报 2021 年 9 月 3 日第 9 版。

甲骨文改写了汉字研究的历史

甲骨文的发现对汉字的构造理论研究、对整个汉字演变史，都具有重大影响。

甲骨文的发现对于中国汉字史的价值何在？

在中国文字博物馆馆长、清华大学教授黄德宽看来，甲骨文一方面展示了3 000多年前汉字的原始面貌，让现代人甚至比东汉文字学名家许慎更清楚地了解汉字的历史形态，并纠正了2 000多年来汉字字形结构分析的一些错误；而同时，甲骨文能够更好地帮助研究者寻找汉字的历史发展轨迹和演变规律。

一、良好的传承与发展

甲骨文发现的5年后，孙诒让撰成《契文举例》——第一部甲骨文字考释和研究著作；至1915年，罗振玉出版《殷虚书契考释》，大量甲骨文得到考释，卜辞基本可以解读。甲骨文从最初被发现至大量考释、基本可以解读，不过短短十几年的时间，而苏美尔人的楔形文字等古文字释读往往需要几百年。

学者如何能以此速度攻克甲骨文研究中的基础问题？"得益于中国文字的良好传承。"黄德宽说。

黄德宽说，汉字的延续性，本质上是由中华文明的延续性决定的。文字是文明的一部分，文字会随着文明的消亡而消亡。在几千年的演变中，中华文明的整体形态没有变。尤其是汉代以后，儒家学说经典化。

从隋唐设立科举考试制度直至清末，四书五经成为读书人的"必修课"。莘莘学子将经典奉为圭臬，身体力行地诵读和践行。经典的不可改易性，确保了文字稳定地传承下来。

中国文字学有着悠久的历史和丰厚的成果，早在东汉许慎就撰写出《说文解字》这样的文字学名著。《说文解字》依据小篆文字系统，大体上对汉字来源、构造和字体演变规律有较为正确的认识。到了清代，以著录和考证金石文字资料为研究重点的清代金石学，对青铜器铭文的研究取得了大量的成果。这种背景下，甲骨文发现后中国文字学者对它并不感到十分陌生，他们能够很自然地融会贯通《说文》和金石学研究成果，这对甲骨文的常见字识读起到了极大的促进作用。

甲骨文的发现和研究带动了整个古文字的整理和研究。中国文字历史源远流长，历代文字资料素材丰富，西周金文、春秋战国文字等早期文字，保存了文字的历史面貌，这都为文字研究提供了直接且可靠的依据。据黄德宽介绍，近百年来，古文字学者利用甲骨文研究成果，开展文字溯源的探索，对西周的青铜器文字、战国文字、秦代文字等进行断代清理，寻找它们之间的内在关联。在此基础上，综合探索汉字系统的历史发展和内在联系，可以建构汉字系统的一个一个"字族"。黄德宽等学者所著《古文字谱系疏证》——第一部全面系统梳理古汉字发展沿革谱系的著作，揭示了古文字阶段汉字体系内部字际关系，构建了古代汉字发展沿革谱系，这项工作为进一步揭示汉字发展演变规律奠定了基础。

黄德宽形象地比喻说："文字的内在规定性很强，它内部可以分成一个个'家族'。我们找到了相关字的'老祖宗'，然后便能分析出它是如何派生出其他字的。"

二、为传统文字学纠错

在依据甲骨文等古文字材料溯源中国文字发展演变之后，学者才发现《说文解字》中对文字的分析存在不少错误。

据黄德宽介绍，许慎分析的汉字构造，主要是依据小篆。这些小篆形体都是汉字长期发展后的结果，依据较迟的形体来分析汉字早期的构造方法和原理，错误自然在所难免。殷商甲骨文的发现和深入研究，为纠正许慎分析汉字结构的错误，正确认识一些汉字的构造并科学总结汉字构形原理提供了可能。

"比如'至'字。'至'是什么？根据《说文解字》对小篆系统分析，'至'字是一个鸟向下飞着地。"黄德宽说，根据甲骨文，"至"是一支弓矢射到一个位置，表示"到"。与此相类似，"之"字《说文解字》说是小草从地下冒出来。但在甲骨文中，它是一个脚趾下面加一横，表示脚走到了一个地方，"之"表示"到达"。

"一个是把'矢'误认为'鸟'，一个是把'止（趾）'误认为'屮（草）'。因为在东汉时许慎没有甲骨文可以参考，只能看到小篆，所以只能按小篆的字形分析。类似的这些错误，在甲骨文发现之前是没有人知道的。"黄德宽说。

传统文字学将文字构造法分为象形、指事、会意、形声、假借、转注六书。但传统文字学并没有讲明哪个时代主要使用哪类文字构造法。黄德宽开创性地提出汉字发展具有层累性，研究汉字应采用动态分析的方法。

"很多人都会以一个整体的、静态的方式来看文字，并不清楚每个字是什么时候出现的。但以汉字发展史的角度，所有的字并不都是在一个时期或一个时代产生的，是不同时代一层一层、一个一个慢慢积累下来的结果。因而我们借用了考古学的一个概念——层累。"

黄德宽说，在层累观点和动态分析方法研究下，能发现甲骨文中形声构字法占有相当的比例，象形、指事使用非常有限，这也纠正了学术上过去认为的形声造字法出现较晚的观点；西周时期汉字构造就以形声字为主体，西周时期新出现的字，80%属于形声字；春秋战国时期的新字，90%以上采用形声造字法。所以，汉字系统内部早就完成了造字方法的转变，形声造字法早在西周时期就成为汉字的主要造字方法了。

【编按】本篇由《人民画报》记者莫倩采写，刊于该报 2019 年第 12 期。

横平竖直的前世今生

王晓辉（画外音）：黄德宽先生，见信如晤。汉字是最古老的文字之一，自甲骨文以来有着3 300多年的发展历史，在世界文字体系中有着独特而崇高的地位。然而，进入数字化时代之后，汉字却遇到前所未有的危机。书写方式的改变让许多人提笔忘字，这使我不禁担忧，国人忘记的不仅仅是抽象的汉字，更是汉字背后所承载的中华文化。您的大名对我来说如雷贯耳，我想如果探求汉字的前世今生，并进而探求中华文化之源，您无疑是最佳人选。我期待与您一起共同用汉字这把钥匙打开中华文化宝库，探究中华文化的过去与未来。

王晓辉：黄老师，我们做的这个系列节目叫作《似是故人来》，是一个大型文化访谈节目。

黄德宽：因为你们给我提到这样一个想法，就是通过中国文字来寻找文字和传统文化的关联。我首先就讲，谈到中国文字，我就想到了安阳。我们知道武王灭纣，《封神榜》故事就发生在安阳。但是从武王灭纣以后，安阳故都就慢慢地变成了废墟，掩埋了很多的秘密，其中最重要一个秘密就是甲骨文。

王晓辉（画外音）：1899年，安阳出土流散的甲骨文首次被学者辨认为殷商遗物。随后数十年间，这一带陆续出土了十几万片带字甲骨，不仅让殷墟从此闻名于世，更被评为20世纪中国"100项重大考古发现"之首。

黄德宽：我们今天使用的文字，很多从甲骨文可以一直梳理下来。第一部考证甲骨文的书是孙诒让写的《契文举例》。孙诒让是清代的经学家，章太炎曾经夸奖他，在整个晚清没有人可以跟他相提并论的，是这样的人物。

王晓辉：刚才您提到了这个章太炎先生，我就想起了一个故事。章太炎先生有四个女儿，他给这四个女儿起了四个非常稀奇古怪的名字，比如说像叫四个"又"（叕）。

黄德宽：您说这个字一般人当然不认识，这个字读音读 zhuó。看起来四个"又"，它实际上和四个"又"没什么关系。最新出土材料里面发现了一个字，就是连缀的"缀"右边的写法，有时候它下面加一个"土"，还有在上面再加一个"艸（草）"，这就是草木旺盛，长得很茁壮的"茁"。变到小篆以后，把这几部分慢慢地写分开了，分开以后就变成了四个"又"，其实与"又"没有关系。这就告诉我们，汉字的来源是非常复杂的，今天的字不要简单地望文生义。因此，我们要真正地了解汉字文化，就得要追本求源，就要回到甲骨文这个根上来，从甲骨文往下梳理。

王晓辉：所以我来这个地方来对了，寻根的。

黄德宽：您看，我们就到殷墟了。

王晓辉（画外音）：殷墟，原称北蒙，这里经历了八代十二位国王，273年的统治，一直是商代后期的政治、经济、文化、军事中心。究竟殷墟的考古发现对中华文化有什么样的意义？除了甲骨文，殷墟在汉字的传承与发展过程中又占据了什么样的地位呢？

（走到甲骨窖穴展厅前）

黄德宽：这是复原的一个位置，这不是真甲骨，是仿制的。

王晓辉：他为什么把这些东西统一地埋在一个地方了呢？

黄德宽：因为占卜完了，到一定的时候，它就一个礼俗，就把不用的龟甲都放在一起埋藏、保存在那。它的意义在于什么呢？一个窖藏的甲骨总体来说是一个时代的。我们认识这批甲骨的历史时代，它们彼此之间的关联性，就比较容易找到，所以这个成窖的甲骨是非常重要的发现。

王晓辉：它这个甲骨上有墨书的。

黄德宽：有。

王晓辉：也就说明那个时候就有毛笔。咱们不都说是蒙恬造的毛笔吗？

黄德宽：所以这就是一个重要的知识。在这儿博物馆展出了前几年新发现的一片龟甲，这片龟甲都画成一条条的格栏，格栏从上往下写满了字。为什么画成一条一条的？模仿竹简。其实我们现在看到的甲骨文是占卜的特殊文字，通常用的一定是竹简。

王晓辉：只是它没有保留下来。

黄德宽：那容易腐烂。

王晓辉：也就是说竹简甚至还在甲骨文之先。

黄德宽：当然。这个体现了中华文明来源非常早。

王晓辉：说蒙恬造毛笔这个事情是站不住脚的。那仓颉造字能不能站住脚啊？

黄德宽：那是一种传说。这涉及什么呢？文字的产生和文明的关系问题。早期人类发展过程中，我们的历史，我们的认识，都是口传的。随着部落到氏族它不断地发展，统辖的范围越来越大，面对面交流就不够了。由于时空的传输需要，就创造了文字这样一个形态的东西。所以文字的发明是人类社会发展到文明阶段的标志。

王晓辉：那说仓颉造字，可能他是一个聪明人，也是一个集大成的人，但不是说每一个字都是他创造的。

黄德宽：一个人不可能创造一个文字系统，但是反过来说，完全是很多人去创造文字也不现实，它必须要有少数人在一起把长期形成的这些符号给系统化、规则化，这样它才能成体系。我个人认为，早期像中国文字这种自源文字，它的产生应该是由一个团体，应该是史官，他的职务就是记事记言，跟早期的记事有关系，他要记事就必须把这些符号系统化、完整地整理。所以，我认为中国的文字创造应该是史官的贡献。

（来到殷墟车马坑展厅）

黄德宽：我们看到的是当时的车马坑，你看那个车轮，这是当时的车子。

王晓辉：马应该是在那个方向。

黄德宽：这是车厢，这是两个轮子。甲骨文的"车"就是两个轮子中间再拉出一竖笔，上面加两个车轭，一边一个，驾马的。甲骨文中那个"（车）"，有一辆轴断了，过去以为是一个"车"字的异体，随着研究的深入才认识到，原来古人暗示我们，这是车轴断了。其中有一片甲骨说王狩猎，另一辆车的车轴断了，马就跌倒了，而且撞到了王的车，给王驾车的人也掉下来了。有这样一个记载，这算是不好的事情。

王晓辉：也就是说，这个字记载了咱们中国历史上第一次有历史记载的交通事故。

黄德宽：也可以这么说。

王晓辉（画外音）：一个汉字就可以暗示一个久远的故事细节，我们不得不佩服古人对于汉字的妙用。在看了坑中的车马、士兵和甲骨之后，我对汉字的兴趣已经从浅层次的字形意义，深入到每个汉字背后所反映的历史。不仅是我，与我有同样兴趣的，还有我们偶遇的一群学生，他们会对汉字有什么样的好奇呢？

黄德宽：你们是来参观上课吗？

学生：对。

黄德宽：你们觉得有意思吗？

学生：有。

黄德宽：老师在上课可给你们教？提到甲骨文吗？

学生（多个）：会，但是不多。活动里面经常会有，网上听过那种讲座，里边有讲过甲骨。发现120年，最早的文字。

王晓辉：你还不如利用这个机会，让黄爷爷给你写一个甲骨文的文字。

（黄德宽给学生们写"好好学习"）

王晓辉：我问一下同学们，你们喜不喜欢汉字？

学生（多个）：喜欢。

王晓辉：你们为什么喜欢汉字？它好在哪个地方？

学生：它记录我们的母语，书法有多种表现形式，是唯一一种有美感的文字。

王晓辉：它有形状之美。还有什么？

学生：因为有变迁，它也有一定的声韵美。

王晓辉：好。所以这个东西是我们祖先给我们留下的非常珍贵的文化遗产，得好好学。黄爷爷刚才告诉我，咱们甲骨文还有2 000多个字没认出来，就靠你们了。咱们安阳中国文字博物馆不是说认出一个字来就能奖励10万块钱吗？你们好好努力。

王晓辉（画外音）：甲骨文的内容涵盖了中国古代生活的方方面面，不仅有祭祀问卜，也涉及婚丧嫁娶、农业和战争。甲骨文的字形既反映出了古代生活的真实场景，也能展现出汉字发展变化的脉络。那么之后汉字作为中华文明的载体，在其发展过程中是否也会反作用于文明的进程呢？

王晓辉：黄老师，如果中华文明是一个建筑，那么每一个汉字就应该说是构成这个建筑的砖石和基础。那么汉字对咱们中国人的生活有哪些影响？

黄德宽：像中华民族这么几千年来，中华文明延续不断传下来，主要靠的是汉字的记载。另外，前人早就认识到文字的重要性。它的影响，首先在国家治理层面上看，古人讲是"经艺之本，王政之始"。就是说你要治理一个社会，治理一个国家，真正行王政，首先要有文字，没有文字你就无法治理国家，所以秦始皇统一中国以后，与统一度量衡一起，还有一个事儿，就是"书同文字"。如果书不同文，各地用的字不统一，那政令就不能畅达，思想就不能统一，国家就难以统一。

王晓辉：它还是一个国家统一、民族统一的维系。

黄德宽：是。另外，教育首先靠什么？要学习文字。所以我们每一个中国人，历朝历代，自从有了文字，这个教育就一代一代传下来了。

王晓辉：而且教育都是从认字开始。

黄德宽：在认字过程中你掌握了一门工具，通过这个工具你走进自己的历史、自己的文明。因为每一个字产生在不同的历史、不同的时代、不同的文化背景，到我们学这个字的时候，潜移默化，我们就学了这个文明。所以可以说，离开了文字，一个文明的国家恐怕无法治理。离开了文字，在这个庞大的，特别像我们中国这样的多民族国家，这种文化的统一、意识形态的统一、思想的统一、政令的通行都难以实现。

王晓辉：那么中国的文字，你看这么多年的演变，横平竖直，规规矩矩，它对中国人的性格有什么影响吗？

黄德宽：应该是会有影响。因为我觉得人的思维方式应该与它的历史文化是相关的。而我们中国人在他的思维形成过程中，从小通过我们的教育，他学认汉字这个过程中，与他的思维的逐步发展是有直接关系的。我们汉字跟西方文字相比，西方文字一般叫线性文字，是拼音的，它根据发音，语言发音是个语音流，"词"这个词"word"，它就是按照语音流形成一个线性的文字，这是以音为媒介。而汉字是一个二维的文字，我们叫"方块汉字"，每一个字是一个图形。我们写"书"这个字，现在我们这么写是因为草书的楷化，我们再看繁体字"書"，上面就是毛笔的"筆"把竹字头去掉，本来就是个笔，下面是一支笔在下面写。这个"日"字是书写对象的载体，这就是一个形象。

王晓辉：咱们有句诗叫"鸡声茅店月，人迹板桥霜"，没副词、介词什么的，但是有极其强烈的画面感。

黄德宽：对。每一个字在古汉语中是记一个词。像你刚才说这两句诗，就是以名词为主，一个名词代表一个物象或者一个物体，这样全部是一个形象组合，给人感觉是一个画面，但这个画面怎么形成呢？要靠我们综合，就是靠你在思维过程中有一个形象的综合想象力，形象思维跟上。所以一个中国人的特点，他的思维方式就是，一是形象感强，所以感性；第二就是综合性强，就是把握整体。另外，文字是一个二维结构，从审美来说，二维结构是对称美、平衡、稳定，这种审美习惯也反过来强化你的思维方式，所以中国人不会走极端。

王晓辉：干事不靠谱，这个咱中国人不做。黄老师，你给我讲汉字对我们的影响如此之大，我就对咱们这个博物馆有点迫不及待了，要不咱们现在就过去，好吗？

黄德宽：好，好。

王晓辉（画外音）：中国文字博物馆是中国首座以文字为主题的博物馆，共入藏文物4 123件，其中一级文物305件，荟萃历代中国文字样本的精华，讲解了中国文字的字形特征和演化历程。那么在甲骨文之后，汉字经历了什么样的发展？而象形、会意、形声等六书造字方法又是怎样开创了汉字新时代的璀璨篇章呢？

王晓辉：这个就是咱们的文字博物馆。这已经是造字方法了。

黄德宽：对，首先是"画成其物"，象形，你看心脏的"心"就这样，说明当时人就知道心长得什么样了。"大"是一个人的正面形状。"小"是沙粒。这个宴饗的"饗"是会意字，两个人对着一个簋，上面是食物堆起来。

心　　　　大　　　　小　　　　饗

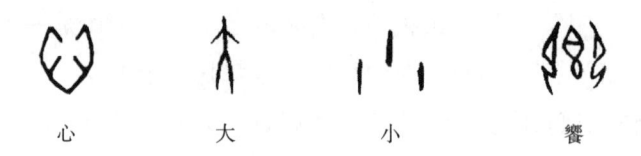

王晓辉：到了形声字可以说是相当成熟的文字。

黄德宽：当然。形声字的发展完善是汉字系统成熟的重要标志，因为不造形声字，很多词记不下来。我们前面讲的象形造字，象形造字可象的形是有限的，于是人们就会意，把几个象形拼到一起，但有一些抽象的意义也会不出来，比如思想的"想"，怎么会呢？

王晓辉：如果你一味按照象形、会意走，走到尽头了。

黄德宽：于是古人发明形声造字法，一个形符加一个声符，构成形声字。形符表示意思，声符表示读音。

王晓辉：有了这种方法，我们的汉字的发展就进入了一片新的天地和境界。

黄德宽：任何字都可以造。比如说一个气体，氢气，从"气"，加一个"圣"拿过来作声符。所以发明了形声造字法，汉字造字就不会出现危机。

王晓辉（画外音）：汉字在不断的创新过程中，字体上也发生了很大的变化，历朝历代的大书法家给我们留下了非常多的文化瑰宝，从篆书、隶书到后来的楷书、行书和草书。文字的字体在中国艺术的分支上绽放出了独有的光华。

王晓辉：这个小篆是毛笔写的吧？

黄德宽：对。这个是秦统一六国以后，用小篆来统一六国文字。

王晓辉：它的特点是粗细是一样。

黄德宽：小篆的特点就是用一种匀称婉转的线条，所以把字写得很华美，装饰性很强。这个时候古文字就发展到了顶点了，古文字的终结，然后就要创新了。怎么创新？你这么写，把笔画写这么匀称，字写得这么对称，多费劲啊！随便就是解散篆法，小篆的篆是一种婉转的线条，装饰性的线条，把篆法给它解散掉，把字变得平直方正，就产生了隶书。到唐代，汉字从隶书到楷书逐步发展稳定了，从字形上到楷书就定型了，所以唐代产生了很多著名的楷书家，我们都知道欧阳询、颜真卿、柳公权，大家都很熟悉。从篆书到隶书到楷书的演变是为了提高书写效率，解决书写效率低的困境。

王晓辉：这才是我们汉字不断发展的内在的一个动因。

王晓辉（画外音）：黄老师他对整个汉字这3000年来的变化，对于篆书、隶书、楷书，他的分析让我更加了解到中华文化的源远流长，也了解到了汉字在中华文明中所处的地位。

（走到访谈室）

王晓辉：请坐。黄老师，你看你刚才带我在馆里走了一圈，咱们汉字3000年发展历程，从甲骨文一直到现在楷书，咱们说的是定下了字形了，那么我们的汉字还有没有可能更简？

黄德宽：这是大家关注的问题。其实简化则是一个形的发展，简化的动力是书写。一书写就是要求书写效率，从书写效率的角度讲是越简越好。从辨认的角度来说又不能太简，因为太简字形的信息就变少了，区分度就不够。你看我们有印象，字形凡接近的，虽然很简单，但是辨认起来容易出错。所以它简到一定时候，就有一个区分原则在里面起制约作用，不是越简越好。所以要在辨认效率和书写效率之间求平衡是最好的。

王晓辉：说到汉字简化的动力，您说的是书写促进了汉字简化。但是今天我们时代变了，大家开始广泛地应用计算机打字，打拼音，年轻人很少写字了，所以这个会对汉字的传承和发展带来冲击吗？

黄德宽：这是一个大的问题，现在提笔忘字，很多人都面临这个情况。我认为书写在信息化时代发生了变化,但是我们的传承不能丢,怎么来解决传承问题呢?

首先是在中小学语文教育方面,我们写好汉字,认好汉字,要科学准确地解释汉字。你要是把这个字讲错了,那不是传播的正确文化,而是错误的导向。我们看很多字被前人都讲错了,说当年王安石他是喜欢讲字,说那水波的"波"是什么?它就是水的皮。人家嘲笑它,说"滑"就是水的骨头了?这也就是望文生义。这就不是科学的解释。所以我们讲传承好汉字,首先把汉字分析好、解释好,说清汉字从哪来的,怎么到今天的。

第二方面,要让人们敬畏汉字、热爱汉字,把它作为一种文化传承下来。所以在语文教育中把字学好、用好。

第三,当然我们还可以通过现代传媒技术,各种手段,比如说甲骨文的表情包、书法艺术,都可以。通过这些形式来强化对汉字的热爱,引起大家的兴趣。敬畏汉字、热爱汉字,还要把它传承下去。

王晓辉: 黄老师,您是研究文字的大专家了,在您的眼里,您怎么看待咱们中华文化,或者是以咱们中华文字为基础的中华文化?

黄德宽: 这个文字它是文明的体现,它既是文明发展的记录,也是文明发展的标志。中华文化从来都是开放的、变动的,所以《易经》有讲"变则通,通则久"。中华文化为什么能延续至今?因为有中华民族的悠久的历史文明,深厚的传统,它的丰富的内涵,我们有底气以开放的心态接纳不同的文明,因为中华文明就是在这样一个融合过程中发展,最终生生不息的。中华民族一定会坚守自己的这种自信。自信来源于何处?就来源于中华文明的持续性、丰富性、开放性。

王晓辉: 汉字的功劳功不可没,厥功至伟。

黄德宽: 对。中华文明的延续性、丰富性,除了我们的习俗、物质形态以外,就是因为有汉字完整地记载和保存下来,诸子百家、汉赋、唐诗、宋词、元曲,都在文字中存在着,每一个时代的智慧都集中在这。

你想我们后来的人不断在吸收先贤的智慧,在先贤智慧的熏陶下,我们会变得更加深沉，更加丰富，更加博大。所以我特别希望我们的青年不要丢掉了我们自己的传统，不要丢掉自我。

王晓辉（画外音）：汉字从诞生开始，经历几千年的沧桑岁月，一直到今天，都在我们中华民族的文化中发挥着巨大的影响力。解读汉字文化的过程就是我们追溯中华文化之源的过程。

黄德宽（画外音）：没有文字的统一，就不会有文明的延续和大一统的中国历史和文化。

王晓辉（画外音）：所以如何让我们的文化得到更好的传承，我认为答案就在一句古诗中——"问渠那得清如许，为有源头活水来"。

【编按】《似是故人来》是由中国互联网新闻中心（中国网）与江苏卫视联合制作的实景文化类深度访谈节目，该节目的发起人为中国网总编辑王晓辉先生。《横平竖直——构建中华文明之根》是系列访谈的第一期，2020年7月21日在中国网、江苏卫视等播出。本篇由任攀根据第一期访谈节目整理。

如何从汉字之美认识中华文明

中新社记者：汉字是世界上唯一传承和使用至今的自源古典文字体系，其长盛不衰的生命力源于哪里？

黄德宽：汉字是中国文化的象征。世界上公认的代表古老文明的文字体系，如两河流域的楔形文字、古埃及的象形文字等，最终都无法延续，只有汉字从它诞生之日起便沿用至今。汉字之所以能够长盛不衰，我认为最主要的原因是与汉字休戚相关的中华文明延续不竭。汉字与中华文明紧密相连，文明的连绵不绝决定了文字的不断延续，文字的不断延续又维护了文明的绵延赓续。尽管在漫长的历史长河之中，中华文明的发展经历了一些波澜和曲折，但其传承从未中断，这为汉字的延续和发展提供了丰厚的土壤和充足的条件。

另外，汉字的构造及其表现出的强大功能，是其可持续发展的优势所在。汉字符号源于对物象的描绘，经历了由早期以形表意的象形、会意向形声构形的发展。形声结构造字便捷，既传承了早期汉字以形表意的特点，又开辟了记音表词的广阔空间，从而较好地解决了早期文字符号系统与所记录语言发展难以相适应的问题，永葆其生命之树长青。因此，汉字自身的构形特点及其与汉语相协调的和谐发展，成为汉字长盛不衰的内在原因。

中华文明多元一体，多民族和谐相处，共同推进中华文明的长盛不衰。汉字汉语一直是中华民族通用的语言文字，是不同民族、不同方言区人们交流交际的共同工具。以汉字书写的典籍，使先人思想和智慧得以跨越不同时代、地域和方言而广泛传播，影响所及，化成天下。汉字对传承弘扬博大精深的中华文明、对维护和巩固中华民族共同体，都发挥着无与伦比的巨大历史作用。

同时，汉字系统在中华文明发展的历程中也在不断地自我完善、自我革新。可以说，汉字长盛不衰的生命力，是汉字与中华文明、汉字与汉语以及汉字系统自身发展共同作用的结果。

中新社记者：汉字作为中华文化之"根"，它能体现出何种中华文明之美？

黄德宽：一是典雅之美。汉字作为古典文字的代表，历经甲骨文、金文、篆书、隶书、楷书等多种书写形式的演变，穿越三千多年走到现在，其构形、内涵及其记录的思想文化，都体现了中华文明早期的审美思想和观念形态，造就了中华文化的深厚与博大，展现了汉字与中华文明古老悠远的典雅之美。

二是构形之美。汉字通过画成其物，描写客观物象来造形，其体态变化多姿，生动形象；其构形追求对称均衡，符合美学原则。汉字构形是古人智慧和巧思的生动记录，比如，汉字的"字"，以"子"记音也兼表意，"子"在房屋（"宀"为房屋的象形字）之内，这个字的构形本义是哺育孩子。古人发现汉字的派生，就像生儿育女一样，代代繁衍，孳乳增多，所以就把它称作"字"。从"字"的原初构形义到用以指称"文字"，就蕴含了古人对汉字源流演变及其形音义关系的认识。可以说，每个古老汉字的构形，都是前人思想和智慧的结晶，其构造既美在形式，也美在巧思。

三是韵律之美。早期的汉字主要是用软笔书写的，也有刀刻的甲骨文和铸造的金文。汉字在书写过程中，由于控笔操刀的缘故，力道轻重变化、用笔（刀）起落运转和节奏快慢，综合展现出一种韵律之美。对汉字书写形态美的追求和审美意识的自觉，推进了汉字美的升华，从而形成了独具特色的中国书法艺术。与世界上其他文字系统相比，只有汉字既是记录语言、传递信息的实用工具，又兼有艺术创造和审美的功能。汉字不仅是一种书写符号，还成为一种审美对象。从某种意义上说，汉字之美也就是中华文明之美！

中新社记者：在古代，汉字曾充当东南亚地区唯一的国际交流文字；20世纪前，仍是日本、朝鲜半岛、越南等地的官方书面规范文字。汉字对促进人类文明的交流和发展，发挥着怎样的作用？

黄德宽：我认为，汉字的作用首先是对中华文明发展的巨大贡献。中华文明最重要的内容之一，是由汉字记录和书写而形成的数量众多的典籍。殷商的甲骨文、两周的青铜器铭文、战国秦汉的竹简帛书，历代的石刻经典、手抄经卷、刻本印刷书籍，积累和保存了中华文化辉煌的历史。正是由于汉字记载和保存的历代思想和文明成果，中华文明才得以更好地传承和传播。

古代中华文明是世界上最重要的文明之一。汉字则是传播中华文明的最重要的载体，日本、朝鲜半岛、越南等都深受中华文明的影响。通过学习汉字，这些国家加深了对中华文明的了解，甚至把汉字作为自己的书写系统。汉字撰写的中华经典早已在世界各地广为传播，比如《诗经》《老子》《论语》等。近代以后，众多中国经典文献更是传向了世界各地。随着华人向世界迁徙，华人走到哪里，汉字就带到哪里，中华文化就带到哪里。近年来，中国与世界各国经贸、文化、科技的合作交流更加频繁和广泛，从而推动形成了国际汉语学习的热潮。

中新社记者：当下，各国民众学习中文的人越来越多。"汉字之美"如何"美美与共"？

黄德宽：文明交流互鉴是人类社会发展的必然选择。中国作为目前世界上第二大经济体，在推进国际交流交往的过程中，汉字成为重要"桥梁"。各国民众通过汉字进一步了解中国文化，促进了我国与世界的思想、文化和经济交流。

我们应努力创造条件，积极支持不同国家和民族的人学习汉语汉字，为他们提供尽可能的帮助，当前中国很多高校正努力搭建这方面的平台。世界上学习汉语汉字的人越来越多，了解中华文化的人也就会越来越多，这将有利于中华文明和世界文明交流互鉴，美美与共。

汉字怎样更好地传播出去？首先，汉字研究者要对汉字作出正确的说解阐释，让汉字的文化内涵得到准确清楚地表达；其次，需要有高质量的汉字读物和教材；最后，要重视汉语教师的培养，在语言文字教学方面注意吸收古文字学研究的成果，更好地了解汉字知识，给予学习汉字的外国朋友更好的指导和帮助。

此外，还可以通过现代化的传播技术，大力开发适应数字时代的汉语汉字教材和作品，能让外国读者和学习者通过数字世界更便捷地获取关于汉字的知识，更好地了解中华文化。

【编按】《东西问》是中国新闻社的品牌栏目，旨在推进中外理性对话和文明互鉴。本篇由中新社记者储玮玮采写，《东西问》栏目2022年9月23日发表。

汉字新识：让文明之光照耀古今

一、古文字学的学术传统

施今语（以下简称施）：黄老师，您能抽出宝贵的时间接受我的学术采访，让我感到非常荣幸。我第一次接触古汉字学的时候，以为这个学科只是破译以前的汉字，后来通过阅读材料，认识到古汉字研究的范围实际上非常广。这里想先请您简单介绍一下古汉字学的具体研究内容，可以吗？

黄德宽（以下简称黄）：好的。你说的这个古汉字学，一般也可叫古文字学。中国从古到今有一部分学者在研究中国语言的同时，花了相当多的时间和精力研究中国的文字。实际上，研究中国语言和研究文字在传统学术中是不分的。所以在西方语言学没有引进中国之前，中国没有专门的"词"这样一个学术性概念，字就是词，词就是字，字词不分。这是中国语言学的一个独特性。汉字产生很久远，一直延续使用。汉字记录的语言就是汉语。汉字不是拼音文字。拼音文字是通过语音来记录语言，不同时期变化很大，而汉字符号系统以字记音，字形和字义的关系相对稳定，具有跨时空的特征。汉字起源于本土，所以叫自源的文字系统。汉字符号系统的历史非常久远，定型也比较早。

汉语本身是一直在变化的。古代汉语到底怎么样？由于没有语音记录，我们要想了解汉语的过去，必须通过文字的记录。早在汉代，文字学就产生了，就有了许慎的《说文解字》。汉代的文字学可以说是语言学发展中比较成熟的一个领域，主要研究字形、字义和字音。刚才说过，传统语言学中字和词不怎么区分，所以那个时候字和词是在一起研究的。可以说从汉代一直到近代以前，文字学一直都存在，都是非常重要的研究领域。

文字学研究有一个传统，就是研究文字的形体变迁和体系变化。在汉代，文字就有"古"和"今"的分别。所谓"古"，就是孔子壁中发现的那种先秦竹书所用的古文，也叫孔壁古文。这种古文记录的经书，也是先秦的经典，就叫古文经。而汉代通行的文字是隶书，文字形式跟孔壁古文不同，所以就把当时的文字叫今文。今文和古文的区别在汉代就形成了。秦始皇焚书坑儒以后，先秦经典多数都被烧掉了，特别是儒家的书，像《尚书》《诗经》等等。汉代重整文化，王朝开始鼓励民间献书，广开献书之路。这样一来，当时的人就看到了和通行文字不一样的古文书写文本，对这些文本加以研究，就形成了古文经学。

汉代学者为了解读先秦经书，自然首先需要准确读解经书里面的文字，这样一来就推动了文字学的发展。其中一种研究方法就是比对用今文和古文记录的同一内容。由于今文经是在秦火之后靠那些还健在的老先生凭记忆转录写就的，是隶书文本，拿它们和被发现的古文经对读后，就会发现很不一样。像今文《尚书》和古文《尚书》，差得就比较多，甚至有错简的，有错字的。当然这是很自然的情况，因为汉代今文经学经历了一个重建的过程。也就是说，汉代学者对于古文经书的研究推动了文字学的产生，许慎的《说文解字》正是在这种背景下出现的。

施：我当初感觉《说文解字》好像是横空出世的，经您这么一介绍，我才感觉到，原来这部大书的出现也有独特的历史文化背景。

黄：是的，你的感觉很在理。《说文解字》是以篆书作为研究对象，同时参照古文和籀文的字形来解说。古文就是孔子壁中书的文字。籀文是周宣王时期的太史籀传下来的，据说最初有 15 篇，当时只剩下 9 篇了。虽说不完整，但是许慎尽可能地把它们收集在一起。从此就形成了一个学术传统：研究汉字学，重点是放在研究历史汉字，而不太关注现实汉字。这个传统发展到宋代，又出现了新情况。宋代人开始收集青铜器，并且很重视上面的文字，于是就产生了专门研究青铜器文字的学问，叫金石学（"金"指青铜器，"石"指碑刻）。由于青铜器大多数是先秦的东西，即所谓三代之物，所以为了解读古文，金石学的一个任务是辨识金文。那时候金石学的研究水平也是比较高的，但是学者没有把这门学问放在文字学的领域，而是放到研究古器物的传统考古里面。这种情况一直延续到清代。清代《说文》学兴起的同时，金石学复兴并进一步发展，研究先秦青铜器铭文的越来越多。清王朝收集了很多青铜器，于是朝廷组织编纂"西清四鉴"，也就是乾隆皇帝敕撰的四部书，包括《西清古鉴》《西清续鉴甲编》《西清续鉴乙编》《宁寿鉴古》，里面收录了清宫收藏的商周至唐代四千多件青铜器的图录。这四部大书极大地推动了青铜器的研究。民间收藏的青铜器越来越多，新发现的器物也越来越多。青铜器铭文研究至此就发展起来了。正在这个时候，光绪二十五年（1899年），甲骨文被发现了。人们一看，以前没见过这些符号，但是有《说文》研究和金文研究的历史积累，再来读甲骨文，也不是很难。像孙诒让最早写《契文举例》的时候，很快就认读了甲骨文的基本字。1899年以后，甲骨越收越多，大家都很关注这种新材料。后来又经过了1928年到1937年这十年的殷墟考古，发现了大量的甲骨文。这当中，也有很多外国学者的参与。在中外学者的共同努力下，甲骨文研究有了很大的进展，又进一步推动了青铜器文字的研究。从此，古文字学作为一个分支学科，也就逐步发展起来了。

古文字学想要研究甲骨文和青铜器文字，只就"字"去看是研究不了的，必然涉及历史、考古，要看当时的历史文化背景，还要和传世文献结合。这就牵涉到对古文字学的理解了。从现在学术界的一般理解来讲，简单地说，古文字学主要以出土的地下文字、先秦的文字为研究对象，来考释这些历史汉字的形、音、义，并且研究这些文字记录的历史文化内容。所以它是一门跨学科的交叉学科。可以说，从晚清青铜器的研究和甲骨文的发现开始，古文字学就慢慢地呈现出一个分支学科的态势。到 20 世纪 70 年代，睡虎地秦简和汉初的马王堆帛书这些材料的大量发现，大大增加了人们对秦汉材料的了解。然后再到 20 世纪 90 年代，楚简（战国楚文字）又被大批发现，丰富了古文字的内容。也就是说，先秦一直到汉代都是古文字研究的范围。材料的丰富性使古文字学成为一个非常繁荣的学科。新材料的发现总能让人们对汉字的历史有新的认识，也会给早期的历史文化研究带来很多突破，这就使得中国古文字学成为很热门的学问。古文字学的历史和背景大概就是这样的。

二、古文字学的理论意识和系统观念

施：黄老师，您曾经在《汉语文字学史》这本书中提到过，现在古汉字研究更多地针对单个汉字，而缺少系统性的理论研究。为什么会出现这样的状况？

黄：理论意识薄弱是由中国学术传统造成的，有客观的历史渊源。不重视理论的系统性是中国传统学术的普遍问题，在汉字学领域尤其如此。为什么说"尤其如此"呢？因为汉字学早期的传统就是通过识字来解经。前人都是讲以字说经，以经释字，研究一个字的形音义就是为了读经书。所以，以前的学者看到的是一个一个的字，要把这些字说清楚。因此在对每一个字的解释方面，积累了非常丰厚的材料，有非常优秀的传统，这是宝贵的资源。但反过来却带来了另一个问题，就是理论建构的不足。早期汉字学者的兴奋点不在于理论，而且也不习惯于建构理论体系。中国最早研究文字实际上也是注重总结规律的，如提出了"六书"学说，这是中国古典的文字学理论。这个理论在先秦就已经有了一些名称，到汉代做了一些阐释，到许慎的《说文解字》有了明确的定义，在体系化方面大大提高了。应该说，这个理论在当时是非常了不起的创见。然而，从汉代开始传到近代，六书学说基本上就没什么大突破，跳不出那个小圈子，导致理论上的发展比较缓慢。这种学术传统也一直延续到当代。

这就形成了长期以来中国文字学研究的一个传统：以单字的考据为

主要的研究旨趣，研究的结果主要用于解读文献。真正把文字研究作为一个对象并且形成一种理论、一种学术构架的，是20世纪二三十年代才开始的事，是在西方语言学的影响下开始出现的。像30年代唐兰写《中国文字学》时明确用"science"这个词描述文字学，认为文字学是一门科学。现在我们知道"science"这个词用得不是特别贴切，因为"science"主要形容自然科学，而文字学是人文科学。但是唐兰在当时就有意识要建构这样一个理论，所以他写了《中国文字学》。二三十年代有这样一批受到西方语言学影响的著作，包括不少其他的文字学（文字形义学）的书。

但是早期还是把文字、音韵、训诂这些传统的东西合在一起，叫"文字学"，像钱玄同在北京大学讲《文字学音篇》，后来音韵研究才独立为音韵学；朱宗莱讲《文字学形义篇》，把文字和训诂学放在一起，沈兼士则称之为《文字形义学》。回顾发展历程，汉字研究也是这个时候才开始建构一个理论体系，不过整体来看，这种建构理论水准还不高。理论水准不高的原因有两个：一是对汉字历代的发展缺少全面的总结、系统的研究和深入的思考；二是缺少一种理论上的视野，也就是对汉字中出现的各种各样的现象如何去解释，缺少理论，缺少方法，而主要是做一些归纳、总结的工作。我们的学术有时理论推演水平不够，逻辑论证能力跟不上，整个文字学理论就没建构起来。这是我感受特别明显的地方。在写完《汉语文字学史》以后，我发现这个问题依然存在。后来很多年我做的工作就是希望在这方面有突破，包括我的很多课题实际上还是想要揭示汉字的构造、发展、演变、使用的规律性的现象，想要回答：汉字为什么能够延续到今天，而没有选择走拼音化的道路？汉字和汉语的关系是怎么回事？汉字和中国文化的关系是怎么回事？目前做得还很不够，太难了。

施：我看到过这样一种说法，说汉字最开始出现并不是为了记录汉语，而只是一种符号，比如鼎上刻的字可能就是家族图腾之类。

黄：这种观点确实看到了一种现象。早期文字的形成确实是符号。

最开始，这些符号可能是图像式的，是记忆方式的表达，或者是一种客观物象的抽象表达，未必和语言联系在一起。但是这种早期的符号严格意义上说还不能叫真正的文字。文字必须要成为一个系统。我们做现代语言学研究的人都知道，文字的系统性是否定不了的。我觉得西方学者这方面认识是对的，作为一种系统的符号，它必然是记录语言的，脱离语言的符号系统不可能延续到今天。比如我们现在看到的早期的甲骨文，如果没有语言的背景，是读不懂的。甲骨文是对当时殷商汉语的记录。当然甲骨文显然不是最早的文字，我们现在看到最早文字已经追溯到二里头文化、龙山文化晚期（相当于历史传说的夏代）。我认为那时候汉字应该已经成熟了，只是因为时代太久远，我们没有机会看到当时的太多的资料。但是即便如此，早期文字的核心元素还是传下来了的。虽然我们发现甲骨文才一百多年，但是我们已经破解了很多字。我们今天为什么能够认识这些字？因为甲骨文的元素在演变过程中保留到现代汉字体系里了。3 000年前的甲骨文也延续在3 000年后的现代文字体系之内。实际上有一种研究汉字起源的方法，就是从现有体系中推寻它的来源。比如可以从甲骨文中去寻找它的源头，因为甲骨文肯定不是凭空出现的。这涉及文字起源的两种理论：文字到底是像仓颉造字那样是由少数人灵机一动造出来的，还是由符号的积累渐变式地形成的呢？这些都是重大理论问题。我为什么会提到这个问题？因为传统研究对于理论重视不够，而现实要求我们，对汉字这样一个全世界独一无二的体系，应该作出清晰的理论总结和概括。只有这种总结概括，才能为整个世界语言学和人类文明史的研究提供参考，而不是拿一堆材料放在那儿，谁也看不清里面有什么东西。我们的研究一直以来存在这样的状况，就是重视汉字那些单个的字，有很多很多的字典，有很多很多的针对单个字的解释，但是整体把握不准。这就是缺少宏观的理论的抽象。

施：应该怎么改进这种状况呢？

黄：这就要求我们去做系统研究。做古文字研究需要有系统的观念。比如说我这些年想做汉字史研究，就先去弄清楚汉字发展的历史。这方面的研究有两种：一是宏观体系上的发展史研究，重点在于汉字不同历史阶段的体系性的发展变化；第二是微观的字的发展变化，重点放在每一个字上。比如一个字从古到今形、音、义是怎么变的，字与字之间的关系是怎么变的。表面上一个一个分开的字，实际上并不是孤立的，它的变化是在系统中进行的，这种变化体现在字际关系中。当我们把一个字弄清楚了，把字际关系弄清楚了，把一个时代的体系弄清楚了，汉字在不同时代的演变轨迹就清楚了。这就是我这些年在做汉字谱系建构和汉字发展史研究时想解决的问题。

还有就是要有扎实的基础研究。古文字学里面每一阶段的文字都要做详细的断代研究。现代考古其实给我们提供了很多材料，虽然我不能绝对说这些材料是记录那个时代的完整的文献，但是大体格局还是有的。我们看到一个时代的出土文献，常用的字都会在里面。现在的研究还是要做好扎实的基础的工作，需要很多人去做，并且持之以恒地做。利用出土文字资料和新的考古发现来加强文字断代研究，把每个字的历史弄清楚，字与字之间的关系弄清楚，每个时代文字状态弄清楚，最后我们在这些研究的基础上再来总结和揭示汉字之所以如此的原因、它的历史发展演变的规律、它的使用规律，并探讨汉字和中国历史文化及汉语的关系。我觉得应该这么做，但实际上做得很不够。这不是短期能做好的，需要很多代人的努力。

三、认识出土文献及其价值

施：黄老师，对于古文字研究来说，出土文献是必不可少的。我看到有材料说，出土文物本身的信息，比如是在什么时代、什么地区书写的，对古文字研究有很大影响。有些时候古籍的出土地就是它被创作的地区，埋入土中的时间大体就是文物制作的时期，但是也有这样的情况，出土文物并不是当时当地的作品，这样一来就会出现信息不明的情况。我想了解的是，学者们是怎样确定古籍产生的年代和地区的？

黄：材料产生的年代和地区是我们研究汉语史和历史的时候需要考

虑的重要因素，因为基于对背景的判断，我们会对不同时代、不同区域的东西产生不同的解读。以简为例，我们判断相关信息的方式有几种，其中比较好的方法是科学考古。因为简不是孤立的，一般放在墓葬里面，那么同时出土的其他陪葬品，以及墓葬的遗址、墓葬本身的形制等都可以帮助我们确认整个遗址的时代，根据这些我们就可以综合判断这个竹简形成的最晚时代。也就是说，通过这些考古材料，我们至少可以判断出这个简在墓葬下葬的时代已经形成了。但这并不代表这个简就一定是那个时代的，就像我们的书可以一代传一代，简也是可以代际传递的，所以它有可能是早期抄的，被带到了入土时的时代和区域而埋到了地底下。因此只有墓葬的信息是不够的，第二种方法就是从简的内容来判断。比如有一种简叫遣策（有时也叫作遣册、赗册），是记录墓主陪葬品的，并且随陪葬品一起埋在墓里面。这肯定就是当时下葬的年代，比较好确认。另外，一些简会记录一些事情，它包含有时代背景，这种内容能够帮助我们判断简的产生时代。比较难判断的是抄录古代文献内容的简，很难判定具体是什么时候抄的。比如清华简中记载了殷商的历史，同时也有西周的历史，不好判定抄录的年代。但有一点比较清楚：语言文字是体现时代性的，不同时代书写风格是不一样的，不同时代用字、用词是不一样的，有些词语只能是某个时代的表达。所以简中的用字习惯、用词习惯、语法结构特点、文字书写风格等等，都可以从语言文字层面帮助我们判断简产生的时代。总之，我们基本上就是通过出土地、简的内容、语言文字层面的信息、简的形制的变化，还有其他一些考古、历史、文化的综合判断来确定简的时代。

施：什么样的出土文献是语料价值比较大的？

黄：总体来说出土的文献价值都大。对于我们研究汉语史的来说，要想确定一个语料的价值，除了语料本身，内容的丰富性很重要。如果文本本身很单一，如没有什么值得特别关注的语法现象词汇现象，那么它的价值就不大。第二，在内容重要的情况下，时代越明确的文本价值越大。如果我们知道这个重要的内容是在什么时代的，也就知道它是哪个时代的语言的记录。这点很重要。

施：我听说2008年收藏的清华简是迄今为止发现的战国简中数量较多的，而且整简所占比例很大。我想，清华简中包含的内容对我们了解中华文化的初期面貌肯定会有很大的帮助。您可不可以简单地介绍一下清华简的情况？

黄：实际上我们现在看到的简是战国时期的东西。首先，清华简是在战国时楚地出土的，也就是现在湖北、湖南这一带，所以这些文字的书写风格就是楚文字的风格。第二，楚简发现的批次其实有很多。为什么经常发现楚简呢？因为楚国人墓葬有一些重要的技术。楚国人的墓葬有很好的密封措施，用青膏泥把墓封得很严。在湖北、湖南那些地方，地下水很丰富，墓中地下水上来以后，很快就把简浸在里面了。由于水把竹子和空气隔绝了，便起到了防腐蚀的作用。我们现在可以发现2 000多年前的这些东西依然保持良好，就是这方面原因。

清华简现在有2 500多支（枚），不仅仅涉及楚文字本身，还涉及更早的古书。清华简抄写的时代应该是战国中期偏晚，里面全是古书的内容，所以很重要。其中包括了过去失传的很多文献，比如古文《尚书》。古文《尚书》本来在汉代就被发现了，但是后来又失传了，现在传世的古文《尚书》有的是晋人造假造出来的。只知道名目，根据古书引用只言片语，就造出了假古文《尚书》。我们在将清华简中发现的古文《尚书》中的一些篇章和传世的古文《尚书》进行比对时，发现出入很大，这进一步证明了后者确实是造假的东西。清华简的重要性在于它给我们提供了大量的新材料，这些是以前没见过的文献。这些文献从各个方面反映了先秦时期的思想和文化，对我们认识先秦历史文化有非常大的帮助。

清华简我们现在整理了还不到一半，一共出了七辑整理研究报告。书里有竹简原件的扫描，还原了原件的大小。其实你在书中可以看到，简是很窄的，一般宽0.5厘米左右，最宽的也就0.7厘米左右。长度呢，有二十几厘米长的短简，也有四十多厘米的长简，最长的有47厘米左右。简背是篾青，正面写字。简被发现的时候是乱的，所以我们现在的整理工作就要把同一篇的内容找到一起，把简与简之间的关系找到，然后再把这些文字变成现在可识读的字并加上解释。

施：为什么要重视没有文字的简背呢？

黄：因为简背的信息可以帮助编联，比如竹节的位置，古人有时候在背上面还会用刀画一些用来拼连的划痕。通过现在的技术，我们可以把简的扫描版放大处理得很清楚，所以书中也包含放大的文字照片，可以清晰地看到典型的楚文字风格。之后会在一侧对这些文字作释文，一些相对难懂的地方再加个注解，方便其他研究者参考。我们目前的工作是要把这 2 500 多支（枚）简变成现代书籍，再让大家慢慢地研究。当然，研究工作可能是多少代人要做的事了。

施：竹子浸在水里，字会不会掉呢？

黄：不会掉的，笔迹都浸润在简里面了。

施：字不是用墨写的吗？

黄：是用墨写的，但都浸到简里了。

四、汉字系统的层累性和动态分析法

施：在汉语言文字研究中，您提出了汉字的层累性概念，与之相应的是动态分析法。我看到文献中有不少评价，说层累分析为古文字的研究提供了新的思路和方法，推动了古汉字学的发展。请问您是如何得到这个看法和方法的？使用动态分析法能得到哪些传统的静态分析法所得不到的认识？

黄：你还真看了不少文献，下了不少功夫。你的这个问题和我前面讲的问题有关。我们知道，汉语是一个历史久远的、源流不断的语言系统。每一个时代，语言在发展，文字也在发展，一个古老的体系在传承的过程中，不同时代自然会有新的内容加进来，而这些新加的内容就会积累下来，并继续传承到下一代。我们现在看到的符号系统是多少年积累的结果。这使我想到了考古。考古中有一个概念叫文化层，人们在发掘考古遗址时，发现不同时代活动的遗留痕迹会形成堆积层，越靠近上面的，时代离我们越近。你把上面一层揭掉就能看到更早的时代的痕迹。比如这是现代的土层，揭掉，有可能在下面埋的是明清时期的土层，把明清揭掉是宋元，然后再往下可以一直到商周，甚至是原始时代的。这样一层层地堆积起来，就叫作文化堆积、文化遗层。这就是所谓的层累性。我从考古学借来文化层这个概念，将它应用到汉字上，发现汉字同样有层累性，这是符号的层累性。以甲骨文为例，殷商时代文字流传到西周后，既保留了很多原来的东西，同时也有很多新的西周元素加了进来。到战国时期，原先殷商、西周出现的一些字还在传承，同时又增加了战国时期的新字。像这样，文字被一代代传承，并且一代代地叠加。叠加的结果是什么呢？汉字成为一个产生于不同历史文化层次、不同时代的综合体。我进行汉字历史研究时，清晰地发现了这个情况。再回想我们过去的研究方法，就发现在这样一个综合体中很难用现有的方法去解释有关现象。如果我们把宋代产生的东西和殷商产生的东西放在一个平面上，然后来归纳它的现象，得出的结论会怎么样呢？当然是模糊的，不精确的。比如我们讲汉字构造时有象形造字法、形声造字法、指事造字法、会意造字法，这是怎么来的呢？其实，汉代人把汉代以前的所有文字拿来进行归纳，宋代人是把宋代以前的文字拿来进行归纳。以前老说汉字有这四种造字方法，实际上是基于对不同层次的文字进行的归纳。我们用动态的分析方法就会清晰地发现：象形造字法在殷商甲骨文中就不怎么应用了，到西周基本上没有什么字是象形法造的；指事造字法在殷商晚期到西周的时候还造了一部分字，春秋战国就基本不用了。所以我通过断代研究发现，利用形声造字法造出来的新字，在西周已经占了新造字的80%，到春秋战国是96%，到秦汉差不多有99%了，也就是说，新出现的字差不多都是用形声造字法了。这证明了汉字构形方式是一个历时态演变的系统。由此我得出一个结论：造字方法是一个系统，而且这个系统是在变的。早期以象形、指事、会意为主，后来产生了形声。形声发展起来了，象形、指事就退出历史舞台了，会意法也很少造字了。这样的话，我们谈汉字的构造就不能简单地通过静态的研究归纳出这几种方法。以现代汉字为例，"人、手、口、足"是象形造字法造出来的，对不对？现代汉字为什么还有象形造字法造出来的字呢？因为它们是传下来的。如果我们还原到历史中，"人、手、口、足"出现的时代可能比甲骨文还早，是早期造的字一直传下来了。因此我们对现代汉字进行静态分析的时候，还会归纳出这个造字法。如果进行动态分析，就会发现不同时代造字法是在变化的，有一个此消彼长、相互更替的过程。我们可以通过统计学的分布理论来寻找不同结构类型的汉字发展情况。研究汉字造字法的演变，要去统计，去论证。

这就是我所说的汉字系统的层累性特征和动态分析方法，两者是二位一体的。有了层累性的概念，才能产生动态分析的方法。动态分析法立足的根据就是汉字系统是一个层累的符号系统，而不是产生在一个历史层次的简单堆积物。如果不用动态分析法，就解决不了层累性带来的问题。我们要做动态分析方法，就是还原文字的不同历史层次进行断代研究，在比较中来揭示文字的发展。新增字和传承字的概念因此就产生了。我搞了几十年的文字研究，这可能算是对文字学研究带有一点突破性的东西，是研究汉字发展历史之后得出的一个判断。我个人认为，这个研究应该是使汉字的研究和分析朝更加科学的方面迈出了一步。

施：我有一个困惑，之前一直说有六种造字方法，我就想，有没有可能还有第七种呢？比如换一条思路归纳，或许可以归纳出新的造字方法。

黄：这是完全可能的，主要取决于采取什么办法来归纳。比如有人用造字模式可以归纳出十四种方法。宋代人可以在象形下面分化出各种各样的象形，所以宋元六书学说把六书理论扩大化，归纳出很琐碎的条例。

我的观点是遵循传统，同时创新，调整它的内涵。我还是主张四种造字法。比如确定了象形这种基本造字方法是模拟客观物象来构形，那么只要是在这个范围内的，都归到这一大类。在这里面，不同的模拟方法可以产生不同的形，可以继续分成若干个小类，类下面还可以再分。这样就是以最大的共性来概括。指事造字方法是标记性的，最典型的是在构形中用符号标记来表达音义。会意是从意义层面将不同形体组合起来，而形声是义的方面和音的方面的组合。我觉得用这四种来概括汉字造字法，概括性最强，具有最大公约性。

施：我看过李运富先生的一篇文章，他认为传统"六书"中，前四种方法实际上是汉代教字的方式，不是造字的方式。

黄：可以换个角度说，六书之学当然是教学童的，因为它是放在六艺里面的。说是一种教学方法当然没错。但是将它们看作造字法是不可否定的，因为老师就是利用造字的原理来教学生学习辨析汉字。所以这只是一个问题的两个角度而已，并不矛盾。

施：也就是说，李运富先生强调的是汉字的一种功能？

黄：对。既然我们知道了构形的理论方法，那么用这种理论方法来指导学习，效果应该会更好。造字和教学是不矛盾的，汉代人就明确讲六书是造字之本。

五、古文字破译的难点

施：社会上流传一种说法，说破译一个甲骨文奖励10万元。我在观看央视节目《开讲啦》您演讲的那期时，发现您肯定了这一说法，但是也指出这个奖金很难获得。您说，目前发现的甲骨文单字不到4 000，而真正认识的还不到一半，甲骨文的破译非常难。请问古文字为什么这么难破译？破译的最大难点在什么地方？

黄：第一是因为甲骨文的历史太久远了。我们现在看到的殷商甲骨文是公元前接近14世纪到公元前11世纪这个时段的，大约3 000年前。第二，当时的文字形态和现在相比有很大的变化，有些字根本没办法确认构造的理据、依据是什么，到底是什么意思。第三个难点是记载内容的局限性。甲骨文所记载的内容主要是殷商时代的占卜记录，而我们对于当时的历史文化不是很清楚，所以很难破译内容。还有一点，有一部分甲骨文中的字没有传下来。也就是说那些字只在那个时代存在，没有传到后代，这自然会影响我们对整个甲骨文文字系统的释读和理解。当然，经过数代学人的艰苦工作，甲骨文中一般的字其实基本上都解决了，研究的难点在于一些表示专有名称的字，比如记录一个动物、植物，或者人的名称的字，很难判定它具体是什么。还有一些字，虽然我们知道它是一个祭祀中使用的动词或者形容词，但是无法和后来的字建立对应关系。

其实，关键的问题是，什么叫认识了甲骨文？认识一个字，就表示我们不仅知道这个字的字形构造，还能判断它的读音和用法，并且从现在语言学的角度来讲我们要知道这个字的功能。只有当一个字的形、音、义、功能都很明确了，我们才能说这个字真正被认识了。在此基础上，我们还需要知道这些字后来是怎么发展的，怎么在后代延续、变形、变异的，或者什么时候消亡的。我们需要追溯它的历史，并且和古文献进行印证。只有做到了这些，一个字才算真正地考定了。有很多字我们只知道是一个名称，比如一个人的名字，但这个字具体怎么读、什么意思，却说不准；有的时候，我们根据字的构形可以知道它大概什么意思（因为甲骨文形象性比较强），但是不清楚它应该读什么音，相当于后世什么字。这些情况都不能算认识。因此说，破译甲骨文非常难。

10万块钱是当时中国文字博物馆悬赏的，在《光明日报》登过海报。公布以后，有不少人投稿，我们初选了60多篇，后来在这当中又选了15篇。这15篇又经投票排序以后，开了一个专家会，是我主持的。经过认真地考察、分析、比较，专家们认为有两篇可以获奖，其中一篇是一等奖奖励10万，另一篇二等奖奖励5万。这两篇文章已经公布了。所以这是一个真事，而且真的解决了两个字。特别是一等奖那篇写得很好。

施：在我们一般人的印象中，知道某个甲骨文是什么意思，就算破译了。

黄：那是不行的，因为意思可以猜，不一定可靠。破译的结果要经得起检验，也就是说认出来的这个字，放在任何地方都能讲得通。所以考证古文字是非常严密的，它是一种真正的科学。你要是认错了，迟早有一天会有别人把你纠正过来。

六、西方学术系统下的汉字学研究

施：黄老师，虽然汉字学主要研究对象是汉字，但是汉字学、古文字学的贡献和影响不局限于中国国内。请问国外的研究状况怎么样？您觉得汉字学对于世界语言学和文字学的贡献主要体现在什么地方？

黄：这是一个大问题，是在问我怎么看汉字学、古文字学和西方学术的关系。最近美国学者夏含夷教授写了一本书，叫《西观汉记：西方汉学出土文献研究概要》，上海古籍出版社今年4月刚出版的，是关于欧美学者怎么看待和研究汉学的。这本书对西方汉学，包括文字学，是一个总结，我觉得你可以翻一翻。我本来想送你一本，不巧今天忘记带过来。

怎么看汉字学、古文字学和西方学术的关系呢？其实把汉字作为语言学研究的对象，西方很早就开始了。索绪尔讲，世界的文字有两个系统，一个是表音的，一个是表意的。汉字属于表意系统。关于"表意"这个概念，有人认为翻译得不准，像伍铁平就不同意用"表意"这个概念。实际上美国学者布龙菲尔德也认为表意是不准确的，他认为应该是表词的。而中国人把这个概念引进来，翻成"表意"时理解也跟外国人不一样。但是至少汉字是作为一个跟西方不一样的独特的文字符号体系进入西方现代语言学研究视野的。西方汉学家对汉字的认识有很多，我认为大部分认识是比较浅的，因为他们知道的太有限了。但他们还是认识到汉字和西方拼音文字是不一样的，也看出了一些差异。在关于汉字的性质上，西方学者中存在很大的分歧，一部分认为汉字是可以脱离语言直接表意的，可以直接表达思维和观念；另一部分观点完全相反，他们认为汉字也是一种文字，是不可能脱离语言的。我的观点是这样的：从汉字的源头上看，有些符号未必和语言发生了联系，但是作为一种系统，它完善的过程中必然是依托语言的；不依托语言，汉字是成为不了系统的。这应该是常识。比如我们看甲骨文会发现其中通假字使用的比例占70%。

施：这么高呀？

黄：是的。甲骨文为什么要使用通假字，而且通假字为什么那么多？就是因为它是在记录语言。不记录语言，怎么会有通假呢？任何一种早期原始的文字要想成为体系性文字，都必然要经历假借（借同音符号）和形音结合造字，然后到直接表音。我们研究的原始文字，包括古埃及的象形文字、苏美尔人的楔形文字、纳西族文字等等，都是这样的。所以我的认识是，早期的一些符号来源于客观物象，可以直接表达意思；当这些符号纳入到一个完整的系统以后，它一定是以语言为基础的。没有语言的文字是不可能释读的，就只能是一个个的符号。所以在这两大分歧中，我的观点倾向于汉字的基本原则是合乎人类语言文字的普遍性的规律。西方研究汉字和汉学的有很多有名的学者，像早期高本汉研究形声字和音韵学，名气很大，像现在夏含夷他们，也都做得很好。

西方学者研究中国的东西当然有他们的困难。首先，想把中国的东西弄懂就不容易。跟西方人相比，作为中国人当然更容易一些。学校里从一年级开始就教汉字，后来即使非专业人员没有汉字学的训练，但是根基在这儿，汉语汉字的文化背景是有的。西方学者有一些工作还是值得我们尊敬和肯定的。西方研究对我们最大的意义就是，他们带来的不同视角和他们的理论思维。西方学者用西方语言和其他古文字作为参照来看汉字问题，在理论视野上和比较视角上可以给我们很多的启发。但总体来看，西方学者对汉字学的贡献并不是很大。

施：那国内的文字学研究有没有影响到西方的学者？

黄：应该说影响肯定很大。西方学者的研究要是涉及汉学，还是需要学习我们的东西。他们的研究对我们有补充，有一些新的看法，但基本东西还是必须要学我们的。如果不学中国的，西方学者就读不懂汉语文献。古文字的成果基本上是我们中国人创造出来的，西方学者不了解这些成果就不能利用这方面材料。西方学者利用的更多的是历史材料。比如夏含夷先生主编的《中国古文字学导论》，是目前美国最好的几位汉字学者编写的，但主要还是资料性和知识性的，把不同的材料汇集起来进行一些介绍。这就是他们理解的古文字学。可见，西方学者给了我们一些好的和有启发性的东西，但是总体来看我们还是要有一些学术上的自信。

七、汉字简化的历史与必然性

施：黄老师，繁体字和简体字的使用问题一直是一个讨论的热点，您在《开讲啦》里也简单地谈到过这个问题。我对这个问题也很感兴趣。一些人觉得应该沿用繁体字，因为它更能体现一个字的文化内涵和历史信息；而另一些人觉得文字最主要的功能是作为一种工具，它的简化是必然的。请问您怎么看这个问题？

黄：这个问题讨论得比较多。前几年台湾高校的一个夏令营到大陆交流的时候，凤凰卫视专门采访过我谈这个话题。汉字的简化其实是一个历史的过程。前几年有政协委员说要恢复繁体字，就有人调侃说，不要恢复繁体字，干脆恢复甲骨文。虽然只是调侃，但它背后的道理其实就是这样的。从甲骨文到篆书，篆书到隶书，隶书到楷书实际上都是一种简化。从古至今，汉字的形体越来越简。为什么呢？因为符号的负担太重。从书写提高效率的角度来说，追求简便是必然的。但是不要把汉字的简化简单地理解为字形越来越简单。有时候字形变繁了，看起来是繁化，本质是简化。提高书写效率要求字形简单，但学习汉字，除了书写还要阅读。字繁一些，特征越明显，阅读效率就越高。形声字为什么发展那么快？形声字的发展，很多就是在假借字上加一个意符，增加一些信息。一个图形性的文字，字形越复杂，提供的信息必然更多，从而更容易辨识。如果把字都简化到笔画差不多，样子差不多，就会很难辨认。像"戊、戌、戍"这种笔画长一点短一点，多一笔少一笔的字，最容易写错，因为字形太近了。所以字形变复杂是为了提高阅读效率，本质也是简省的。因此，我们对繁简的理解不可简单化地看。我认为汉字的发展不是说一味地求形体变简，而是抽象地求简。这种简化是从两个角度来实现的：一个是形体变得简单，减少书写困难；二是在形体上增加了大量的信息，让它模式化、好辨认，提高阅读效率。所以为什么形声字最后成为基本单一的造字方法，就是构型模式化，亦形亦声。以前说秀才认字认半边，因为半边暗示意义，半边暗示读音。所以我觉得繁简问题没什么好争的。

现代简化字的问题出在哪呢？其实是当时搞简化字的时候走得太快了，人为的东西太多了。但是基本的方向其实没有问题。现在该怎么看这个问题呢？我的观点一直是两点：第一，现在要稳定，不能再简了，再简容易出问题；第二，也不能往回退，因为在当代简化字教育背景下，大量的书籍是简化字印的。一旦教育背景形成，改动一个字对个人、对社会都会产生巨大成本。而且文字发展也不能说是把造字的信息和文化丢弃了。有些人说"爱无心，亲不见"等等，其实这些认识都很表象。宋代的汉字里"亲"就不曾有"见"，"爱"也没有"心"。汉字是一个动态的记录语言和文化的符号。即便是繁体字，文化信息早就大量地丢失了，所以恢复繁体字并不能恢复汉字的文化信息，恢复甲骨文可能还能看得更准确一点。汉字的基本功能就是作为一个符号记录语言，文化符号是历史为它带来的功能，而不是它必然要展现的。所以我觉得把这些基本东西弄清楚，就不应该有什么困惑。但现在因为语言文字知识的普及不够，大家有很多认识的误区。

八、文字为民族文化的根基

施： 在国家的推动下，现在越来越多的人意识到了古汉字研究的重要性，但还有很多人认为古汉字研究的主要作用在于帮助我们认识和了解中国传统文化，对现实生活和未来发展却没有很大的贡献。请问您觉得研究古汉字对现在和未来有怎样的意义？

黄：这个问题其实相当于问我们怎么对待传统文化。我们现在为什么要弘扬传统文化？因为任何一种文化背景的人都肯定要面临两个问题，一是关于历史和现实的问题：我们是从哪儿来的，我们的现实是在什么基础上形成的；二是关于未来的问题：我们应该往哪儿走。所以从宏观上来讲，古文字学对现在、未来的意义，就相当于我们自己民族的文化对现在和未来的意义。具体到古文字，它对现代的意义在哪里呢？研究古文字通过追溯汉字的历史，从而更好地了解现代汉字体系。我们应该清楚地知道现在的文字体系是怎么从历史走过来的，从而不会出现盲目地要把自己的文字废掉的情况。近代以后为什么会有人提出"废除汉字"那么幼稚的问题？现在来看就是因为对自己的历史和文字发展的轨迹缺少清醒的、理性的认识。当时强调国家各方面要发展，感觉传统的东西落后了，成了发展的障碍，所以就把它们一并给否了。其实那是否定不了的，因为中国现代所有的历史文化知识基本上都储存在汉字里面。一旦把这个历史切断了，中国古老的历史文明就中断了。我们把传统的汉字研究好，就可以更好地继承我们的文明、历史文化。而这正是我们每一个人、我们的民族和国家在现代定位的根基所在。一个国家不能超越自己的历史去完全学别人，尤其像中国这种文明古国。我们研究古文字的现实意义就在这里。

现实是建立在历史的基础上，未来是建立在现实的基础上，所以关于历史的研究对面向未来也是必要的。应该这么来看问题，不能简单地去说古文字有什么直接的作用。

施：像朝鲜和越南实际上基本上把汉字废掉了，所以他们就面临着很大的问题，比如历史上的很多东西新的一代读不懂了。

黄：对，像越南，普通人已经无法阅读它的历史文献了，因为他们真正成文的文献最早是用汉字写的。另外，越南和朝鲜的语言中大量地借用了汉语言的词语。当然，对于这些国家，汉字本来就是借来的，可以和汉字分离开，虽然废用汉字后给他们带来不少麻烦。他们这样做或许是希望能够建立自己的历史源头，以及别的一些原因。

九、信息时代汉字的书写和处理

施：黄老师，您刚才也提到，汉字字形的发展有一部分原因是为了提高书写速度。随着电脑输入的发展，书写速度似乎已经不是根本问题了，那么汉字简化是不是该停止了呢？

黄：确实是这样，我认为现代汉字不会再简化了，因为简化的动力是书写，不写字就没有动力了。历史上为什么有那么多简化字和俗体字，就是写的时候求简造成的。比如写的时候画一个大概，这个大概通行开来以后就变成了一个简化字。有时写了一个笔画简单的错字，而且大家都这么错，错字就变成了一个俗字；俗字渐渐地获得了认可，变成正字，也就成为一个简化字。现在大家主要是敲键盘，不经常写字。所以汉字不会再简化了，应该是稳定了。

施：有这样一种情况，在我们这个信息时代，由于现代的电脑、手机输入法大多是拼音和语音输入，这样就出现了提笔忘字的情况。请问您觉得拼音和语音输入对于汉字书写是否会有影响？

黄：这要从两方面看。拼音输入的好处是可以校准普通话，对发对字音很有帮助。特别是像我们这些老一代的人普通话不好，根据错误的发音用拼音打字打不出来，就知道字音读错了。但是拼音输入是一个辅助性工具，还是要坚持动笔写字。现在大家经常打电脑，提笔忘字是必然的，具有普遍性。我参加中央电视台"汉字听写大会"高峰论坛，讨论信息化背景下的汉字书写，当时提过一个建议，就是尽量多写。比如说我用手机，一般会用手写输入而不是拼音，所以在屏幕上我还是在写字。另一个就要养成平时手写记笔记的习惯。像我，平时做笔记还是喜欢手写。防止提笔忘字的最好方法就是多写。当然你如果爱好书法，平时再写写书法作品那就更好。没有别的办法。

施：像您这样的学者在研究古文字时怎么用电脑输入古文字呀？一般电脑字库里并没有这些古字吧。

黄：现在主要是扫描剪贴古字的图片。

施：没有一个古文字输入法？

黄：古文字很难系统性地做输入法，因为每一个古文字材料都是当时一个人的手写体，所以都是不一样的，不是标准体。

像一般的文字构造，是可以建立通用字库的。但是我们现在讨论文字一般都要注明这个字形是在哪种材料中出现的，所以每一个字形材料都是一个个体。同一个字，在不同的材料中写法和风格会有细微差别，有时甚至结构都有差异，所以研究汉字发展史要重视字的原形、原始材料。做一个通用古文字字库只能解决面上的问题，像《说文》小篆。像裘锡圭先生现在正在主持建立的中华字库项目，也都是一个字一个字地剪贴，不可能像电脑字库中的宋体字、楷体字那样抽象出来。我们现在看的文本都是手写文本，而手写文本中的字是书写者一个人一个样子，不可能有重复。所以，做通用性古文字字库，意义有限。脱离了典籍本身，对字体的简单写法进行抽象，只能是通用层面上的适用。当然，对于研究者虽然意义不大，但是对一般读者还是有用的。

施：随着现代科技的发展，很多新兴科技产品也被投入到研究领域使用。请问有哪些现代科技被用于古文字的整理和研究？

黄：目前现代科学技术在古文字研究中主要起辅助性作用。最经常使用的有两个技术：一个是数字化，如把简做成数字化图书，这对简的整理和研究很有帮助，因为这种方法可以给研究者提供大量的简的图片，而且大数据库也便于检索。第二就是图像处理。过去甲骨文的字的图片主要靠手工摹写，现在我们有图形处理技术，就可以把简扫描后用图形提取技术把字形一个一个地挖出来。图形处理、数据检索对古文字研究起到了很好的辅助作用，节约了大量时间，也提高了印制水平。过去要发一篇古文字文章很难，现在就很容易处理了。

施：有没有可能通过科技，把相同偏旁的字都提取出来汇集在一起来研究？就是说，虽然不同的材料中各个字有不同的写法，但通过数据库的方式，可以利用扫描和识别分析的方法，把和目标偏旁相符合的字都提取出来。

黄：这是可以的，现在已经有人在做这个工作了。这对资料的选取和利用确实是有帮助的。我过去一直讲，原则上十几万片甲骨是碎片，是若干个整版的甲骨破碎了，那我们能不能利用图像处理技术缀合、拼合，甚至复原？这涉及大量的算法，现在我们还主要靠人工观察，一片一片地系联。拼合甲骨有一个专门的学问叫缀合，完全靠人的观察和记忆。能不能用机器做这个工作呢？多少年前我就和计算机专家提出过，他们说按道理是可以做，但你得给出算法依据，也就是说需要知道用哪些特征来确定如何拼合。

施：这里面确实存在一个矛盾：我们要先把特征描述清楚计算机才能算，但是我们又希望计算机能提供一个概率趋势让我们能比较容易地概括出特征。

黄：这就是鸡生蛋和蛋生鸡的问题。当然，现在电脑技术应用还是起了很大作用，尤其是资料信息提取和图像制作处理这方面，但是目前人文学科方面的应用还是有局限性。

施：系联应该比以前方便多了吧？

黄：对的。利用计算机汇总资料，方便了我们对不同历史时期的材料的梳理。材料多，把形象性图片拿出来一排，就容易观察出里面的联系来。当然，古文字研究还得有相当丰富的想象力，因为它像破案一样，关键在于能不能注意和观察到文献提供的蛛丝马迹，并且在这个基础上发生联想。所以做古文字研究，一要材料熟，对各种古文字字形都要很熟；二是对历史文献和其他各种资料要熟，善于综合利用；三是要有综合判断的能力，善于发现材料、资料之间的关联和规律。正是因为有这些知识背景，研究者才能发现别人看不出来的东西。

十、古文字的教育与科普

施：黄老师，就像您在讨论繁简字争议时所提到的，现在古文字领域的普及工作相对比较薄弱。其实，一般人对于古文字学的了解都较少，即便去了解，也更多的是从网上得到一些零星的知识，而且一些网络大 V 的影响还要大一些。有时感觉，错误的声音似乎还挺有市场的。像那些批评汉字简化的声音往往就很大，很容易传播开，好像很多人也愿意听。我在看材料时也发现，有些所谓的科普还可能是错误的。错误科普往往会误解古文字学的本意并在其中添加并不存在的文化信息，容易误导他人。您觉得应该如何加强古文字学成果的科普，使一般人准确获得正确的知识？

黄：首先，我觉得关键在教育。从我们的中小学教育开始要对汉字教育进行改革。我们过去的汉字教育太简单，就是把它作为一个没有内涵的符号去死记硬背，结果是学的人只知道字这么写，却不知道它们背后的道理。我们可以学习古人使用六书理论来教学的方法在现代教育中使用。我觉得要从文字构造、字理、历史这些角度来改进教学方法，让学习汉字本身成为了解汉字历史和构造的过程，从而增加形象记忆，获得正确的文字知识。所以教育是最重要的。而社会上有些人的错误观念则很难改变，除非这些人能够主动去学，去看专业的研究成果，去听专业人士的意见。可现实是，有些文化人士常常是人云亦云，尤其是认为古的就是好的，简化都是错的。要让他们改变错误的观念，是非常难的一件事。任何普及讲座都是面对少量人的。最好的渠道就是从汉字教育改起。

施：那些人在报纸上，在网络上，在非专业的大会上，还往往有话语权。对这些人还真没有更好的办法。我感觉讲座主要是讲给那些愿意听也听得进去的人。黄老师，您之前在《谈谈古代汉语课程的教学改革与教材建设》一文中也提到了阅读古书是学生了解并继承传统文化的重要途径之一。在这篇文章中，您主要讨论了高等教育中古代汉语的教育与改革。请问，您觉得在中小学语文课中该如何引入古文？什么样的教学方法比较好？

黄：什么年龄段教什么内容，怎么教，也是一个现在没有解决好的问题。港台的文言文教学在中学占比是比较大的。大陆这些年也强化了文言文教学，我们的语文教材在选材时有时过于强调具有思想教育意义的范文，其实有的文章对语言文字学习实际意义不大。实际上，精神层面的东西主要不是靠语文课养成的，语文课就应该主要是学语言文字。我还是主张不同年龄段都要注意古文的选读，要多学体现古代语言文字特征的文章。当然，具体怎么实施，需要专家去调研、讨论。古文能讲到什么程度呢？有些老师主要要求学生背，因为我们的教学目标主要还是应试。古文学习，背诵肯定是一个基本方法，是有用且必要的。但是能够了解一些关键的意思，了解一些基本的字词的含义，也是基础。一点不了解，盲目地背，意义不大。传统教法是"书读百遍，其义自见"，重点在于"读"；现在是以讲为主。我始终觉得读和讲要结合。我们的问题就在于读得不够，不利于培养古文的语感。从中学到大学，为了考试死记硬背，把字词拿来讲，实际上读得太少，而且不是从读的过程中来习得字词、了解字义的。读和讲不能孤立，古人是读得多，讲得不得法，今人是空讲不读，这样就没有古文语感。你刚才提到的这篇文章是介绍我主编的古代汉语教材的，这是一种主要以阅读为核心、以学生为主体的古汉语教法和教材，也是一个新的尝试吧。后来有很多用这套教材和这种方法教学的老师都跟我讲这个方法好，但是难，学生压力大，老师压力也大。因为它是一个开放的系统，老师就不能光靠备课去简单地讲解意思了。这种教学方法要推广开肯定需要一个过程，但基本方向我认为是对的。到一定时候，可能大家会认识到这个问题。

施：我从网上了解到，这些年国家加大了对古文字文化研究的投入，像最近国家语言文字工作委员会组织开展了甲骨文等古文字研究与应用相关的招标课题。您认为这会对古汉字研究和普及带来怎样的帮助？

黄：当然会有很大的推进作用。国家对古文字研究的投入与中央近年来对传统文化的重视很有关系。2016年国家召开了一个哲学社会科学工作座谈会，习近平总书记的讲话里面特别把甲骨文跟古文字学作为"冷门绝学"提出来。[1] 这样，中宣部、国家社科基金委、国家语委等

---

[1] 出自《习近平：在哲学社会科学工作座谈会上的讲话（全文）》，新华网，2016年5月18日，http://www.xinhuanet.com/politics/2016-05/18/c_1118891128_4.htm。

部门就设立了一些专项基金来扶持这方面的研究。做古文字研究的学者可以说是资源和队伍比较有限，条件也比较艰苦，国家能够重点扶持和支持这方面的研究，给他们以机会，当然可以促进学术的研究，改善学者的条件。这是一个方面。最重要的是国家的支持可以引起社会的重视。如果没有这个背景，就很难有推广的机会。没有国家的推广，中央电视台怎么会邀请我去《开讲啦》讲汉字呢？结果，一讲，还有不少人看呢！可见社会还是很关注的，也很需要。

十一、语体教育的重要性

施：黄老师，这里还想问一些文字学之外的问题。我在观看《开讲啦》的时候，注意到您在讨论网络语言时提出，应当注意在不同的场合使用不同的表达方式。我对这一点感触很深。我们虽然是大学生了，但不怎么会用相对庄典的语言写信写文章，用语普遍比较口语化。您觉得造成这种现象的原因是什么？年轻人需不需要特别注意庄典体的表达？

黄：我想首先还是教育的问题，因为现代提倡白话文以后，强调口语的表达方法。虽然西方的拼音文字也是口语，但是它在写信和写公文时还是有自己系统性的文本规范的。我们中国有教养的人，说话、写字、写信、作文都是追求典雅的表达方式，而这种表达的训练基本都是从小开始。中国的修辞学就强调情境和语言的得体性，从先秦开始就是这样。比如我跟你爸爸写信时谈到了你，我会用"令嫒"；如果我跟你写信讲到你父亲，会说"令尊"。这都是一种敬语表达。像这种表达是需要经过一些训练的。这还只是称呼方面的。

文章怎么写得典雅呢？关键就在于遣词造句。如果你有良好的文化和文学修养，自然会写得典雅。如果什么都没有，只会按日常的大白话说，就容易写得不伦不类。现在的年轻人确实缺少这方面的训练。我觉得这是我们语文教育的失败。语文教育的目的之一，就是对学生语言的文雅性的培养，通过良好的语言文字教育让学生形成一种典雅的语言风格。大白话大家都会说，我们为什么要学语文？如何使用典雅的书面语是语文教育应该要解决的问题，但我们现在把语文教育当成考试手段，其实很多学生并不会作文，不会恰当地说话。言谈举止对每一个人的形象影响都很大，有人讲话一张口你觉得温文尔雅、如沐春风，很愿意和他谈话，而有些人一讲话你就觉得很粗鲁。这是教育的问题。除了语文教育，还要扩大阅读。现在年轻人有的时候阅读比较少，只读一点课本上的内容。实际上，有的老师阅读量也不大，这是很成问题的。典雅表达实际跟古文的关联度是最直接的。像用书面体写信，多读读早期的家书和信函，多领会，多模仿，多吸收，很自然地就会写了。

在典雅表达方面，像我们这个专业就相对好一些，因为我们写出来的东西要引大量古人的东西，如果用大白话写的话会不兼容，自然就会使自己的语言比较文雅一些，这样不会让人有格格不入的感觉。

施：我自己写东西也还是只会用大白话，我父亲叫口水话。有时候给老师、长辈写信写文章会有一点紧张。

黄：没事，好的白话也很好。白话的书面语与口语是有差别的。书面语的白话文如果在表达、逻辑、语法和措辞方面多加注意，提高素养，也可以写得很漂亮。书面语跟口语不一样，它有一个打磨的过程，要提炼。把一个想法转化成一个书面的文本本身就是锤炼语言、提炼思想的过程。所以，写白话本身并没有问题，白话和庄典并不矛盾，我们可以写出典雅的白话。

十二、寄语青少年

施：黄老师，作为一位著名语言学家，您能否对我们青少年学生和年轻学者表达一下您的希望和心愿？

黄：作为做语言文字研究的，我觉得语言文字是一个青年人的基本功，所以我希望不管做不做语言文字研究，青年人在学习成长的过程中都要努力提升自己的语言能力，这将使他们终身受益。一定不要忽视这个问题，因为语言能力是思维能力、文化素养和文明程度的综合体现。

施：黄老师，谢谢您！今天的采访让我对语言文字的研究有了更深的认识，希望也可以帮助更多的人了解这门学问。谢谢！

【编按】本篇是施今语 2018 年 8 月 3 日在清华大学出土文献研究与保护中心的访谈，刊载于《海外华文教育》2021 年第 6 期。

汉字传承的守望者

一、"文革"后第一届大学生，爱上文字学

张小琴：黄老师，今年是改革开放40周年，您是改革开放后的第一届大学生，当时为什么选择中文专业？

黄德宽：对，我是1977年恢复高考后，考入安徽大学中文系的。我很幸运，上中学时的老师都是被下放来的业务尖子，所以高中期间还是得到了比较好的训练。我的理工科也比较好，中学毕业留校后还教过高中物理，先当代课老师，后来转为民办老师。

考大学时为什么选中文呢？因为"文革"中"样板戏"比较流行，有各种宣传队，我也搞业余创作，编剧本，当时有作家梦，就报考了中文系。

张小琴：文学跟您后来研究的古文字虽然在大的领域都属于汉语言文学这个专业，但是实际上还是差别比较大。

黄德宽：是的。到中文系上了两年文学专业课以后，觉得不过瘾，没有太大的意思。文学作品一看就是故事，另外文学史的讲法大同小异，讲讲作家的生平、讨论作品的价值意义。那时候图书馆的书很少，中文系虽然课上讲文学代表作，但我们实际读不到什么原著。

当时图书馆里最好找的是郭沫若的书，我读到了郭沫若的甲骨文著作，越看越有意思，就开始找郭沫若写的有关古文字的书来读，包括《两周金文辞大系图录考释》《卜辞通纂》《金文丛考》等，认真做了笔记，慢慢觉得这个领域非常值得研究，很多东西是未知的，而且很有趣。

张小琴：一边是活色生香的文学书，一边是枯燥的文字学书，为什么会对文字学感兴趣，吸引您的地方是什么？

黄德宽：可能当时比较年轻，觉得文学的东西没有什么难得住我的。为什么对古文字感兴趣？因为看不懂，难住自己了，就想下功夫弄懂。用现在的话叫挑战自我，当时有一种比较强烈的求知欲吧。

张小琴：大学几年级确定了这个方向？

黄德宽：差不多二年级开始转到了语言文字学领域。大学毕业前，图书馆语言文字学方面的书能借的差不多都借了，到最后没有书可借了，就找同学的书来看。

张小琴：甲骨文一开始吸引您的是什么？

黄德宽：首先觉得这个字形有意思。第一次看到甲骨文什么都不知道，然后找到释文对照，"人"为什么现在变成了一撇一捺，这个字形态变了，但是实际上基本的东西没有变，为什么产生形态变化？这是我想知道的。

甲骨文"人"

还有很想知道古人为什么这么造字，我第一篇写古文字的文章，是大学三年级写的《朋凤无缘考》。《说文解字》里说朋友的"朋"是凤凰的"凤"的古文，我再看甲骨文，这两个字差别很大，没有关系，这个"朋"字从甲骨文来看是另一种来源，所以我的文章第一点说两个字没有关系，弄错了；第二点再说"朋"怎么来的，"凤"怎么来的，以当时知道的有限知识开始思考造字的问题。

甲骨文 小篆　　　甲骨文 小篆
"朋"　　　　　　"凤"

张小琴：当时您才大学三年级，您就说许慎说错了？

黄德宽：那也不是什么了不得的事，把甲骨文找过来与《说文解字》小篆比较，再来看许慎的解释，比较容易发现问题。

张小琴：这个"朋"和"凤"差距那么大，许慎怎么搞错了？

黄德宽：许慎是汉代人，汉代文字发生了很大的变化，我们看到了许慎没有看到的甲骨文、青铜器铭文，但许慎只看到了小篆。许慎的学问也是从老师那里来的，那时候就是这么误解的，所以他说"朋"字小篆的写法是古文"凤"的象形，有点望文生义。汉代人讲文字的构造，很多只能反映那个时代的水平。

张小琴：所以您经过研究发现这两个字确实没有关系？

黄德宽：字形上毫无关系。但是也有一点联系，"朋"和"凤"在读音上比较接近，古代没有我们现在的拼音 f 这个轻唇音，当时 f 这个音也读成重唇音 p，所以"凤"也读"朋"，读音接近，字形好像也差不多，所以古人误把它们联系在一起了。

这次文字考订促使我思考：第一，古文字是怎么构造的？第二，甲骨文怎么会演变成今天的文字？这是我当时感兴趣的两个问题，我后面对古文字的研究一直在回答这两个问题。当时很清晰地感到这些问题我解决不了，觉得自己太肤浅了，得找书读。

张小琴：您刚开始对文字学产生兴趣的时候，怎么一看《说文解字》就用质疑的眼光来看？

黄德宽：文革期间教育不系统，但是优点是没有框框，还是有一些质疑精神的。那时书很难借到，看《说文解字》主要是抄，抄的过程中有疑问了，就把自己的意见记在那儿，带着这些问题思考。

二、读研受章黄学派严格训练，不敢随便发表文章

张小琴：您在一本书的序言中说，您在读研究生的时候就想写文字学的历史了。

黄德宽：1977 级毕业时有很多选择的机会，我那时候觉得还不能工

作，自己知识太缺少了，就到南京大学接着读研究生。南京大学有两个好的传统：其一，南大中文系深受章太炎、[1] 黄侃[2]学派的影响，我老师的老师就是黄侃的再传弟子，有良好的学术传统。其二，南大人文学科的学术氛围非常浓，中文系当时有很多名师，像陈中凡、[3] 陈瘦竹、[4] 陈白尘、[5] 程千帆、[6] 叶子铭、[7] 等等，这些人在学术界都很有地位，他们当时都健在。

研究生阶段对我最重要的影响有两点：一个是深受南大学术传统的影响。南大中文系的这些先生很重视学术传统，包括南师大中文系的徐复、[8] 段熙仲、[9] 这些老一代很有名的学者，都给我们做讲座、上课，他们把章黄学术的精髓传下来，希望我们能继承。章太炎、黄侃是传统学术向现代学术转型的代表人物、国学大师，当然我们没有资格说

---

[1] 章太炎（1869—1936年）：原名学乘，字枚叔，后易名为炳麟，号太炎。世人常称之为"太炎先生"。清末民初民主革命家、思想家、著名学者，研究范围涉及小学、历史、哲学、政治等，著述甚丰。

[2] 黄侃（1886—1935年）：字季刚，又字季子，晚年自号量守居士，中国近代民主革命家、著名语言文字学家。1905年留学日本，在东京师事章太炎，受小学、经学。学界称他与章太炎为"乾嘉学派的殿军"。

[3] 陈中凡（1888—1982年）：原名钟凡，字斠玄，号觉元，江苏盐城人。历任东南大学、金陵大学、南京大学教授，江苏省文史馆馆长。

[4] 陈瘦竹（1909—1990年）：原名定节，又名泰来，江苏无锡人。历任中央大学中文系教授，南京大学中文系教授、博士生导师、中文系主任，兼任江苏省文联副主席、戏剧家协会副主席。

[5] 陈白尘（1908—1994年）：原名陈增鸿，又名征鸿、陈斐，笔名墨沙、江浩等，江苏淮阴人。著名剧作家。历任中国作家协会秘书长、书记处书记，中国戏剧家协会副主席，江苏省文联名誉主席，南京大学中文系教授、系主任。

[6] 程千帆（1913—2000年）：原名逢会，改名会昌，字伯昊，别号闲堂，笔名千帆，湖南宁乡人。历任金陵大学中文系副教授、武汉大学中文系教授兼系主任、南京大学中文系教授，兼任国家古籍整理出版规划小组顾问、江苏省文史馆馆长、南京市文联主席、中国唐代文学学会会长等。

[7] 叶子铭（1935—2005年）：笔名南草，福建泉州人。历任南京大学中文系教授兼系主任、研究生院副院长、校学位委员会副主席、校务委员会副主任，兼任国务院学位委员会第二、三、四届学科评议组中文组成员与召集人，中国现代文学研究会副会长，中国茅盾研究会会长。

[8] 徐复（1912—2006年）：字士复，一字汉生，号鸣谦，江苏武进人。南京师范大学教授，著名语言文字学家。1929年就读于金陵大学，从黄侃攻文字、音韵、训诂。兼任中国训诂学研究会会长、中国音韵学研究会顾问、江苏省语言学会会长。

[9] 段熙仲（1897—1987年）：安徽芜湖人，著名学者，历任安徽大学、中央大学、四川教育学院、南京师范大学教授，著有《礼经十论》《公羊春秋三世说探源》等。

自己是"章黄传人",但是章黄治学精神对我们确实有影响。另一个是受到严谨求实学风的熏陶。我印象最深的,老师特别明确地讲"读研究生期间不准发表文章",可以写但是不准发表,跟现在要求完全不一样。黄侃先生讲"50岁前不著书",50岁之前不写东西发表。

张小琴:那干什么?

黄德宽:读书、研究、积累。我们老师本着这样的信条要求不能轻易写东西。

张小琴:50岁之前功力不够吗?

黄德宽:不够,不成熟,学术积累不够,发表言论可能顾此失彼。黄侃真的这么做,50岁之前都没有什么文章,但是很遗憾他50岁就过世了。他过世之后,弟子们把他的许多文稿、讲课笔记整理出来出版了。还有,他读了很多书写了很多批注,弟子们把这些书的批注也整理出来出版。第一本出版的是《黄侃论学杂著》,这是我们的必读书。

张小琴:您现在也觉得这个说法是对的?

黄德宽:我认为是对的,但是要改进一下。

张小琴:现在50岁之前不著书怎么评教授?

黄德宽:对,都毕业不了,但是这个精神要知道,就是要严谨地对待学术,做学问写文章是一件严谨的事,就像曹丕在《典论·论文》[1]中所说"盖文章,经国之大业,不朽之盛事",文章不是儿戏的东西。我觉得这个精神对我影响比较大,所以一般不怎么出手写太多的东西。

我后来管理学校,也不太主张研究生多少篇文章发出来才拿学位,我觉得关键不在发文章,而是在做了什么、写了什么、读了什么。我在读研究生的时候一篇文章没有发表过,但是我写了不少东西。有人问我从事学校管理工作那么忙,怎么还能发表学术文章?其实那些东西许多都是在研究生期间的手稿、课题积累的东西,积累到一定时候再整理,

---

[1]《典论》:中国文学批评史上第一部文学专论,作者曹丕即魏文帝。该书今存《自叙》《论文》《论方术》三篇。

视野开阔了，认识水平、分析能力提高了，这个时候拿出来，不敢说每篇东西都很可靠，但是总体来说可少犯错误，尤其不犯低级错误。老师讲得很清楚，发文章白纸黑字留在了学术界，你的学术形象就是通过这一篇一篇文章慢慢树立起来的，要发了一篇谬论就无法挽回了，要对自己的学术人生负责，不是打一枪换一个地方，你是走这条路、吃这碗饭的人，是以此为终生追求的。老师的教导一直影响我以后治学的基本定位。

南京大学图书馆藏书非常多，许多藏书是从它的前身中央大学积累下来的。很多材料比如民国时期的许多著作，我们过去都没有读到。研究生专攻文字学，看到20世纪30年代胡朴安[1]写的《中国文字学史》，我不是很赞同他对文字学的基本看法。那时候已经形成自己的看法了，我觉得应该把他后面的工作接起来，那个书出了50多年了，50年来恰恰是中国古文字大量发现、文字学发展很快的阶段，成果很多，我想应该重新写一本文字学史。于是就边看书边做记录，后来我写的第一本著作《汉语文字学史》，就是在读研究生期间形成的思路和做的积累。

张小琴：您对自己的方向很早就这么明确，也非常少见，现在很多人本科毕业，甚至博士毕业都不知道未来要干什么，您怎么那么早就确定了自己未来的方向呢？

黄德宽：这个可能是受家庭影响。我很小的时候祖父灌输给我一种思想，长大了要做教书先生，他自己也很尊重老师。所以我一直喜欢当教师，高中毕业后就当教师，我教过高中、初中、小学，几乎中小学各层次都涉及了，我对教育有一种天然的情感，没有想选择其他的职业。上大学以后就想得当大学教师，教大学要有专业水平，我看中了传统小学[2]文字学，就走上了这条路，就接着读研究生。

张小琴：一般觉得传统小学的东西，像训诂、文字学这些都比较枯

---

[1] 胡朴安（1878—1947年）：近现代著名文字训诂学家、南社诗人。著有《中国文字学史（上、下）》《中国训诂学史》等。

[2] 小学：又称中国传统语文学，包括分析字形的文字学、研究字音的音韵学、解释字义的训诂学等，围绕阐释和解读先秦典籍来展开研究，过去多被认为是经学的附庸。

燥，您当时作为一个年轻人怎么在故纸堆里找到乐趣的？

黄德宽： 我对这个有兴趣，很愉快地搞这个专业，为什么会这样？开始真的没有怎么想过，但是有一种东西支撑着我，我愿意把语言文字中不懂的东西弄明白。在学习的过程中，我发现语言文字学、汉语中的奥妙太深了，几乎每个问题都很难弄明白，希望对未知知道的多一点，这种求知欲使我产生了一种内在的兴趣。其实研究文字是很有趣的事，现在很多人对汉字感兴趣，喜欢古文字。比如甲骨文，想到这些文字的时候会想到几千年前的人当时怎么造这个，在跟古人对话，在想象中还原那个场景，什么人什么情况下创造了这个符号，为什么这么创造。一旦这么想，在很安静的情况下，自己对着那些字和文本，思绪走进了远古、上古，穿越过去了，实际上一点不觉得枯燥。

张小琴： 有没有哪个字让您有活生生的感觉，赞叹古人的智慧？

黄德宽： 太多了，很多字一看古人怎么这么聪明啊！比如树木的"木"，这是简单的字，古人对树木怎么表现，就是画一棵树，树上面有个枝就画个枝，下面有根就画个根。古人聪明在哪？树梢怎么表示，我们现在讲"本末倒置"，在树上加一笔就是"末"，就是树梢；在"木"的下部加一笔，就是"本"，就是树根。让人不得不惊叹古人的智慧。"本末倒置"这个成语，"末"是树梢、细枝末节，"本"是树根、根本。还有"基本"这个词，"基"是墙基，"本"是树根，墙基和树根都是事物的起点，这些概念让人感到汉语言文字非常生动、有趣，充满着古代文化的奥妙。

三、参加于省吾研修班，进入文字学研究前沿

张小琴： 您在研究生期间参加了于省吾[1]先生的"全国古文字研

---

[1] 于省吾（1896—1984 年）：字思泊，号双剑誃主人、泽螺居士、夙兴叟，辽宁海城人，吉林大学一级教授，著名古文字学家。著有《甲骨文字释林》《双剑誃殷契骈枝》《双剑誃殷契骈枝续编》《双剑誃殷契骈枝三编》《双剑誃吉金文选》《双剑誃吉金图录》《双剑誃古器物图录》《商周金文录遗》等。

修班"。

黄德宽：这是决定我后来学术道路的重要转折点。我在南京大学接受了章黄学派影响，受到良好学术传统和学风的熏陶。而研究班这次转型则让我跨越了学科的局限。

当年甲骨文、古文字这些已经是"冷门绝学"，没有什么人研究，当时国家教委等部门觉得再不抢救就后继无人了。于是国家文物局和教委联合委托于省吾先生办了一个古文字研修班，招生的对象是全国高校及考古文物界的学术骨干，要求有中级以上职称，招 10 个人左右。我能够被破格录取也是挺幸运的。我的老师徐家婷是胡小石[1]先生的弟子，胡小石先生是甲骨文、青铜器研究的著名学者。我的老师很不幸，我们入学时她就双目失明了，无法指导我们。南京大学中文系因此推荐我到于省吾先生举办的古文字研修班学习。这个班是于省吾先生当导师，姚孝遂、[2] 林沄[3] 等当时最好的中年学者参与讲课。

这次学习，一是增强了信心，二是拓展了视野和学术领域。因为古文字是交叉学科，必须有考古学、历史学的知识。这样的拓展，就决定了我后来的学术道路。

张小琴：研修班多长时间？

黄德宽：一年。

张小琴：但是有那么大的收获？

黄德宽：对。因为是带着问题去学习的，有一定的积累，而且老师讲授的多是学术前沿的内容。

---

[1] 胡小石（1888—1962 年）：名光炜，字小石，号倩尹，又号夏庐，斋名愿夏庐，晚年别号子夏、沙公，浙江嘉兴人，著名文字学家、文史学家和书法家。历任金陵大学、中央大学、南京大学教授，南京大学图书馆馆长。

[2] 姚孝遂（1926—1996 年）：1957—1961 年就读于吉林大学甲骨文、金文专业研究生，毕业后留校任教。曾任吉林大学古籍研究所所长、教授、博士研究生导师，全国高校古籍整理研究工作委员会第一、二届委员，中国古文字研究会理事，中国殷商文化学会理事。获国务院有特殊贡献专家称号。

[3] 林沄（1939 年—　）：1965 年吉林大学甲骨文、金文专业研究生毕业。吉林大学资深教授，博士生导师。兼任国务院学位委员会历史学评议组成员，教育部历史教学指导委员会委员，吉林省社联副主席，国家社科基金项目考古学评议组成员等。

张小琴：您对于省吾先生这么尊敬，但您书里认为于先生对"尼"字的解释，不是特别合适。

黄德宽：是的。于老和吉林大学这个团队培养的古文字学者目前是国内一道风景线，许多有代表性的学者都是于老、姚老师的弟子。于老我们很尊敬，但是于老也强调错了就是错了，他有时候自己也改变自己的观点，我们不同意他的意见完全可以自己说，不必为老师避讳。

于老分析"尼"这个字，是从阶级压迫的角度来写的，他认为"尼"字从字形看是一个人坐在另一个人背上，体现了人压迫人。其实，第一，无论从它的使用还是字形上看，没有太多的证据可以证明这两个人的关系是上下骑着的关系，或者背着的关系。第二，汉语言文字自我发展有它的连续性，作为词有词义系统，意义、形体是持续关联的，并没有中断，如果有这个意思我们能不能找到其他线索？在后来的文献材料当中"尼"哪里体现了压抑、压迫呢？没有。恰恰相反，这个"尼"最多的是亲密、亲近的意思。另外，与"尼"有关的字，也有这层意思，泥土为什么叫"泥"？因为泥是土黏合在一起。"昵"有亲近的意思。把这些例子联系在一起，从相关的字词系统来看，"尼"的本意，这两个人不是压迫关系，而是表示亲近。从这个意义上我没有同意于先生的意见，我说"尼"就是亲近的意思，当然我说得比较委婉。

甲骨文"尼"

张小琴：您写这个文章的时候完全不考虑说了之后于先生面子上过不去吗？

黄德宽：不会，于先生是大家，不会因为学生辈说了他的不是就感觉丢面子。老一代的学者基本都是这个态度，鼓励学生超越自己，提出质疑，但是我们不能信口雌黄，不能乱讲。我现在也是这样告诉我的学生，不同意我的观点，没有问题，可以批评，只要说得有理就行，但不能瞎说。

张小琴：后来您又在吉林大学读博了？

黄德宽：南京大学毕业后，我就回到了安徽大学任教。任教以后，觉得还得深造，在吉林大学学习的时间太短了，所以后来又去吉林大学攻读古文字学博士学位。

张小琴：博士期间的毕业论文是？

黄德宽：博士毕业论文是《古汉字形声结构论考》。浙江教育出版社出版的《中国人文社会科学博士硕士文库》（续编）曾选入了这篇论文。

四、出版新中国成立后第一本文字学史

张小琴：老师不让您出书发文章，从硕士到博士期间，您就老老实实没有出书吗？

黄德宽：硕士期间没有发一篇文章。毕业以后，觉得毕竟年纪不轻了，自己可以拿一点东西出来了，所以才开始发一些文章。这些文章基本是硕士期间写成的，因为积累都在那儿，学术界评价也还不错。

张小琴：您出的第一本书是什么？

黄德宽：《汉语文字学史》。这本书是我当年在研究生期间开始准备的，1988年除夕前后定稿，我的博士生导师姚孝遂老师给我写序，那时候他眼睛也不好，写字都跑行。1989年夏天开始排印，这是安徽教育出版社第一本激光照排的书。激光照排古文字怎么办呢？先出胶片，把古文字的地方空出来。我把古文字摹在一张纸上，再把古文字拍成胶片，然后把书稿胶片上该放古文字的地方挖一个小正方形的孔，把相应的古文字贴到那个孔上，再用透明胶粘上。因为编辑做不了，所以整个暑假，我就干这事儿，天天早上骑着自行车到出版社工作室，一直工作到下班。

张小琴：现在印古文字呢？

黄德宽：现在都是图形处理，扫描进去，很方便。所以技术突飞猛进给我们治学带来了很好的条件。

张小琴：这本书最重要的贡献是什么？

黄德宽：这是继胡朴安《中国文字学史》出版五十多年之后的第一本文字学史，也是新中国成立后的第一本。我自己觉得谈不上多大贡献，但是我还是有所追求的。我的主要想法，就是要对文字学的基本构成有比较清晰的认识，学术史必须对这门学问由哪些要素构成有准确把握。把这个厘清以后，以此为观测点再看这些基本问题在不同时代研究的进展，哪些问题是哪个时代新提出来的，这个线索要说清楚。

张小琴：为什么您研究古文字的第一本书不是关于古文字而是关于文字学的？

黄德宽：这个也和当年在南京大学受到很多先生的熏陶有关。他们认为治一门学问首先是治版本目录之学，第二要了解一门学术的学术源流关系，知道这个学术是怎么产生、怎么发展的，现在是什么状态，还有哪些问题没有解决。学术史是你进入这门学科最基础的工作，想做这门学问必须首先进入学术史。我要做文字学，文字学怎么来的，怎么发展的，为什么这么发展，还有哪些问题没有解决，已有文字学论著有哪些局限，还有哪些方面需要突破，必须把这些问题弄清楚，然后我们做学问就不是盲目的。

在学习过程中，我首先对文字学历代的著作和学者逐步梳理，这个工作过程使我对文字学应该是什么，包括要解决哪些问题，有了一个大致线索。其次，我再试图解释为什么这个时代文字学是这么发展的，与历史文化背景有何关系，与其他学术的关联怎样。最后，为什么这些问题前人这么解释，还有哪些问题是没有解释的，或者是不对的，要作出述评。

如果说这本书有些贡献大概就是：第一，对传统文字学的发展路径有了清晰的描写和历史分期；第二，对不同时期文字学的历史文化背景有比较简洁明晰的揭示。与此同时,通过述评也谈了我对历史上这些问题的基本判断和看法。这些工作奠定了我后来的治学基础。

五、为什么汉代会出现《说文解字》这样的高峰?

张小琴: 为什么在汉代会出现许慎《说文解字》这样文字学史上的高峰之作?

黄德宽: 我在《汉语文字学史》这本书中提出文字学这个学科作为独立学问,它的成立是以许慎《说文解字》的出现作为标志的。

为什么当时产生这样的著作?第一,它是文字学从周秦时代萌芽积累,到秦汉自然发展的结果。《说文解字》是文字学经过萌芽阶段逐渐从量的积累过渡到质的飞跃的产物,是学术发展的结果。

一门学问的形成是一个过程。比如西周晚期就有《史籀篇》,[1]《周礼》提到了"六书"。"六书"就是后来许慎阐述的象形、指事、会意、形声、转注、假借。有人说六书是造字方法,还有人说是汉字的结构类型,但是汉代人认为就是造字之本。说是造字方法没有大错,但是"六书"内容超越了造字。许慎编撰《说文解字》,创立了540个部首,这也不是突然出现的。人们发现文字有系统、有规律,形与形之间有联系。540部"据形系联",就是对汉字内在关联性的重要发现。这个发现可追溯到先秦时代,许慎只是做了全面系统的整理。

为什么会在汉代产生《说文解字》这本书呢?这还与当时一个重要的文化事件——经学今古文之争有关。秦始皇焚书坑儒,《诗》《书》等百家著作都被禁止,有敢私藏《诗》《书》者弃市,这样很多书都烧了。汉惠帝四年废除挟书律,开献书之路。汉武帝末年在孔子旧宅里发现了一批古书,就是所谓的孔子壁中书,都是先秦的古本,这些书发现

---

[1]《史籀篇》:蒙学识字课本。《汉书·艺文志》著录《史籀》十五篇,谓周宣王太史籀所作,以教学童,字与孔子壁中古文异体。秦人所作《仓颉》《爰历》《博学》,文字多取自此篇。

以后收藏在宫廷图书馆里面，刘向、[1] 刘歆[2]父子受命整理图书就重新把古文经拿出来，发现与当时流传的今文经有较大区别。所谓今文就是隶书。今文经当时很有地位，汉武帝设五经博士，主要是今文经。古文经发现后，就形成了今古文经两个学派，并导致经学今古文之争。今古文经学的主要差异是文本方面，这就涉及文字问题。今古文经学的争论促进了小学的发展，文字研究因此更加系统、深入和全面，文字学因此得到重要发展。许慎的《说文解字》就是在这种背景下产生的。

张小琴：许慎显然是古文学派的。

黄德宽：对，他主要是接受了古文学派的影响，但是到东汉后期经学今古文合流了，所以一定程度上，他也受到今文的影响。

张小琴：许慎的《说文解字》对终结今古文之争有作用吗？

黄德宽：《说文解字》起不了这个作用。经学今古文之争一直延续到清代，贯穿两千年的中国学术史。

张小琴：后来争的是什么？

黄德宽：治今文经学的人谈经世致用，治古文经学的人往往重文字考据，还古本之真，二者的价值取向不一样。

张小琴：许慎被称为字圣。

黄德宽：《后汉书·许慎传》说"五经无双许叔重"，叔重是许慎的字，说他是精通五经的第一号人物。为什么说他是字圣？首先，自从许慎《说文解字》出来以后一直到清代，研究文字学都没有超越这本书。第二，即便甲骨文发现以后，古文字学有了很大发展，但是我们还离不开许慎这本书。我们之所以能认识甲骨文、认识青铜器文字，就有赖于许慎这本书，以它为桥梁，因为他分析的是篆书，篆书是古文字最后的形态，所以是认识古文字的桥梁和纽带。我们今天读《说文解字》，还

---

[1] 刘向（公元前77—前6年）：字子政，世居长安，祖籍沛郡（今属江苏徐州），刘歆之父。曾奉命领校秘书，所撰《别录》是我国最早的图书目录。

[2] 刘歆（公元前50—公元23年）：字子骏，后改名秀，字颖叔，刘向之子。建平元年（公元前6年）改名刘秀。古文经学的继承者，曾与其父刘向奉命领校秘书。

有常读常新的感觉，还会受到很多启发，到今天为止研究《说文解字》还是很重要的学问。一本书从问世以来影响了这门学问，学术发展到今天还能有这么多问题值得研究，他提出的问题没有过时，做这个学问的人到今天还必须读这本书，这就是许慎了不起的地方。

六、12 年写就《古文字谱系疏证》，提出汉字层累性理论

张小琴：您的《古文字谱系疏证》，一共四册，是把所有的古文字都做了梳理和归纳吗？

黄德宽：这本书是"九五"国家社科基金重点项目的最终研究成果，课题叫"商周秦汉汉字发展沿革谱系研究"，我们试图梳理清楚甲骨文到汉代汉字发展的沿革关系。

张小琴：这套书几百万字，而且全部是手写影印的。

黄德宽：这个工作需要一个团队来做，不仅我的学生加入其中，我还邀请了何琳仪[1]等先生一起参加。该书全部是手写稿，初稿完了以后再一条一条地修改，改得比较乱的，学生重抄一遍，仅定稿就差不多花了将近 3 年时间，最后请人抄录出来。抄录的人是九江博物馆的王少华先生。他本身古文字训练很好，自学成才，四大本他抄了差不多一年。从项目启动到正式出版，这部书差不多花了 12 年。

张小琴：花这么大功夫做这个的目的是什么？

黄德宽：首先，当时做的时候距离 1899 年发现甲骨文，差不多近百年的历史，古文字材料比较庞杂，需要梳理。第二，通过我自己的研究，发现古文字有内在的系统性，前人研究同源字，已经注意到字的同源关系、亲属关系，我就想做一个工作，把古文字中间有亲缘关系的字系联起来，建构它们的谱系关系。

张小琴：就像"本""末"二字？

---

[1] 何琳仪（1943—2007 年）：安徽大学古文字学教授、博士生导师。中国古文字学会原副秘书长，中国钱币学会学术委员会委员。著有《战国文字通论》《古币丛考》《战国文字声系》等。

黄德宽：这是一种方法，我们的方法是从字音系统系联。在我看来文字像一个一个大家族一样，这个工作相当于给古文字编家谱。

比如"勾"，在早期甲骨文里面有这样一个字，上下符号勾连在一起。这个字后来发生变化了，发展出纠缠的"纠"，纠缠不是勾连在一起吗？"勾"还派生出佝偻的"佝"，有弯曲之意。人老了头发长长了，佝偻着身体，拄一个拐棍，下面加一个"勾"，就有了"耉"字。还有"局""拘""钩"等都是有同源关系的派生字。这些字都有古文字字形可考，其核心意思是纠缠在一起、弯曲的。把它们的关系梳理清楚，这样一个字的家谱就建立起来了。

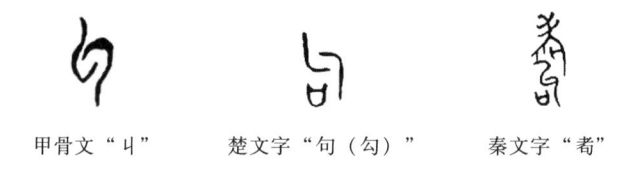

甲骨文"丩"　　楚文字"句（勾）"　　秦文字"耉"

张小琴：梳理成这样的家谱有什么作用呢？

黄德宽：首先，至少体现出，汉字是一个有规律的系统。我们通过梳理发现，汉字符号虽然很多，但并不是杂乱无章的，字与字之间有内在的关联性，这些关联性就表明汉字是有内在规律的系统。第二，通过这个系统可以看到汉字怎么由少到多，一代一代地派生，或者叫孳乳的，就像生孩子一样，一代一代的。"字"为什么写成宝盖头加一个"子"，"字"就是孳乳的意思，那个房子里加一个"子"，本来就是表示哺育孩子，古人早就发现了文字的繁衍与人的生育一样，所以就叫"字"。字就是一个一个"生"出来的，就像母亲生孩子一样，代代繁衍，越生越多。

金文"字"

我们了解了汉字有规律可循，就可以更好地学习汉字，利用汉字。

比如看古书，如果有些字字典查不到，就可以放在这个系统里寻找那些被淹没的字义，这样就可以更好地阅读先秦古籍。所以这项工作对准确理解字词关系、揭示汉字发展演变规律，是非常重要的基础性工作。

张小琴：您有一个观点是汉字的发展有层累性，梳理这个谱系时能不能印证？

黄德宽：汉字层累性的观点实际是做这些工作之后逐渐归纳出来的。所谓汉字层累性，首先整体看汉字是层累的体系，文字发展的规律是从少到多，甲骨文是殷商时期出现的，传到西周时又产生了新字，依此类推，不同时代产生的新字和不同时代传承的以前的字都堆积在一起。对于每个时代的人，看所处时代的文字是一堆，搞不清是什么时候出现的，以为是一个平面的东西，但是从汉字发展史的角度研究以后发现，这些字不是产生在同一个时期，是一层一层、一个一个时代慢慢积累下来的结果，所以我们借用了考古学的一个概念——层累。层累性体现的是时代性、发展性，汉字是持续发展的系统，由不同时代产生的东西不断堆积而成。层累性在谱系中可以得到印证。另外，我们还可以用其他的方法来检测和验证这个观点。汉字层累性观点的提出，可以改变传统文字学的研究方法。

传统文字学过去是共时研究，不管什么时代的字都同等对待，只是一个共时观察，是平面的共时的文献分析。共时只能做类型性的概括，只是一个分类、归纳，通过这个找出汉字结构、汉字系统发展所谓的规律，显然是太大而化之了。当我们用层累的方法，把这个系统中不同时代的字分离开来就会发现很多重要的现象。比如造字方法，我们都知道有象形、指事、会意、形声造字法，用层累的方法研究就发现，象形、指事法在殷商甲骨文已经不造太多的字了，西周以后新字以形声字为主体，春秋战国 90% 以上的新造字都是用形声造字法，所以汉字内部早就完成了造字方法的转变。这个重大变化解决了汉字符号生成机制的问题，可以无限造字，使古老的文字系统永葆生命之树常青。

其实，宋代人早就注意到这个现象，清代人也涉及。我们现在所做工作，实际是把他们比较直观的感性认识上升到科学的解释。

七、提出汉字阐释理论：汉字阐释受文化传统影响

张小琴：您在《汉字阐释与文化传统》这本书里讲到，汉字阐释也可以看出发展的过程，对汉字的阐释会受文化传统的影响。许慎的《说文解字》您也给过很高的评价，但是您在这本书中多次提到《说文解字》的错误。

黄德宽：对。《说文解字》很多解释，我们今天看都是错的，觉得很荒唐。

许慎讲"一贯三为王"，王侯的"王"，是一个"三"中间加一竖贯通，为什么一贯三就是"王"？上面一横是天，下面一横是地，中间一横是人，能天地人贯通的就是"王"，这个说法典型的是受汉代哲学思想的影响，用这个来解释王权的定位。实际我们把甲骨文找来看，"王"字与"三"无关，甲骨文的"王"就是一把斧头。因为部落首领往往是武力高强的人，武力代表着权力，这个斧子叫斧钺，"钺"字本身就成了权杖的象征，引申为国家最大的王者王权。"王"之所以成为三横加一竖，是由于汉字形体的变化，许慎当时已经不知道这个"王"字原来的形体了。

甲骨文"王"　　　　小篆"王"

再说一个例子，许慎说"示"是"天垂象见吉凶"，他说上面两横代表天，是"上"，下面三笔代表天上的太阳、月亮、星宿。为什么"示"与天体有关呢？他说地下的灾祸上天会显示出来，这就是典型的天人感应之说，认为天象的变化会昭示祸福，这显然是比较迟才出现的思想文化观念。殷商时期没有这种思想文化观念，"示"在甲骨文早就有，就是一个神主牌位，但是在汉代人们就把他们知道的思想嫁接上去，来解释这个字的构形本义。

甲骨文"示" 　　　　小篆"示"

张小琴：时代局限。

黄德宽：对。我觉得这是一个重要的话题，前人没有很深入地研究和解释这种现象，我就与常森合作写了这本书，讨论怎么阐释汉字，揭示汉字阐释背后文化传统的影响。对一个字的解释有三个环节，第一是字本身的客观存在，第二是文化在背后的支撑，第三就是把这两项连接起来的阐释者。阐释者怎么能够把这两项即文字与文化背景勾连通？其实，阐释者往往有很大的局限性。阐释者的知识受到其时代和个人的局限，所以任何阐释都只是相对的，难以超越其时代文化的影响和个人的局限，每个阐释者都是一定时代文化造就的。

张小琴：许慎的错误多吗？

黄德宽：如果用今天的眼光看许慎有很多错误。但许慎错有错的缘由，他处于当时的时代，又没有见过甲骨文，所以他还不足以用更早的文字解释小篆的形体。把许慎错误的原理揭示出来，就可以上升到汉字阐释理论的构建。

张小琴：所以汉字是一个化石，汉字的阐释也是化石。

黄德宽：对。这就是层累性以及文化的动态发展，传统的传承、断裂、变异、变形对文字解释的影响，这个问题我们一定要客观对待，不要苛求古人。我们要探究许慎何以这么讲，这么讲给我们什么启迪，这是我们要回答的问题。所以，我认为应该建立一门学问，就是汉字阐释学。

张小琴：青铜器和甲骨文离许慎的时代更近，为什么他们那个时代没有看到甲骨文或者更多青铜器呢？

黄德宽：当时那些东西还埋在地下，只有很少的有铭文的青铜器偶然被发现。殷商王朝灭亡了以后，殷都城很快成为废墟，甲骨文全都埋在地下。我们今天是太幸运了，这些甲骨文、青铜器、竹简许慎没有见到，我们见到了。我们今天之所以做学问还能超越前人，就是因为我们看到了这些前人没有看到的原始材料。

八、研究文字学皓首穷经，但甘之如饴

张小琴：您在《新出楚简文字考》那本书的后记讲到，完成后记时外面风狂雨骤，不禁怀念去世的合作者。当时是什么样的心情？

黄德宽：文人有时候难免感怀伤时。这本书的合作者之一何琳仪先生，是优秀的战国文字专家，也是历史文献、汉语言文字学两个学科的博导，在学术界有很高的地位，他64岁就过世了，是在讲台上倒下的。整理完这本书写后记时，想起与他合作的点点滴滴，充满了一种遗憾，觉得太残酷了，这么好的学者、朋友怎么会突然间离开我们？虽然书是平静的，文字是平静的，但写到后记的时候内心真的波澜顿起，这种波澜就像窗外风狂雨骤一般。

张小琴：所以我读您《古文字谱系疏证》这套书，就想到"皓首穷经"四字。

黄德宽：我有三本书都是书没有完成，我的合作者却过世了。一本书是《汉字阐释与文化传统》。这本书的合作者是我在于老班上的同学王慎行，[1] 他做建筑工的时候读郭沫若的古文字书，自学成才，还是个诗人、书法家，特别有才华。我写《汉字阐释与文化传统》时，他专门写了一篇文章揭示《说文解字》哪儿说错了，这篇文章我收到书的附录中，但是这本书快要印出来的时候，再联系时，他夫人说他因为肺癌已经过世了。

《古文字谱系疏证》的合作者有两位，一位是何琳仪先生，一位是于老研究班的同学陈秉新先生。[2]《古文字谱系疏证》出版的时候何先

---

[1] 王慎行（1942—1995年）：1960年考入陕西师范大学数学系，因故辍学。1984年结业于吉林大学于省吾教授主办的"全国古文字讲师研究班"。自学成才的古文字学者，对甲骨金文、先秦史等多有研究，著有《古文字与殷周文明》。

[2] 陈秉新（1935—2007年）：曾任安徽省文物考古研究所副所长、研究员，安徽大学兼职教授。

生、陈先生两人都过世了，为此我专门写了长文回忆他俩，他们生命的光华闪烁在这部书的字里行间。这部书花了 12 年，12 年间发生了很多变化，有的人青丝变成白发，而原来白发的人已经不在人间了，所以做这种学问确实有它的清苦。

张小琴：您在这本书完成时头发是不是也白了？

黄德宽：是啊！"皓首"了尚未"穷经"。

张小琴：我也看到有一本书讲到您和您的学生在一起很快乐，沉浸在古文字的乐趣当中，"唯我能得之"，也很自豪。

黄德宽：确实也有这个情感。人做学问肯定要有快乐，除了责任以外，如果一点快乐没有，一点趣味没有也坚持不下去，所以任何学术研究兴趣很重要，兴趣跟幸福感连在一起。一定是甘苦共存，苦到一定时候才有乐。

我白天很忙，晚上安静在书桌跟前，翻这些东西有一种超乎物外的感觉，白天那种喧嚣、烦心事，全都抛到了九霄云外。看到古代的那些东西，沉浸在里面，有的时候真的觉得是一种很好的调剂。

张小琴：我们认识一个字就认识一个字，您认识一个字差不多这个字的十几种写法都要知道。

黄德宽：这是我们的基本功，搞古文字的有个基本功就是记字形。甲骨文、青铜器上的文字，这些基本字形都在脑子里，都可以写出来。有了这个基础以后，考古发现的新材料，一看就知道哪个是新字，大概属于什么时代。脑子里不储备大量的字形，没有办法研究古文字。

张小琴："唯我能得之"的那种感觉，能跟我们分享一下吗？

黄德宽：我都没有很好地总结过。但是有一条很重要，我确实觉得先民们太伟大了，他们的智慧非常了不起，通过古文字让我感受到先民的伟大智慧。每当翻阅古文字，我就会对先民们有一种特别的敬仰，也更感到我们对古代历史文明知道得太少了，应该尽可能地去认识、理解我们伟大的历史和文化。

九、甲骨文与"甲骨四堂"

张小琴：甲骨文的发现也有很多传奇故事，传说是王懿荣生病的时候去抓药抓到了甲骨文，这个故事是真的吗？

黄德宽：都这么传说。说他1899年到菜市口买中药，有一味药是龙骨，发现了上面有刻画的符号。中药确实有一味药叫龙骨，就是动物化石。有人说，在王懿荣之前，1898年天津王襄、孟定生也已开始收藏甲骨了。大概从1898年、1899年开始，古董商就知道有人关注这个东西。八国联军入京后王懿荣就殉难了，他收藏甲骨的时候甲骨还不出名。甲骨引起重视是他遇难以后，他的材料被写《老残游记》的刘鹗[1]收去了，1903年编了一本书叫《铁云藏龟》，这是第一本著录甲骨文的书。这本书刊行之后甲骨才受到重视。

张小琴：甲骨这个东西几千年都存在，都没有人发现吗？为什么在那个时候才引起关注？

黄德宽：我们不能说以前一定没有人发现，但发现它不知道它的价值的时候不就扔了吗？这个时代发现甲骨，有偶然性。古董商听说有人要这个东西，就到河南收购，农民一看有价值，就在菜地、田里挖，挖出来以后就卖了，当时古董商按一个字多少钱来收。以前古董商都不说甲骨出在哪里，大概1908年前后，经过寻访，罗振玉[2]才知道是在安阳出土的。安阳这个地方，根据历史记载，是殷商王朝的都城所在地。前"中研院"史语所开始对殷墟进行全面科学考古后，发掘出大批甲骨，殷商都城的面貌也逐渐揭示出来了。

张小琴：现存多少片甲骨呢？

黄德宽：有字的甲骨统计不一样，权威统计是15万片左右，也有人

---

[1] 刘鹗（1857—1909年）：原名孟鹏，字云抟、公约，后更名鹗，字铁云，号老残。清末小说家。著有《老残游记》《铁云藏龟》等。

[2] 罗振玉（1866—1940年）：字式如、叔蕴、叔言，号雪堂，晚号贞松老人、松翁，江苏淮安人。金石学家、古文字学家，对甲骨文、金文、敦煌卷子、汉晋木简的搜集、研究和传播贡献巨大。

认为超过这个，也有人认为不到。最近国家比较重视，习总书记讲要重视甲骨文等古文字的研究，"冷门绝学"要有人做，有传承。[1] 在国家支持下，现在对一些单位收藏的甲骨重新进行清理，包括各图书馆、博物馆馆藏的，有可能最后清点统计的结果会比较准，也可能会有新的发现。

张小琴：15 万片甲骨互相之间有没有关系？

黄德宽：从理论上讲，15 万片甲骨一定是若干整版的龟甲破碎了形成的。整版的龟甲以前比较少见，盗掘的多是碎片，开展安阳殷墟科学考古后，发现了甲骨窖藏，才出土大批整版龟甲。

张小琴：这些完整的龟甲存在什么地方？

黄德宽：主要在台湾历史语言研究所、中国社会科学院考古研究所，安阳殷墟遗址博物馆也展出一些。我们看到的更多是一片一片的碎甲骨，真正的残章断简，只有把这些缀连起来，才能更好地理解它们的意思。

说到甲骨文的研究不能不提到"甲骨四堂"，早期刘鹗《铁云藏龟》公布的材料，主要是王懿荣的东西，引发了人们关注。孙诒让[2]用《铁云藏龟》的材料写了第一本甲骨文考证研究的书，叫《契文举例》。对甲骨文研究作出巨大贡献的有四位先生，人称"甲骨四堂"，即罗振玉（雪堂）、王国维（观堂）、[3] 董作宾（彦堂）、[4] 郭沫若（鼎堂），[5] 他们从不同的方面推进了甲骨文研究和甲骨学的建立。

---

[1] 出自《习近平：在哲学社会科学工作座谈会上的讲话（全文）》，新华网，2016 年 5 月 18 日，http://www.xinhuanet.com//politics/2016-05/18/c_1118891128_4.htm。

[2] 孙诒让（1848—1908 年）：字仲容，别号籀庼，浙江瑞安人。晚清经学大师，撰有《周礼正义》《墨子间诂》《契文举例》等。

[3] 王国维（1877—1927 年）：清华四大国学导师之一，初名国桢，字静安，亦字伯隅，号观堂，又号永观，谥忠悫，浙江海宁人。学贯中西，在哲学、文学、史学等多个学科领域都有杰出成就，是最早科学论证甲骨文史学价值的学者。

[4] 董作宾（1895—1963 年）：原名作仁，字彦堂，号平庐，河南南阳人。甲骨学家、古史学家，最早主持殷墟考古发掘工作，在甲骨文断代研究方面有卓越贡献。

[5] 郭沫若（1892—1978 年）：原名开贞，字鼎堂，号尚武，笔名沫若等，四川乐山人。现代文学家、历史学家，在殷周金文、甲骨文等方面都有突出成就，是用唯物史观研究古文字与古代史的杰出代表。

张小琴： 解读甲骨文字最多的人是谁？

黄德宽： 现在看来还是罗振玉他们早期认得多，因为早期比较简单，"甲乙丙丁"这类的字一看就认出来了。后来像于省吾先生认字比较多，他还说"用力多而成功少"，由他新认的字和提出新解的"总共还不到三百"。考证甲骨文很难，胡适说认识一个甲骨文就像发现一个行星那么难。

张小琴： 认甲骨文这么难？

黄德宽： 这很自然，因为甲骨文的材料就这么多，我们的知识很有限，好认的认出来以后，有的字没有传下来，没有线索就很难认。现在不认识的甲骨文，多数是人名、地名、专有名词，时代变更后专有名词是最难认的。

十、认出一个甲骨文字奖励 10 万元

张小琴： 现在一共认出来多少甲骨文？

黄德宽： 按比较新的统计，甲骨文总体有 4 000 字左右。什么叫认出来一个甲骨文字？就是知道一个字的字形、字音、字义，知道这个字从古到今怎么发展的，用这个字读甲骨都能读通，这个字才算是真的认出来了。现在达到这种水平，被认出来的字也就三分之一左右，有的字我们知道大概是什么意思，不知道为什么这么写，也不知道读什么音。

张小琴： 有一个说法，认出一个甲骨文字奖励 10 万元，是真的吗？

黄德宽： 真的。2016 年国家强调重视甲骨文以后，国家社科基金规划办以及有关方面包括河南省都很重视甲骨文的研究。中国文字博物馆就出台一个方案，向社会公开征集甲骨文识字成果，征集完了以后由专家统一评审筛选。我参加了专家委员会的工作，这次评出一篇一等奖，一篇二等奖。一等奖奖励 10 万，二等奖 5 万。一等奖对这个字的认识解决得比较彻底，另外涉及的问题比较复杂，论证比较充实，应该说毫无疑义。二等奖解决的问题是在前人基础上有所深化，它的价值、难度、水平相对来说稍微差一点。

张小琴： 一等奖解出来的是什么字？

黄德宽：是"蠢"，愚蠢的"蠢"。

张小琴：这太有意思了，就好像古人在暗笑我们。"蠢"的甲骨文怎么写？

黄德宽：就是"春"中间的那个"屯"，愚蠢的"蠢"就是春天的"春"派生的。这个"屯"字中间一笔拉直一点，再填实，就是这个"蠢"。

甲骨文"春"　　　甲骨文"屯"　　　甲骨文"蠢"

张小琴：为什么这个符号可以表示愚蠢的"蠢"呢？

黄德宽："蠢"是用"春"作声符，"春"是用"屯"作声符，所以"屯"可以读成"蠢"这个音。

张小琴：这个简单的符号怎么会演变成愚蠢的"蠢"这么复杂？

黄德宽："屯"按《说文》的解释"象草木初生"，这与"春"是相关的，春天草木萌生嘛。"蠢"，《说文》解释说："虫动也，从虫春声。"《玉篇》解释为"动也、作也"。春天时节，万物萌动，所以从"春"声的"蠢"表示"动"的意思，后来才用来表达"愚蠢"的含义。这是文字孳乳派生的结果。

张小琴：怎么证明它确实是"蠢"？

黄德宽：因为把这个字作"蠢"解，放在所有的甲骨辞例里都畅通无阻。更重要的是什么？除了认甲骨文之外，放在青铜器文字里也都通了，把青铜器上的金文与此相关的字也认出来了，解决了一些疑难问题。

张小琴：他们怎么灵光一现就认出了不认识的甲骨文？

黄德宽：古文字研究就是这样，有可能冥思苦想若干年解决不了的问题，突然某一天灵光一现就把这个问题联想到了，一旦捅破这层纸，就豁然开朗。

张小琴：现在有人工智能，瞬间就完成大量运算，是不是可以用人工智能识别甲骨文？

黄德宽：这是一个重要问题。我曾跟计算机系的一位老师交流，我说你能不能琢磨一下，把计算机的手段运用到甲骨文研究中，15万片甲骨文应该是若干片整的甲骨打碎的，能不能用计算机做图形处理，自动识别、拼合。他说这种东西看起来有可能，难度不是很大，但是他也没有功夫做。不过目前确实有科研基金已经资助了这类项目，有学者在尝试着做。

张小琴：如果真的通过人工智能大数据方式一下子就会破解一批吗？

黄德宽：我认为不可太乐观。人工智能再聪明，毕竟还是人设计的程序，虽然人工智能可能也具备学习能力，但设计的人如果根本不知道古文字知识，怎么为它设计学习程序呢？所以古文字研究只能用它做辅助性的工作，大数据可以让我们更便捷地掌握资料，把关联性的材料弄到一块，至于做开创性的辨认工作，还要靠人来做。甲骨文的考证很复杂，知识运用涉及史学、语言学、文字学等，考证是一个综合复杂的思维过程，没那么简单，目前人工智能还不具备这个能力。

张小琴：您估计把这些剩下的甲骨文识别出来还要多久？是不是可能有些字永远淹没在历史中了？

黄德宽：可能是长期的任务，我甚至认为有些字按现在的材料可能根本识别不出来，要等待新资料的发现。有时候发现新材料可以解决老问题，纠正以往的错误，包括清华简的出现，战国的东西可以帮我们解决甲骨文的某些问题。古文字的考证，如果没有新材料很难突破，有些字可能我们永远也无法破解。

十一、汉字简化是历史的必然

张小琴：现在有一种说法认为汉字的简化失败，比如"爱无心、运无车"，您怎么评价汉字的简化？

黄德宽：简化汉字是汉字历史发展的结果，不是人为地想怎么样就怎么样，比如"爱无心"，其实宋代草书写的"爱"就跟这个差不多了。书写简化是汉字发展的内在动力，从甲骨文到今天，就是走了这样一条简化的道路，因为书写简单是为了提高效率。但是效率是两方面构成的：一个是书写效率，还有一个是阅读效率。书写快了，简化到没有分辨度了，阅读效率就降低了。因此，有许多字是由简变繁的，增加区别性符号，有利于辨识。我认为，汉字发展繁简相互制约，有一个度、一个平衡点，就是因为有繁、简这个均衡点，所以汉字体系才能维持目前的格局。简化字是汉字自然发展的结果，不能简单地说简化字就破坏了汉字的构造。

[宋]苏轼《赤壁赋》中的"爱"　　　　　　二简字"展"

张小琴： 但是汉字第二次简化方案[1]没有流行开。

黄德宽： 第二次简化，比如开展的"展"写成"尸"加"一"横，这种简化破坏了文字的稳定性和美感。汉字是很美的字，不能这么改，而且第二次简化的字，许多本身没有实质性的意义，也没有广泛流行的基础，走过头了，最后废除是对的。

现在通用的简化汉字是1956年公布的《汉字简化方案》，1964年又公布了《简化字总表》。2013年公布了《通用规范汉字表》，对原来的简化字中有一些不太科学的地方做了微调，基本是为了适应信息化时代用字的需要。比如：一个人名字里有疑难字，出来打工开介绍信、进银行开户，这个名字计算机打不出来，怎么办？所以需要对原来的简化字表进行调整和扩展，以满足信息化的需要。

张小琴： 比原来多了多少字？

黄德宽： 原来公布的现代汉语通用字表收字7 000左右，现在收到

---

[1] 第二次汉字简化方案：该方案自20世纪50年代开始酝酿，1960年向全国征集意见，1966年中断制订，1972年恢复制订，1975年报请国务院审阅，1977年正式公布。国务院于1986年宣布废除二简方案。

8 105 字，主要是增加第三表，就是人名、地名那些用字。

张小琴：汉字将来还会继续简化下去吗？

黄德宽：有人认为汉字还要简化。我个人认为汉字不会再更多地简化。首先，汉字要规范化、稳定，稳定是信息化的必然要求，在信息化时代规范标准不能变动太多，一旦变动多整个系统就乱了，而且成本会很高。第二，汉字简化的内在动力是书写，太难写的字就要追求简省。现在用计算机打字，写字的人越来越少，不书写就不会推动汉字书写的简化，所以汉字简化的内在动力消失了。第三，现在全球使用汉字，港澳台和大陆实际是繁体和简体二元并存。大陆以简化字作为通用文字就要意识到不能扩大这种二元并存的差异，而要设法促进二元并存的合理化，最后实现海峡两岸"书同文字"，这样才会提高效率，符合汉字国际传播的要求。从这三点来看，我认为汉字不会再简化了，要保持稳定。

张小琴：您提出来两岸"书同文字"，是不是有可能实现？

黄德宽：过去台湾学者对我们简化字批评很多。但现在有一个重要变化，台湾的学者、老百姓用简化字越来越多，前一段台湾有一个地方在地上写"机车入口处"，把"機"字写成大陆简化字，解释说这是出于安全考虑，因为繁体的"機"字笔画太多，写繁体的话，漆就铺得太宽，车辆开过去会打滑，简化字笔画少，车不会打滑。这说明简化是现实的必要，在台湾简化字很多人在用。台湾有手头字的标准字体，有很多都跟简化字差不多，这是一个客观情况。两岸交流增加后，台湾对简化字的认识开始有变化。

2018 年 9 月 2 日，由台湾文字学会理事长带队，台湾十所大学来了十几个学者，和大陆最好的文字学者们一起，在清华开了一次会，主题就是关于两岸"书同文字"。通过讨论，大家认识完全一致，最后签了一份《两岸中国文字学会交流合作备忘录》，提出了五条倡议，最后一条是两岸学者共同努力，最终推动实现两岸"书同文字"。具体怎么做？我们现在期望台湾用繁识简，大陆用简识繁，互相认同，相向而行。

张小琴：不追求文字上完全一致？

黄德宽：对。因为需要有过渡期。中国历史上二元并存早就存在，秦始皇统一六国文字，用的是小篆，但是小篆只是在正式场合中偶尔用，平常写的手头字还是隶书，到东汉时期篆书还在用。隶书和篆书就像繁体和简体，这就是二元并存，而且繁简体没有隶书和篆书那么大差异，只要稍做训练就很容易沟通。

政府语文政策肯定不会那么快就改，我们以两岸学术界来共同推动，下一步两岸学界会共同编一些字表，如两岸繁简对照的字表，两岸字体的差异相对照，用起来方便，让台湾同胞尽快了解简化字，大陆更多人熟悉繁体字。另外，我们还建议在大陆教育中适当加入繁体字的内容，比如高中能不能在文言文里开始恢复繁体字？下次会议打算在澳门开，澳门是一个试验田，可以繁简兼容。有一些设想，得一步一步慢慢地做。

张小琴：未来你们期待的趋势是什么？

黄德宽：未来一定是简化字成为通用的文字，繁体依然保留在一定层面上，应该是这个结果。因为简化字确实比繁体方便。

十二、语言文字关乎国家安全

张小琴：您提出来语言文字关乎国家安全，为什么提出这样的问题？

黄德宽：美国人有个战略，就是语言武器。"9·11"事件之后，美国人发现因为语言不通，在中东地区吃了很多亏，美国国防部、教育部等若干部门开始联合培养语言专家。美国实施全球战略，要培养精通不同语言的专家，让他们在不同的地区能够了解这个地区的历史文化，与当地人无间隔地交流，包括收集情报、影响这些国家的发展等。这就是布什当时推动的战略，而且有K-16等多种语言战略计划，从幼儿园开始，培养各种语言人才。美国有几百种外语人才，有的大学可开设180多种外语，而我国外语专业的不同语种总共也就60多个。美国人是用语言作武器，推动全球战略，传播意识形态。

我们目前的问题是：首先，中国已经走到世界舞台中心，成为世界第一大贸易国，但是很多国家的语言我们没有会使用的人，我们甚至不得不通过英语转换再来与这些国家谈判，语言能力跟不上，会影响国家的全球竞争力。

其次，我们在外语教育上畸形发展，全民学英语。现在小孩学外语的时间超过了学母语的时间。语言从来是文化的载体，学习英语就学习了英语附载的那种文化，英语主要使用区是欧美，而美国恰恰是有目的地用英语传播其意识形态。我们这么配合，从幼儿开始学英语，导致现在小孩对西方文化的学习，超过对中国古典文化的学习。孩子们从小接受了西方文化的深度影响，对国家未来的影响就不可低估。对一个国家来说，民族文化、主流意识受到冲击，国家的文化安全就堪忧了，文化冲突的张力是很大的。

第三，作为多民族国家，如果国家通用语言文字推行得不好，就会影响民族地区和边缘落后地区的发展，也会影响国家的长治久安。如果少数民族地区的青年，没有国家通用语言文字能力，就难以融入改革开放的大潮，分享改革开放的利益，走不出那个地区，走不出来就没有发展空间，甚至极端势力就会趁虚而入，影响民族地区的安全和稳定。正因为如此，我当政协委员期间提交了一份相关提案。

张小琴：您的建议是什么？

黄德宽：第一，要避免外语教育单一化，不能只教英语，要全面提高外语教育能力，加快多语种教育，全面提高国家语言能力。第二，在民族地区、方言地区加快普通话的推广。第三，强化母语教育，与弘扬中华优秀传统文化、爱国主义教育以及青少年综合素质的提升结合起来。建议国家制订国家安全语言规划，这不是一个部门能做的事。

十三、网络字未必能进入汉字系统

张小琴：您提出一个观点，语言文字使用当中有崇古和趋俗两个方向，现在网络用语或者网络特殊字的使用，是不是也是趋俗的表现？

黄德宽：这是比较早的时候提出的，我认为崇古和趋俗是矛盾的统一体,"俗"在一定时候一定变成"雅",就像简化字,本来就是不登大雅之堂的俗字,现在成为正字。《说文解字》里有很多俗字,但是到后一个时代这些俗字就变成了正字,所以由俗而正是文字发展的过程。而崇古表示对过去的敬仰,体现了文字的传承。这两个方面看起来是矛盾对立的,但是实际上相互制约、互为补充。

张小琴: 趋俗是一个趋势?

黄德宽: 是一个趋势,但是要符合规范的制约,不是越俗越好,只有那些体现文字系统性、规律性的东西,最后经过规范才能转正,由俗变正。网络语言总体来说是民间的,也算是俗,有一部分新词就吸收到汉语里面来了。

那网络字有没有可能呢?不排除有可能被吸收,但是多数吸收不了,因为不符合汉字书写的特点,比如英文字母加到汉语里肯定吸收不了。还有前几年流行的"囧",那是网络字,但是汉字里已经有"窘"字,本身就有窘困、窘态之意。现在用的"囧"体现了一种表达的形象性、生动性,可以存在一时,但是能不能进入系统,不好说。应该是合乎文字发展规律和规范的字才能最终进入汉字系统。我觉得网络语言可以允许在一定层面存在,但是还是要正面倡导规范地使用语言文字。

张小琴: 现在有很多用音来表示一个字,其实用的全是白字,可是大家也都理解它的意思,这样的用法虽然不规范,但是大家都这么用。

黄德宽: 写别字古已有之,在古代美其名曰"通假"。写别字能不能成为正式的字呢?也有可能。比如"甲乙丙丁"那个"甲"表示数字,最早是通假字。比如"其他"的"其",本来是"箕",代词"其"就是借了这个象形字,这就是同音替代,与你说的写同音的别字是一样的。问题是早期假借是不得已而为之,因为那时字太少,现在有专门使用的字再借一个也就没有必要了。不是非要不可的假借是不可能吸收到文字系统的。那些同音字都是为了方便,不可能普遍流通,只是在一个群体流行而已。

张小琴：有人给自己孩子起名叫王@，这个@不论是微信还是电子邮箱，全部都在用，像这样的符号是约定俗成的，有没有可能进入汉字系统？

黄德宽：首先，这不是汉字，是一个符号，所以不可能进入汉字系统。第二，大家现在肯定理解信息化时代的沟通方式，微信、邮箱用这个没有什么大问题。第三，如果一个家长给孩子起这样的名字，实在是太不负责任了，将来会有很多的麻烦。孩子长大以后进入信息化社会，到银行、到很多地方办事，很可能就会遇到障碍。第四，起名是中华文化的一部分。这个名字脱离了中华文化，中国人起名追求名字的文化内涵和品格，象征着吉祥美好的祝福，或者道德层面的美好追求等。一个名字起得好，内涵好，看了这个名字名如其人，就会知道给他起名字的人的修养，会投射到对这个人的评价。像叫王阿狗不是不可以，但是一看这个名字就知道，这个家庭没有文化，这个名字也难登大雅之堂。王@只能是搞笑的，用来当名字不可取。

十四、汉字和拼音文字对思维的影响不同

张小琴：现在多数人都不写字了，只用打字方式，对未来有什么影响？

黄德宽：对汉字的书写、认知都会产生重要的影响。首先，汉字认知的时候要分析字，打字根本不看屏幕，盲打字就出来了，时间长了对字形的感知和分析会淡忘。第二，不会写了，提笔忘字。

张小琴：现在年轻人有必要强化汉字书写这件事情吗？

黄德宽：我想年轻人书写不是为了交际和应用层面的书写，年轻人的书写应该放在美育里，对青年人进行审美教育。中国书法很美，是中国艺术精神的体现，如果我们让孩子在小学、中学把书法写好，对他的人格素养、审美情趣的培养都很重要，现在教育部已经开始恢复在校学生的书法课。我主张把书法纳入审美教育体系中强化书写，学会了书法也就学会了汉字。

张小琴：汉字这种构形方式和呈现的状态，跟拼音文字是完全不同的，使用汉字的人和使用拼音文字的人思维方式会有不同吗？

黄德宽：拼音文字和汉字对思维的影响显然是不同的。我不做这方面的研究，但是对这方面有关注。

拼音文字是记音流的，线性结构，汉字是方块字，二维结构，是图。拼音文字提供的信息通过语音转换和词建立联系，影响半边脑，汉字提供的信息既可以通过语音转换，同时汉字的图形本身又有丰富的形象和意义表达，所以影响大脑左右两边。正是从这个意义来讲，汉字又发展出了审美功能。两种文字系统对思维的影响不一样。

心理学家做了科学研究，发现阅读拼音文字和阅读汉字时的脑波活动区域有差别。有位语言学教授向我介绍，他带着学生帮助治疗儿童失语症，用汉字与其他拼音文字对比研究，发现用拼音文字和用汉字对大脑的影响明显不同，影响大脑的结果当然是影响思维。

这方面的研究是自然科学和人文学科结合的重要领域，可以用科学手段研究人脑，研究语言文字系统对人脑的影响。这个前景是非常广阔的，我期待有这样的研究进展。

十五、任安大校长多年，学生眼中的宽哥

张小琴：您在安徽大学多年担任领导职务，做校长也很多年，这个过程当中一直都还是在做科研吗？

黄德宽：是的。这也是历史的机缘。因为"文革"十年，学术断层，高校管理者也是断层的，很自然地就把我推到了管理岗位上，做了这么多年的行政工作。但是，学术是我追求的根本，当校长也是立德树人，做学问也是教书育人，两个目标是一致的，只是侧重点不同。当校长要负责学校的大事，做老师做学问，责任范围小一点，目标更集中。

张小琴：您当校长期间公务很繁忙，怎么还能有时间沉浸在古文字研究当中？

黄德宽：确实是矛盾，冲突在于行政事务占用时间，怎么坚持做学问？做学问当老师是自己终身的追求，当校长是阶段性工作职责，所以不能丢学术，这是内心顽强的信念。工作不能耽搁，要做好，那就有所为有所不为。从我出任学校领导以后，基本不看电视、不看电影、不逛街，尽量减少聚会，因为时间紧张，就把晚上用好，节假日用好。像假期就是我的宝贵时间，我会带点干粮拿着水，早上进办公室一直工作到晚上，因为做这些工作是自己兴趣所在，也是一个精神支撑。我想当校长如果脱离了学术就脱离了一线，就会养尊处优，把校长当作官来做了，就不会体会到教书的甘苦和治学的乐趣，所以我必须这么做。我要求自己做校长一定要全力以赴，这是职责所在，不能含糊，同时不能丢学术，丢了学术就不能重新回到教学科研岗位了。

张小琴：听说您在安徽大学时学生叫您宽哥是吗？

黄德宽：我很喜欢学生，我始终认为一个大学最根本的就是以学生为本。学生主体、教师主导，教师对学生有引导性作用，要起到这个作用，不能随着学生。但是学生是主体，是教师工作的立足点。我也开课，甚至开大课。我跟学生比较密切，跟学生一起吃食堂，一起排队，吃饭就找学生聊天。我喜欢运动，有时跟学生一起打篮球，球场上一样地推推搡搡，跟学生没有距离。应该说我很爱学生，学生当然给了我很大的回报，他们也很尊重我，我觉得很快乐。

十六、为报李学勤先生知遇之恩到清华工作

张小琴：您从安徽大学来到清华是什么样的机缘？

黄德宽：我与清华的缘分很早就开始了。十年前，清华组建"出土文献研究与保护中心"的时候我就来参加活动了，清华牵头组建"国家2011协同创新中心"，安徽大学是主要合作单位之一，我也是李学勤[1]先生信任的主要参与者，跟大家有长期的合作，这是一个基础。

---

[1] 李学勤（1933—2019年）：著名历史学家、古文字学家，清华大学出土文献研究与保护中心主任、教授，清华大学首批文科资深教授。在甲骨学、青铜器、战国文字、简帛学等众多领域均有卓越建树。历任中国社科院历史所所长、国际欧亚科学院院士，国务院学位委员会历史评议组组长，夏商周断代工程专家组组长、首席科学家，中国先秦史学会理事长。

清华简每次发布会都邀请我参加，我也发表了一些文章跟踪清华简的研究，我想这也是一个基础。

最重要的是李学勤先生和清华大学对我的信任。因为李先生年事已高，希望我能过来参与这里的工作，我一直没有轻易表态。清华出土文献中心有一支很高水平的研究团队，在李先生带领下已取得突出成就，没有我完全可以做得很好。但是，李先生一直希望我来，特别让我感动的是，2017年5月，我参加国家社科基金评审会议，到李先生家与他进行了很深入的交流，那时候他身体欠佳，还坚持长时间坐着诚恳地说服我。李先生的信任和诚意令我深受感动。学校领导高度重视出土文献中心的发展，听取李先生的建议后，热忱欢迎我并创造了很好的条件，促使我下定了来清华的决心。

十七、清华简是中国学术史两千年来的重大发现

张小琴：清华简的发现也是古文字学界很重要的事件。

黄德宽：清华简可以说是中国学术史两千年来的重大发现。秦始皇焚书坑儒以后，流传下来的古书很少，先秦的东西多数见不到原貌，现在传下来先秦的东西，绝大多数是汉代人整理过的。先秦古籍的第一次重大发现是孔子壁中书，那些是先秦的抄本，遗憾的是孔子壁中书后来再次失传，如古文《尚书》。传世的古文《尚书》是晋代梅赜[1]造假的。第二次重大发现是晋武帝咸宁五年（279年）在河南汲郡（今河南汲县）发现的汲冢古书。这批竹简据当时整理有十余种书共75篇，流传下来的只有《竹书纪年》《穆天子传》等少数文献，也大多再次失传了。清华简可以说是先秦佚籍的第三次重大发现。清华简不仅发现了失传的古文《尚书》多篇，还有像《保训》《耆夜》《算表》这些珍贵文献。清华简的发现对中国学术史将会产生深远的影响。

张小琴：清华简怎么来到清华的？

---

[1] 梅赜：字仲真。东晋汝南（今湖北武昌）人。曾任豫章内史。献古文《尚书》58篇，宋代以来考据家已证其为伪作。

黄德宽：清华简当时是在香港文物市场发现的。香港的朋友张光裕先生知道这个消息后，告诉了李学勤先生。李先生看了一些样简觉得很重要，亲自去香港看了这批简。根据综合判断，这批简应该是战国楚地文献。经过学校的努力，在校友的支持下，清华很幸运地收藏了这批珍贵先秦文献。

张小琴：清华简是放在水里保存的吗？

黄德宽：是的。简有两类，一类是干简，一类是湿简。干简是西部沙漠中发现的汉简那一类，因沙漠干燥，所以汉简能保留下来。还有一类简是南方的楚简、秦汉简。南方潮湿，简很难保存。但古代有些墓葬有很好的密封手段，加之地下的水位比较高，竹简浸泡在水里与空气隔绝，就保存下来了，这就是湿简。湿简清理完了以后，稳妥的保护方式，还是放在纯净水中浸泡着，清华简就是这么保存的。

张小琴：有些简是宽的，但是清华简很窄。

黄德宽：简的形制在战国的时候一般有两尺长的，有一尺多长的，战国简的宽度一般是 0.6—0.8 厘米。汉简比较宽，制作比较粗糙。实用性的汉简用完以后就废弃了，有的甚至用来当"手纸"。但是，像清华简这类专门抄古书用的，制作都比较精致。

张小琴：也是史官抄的吗？

黄德宽：这个就不一定了，因为清华简很多是古书，不一定全是史官抄的，但是抄的人肯定是文史爱好者。

张小琴：现在知道清华简出土自什么地方，是什么人写的吗？

黄德宽：不知道。肯定是从墓里挖出来的，但是从哪个墓出土，谁也不知道。文物市场上出来的东西，有时很难找到原始出土的地方。

张小琴：既然没有考据出来在哪个墓，怎么证明是真的呢？

黄德宽：那就是从简本身来判断。首先这个简的形制，一看是战国的东西。我们再看书写的义字，知道是战国楚文字。造假造不出来这些文字，有的字古文字学家都没有见过怎么造出来。之后再看内容，内容一读是通的，如果是假简，内容会读不通，造假者没有这么高的水平能造出这种简来。

同时还要进行科学检测，运用碳-14年代测定法和化学检测方法，可以测定竹简的大体时代。有了科学技术检测手段，加上学者的经验判断，应该说确定简的真假是不会有问题的。

虽然不知道清华简这批材料出自哪个墓葬，墓主人是什么身份，但他肯定不简单。因为这批简既有经书也有史书，内容极为重要，抄手也有多位，这表明墓主人显然不是一般的贵族，但到底是什么身份，很遗憾现在还没有办法知道。

张小琴： 现在研究进展到什么程度，有什么发现？

黄德宽： 清华简总体有2 500支左右。目前整理工作完成过半，到2018年已经发布了第一至第八辑整理研究报告。

清华简已公布的内容，包括《书》类多种文献，还涉及《诗》的内容，如《耆夜》《芮良夫毖》《周公之琴舞》等，还发现了《系年》《楚居》《越公其事》等史书，还有不少子类文献。像《筮法》《算表》等可以归为术数类文献，《算表》可以说是世界数学史上的重要发现，2017年获吉尼斯世界纪录认证，为人类最早的数学计算工具。总体而言，已公布的这八册清华简内容涉及面很广，而且都很重要，中国古代史以及学术史的一些内容，因为清华简的发现需要改写了。

张小琴： 怎样用简单的话来评价一下清华简的意义呢？

黄德宽： 可以这么说，清华简是中国学术史上继孔子壁中书、汲冢古书之后先秦文献的第三次重大发现。其内容的丰富性和重要性前所未有，这些内容对中国经学史、思想史、历史学以及文献学、古文字学、语言学研究将会带来重要的推动作用，清华简的发现改写了中国学术史上很多看法。到目前为止，已经公布的清华简几乎都被收到《国家珍贵古籍名录》，清华简是清华的镇校之宝，也是国宝。

张小琴： 将来您可能还会在这个简上花费大量时间？

黄德宽： 我来清华主要的工作就是与中心同仁一起开展清华简的整理和研究。学校很重视出土文献中心，把它作为学校的重点研究机构。

下一步的工作，除了以清华简为重点，做好清华简后续的整理、保护和研究工作以外，我们还要适当拓展，向上要开展甲骨文的研究，向下要开展秦汉简研究，现在新发现的秦汉简呈井喷趋势，将是未来出土文献研究的重要领域。希望与中心同仁们一起奋斗，把中心团队带好，努力将中心建成世界一流的人文科研和人才培养中心。

张小琴：您是拉开架子要在清华干一番新事业？

黄德宽：尽力而为吧！像李先生这样的学者，他的学术积淀非常深厚，我们接续他做这些工作，难以望其项背，所以我们要更加努力地去工作。

十八、最无悔的是选择了文字学，并选择当老师

张小琴：您研究汉字这么多年，在汉字理论方面的贡献体现在哪些方面？

黄德宽：谈不上多大的贡献，但也提出了一些东西。比如我重点研究的还是汉字发展，就是要回答汉字为什么会是今天这个样子，从我一开始接触文字学，这个问题一直就是我重点研究的。通过这些年的研究，在理论上，我比较明确地提出了汉字的层累性特点，这个理论的提出使汉字的研究从模糊笼统的分析转向用比较严密的方法进行断代研究，这应该算是一个方法上的贡献。

在此基础上，我进一步提出汉字的动态发展理论，汉字的动态发展可以体现在字形上，也可以体现在汉字构形方式系统的发展上。我们还可以看到字词关系处在不断调整的过程中，文字孳乳派生的背后是字词关系的动态发展。由于有这样的基本认识，后来在汉字的谱系建构方面也做了一些工作。除了《古文字谱系疏证》，还有一本书是《古汉字发展论》，是讲古文字是怎么发展的。

我希望我的学生能够沿着这个路子一直做下去，这不是一个人一代人能做完的事。汉字几千年积累深厚，需要汉字研究者薪火相传，持之以恒，一代一代沿着正确的治学道路走下去。

张小琴：我们都在使用汉字，但是很多人对汉字的知识并不一定了解得很多，如果有这么几条使用汉字的人都应该了解的汉字知识，您认为应该是什么？

黄德宽：首先要知道汉字是我们的祖先自己造出来的，是自源的文字体系。第二，要知道汉字从古到今一脉相承。第三，作为中国人要知道我们的汉字是很美的。第四，要知道汉字是可以进行分析的，汉字的形体与意义、历史、文化有关联。另外不要简单地说汉字就是表意字、象形字，90%的汉字既与意义相关，也与读音相关。简单地概括，汉字是自源的文字，汉字是历史最悠久的文字，汉字是最美的文字，汉字是可解析的文字。

张小琴：大家对汉字的认识有没有应该纠正的普遍性谬误？

黄德宽：当然有。比如望文生义，就很有普遍性。就像当年王安石说字，说"波为水之皮"，把形声字都当成会意字看，闹出了笑话，这个毛病至今仍普遍存在。目前，社会上还有人认为，汉字还要不断简化，而且越简越好，这也算是影响比较大的误解吧。

张小琴：您从大学二年级就有这个明确的目标，希望从事古文字学研究，到现在过了几十年了，您觉得最无悔的事情是什么？

黄德宽：最无悔的大概是选择了文字学，选择了古文字吧！还有就是选择了教师这个职业。当年我研究文字学时，文字学是冷门，很多人都认为没有什么好做的，现在文字学是真正的热门，从国家领导人开始，全世界都关注汉字，汉字听写大会成为热门的电视节目，中央电视台《开讲啦》栏目邀请我去讲文字，都说明这门学问越来越受到关注。

在社会快速变更，各种文化思潮交融并汇，各种物质欲望强烈冲击人们的时代，我选择了古老的汉字，而汉字竟然在这个时代引起了这么广泛的关注，这是一个无悔的选择。

张小琴：从传承上来说，您这棒的任务到哪儿算是结束了？

黄德宽：到我做不了了就算完成了任务。为什么写一些书？就是要总结，我不在没有关系，有书在。我相信仍然不断会有后来人研究中华文化和汉字。只要中华民族存在，中华文化就不会灭亡，汉字也不会消亡，有汉字有中华文化就会有人研究汉字。我要争取留下一些东西，人活着要"立德""立功""立言"。我立的这个"言"能不能不朽，那得由历史检验，但是，在一定时期自己要尽力做好这项工作。成功的经验让后人吸收，走错的路让后人不要重复就可以了。

【编按】本篇是 2018 年 9 月 27 日"人文清华"讲坛节目组在清华大学艺术博物馆四层八号展厅的访谈。本次访谈由张小琴教授主持，文稿由马晓稳协助"人文清华"团队整理并附加了若干注释。本篇收入张小琴、江舒远主编：《守望与思索：人文清华讲坛实录Ⅲ》，清华大学出版社，2019 年，第 314—354 页。

后　记

　　近年来，汉字文化日益得到社会方方面面的关注和重视，甲骨文等古文字也越来越引起大众的浓厚兴趣，围绕汉字文化、甲骨文等古文字，各类报刊发表了许多内容丰富的普及读物，一些电视媒体还制作了不少生动有趣的文化类节目，这是新时代出现的令人鼓舞的文化现象。

　　在这样的文化背景下，作为一名语言文字工作者，结合自身从事的专业工作，适应社会的需求，或为报刊撰写一些普及文章，或参与制作相关节目，或应邀作公开演讲，就成为不能推辞的责任和义务了。这本文集是本人在教学科研之余，参与上述活动留下来的部分记录。

　　这本文集的编纂设想，最早是由上海古籍出版社顾莉丹博士提出的。她认为，目前这方面的读物还比较缺乏，如果能将本人近年来的演讲、访谈等集中起来选编一个集子，或许可满足一些对汉字文化感兴趣的读者的需要。这当然是一个很好的建议。只是因为忙碌，我一时还无暇顾及。

　　这本文集的编纂最终得以完成，要特别感谢任攀、马晓稳和温小宁的帮助。在自身繁忙的工作和学习之余，他们帮助搜集、整理文稿，花费了许多时间。2022年6月，任攀将初步编成的文集发给我审看，我却一直抽不出时间。直到今春，新冠疫情刚刚过去，顾莉丹来京出差，我们相约在学校见面，具体商量了文集的编纂和出版事宜。按照出版计划安排，我才腾出手来，对文稿做最后的筛选和编订。由于这些讲演、访谈有着不同的背景，有些是笔者写成的演讲稿，有些是他人整理经笔者校核后刊出的文稿，有些则是任攀等根据录音和视频整理的稿子，因此，这些文稿在风格和体例上略有差异。编纂时，在基本保持原貌的基础上，对一些不准确的表达略作修订，有些内容略作了删改，纠正了一些差错，并通过附加"编按"交代了相关背景，希望这些处理能更加便利读者。文集的编撰出版有幸得到国家社科基金学术通俗读物项目的资助，此外，本书还入选了由中宣部、教育部、国家语委等八部门组织实施的"古文字与中华文明传承发展工程"。

这部文集的编纂缘起和过程大体如此。在此，我要向顾莉丹、任攀、马晓稳、温小宁，以及本书的责任编辑余念姿表达感谢之忱！如果没有他们的帮助，可以说就没有这部文集的编纂和出版。

在审定文稿的时候，眼前很自然会浮现每一次演讲、每一回接受访谈的情景，正是各类论坛的组织者、主持人和记者们的共同努力，才催化出这些演讲、访谈，他们的贡献是多方面的。比如"人文清华"讲坛张小琴教授的创作团队，在讲题的确定、内容的取舍、演讲的组织和节目的制作等各个环节，都与讲者多次进行深度交流，给我以很多启发。作为文集书名的《了不起的汉字》这个讲题，就是根据团队给笔者提出的建议确定的。文集选录了一些访谈，这些访谈从问题的设计到文稿的撰写，记者们都付出了不少心血，作出了重要的贡献。如果没有他们的努力和参与，也可以说就不会有这本文集的产生。谨此，向所有为文集作出贡献者表示由衷的敬意和感谢！

中华文明是人类最古老辉煌的文明，中国文字是世界上唯一来源久远的古典文字，汉字文化是中华优秀传统文化的根脉所系。在实现中华民族伟大复兴的征程上，古老的汉字文明必将焕发出新的无限生机！著者不揣谫陋，编纂出版这部汉字文化演讲、访谈录，信心正是来源于此。希望这本文集的出版，能为汉字文化的传承和传播略尽绵力，恳望得到读者诸君的批评指正。

黄德宽

2023 年 4 月 16 日于清华双清苑

图书在版编目(CIP)数据

了不起的汉字 / 黄德宽著. -- 上海：上海古籍出版社, 2025.3. -- ISBN 978-7-5732-1253-5

Ⅰ. H12-49

中国国家版本馆 CIP 数据核字第 2024FJ6658 号

责任编辑：余念姿
封面设计：阮　娟
技术编辑：耿莹祎

了不起的汉字

黄德宽　著

上海古籍出版社出版发行

(上海市闵行区号景路 159 弄 1－5 号 A 座 5F　邮政编码 201101)

(1) 网址：www.guji.com.cn
(2) E-mail：guji1@guji.com.cn
(3) 易文网网址：www.ewen.co

苏州市越洋印刷有限公司印刷

开本 710×1000　1/16　印张 24.25　插页 12　字数 272,000

2025 年 3 月第 1 版　2025 年 3 月第 1 次印刷

印数：1—5,100

ISBN 978-7-5732-1253-5

H·278　定价：98.00 元

如有质量问题,请与承印公司联系